JN309492

ワーク・ライフ・バランスと家族形成
少子社会を変える働き方

樋口美雄・府川哲夫──［編］

東京大学出版会

WORK-LIFE BALANCE AND FAMILY FORMATION
Changing Japanese Working Life
Yoshio HIGUCHI and Tetsuo FUKAWA, Editors
University of Tokyo Press, 2011
ISBN 978-4-13-051134-6

まえがき

　本書の目的は，わが国が少子社会から脱するためにどのような働き方を追求すべきかを探り，就業と出産・育児の両立支援策が家族形成に与える影響に関する分析結果をもとに，少子社会を克服するための方策を検討することである．

　本書では，晩婚化・非婚化・夫婦出生率の低下といった個々の現象に焦点を当て，その背景に，人々(特に20代・30代)の働き方の問題，社会保障制度に内在する要因，及び出産・育児に伴う高額な直接的・間接的コストが存在し，就業者の置かれている職場・地域・家庭環境の要因がそれらに大きく寄与しているという問題意識のもとに，これらの要因と出生率(あるいは家族形成)の関係について，できる限り実証的・客観的に分析し，分析結果を政策提言に結びつけるよう努力した．

　国立社会保障・人口問題研究所の一般会計プロジェクト「職場・家庭・地域環境と少子化との関連性に関する理論的・実証的研究」(2006-2008年度，研究会主査：樋口美雄)の成果が本書のベースになっている．研究会メンバーの持続的熱意がなければ本書はでき上がらなかった．また，この研究会では2008年12月にワークショップを開催して，外部の参加者も交えて討議した．ワークショップ参加者に改めて感謝申し上げる．本書の多くの章では労働組合経由の調査を使用している．調査に協力して頂いた組合員及び組合関係者に深く御礼申し上げる．本書の第2部～第4部の最後には，各章の理論的・実証的結果の評価に関するコメントを掲載して読者の便宜を図った．コメント執筆を快く引き受けて頂いた大森義明・水落正明両先生にも感謝申し上げる．出版に際しては，東京大学出版会編集部の白崎孝造・宗司光治の両氏に大変お世話になった．記して感謝申し上げる．また，原稿の編集過程では柴香里・春日潤子のお2人に全体を通して読んでいただいた．

　少子化の真の要因を探り，家族形成にやさしい働き方を検討するに当たって，本書で展開されている議論とは異なるアプローチの仕方，政策提言の方向も考えられる．この複雑かつ今後の日本にとって避けて通れない重要なテーマに関

して，本書の議論が読者の皆さまによるこの問題の検討に少しでも役立つことができれば幸いである．

2010 年 10 月

編者記す

目　次

まえがき　i

序　章　問題意識とまとめ────────樋口美雄・府川哲夫　1

　1　本書の趣旨　1

　2　本書の構成と主なメッセージ　1

　3　第1部〜第4部の各章の要約　4

第1部　現代の働き方と家族形成

第1章　少子社会における働き方────大石亜希子・守泉理恵　13
　　　　現状と課題

　1　少子化の現状　13

　2　少子化対策におけるワーク・ライフ・バランスの登場　14

　3　日本のワーク・ライフ・バランスの現状　16

　4　国際比較でみた日本のワーク・ライフ・バランス施策の特徴　22

　5　ワーク・ライフ・バランスの課題　26

第2章　働き方と家族形成の関係────────酒井正・高畑純一郎　31

　1　はじめに　31

　2　働き方が家族形成に与える影響に関する理論分析　34

　3　働き方が家族形成に与える影響についてのこれまでの評価　37

　4　まとめ──今後の分析において留意すべきこと　53

第2部　人びとの家族形成と働き方の社会的・経済的背景

第3章　成年層の子ども数の実態──────府川哲夫　65

 1　はじめに　65
 2　労働組合経由の働き方に関する調査　66
 3　成年者縦断調査　72
 4　子ども数と家族給付に関する国際比較　76
 5　議　論　79

第4章　ワーク・ライフ・アンバランスは
　　　　どこで起こっているか──────野崎祐子　85
　　　　出産ペナルティと女性の就業継続

 1　ワーク・ライフ・バランスの隠れた論点　85
 2　先行研究の整理とワーク・ライフ・バランスの指標　87
 3　出産ペナルティは誰が受けているのか　92
 4　誰が就業と出産のトレード・オフにさらされているか　97
 5　ワーク・ライフ・アンバランスはどこで起きているのか　101

第5章　妻の学歴・就業と出産行動──────安部由起子　105

 1　はじめに　105
 2　これまでの研究　106
 3　コーホート別の就業選択パターン　108
 4　コーホート別子ども数の分析　110
 5　おわりに　120

第6章　母親の就業が女性労働供給に
　　　　与える影響について────────島根哲哉・田中隆一　123
　　　　独身者と既婚者の調査を用いて

　　1　はじめに　123
　　2　計量分析の理論的枠組み　127
　　3　分析に用いるデータについて　127
　　4　母親の就業が女性の労働供給に与える影響　131
　　5　考察──なぜ母親の就業が子どもの労働供給に影響を与えるのか　139
　　6　おわりに　140

第2部　コメント　　大森義明・水落正明　143

　　　　　第3部　ワーク・ライフ・バランス推進施策と生活形態

第7章　企業の両立支援策と労働時間────────大石亜希子　149
　　　　組合調査による分析

　　1　はじめに　149
　　2　分析枠組み　150
　　3　データと主な変数の説明　155
　　4　実証分析　160
　　5　ワーク・ライフ・バランス施策への含意　166

第8章　働き方と両立支援策の利用────────武石恵美子　173

　　1　女性の就業継続と両立支援策　173
　　2　分析の内容，分析課題　176
　　3　出産前後の就業状況の変化とその要因　178
　　4　3歳未満の子を持つ女性の両立支援策の利用　186
　　5　結論と課題　191

第9章　夫の家事時間を決定するもの ―――――― 駿河輝和　195
 1　夫の働き方と家事時間の関係　195
 2　家事時間決定に関する理論命題と実証分析　196
 3　家計の時間配分決定の理論と推定モデル　200
 4　使用したデータの特徴と働き方の変数　202
 5　夫の家事時間を決める要因――実証分析結果　205
 6　夫の時間的余裕が家事時間を増やす　215

第10章　両立支援制度が男性の生活時間配分
   に与える影響 ―――――――――――― 坂本和靖　217
 1　なぜ男性の家事・育児参加が求められているのか　217
 2　男性の家事・育児参加に関する研究　218
 3　企業情報と就業者情報のマッチングデータ　219
 4　夫の家事・育児の規定要因の概観　220
 5　両立支援制度の有無，利用の有無が与える生活時間への影響　223
 6　Sample Selection を考慮した推計方法　226
 7　制度利用の規定要因　229
 8　両立支援制度が生活時間に与える影響　231
 9　まとめ　231

第3部　コメント　　大森義明・水落正明　239

第4部　ワーク・ライフ・バランス推進施策と家族形成

第11章　労働時間や家事時間の長い夫婦ほど
   出生率は低いか ―――――――――― 戸田淳仁・樋口美雄　249
 1　はじめに　249

2　使用するデータ　253

　　3　夫婦の家事時間と労働時間の関係　254

　　4　労働時間や家事時間が出産に与える影響分析　256

　　5　むすびにかえて　265

第12章　両立支援策と出生率────────野口晴子　267
　　　　労働組合への調査から

　　1　はじめに──背景と目的　267

　　2　先行研究　268

　　3　データの概略と諸制度の類型化　270

　　4　就労者と企業の認識　275

　　5　推定の方法　281

　　6　推定の結果　284

　　7　政策的含意と今後の課題　286

第13章　待機児童の存在と出生の関係────泉田信行　291

　　1　はじめに　291

　　2　待機児童の現状　293

　　3　待機児童数と出生数の関係　296

　　4　まとめ　303

第4部　コメント　大森義明・水落正明　309

終　章　両立支援策への示唆──府川哲夫・野口晴子・樋口美雄　315
　　　　少子社会を超えて

　　1　はじめに　315

　　2　ワーク・ライフ・バランスと家族形成──日本の現状　316

　　3　家族形成の観点からみたワーク・ライフ・バランスの論点　318

    4　政策提言　322
    5　まとめ　325

索　引　327

序章　問題意識とまとめ

樋口美雄・府川哲夫

1　本書の趣旨

　本書は，わが国が少子社会から脱するためにどのような働き方を追求すべきかを探り，就業と出産・育児の両立支援策が家族形成に与える影響に関する分析結果をもとに，少子社会を克服するための処方箋を提示することを意図したものである．

　晩婚化・非婚化・夫婦出生力の低下といった現象が出生率低下を説明するが，なぜそれらの現象が起きているのかを究明しなければ，少子化の真の原因は分からない．本書は，晩婚化・非婚化・夫婦出生率の低下の背景に，人々(特に20代・30代)の働き方の問題，社会保障制度に内在する要因，及び出産・育児に伴う直接的・間接的コストの高さがあり，就業者がおかれている職場・地域・家庭環境の要因がそれらに大きく寄与しているという問題意識のもとに，これらの要因と出生率(あるいは家族形成)の関係をできる限り実証的・客観的に分析し，分析結果を政策提言に結びつけることを目的に編集された．国立社会保障・人口問題研究所の一般会計プロジェクト「職場・家庭・地域環境と少子化との関連性に関する理論的・実証的研究」(2006-2008年度，研究会主査：樋口美雄)の成果が本書のベースになっている．

2　本書の構成と主なメッセージ

　これまで日本では1994年12月の「エンゼルプラン」以降，少子化対策に関する様々な取り組みが実施されてきた．1999年12月に「新エンゼルプラン」，

2002年9月に「少子化対策プラスワン」，2003年には地方公共団体や事業主が次世代育成支援のための行動計画を策定・実施すること等を定めた「次世代育成支援対策推進法」が制定された．また，2003年7月には議員立法により「少子化社会対策基本法」が成立した．2004年6月に同法に基づき「少子化社会対策大綱」が策定され，2004年12月には第1回少子化社会白書が閣議決定された．翌年の『少子化社会白書』(2005年12月)では子育てに関する社会的支援の在り方と今後の方向性が示され，具体策として若者の就労支援対策，仕事と家庭の両立支援，働き方の見直し，があげられている．また，2005年からは少子化担当専任大臣も設置されるようになった．2006年版『少子化社会白書』においてはじめて「ワーク・ライフ・バランス(仕事と生活の調和)」という用語が登場した．2007年12月には「仕事と生活の調和(ワーク・ライフ・バランス)憲章」及び「仕事と生活の調和推進のための行動指針」が策定された．この間，児童手当の拡充や育児休業給付金の引き上げも行われた．2009年の政権交代以降は，子ども手当の支給が大きな関心事となっている．

しかし，これまでの対策は少子化の真の要因に十分作用するものではなかったため，出生率に大きな影響を与えることはなかった．出生率(Total Fertility Rate: TFR)は1990年の1.57ショック(1989年のTFRが1.57と過去最低の丙午(ひのえうま)の年を下回った)以降も徐々に低下し，2005年には1.26を記録した．2006年12月に発表された人口推計の中位推計では将来のTFRを1.26に設定した．2006年以降のTFRは1.32, 1.34, 1.37とやや上向きになっているが，それでも出生率が非常に低い水準であることに変わりはない．硬直的かつ長時間労働の正規就業者と景気調整弁的に使用される非正規就業者で構成される労働市場を是正し，社会や企業が人材を有効活用するにはどうしたらよいのか．そして，女性に就業・キャリア向上と出産・育児の選択をせまる社会から脱するにはどうしたらよいのか．本書の根底にはこのような問題意識がある．

本書は次のような特徴を有している．第1に，雇われて働く人びと(被用者)が実際に直面している状況に即した分析を心がけた．被用者は自由に労働(職場)環境を選べるわけではなく，多くの場合それを所与として働いている．個々人が直面している職場環境は様々であろう．それは単に各種支援制度の有無にとどまらず，制度の使い勝手やそれを実現させる職場の雰囲気といったも

のまで含む．従来の研究では総体的な職場環境を明示的に把握してこなかったが，本書で用いた労働組合調査（後述）ではそれが可能であった．この独自調査の他に，本書の分析には日本版 General Social Surveys（JGSS）や厚生労働省の21世紀成年者縦断調査，国立社会保障・人口問題研究所の出生動向基本調査などのマイクロデータも使用している．

　第2に，両立支援策が家族形成に与える効果という点にも目を配った．確かに各種両立支援策は必ずしも家族形成の促進（出生率の上昇）を明示的に意図するものではないが，就業と出産・育児の両立が困難であるために多くの人が子どもをあきらめざるをえない状況にあるならば，両立支援策が出生率に与えた影響を評価することは意義のあることである．しかしながら，従来の研究においては出生率への影響まで明示的に踏み込んで分析したものは少なかった．第3に，定量的な分析を行うことを目的とした．企業などがおこなう各種施策はしばしば大々的に喧伝されるものの，その本当の効果は当事者にすら感覚的にしか把握されていないことが少なくない．定量的な評価を行うことで，今後の意思決定に裏付けを与えることができる．また，日本における少子化対策は財源的な裏付けが乏しく，効率的な資金の投入が求められているため，効果の定量的な把握は重点的に支援すべき施策を選択するための判断材料として有効である．

　本書はこの序章と4つの部，終章で構成されている．第1部は本書で扱う主要なテーマであるワーク・ライフ・バランス（Work-Life Balance: WLB）という視点から，少子社会における働き方と家族形成について，国内外の現状と課題，及び，先行研究のレビューに基づく理論的・実証的検証を行った．第2～第4部では，今日の人々の働き方がいかに家族形成を阻害しているかを実証分析し，少子化の真の要因を探った．第2部では家族形成や働き方の社会的・経済的背景を解明し，第3部ではWLB施策と生活形態の因果関係を分析し，第4部ではWLB施策と家族形成の関係を分析している．また，各部の最後にコメントを載せ，読者が各章をより多角的に読めるように配慮した．

　終章では，現在までの知見及び第2部～第4部で得られた結果をもとに，これらの理論的・実証的結果の評価を行い，現状を変えるための政策を考察した．少子化への政策的対応の基本的な方向は，若年層の雇用環境の改善，就業と育

児の両立支援，子育ての費用負担の軽減，女性の出産・育児にともなう機会費用の軽減，などである．非正規雇用の増加が非婚化・晩婚化の要因になっているため，若年層の雇用環境を改善すれば若年層の晩婚化・非婚化が減少すると期待される．就業と育児の両立支援策としては，勤務形態に応じ保育所の受け入れ時間に柔軟性をもたせた保育所サービスを拡充したり，受け入れ児童数を増大させたりすることなどが重要になる．

　出産・育児に対する支援は，保育所等のサービス給付，就業と育児の両立支援，経済的支援(児童手当，育児休業手当，税制優遇措置，等)などの家族政策によって行われており，家族給付が雇用・教育・税制等多岐にわたる政策の中で総合的に実施されることが必要である．子育てにはコストがかかり，経済力のない家庭には様々な支援(経済的支援，社会サービス等)が必要である．必要な支援をした上で，就業と出産・育児の両立支援策が重層的にはりめぐらされることが望まれる．日本が少子社会を克服するには，就労か結婚・出産・育児かの二者択一を迫る社会と決別しなければならない．週労働時間が長すぎないこと，その上で労働時間に柔軟性があること，この２つが満たされれば仕事と生活の調和(ワーク・ライフ・バランス)を推進する基盤が整う．企業をファミリー・フレンドリーにするには強制と誘導の適切なポリシー・ミックスが必要である．

　日本が少子社会を克服するためのメッセージとして次の３点があげられる．

・出産・育児に伴う機会費用を大幅に減らし，労働時間を柔軟にする政策を大胆に実施すれば，出生率はおのずから変化する．
・ワーク・ライフ・バランスを推進し，家族政策に財源を投入すれば，子ども数や育児に関する日本の現状は大幅に改善する．
・企業の競争力の維持・向上と「子育てに優しい社会」を両立できるような雇用制度の整備が求められる．

3　第１部〜第４部の各章の要約

　第１章「少子社会における働き方――現状と課題」(大石・守泉)は，本書の

主要テーマの1つであるワーク・ライフ・バランスという点から，わが国における働き方の現状と課題を，諸外国と比較しながら論じた．

第2章「働き方と家族形成の関係」(酒井・高畑)は，働き方と家族形成との関わりに関する経済学・社会学の主要文献をレビューし，理論的・実証的検証を行った．

第3章「成年層の子ども数の実態」(府川)では，2種類の個票データを用いて成年層の属性別子ども数の実態を分析し，子育て支援に関する政策的対応を議論している．1つの結論として，出産・育児に伴う機会費用を大幅に減らし，労働時間を柔軟にする政策を大幅に実施すれば，出生率はおのずから変化することが述べられる．

第4章「ワーク・ライフ・アンバランスはどこで起こっているか——出産ペナルティと女性の就業継続」(野崎)では，出産行動に関する女性間の格差に着目し，賃金水準の変化，ならびに就業・出産の意思決定に関する定量分析を行った．その結果，大卒以上の高学歴，専門職では出産による賃金水準低下(出産ペナルティ)を経験していないことが明らかになった．また，大卒かつ専門職では出産ペナルティがないにもかかわらず，子どもをもつという選択をしていなかった．ワーク・ライフ・バランスをめぐる女性間の格差は学歴や初期キャリアによって規定されるうえ，高度専門職においても雇用の場で両立支援策が受けにくい状況にあることが示された．

第5章「妻の学歴・就業と出産行動」(安部)では，出生動向基本調査の個票データを用い，妻の生年階級・学歴で定義されるコーホート別に，年齢及び就業形態に応じて，平均的な子ども数と子どものいない割合(無子割合)がどのように推移しているのかを検討している．1961-1970年生まれコーホートはどの年齢においても，子ども数がそれ以前のコーホートより少なく，無子割合も高い．この傾向は高学歴女性ほど，また正規雇用をしている女性ほど顕著であることがわかった．無業である妻とパート就業をしている妻とでは，平均子ども数は大きくは違わない．妻が非正規雇用者であると子ども数が少なくなる傾向にあることが指摘されているが，20-40歳代の妻についてコーホート別に分析した結果は，必ずしも一様にそのような傾向を示してはいない．

第6章「母親の就業が女性労働供給に与える影響について——独身者と既婚

者の調査を用いて」（島根・田中）では，幼少期の母親の就業が女性の労働供給に与える影響を，独身者と既婚者それぞれについて分析している．労働組合調査（独身票）を用いた分析では，6歳時に母親が働いていた女性は，そうでない女性に比べて出産後も働くことを望む傾向があることがわかった．しかしながら，子どものいる既婚女性の分析では，女性本人の母親の就業よりも，配偶者（夫）の母親が就業していたことが女性の出産後の労働供給に対して強い正の効果を持つことがわかった．

第7章「企業の両立支援策と労働時間——組合調査による分析」（大石）では，職場におけるワーク・ライフ・バランス施策の導入が長時間労働やサービス残業の抑制に効果を持つかどうかを連合傘下の組合員を対象とする調査から分析している．その結果，WLB施策の充実は男性労働者のサービス残業の抑制には効果を持つ半面，労働時間全般の短縮には有意な影響を持っていなかった．また，WLB施策によって労働者が希望する通りの労働時間を実現できているかという点についても，有意な影響は確認されなかった．一方，仕事の裁量度が低い場合や，残業する人に対する職場の評価が高い場合，上司より先に帰りにくい職場では，サービス残業や長時間労働が起こりやすい．長時間労働を抑制するには，WLB施策の導入・充実だけでなく，その運用や管理職の姿勢，仕事上の権限委譲などが重要と考えられた．

第8章「働き方と両立支援策の利用」（武石）では，女性の出産後の就業継続を支援する重要な施策である仕事と子育ての両立支援策の利用の実態を，女性やその配偶者の働き方と関連付けて分析している．その結果，働き方と両立支援策の利用の関係で明らかになったのが，本人の通勤時間が長いと出産時に退職が選択され，就業を継続しても育児休業や短時間勤務等の両立支援策の利用が高まるという点である．また，夫に関しては，夫が自営業であることは出産後の女性の継続就業を高めることも明らかになり，夫の働き方の融通性が女性の就業継続を支援している可能性が指摘できる．ただし，分析にあたって注目していた「本人や夫の労働時間が長いことが，両立支援策の利用を促進する」という関係は一部でしか確認できなかった．

第9章「夫の家事時間を決定するもの」（駿河）では，第1に，夫の家事・育児と通勤時間，労働時間，働き方などとの関係，次に，妻の就業選択に与える

夫の働き方の影響．第3に，夫の働き方と妻の追加的に子どもを持ちたいという希望との関係を検討している．推定の結果，夫の労働時間，通勤時間，仕事が時間的に楽といった時間的な余裕をもたらす要因が有意に家事・育児時間を増加させていた．また，子どもの数が多い，末子年齢が小さい，妻が正社員といった家事・育児の必要性が増加する要因も有意に家事時間を増加させていた．夫が大卒，妻が大卒という夫婦間の力関係を表す変数も有意であった．妻の就業に関しては，夫の働き方の影響はあまりなかった．妻の追加的な子どもを持ちたいという考えに関しても，夫の働き方はあまり影響を与えていないという結果になっている．

第10章「両立支援制度が男性の生活時間配分に与える影響」(坂本)では，夫・妻の就業先の両立支援制度が，それぞれの家事・育児時間に与える影響について分析している．その結果，夫・妻ともに制度が存在するというだけでは，家事・育児時間に影響がみられなかったが，夫の場合，制度が本人を含めた周囲の就業者において利用できる環境にある場合，家事・育児時間が長くなることが確認された．また逆に，妻の場合，本人を含めた周囲の利用ではなく，本人自身の利用状況が，家事・育児時間を増加させていた．

第11章「労働時間や家事時間の長い夫婦ほど出生率は低いか」(戸田・樋口)では，少子化の要因の1つである長時間労働に着目し，2つの分析を行っている．第1に，夫婦間の労働時間配分や家事時間配分がどのような関係にあるのか調べ，第2に夫婦の労働時間や家事時間が出生確率にどのような影響を与えているのかについて調べている．その結果，夫の長時間労働はわずかではあるが妻に家事負担を課していること，第2子の出産確率に対しては夫の休日の家事サポートが正の影響を与えることがわかった．わが国でワーク・ライフ・バランス施策を進めていく上で，夫の家事への協力を促進させるような政策が必要になってくるという示唆が得られた．

第12章「両立支援策と出生率——労働組合への調査から」(野口)では，夫・妻の企業の両立支援制度を4つの施策群に分類し，各施策群が夫婦の出生行動に与える効果，さらには，就労者による制度の有無に関する把握状況，及び，「使いやすさ」に対する就労者と企業側の認識の「ズレ」に着目し，制度に対する情報の非対称性が出生率に与える影響を分析している．その結果，制

度の使いやすさについて，担当者による評価に基づき算出した企業間での相対的な評価と企業内評価とには強い正の相関があり，特に女性の既婚者と正規就労者においてその相関が強かった．また，正規就労者と非正規就労者とでは，両立支援制度に対するアクセスに何らかの構造的な違いがあると考えられる．既に普及率の高い施策の出生率に対する効果には限界があり，さらに踏み込んだ両立支援施策が必要であるという結果が得られた．

第 13 章「待機児童の存在と出生の関係」（泉田）では，待機児童が存在しない市町村において，保育所の量的拡充が出生数の相対的な増加に貢献する可能性が実証的に示された．他方，待機児童が存在する市町村では待機児童の多寡によって出生が有意に影響を受けることは示されなかった．

序章の最後に，本書の多くの章の分析で用いられる労働組合に対するアンケート調査について説明しておく．調査は，国立社会保障・人口問題研究所の「職場・家庭・地域環境と少子化との関連性に関する理論的・実証的研究」プロジェクトのもと，調査会社に委託して 2 回実施された（正式名称「少子化と働き方の関係に関する調査」）．第 1 回は，株式会社サーベイリサーチセンターによって，電機連合と情報労連（情報産業労働組合連合会）傘下の労働組合に対して，2007 年 1-2 月に実施された．第 2 回は，前回の調査項目を一部改訂して，社団法人中央調査社によって，UI ゼンセン同盟とサービス・流通連合（JSD）傘下の労働組合に対して，2007 年 11 月に実施された．いずれも調査票は，(1)従業員票(既婚者本人票)，(2)従業員票(既婚者配偶者票)，(3)従業員票(独身者票)，(4)企業票の 4 つから構成されている．調査内容として，従業員票では，性・年齢・学歴等の基本的属性のほか，就業状況，職場の制度や職場環境，家事・子育てや子どもの教育等について質問をしている[1]．また，企業票では，従業員の構成や各種両立支援制度の導入状況，人事制度といったことについて質問している．回収数・有効回答率等，各回調査の詳細については各章に説明を委ねることにする．本書では，上記調査を正式名称で言及するほか，

---

[1] 質問票は，「職場・家庭・地域環境と少子化との関連性に関する理論的・実証的研究」報告書（2006 年度，2007 年度）に掲載されている．

適宜,「組合調査」や「本調査」などとも呼称する.

第 1 部
現代の働き方と家族形成

第1章 少子社会における働き方
——現状と課題——

大石亜希子・守泉理恵

1　少子化の現状

　日本の総人口は2004年の1億2,779万人をピークに減少局面に入り，2055年には8,993万人まで減少すると見込まれている（国立社会保障・人口問題研究所，2006）．これは主として出生数の減少によるもので，第1次ベビーブーム期のピーク（1949年）には年間270万人に達した日本の出生数は，1975年に200万人を，2005年には110万人を割り込み，現在では辛うじて年間100万人台を維持している状況である．一方，合計特殊出生率は2005年に過去最低の1.26を記録したのち若干回復をみせているものの，韓国（1.19：2008年），イタリア（1.41：同），ドイツ（1.38：同）と並んで日本はOECD諸国のなかでも出生率が顕著に低い国のひとつとなっている．

　少子化に伴い，高齢化率は2030年には31.8％，2055年には40.5％に達すると見込まれている（国立社会保障・人口問題研究所，2006）．2005年時点では3.3人の現役世代で1人の高齢者を支えていたものが，2055年には1.3人で1人の高齢者を支えることになり，社会保障負担は一層拡大するとみられる．一方，生産年齢人口は1995年からすでに減少局面に入っているが，労働力率が2006年と同水準で推移した場合には，2030年までに労働力人口は1,070万人減少し，経済成長の大きな制約要因になると懸念されている（厚生労働省職業安定局雇用政策研究会，2007）．

　本章は，少子化の背景をワーク・ライフ・バランスの視点から検討し，少子化対策を行ううえでの課題を明らかにすることを目的としている．本章の構成

は以下の通りである．まず第2節では，少子化対策の系譜をたどり，どのようにしてワーク・ライフ・バランスの視点が少子化対策に取り込まれるようになったのか，その経緯を振り返る．第3節では，日本におけるワーク・ライフ・バランスの現状を概観する．第4節では，日本のワーク・ライフ・バランス施策の特徴を国際比較を通じて把握する．第5節では，今後の課題を考察する．

2 少子化対策におけるワーク・ライフ・バランスの登場

日本で出生率の低下が社会的に問題視され，少子化対策が始まる契機となったのは1990年の「1.57ショック」である．前年(1989年)の合計特殊出生率が丙午[1]であった1966年の値(1.58)を下回って1.57となったことから，その数値が明らかになった1990年に「ショック」として社会に受け止められたのである．

少子化対策の政策展開を概観すると，保育サービスの拡充と少子化問題に対する国民的議論の喚起が中心だった第1期(1990-1996年)，保育サービス拡充に加え，雇用環境や働き方への批判的視点と改善の提起を行った第2期(1997-2001年)，少子化関連施策の法整備が行われた第3期(2002-2004年)，法律に基づき官民一体となった推進体制が確立・開始された第4期(2005年以降)，政権交代後の第5期(2009年秋以降)に分けられる(図1-1)．

働き方の問題が最初に取り上げられたのは「新エンゼルプラン」(第2期)であるが，この段階では仕事と子育ての両立が優先課題と考えられ，子どもをもつ労働者が少子化対策のターゲットとされていた．しかし，1997年以降，若年失業率が急上昇し，フリーターが増加するなかで，安定的な仕事が得られないために家庭をもてない若者の存在が社会問題化する．その一方で，家庭形成期にある30代の男性正規労働者については一層の長時間労働が進むという，労働の二極化が顕著となった．そうした動きを背景に，少子化対策においても子どもをもつ労働者に限定せず，より広い層を対象とする「働き方の見直し」

---

1) 丙午とは，干支のひとつで，60年に1回まわってくる．ひのえうまの年に生まれた女性は気性が激しいという迷信から，この年に子どもをもつのを避けた夫婦が多いと考えられている．

第1期	1991	『健やかに子どもを生み育てる環境づくりに関する関係省庁連絡会議報告書』
	1994	エンゼルプラン・緊急保育対策等5か年事業

第2期	1997	平成9年将来推計人口（中位推計：2050年1.61） 人口問題審議会報告『少子化に関する基本的考え方について』
	1998	少子化への対応を考える有識者会議提言 『夢ある家庭づくりや子育てができる社会を築くために』
	1999	少子化対策推進関係閣僚会議　設置 少子化への対応を推進する国民会議　設置 少子化対策推進基本方針（少子化対策推進関係閣僚会議） 新エンゼルプラン

第3期	2002	平成14年将来推計人口（中位推計：2050年1.39） 少子化対策プラスワン（厚生労働省）
	2003	次世代育成支援に関する当面の取組方針（少子化対策推進関係閣僚会議） 次世代育成支援対策推進法及び児童福祉法の一部を改正する法律 少子化社会対策基本法 少子化社会対策会議　設置
	2004	少子化社会対策大綱 子ども・子育て応援プラン

第4期	2005	次世代育成支援対策推進法に基づく行動計画実施
	2006	新しい少子化対策 平成18年将来推計人口（中位推計：2055年1.26）
	2007	「子どもと家族を応援する日本」重点戦略検討会議　発足 ワーク・ライフ・バランス推進官民トップ会議　発足 「仕事と生活の調和（ワーク・ライフ・バランス）憲章」 「仕事と生活の調和推進のための行動指針」 社会保障審議会少子化対策特別部会　発足
	2008	社会保障国民会議　発足 「新待機児童ゼロ作戦」
	2009	ゼロから考える少子化対策プロジェクトチーム　発足 次世代育成支援対策推進法　改正 社会保障審議会少子化対策特別部会　第1次報告

第5期	2010	子ども・子育てビジョン　策定 子ども手当　開始

図1-1　少子化対策の展開

「ワーク・ライフ・バランス」が前面に押し出されるようになったのである．

なお，政府の白書において「ワーク・ライフ・バランス」という言葉がはじめて使われたのは 2003(平成 15)年版『厚生労働白書』で，当時は「家庭等の個人生活とのバランスのとれた働き方(ワーク・ライフ・バランス)」という表現が用いられていた[2]．翌年(2004(平成 16)年)の『労働経済白書』では「仕事と生活の調和」という表現が登場しているが，同年の『少子化社会白書』では「ワーク・アンド・ファミリー・バランス」という表現が使われている．その後，2006(平成 18)年版『少子化社会白書』においてはじめて「ワーク・ライフ・バランス(仕事と生活の調和)」という用語が登場し，これが定着することとなった．

2007 年 7 月には「ワーク・ライフ・バランス推進官民トップ会議」が立ち上げられ，同年 12 月には「仕事と生活の調和(ワーク・ライフ・バランス)憲章」および「仕事と生活の調和推進のための行動指針」が策定された．このように，政府の少子化対策の中でワーク・ライフ・バランスへの言及がなされたのは比較的最近のことである．

3　日本のワーク・ライフ・バランスの現状

それでは日本人のワーク・ライフ・バランスはどのような状況にあるのであろうか．ここでは本書の主たるテーマである少子化との関連を重視して，女性のライフサイクルと生活時間におけるワーク・ライフ・バランスを中心に日本の現状を概観し，先進諸国との比較を行うこととする．

3.1　解消しない女性の M 字型就業構造

日本の女性の年齢階層別労働力率は，20 歳代後半と 40 歳代後半をピークとし，30 歳代を谷間とする M 字型を描いており，男性とは明確に形状が異なっている．これは出産を機にいったん家庭に入る女性が多いためで，女性の社会

---

[2] 同白書では，企業における柔軟な働き方の導入事例の中で「家庭等の個人生活とのバランスのとれた働き方(ワーク・ライフ・バランス)」という表現を用いている．

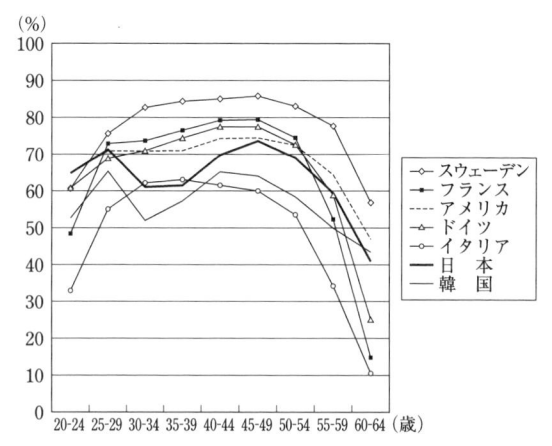

図 1-2　年齢階層別女性労働力率の国際比較（2007年）
出所：OECD, *Labour Force Statistics 2007* より筆者作成．

進出が進んだ欧米の先進諸国には見られない特徴である（図 1-2）．日本の女性労働力率のM字カーブの底はここ20年間で浅くなってきたが，これは晩婚化によって20歳代後半から30歳代前半の年齢層の女性に占める未婚者の割合が高まったためであり，有配偶女性に限定すると子育て期にあたる30歳代の労働力率は過去20年間ほとんど変化していない．

同様の傾向は各種調査からも明らかにされている．「21世紀出生児縦断調査」（厚生労働省）によれば，第1子の出産1年前に仕事を持っていた女性の7割は出産1年後に無職となっている．「出生動向基本調査」（国立社会保障・人口問題研究所，2005年）でも，第1子出産前後に就業を継続する割合は，全出産女性の2割程度にとどまる．つまり，女性のライフサイクルの中で，子育て期のワーク・ライフ・バランスを達成することは依然として困難であることをこれらの統計は示している．

OECD諸国における3歳未満児の母の就業状況を比較すると，大別して産休（Maternity Leave）や育児休業もしくは両親休暇（Parental Leave）の取得者が多いことが母親の就業率を引き上げている国（スウェーデン，デンマーク，カナダ，ドイツ，フィンランド）と，休業者の割合は低くて母親の就業率自体が高い国（オランダ，イギリス）の2つの類型がある（図 1-3）．日本は，休業取

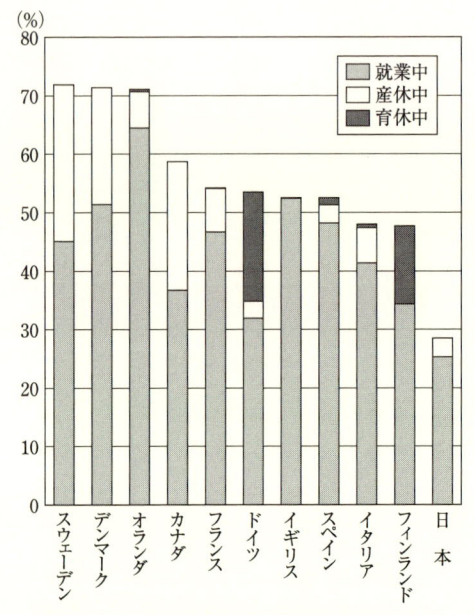

図 1-3　3歳未満児の母の就業状況(2006年)

注：スウェーデン：2003年，カナダと日本：2001年，デンマーク：1999年．
出所：*European Labour Force Survey 2006*; OECD(2003)．

得者の割合が低い点では後者の国々に近い傾向を示しているものの，就業率も際立って低い．なお，フィンランド，ドイツ，フランス，スペインでは子どもが3歳に達するまでの長期休業が可能であるが，これらの制度を利用した休業者は統計上，非労働力人口に分類されている．したがってこれらの国々で労働市場とのつながりを維持している母親の割合は，グラフで見るよりもさらに高いことに留意する必要がある．

3.2　生活時間における男女のワーク・ライフ・「アンバランス」

つぎに OECD(2009)ほかの資料に基づき，日本人の生活時間という面からワーク・ライフ・バランスの実状をみる．国際的にみると，日本の男女の生活時間配分には以下のような特徴が観察される．

第1に，男女ともに余暇時間が短い(**図 1-4**)．これは労働時間が長いこと

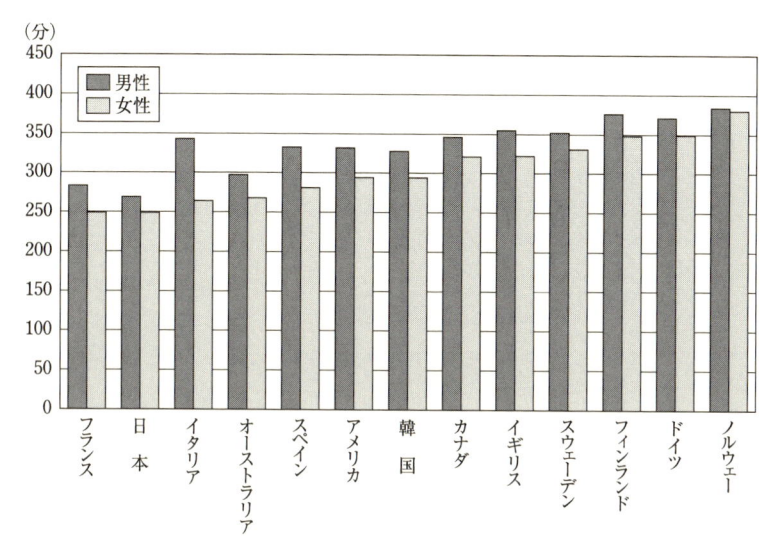

図 1-4　男女別余暇時間の国際比較

出所：OECD(2009)より筆者作成．

に加えて，男性の場合は長時間通勤が，また，女性の場合は身の回りの世話や家事時間が長いことが影響している[3]．フランスは日本と同様に余暇時間が短いものの，睡眠時間は OECD 諸国で最も長く(530 分)，飲食にあてる時間ももっとも長い．一方，日本は飲食にあてる時間は OECD 諸国中でも長いほうに属する半面，睡眠時間は 470 分と韓国と並んで顕著に短い．日米仏韓 4 カ国のカップルの生活時間を分析した佐藤(2009)は，日本では職場においても家庭においても「待機時間」が長いという興味深い指摘をしている．職場においては始業・終業前後の準備・片づけ時間があり，家庭においては塾や会社からの帰宅時間が異なる家族を待ちながら食事を用意したり温めなおしたりしている時間がある．これらが積み重なって余暇時間が浸食され，主体的な生活時間配分が困難にされているというのが佐藤の分析である．

第 2 に，男性の家事・育児時間が非常に短い．日本では 6 歳未満児のいる核

---

3) 小原(2000)は夫の長時間通勤が妻の家事時間を延ばし，妻の労働時間を短縮させる効果を持つことを明らかにしている．Ueda(2005)による分析では，夫の家事時間の増加は妻の家事時間を減らすものの，その効果は共働き世帯においてもごく小さいと指摘している．

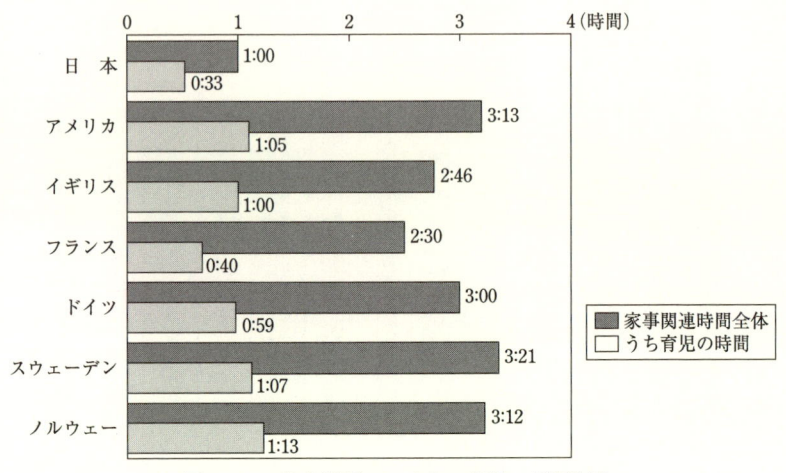

```
                0       1       2       3       4 (時間)
     日  本    ┃1:00
              ┃0:33
    アメリカ   ┃━━━━━━━━━━━━ 3:13
              ┃1:05
    イギリス   ┃━━━━━━━━━ 2:46
              ┃1:00
    フランス   ┃━━━━━━━ 2:30
              ┃0:40
     ドイツ    ┃━━━━━━━━━━ 3:00
              ┃0:59
   スウェーデン ┃━━━━━━━━━━━ 3:21
              ┃1:07
   ノルウェー  ┃━━━━━━━━━━━ 3:12
              ┃1:13
```

■ 家事関連時間全体
□ うち育児の時間

図 1-5　6歳未満児のいる夫の家事・育児時間

注：1）Eurostat "How Europeans Spend Their Time: Everyday Life of Women and Men"(2004); Bureau of Labor Statistics of the U.S. "American Time-Use Survey Summary"(2006)及び総務省「社会生活基本調査」(平成18年)より作成.
2）日本の数値は,「夫婦と子どもの世帯」に限定した夫の時間である.

家族世帯でも, 夫の1日の家事・育児時間は1時間(平日・休日平均)に過ぎず, アメリカ, ドイツ, スウェーデンのように夫の家事・育児時間が3時間を超えている国と対照をなしている(図1-5). さらに, 幼い子どものいる世帯に限定せず, 夫婦世帯全体でみると夫の家庭参加の少なさは一層顕著になる. 妻の有業・無業あるいは妻がフルタイムかパートタイムであるかに関係なく, 日本の夫が家事・育児・介護にあてる時間は1日平均30分程度に過ぎない(総務省「平成18年 社会生活基本調査」). 夫婦の家事分担割合でみると, 妻がパート, 自営(家族従業含む), 専業主婦の場合は35%程度の夫婦で夫は一切家事をしていない(国立社会保障・人口問題研究所「全国家庭動向調査」, 2008年). さらに, 妻が常勤の場合でも, 20%の世帯で夫は一切家事をしていない(同).

第3に, 長時間働く男性労働者の割合が突出して高い(OECD, 2007). 労働者全体の総実労働時間は, アメリカやイギリス, カナダ並みの水準まで減少しているが, これは主として週休2日制の普及とパートタイムなど非正規労働者の増加によってもたらされている. 男性正規労働者についてみると, 週60時間以上働く者の割合は18%に達し, OECD諸国の平均(7%)を大きく上回っ

ている．男性の長時間労働者の割合が日本より高いのはトルコ(37%)のみである．「就業構造基本調査」(総務省)によると，週60時間以上働く男性正規労働者の割合は，年齢別では，子育て世代に該当する30歳代がもっとも高い．男性が長時間労働をすると家庭で過ごす時間は必然的に短くなる．結果として家庭責任が女性に偏るようになり，女性の就業参加や就業継続を困難にする要因となる．

3.3 ワーク・ライフ・バランスと少子化

日本の女性にとって，良好な就業機会は学卒時の就職に集中している．就業を中断した女性が再就職をするときには非正規の雇用機会しか得られないことが多く，大幅な賃金の低下に直面せざるを得ない．内閣府『平成17年 国民生活白書』によると，大卒の女性標準労働者が60歳の定年まで勤続した場合の生涯所得は2億7,700万円となるのに対し，出産を機に退職して6年後にパートタイム労働者として再就職すると，60歳までの生涯所得は約5,000万円にとどまると推計されている．すなわち，出産退職の機会費用は2億2,700万円に達する．

一般労働者における男女間賃金格差は過去20年間に縮小してきたが，一般労働者と短時間労働者との賃金格差は縮小していない．このため，女性が結婚や出産を契機として就業を中断する場合の機会費用は最近になるほど高まっている．こうした状況では，結婚や出産を後回しにして一般労働者として働く期間を延ばすことが，生涯所得という点では合理的な選択となり，少子化を進める要因となる(守泉，2008)．

OECD諸国の出生率と女性労働力率の関係をみると，出産・育児期に相当する30歳代前半の女性労働力率が高い国ほど出生率も有意に高い傾向が観察される(図**1-6**)．女性が出産・育児期にもワーク・ライフ・バランスを実現できる環境を整備することが，機会費用の発生を防ぎ，出産を促進することが示唆される．こうした観点から，少子化対策として出産・育児期にある女性の就労を支援する多くの施策が講じられているが，次節ではそれらの施策の特徴を諸外国との比較で把握する．

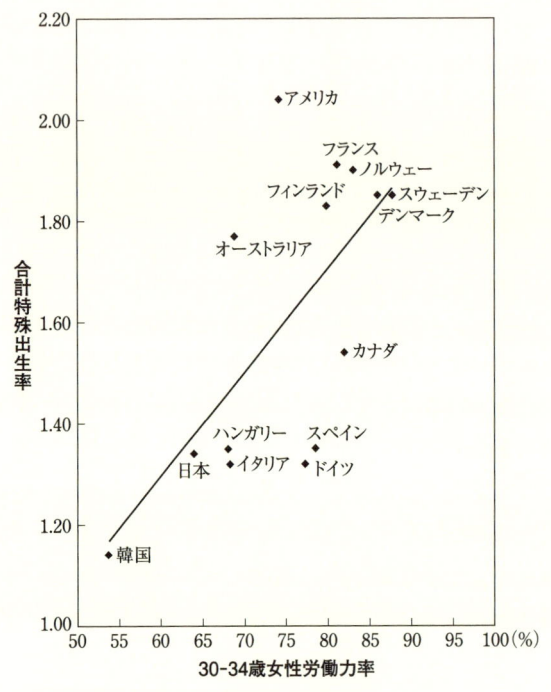

図1-6 30-34歳女性労働力率と出生率

出所：国立社会保障・人口問題研究所「人口統計資料集」(2009年版)より筆者作成.

4 国際比較でみた日本のワーク・ライフ・バランス施策の特徴

まず，女性のライフサイクルにおけるワーク・ライフ・バランスの視点から，①産前産後休業期間と休業給付，②育児休業期間と休業給付，③保育所の利用，④保育サービスへの公的支出，⑤家族支出（現金・現物・租税措置含む）の5つの面からOECD諸国の比較を行う．

4.1 産前産後休業と育児休業の比較

産前産後休業と育児休業に関しては，制度で保障されている休業期間の長さだけでなく，所得保障のレベルも重要となる．そこで図においては，OECDの *Family Database* でも用いられている「休業期間×所得代替率＝フルタイム

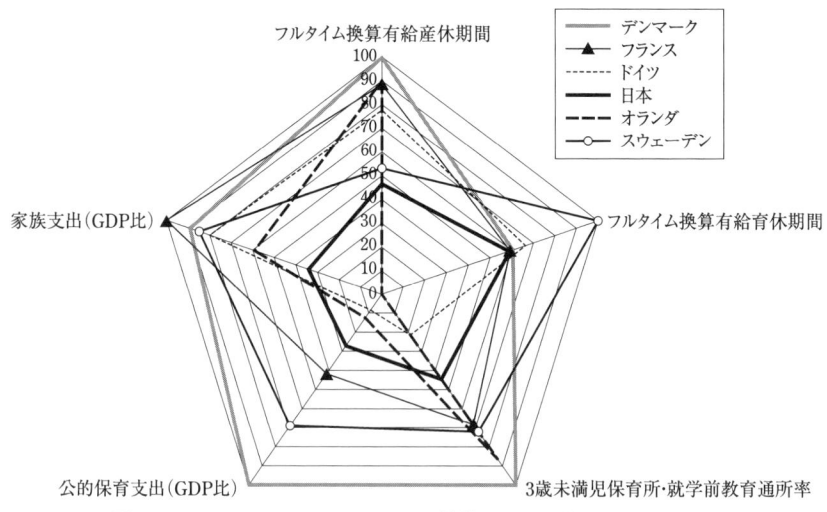

図 1-7 ワーク・ライフ・バランス施策の国際比較(2000 年代半ば)

注：対象とする 6 カ国の中の最高値を 100 とする指数.
出所：OECD, *Family Database* より筆者作成.

換算有給休業期間」を制度充実度の指標に用いて各国を比較する(図 **1-7**).フルタイム換算有給産休期間で高いポイントを示しているデンマークの場合,合計 18 週の産休が取得可能で休業中は 100％ の所得保障が得られる.デンマーク以外でも欧州大陸諸国には産休中に 100％ の所得保障を行っている国が多い.一方,図には示していないもののアングロサクソン系の国々は,産前産後休業は可能でも無給(オーストラリア,アメリカ)であったり,産前産後休業給付の所得代替率が低かったり(フルタイム換算の給付率でイギリス：23.8％,アイルランド：37.9％,ニュージーランド：50％)する傾向がみられる.日本では産前 6 週,産後 8 週の休業が労働基準法により保障され,休業中は健康保険から現在は 67％ の所得保障が得られる.これはアングロサクソン系の国々よりは高い水準であるものの,欧州大陸諸国と比較すると低い.

育児休業については,3 歳程度までの長期休業が可能な国(フィンランド,フランス,ドイツ,東欧諸国)と,生後 6 カ月から 1 歳程度の国(オーストラリア,カナダ,日本,デンマーク,イタリア,ノルウェー),生後 6 カ月未満の国(オランダ,イギリス,アメリカ)の 3 つに大別される.休業給付の所得代替

率は，100％のデンマークを除けば産前産後休業の場合よりおしなべて低く，70％以上を保障する国(ノルウェー，スウェーデン，韓国)，50-60％台の国(日本，カナダ，ドイツ)，20-30％台の国(フランス，ドイツ，フィンランド，イタリア)，無給の国(イギリス，オランダ)に分けられる．

スウェーデンを除くと，主要国のフルタイム換算育児休業期間は30-35週に収束している．これは，休業期間が長い国は休業給付の所得代替率が低く，逆に休業期間が短い国は所得代替率が高い傾向にあるためである．スウェーデンは例外的に休業期間が長く(72週)，所得代替率も高い(73％)．

4.2 保育サービスの利用と公的支出

大半のOECD諸国において，3歳以上児の多くが保育所や幼稚園などでの就学前教育を受けている．その半面，3歳未満児に関しては，保育所や幼稚園への通所率は国による差が大きい．たとえばデンマークでは3歳未満児の63％が通所しているのに対し，ドイツの通所率は14％にとどまる．日本の通所率(28％)はドイツよりは高いものの，スウェーデン(45％)，フランス(43％)，イギリス(40％)，アメリカ(31％)よりも低い．

こうした通所率の違いは，GDP比でみた保育サービスへの公的支出規模の差にも表れており，全体としては3歳未満児の通所率の高い国ほど保育サービスに対して大規模な公的支出をしている．ただし例外もあり，アメリカやオランダの通所率は日本よりも高いものの，GDP比でみた保育サービスへの公的支出は日本よりも少ない．両国では3歳未満児の保育の主体が保育所ではなく就学前教育に重点を置く幼稚園やデイケア・センター等となっており，それらを対象とする公的支出が多くなっているためである．

最後に，家族支出の規模を比較する．ここでの家族支出は，①子どものいる世帯を対象とする現金給付(児童手当のほか，ひとり親手当，育児休業給付等を含む)，②子どものいる世帯を対象とする現物給付(保育や就学前教育，住宅供給を含む)，③家族を対象とする租税支出(所得控除，税額控除等)からなっている．先進主要国の家族支出はGDP比で3％以上(OECD平均は2.3％)に達するが，日本は1.29％に過ぎない．保育サービスへの公的支出の少ないドイツは，児童手当が手厚いので支出規模ではデンマークやスウェーデンに比肩

している．

4.3 日本の位置づけと問題点

以上のように，主要国の中には親による家庭での育児を重視し，児童手当や育児休業給付（親手当）を拡充しながらも保育サービスの整備には消極的なドイツのような国がある（Gregg and Waldfogel, 2005）一方で，オランダやイギリス，アメリカのように休業保障は手薄い代わりに子どもが幼い時期からの就業と子育ての両立支援に重点を置く国々もある．北欧諸国やフランスは，親による育児と保育所を利用した仕事との両立のどちらの選択も可能なように充実した支援を行っている．

そうした中に日本を位置づけてみると，先進主要国と比肩しうるのは育児休業制度とその給付のみであり，ほかの施策はおしなべて手薄いことがわかる．

ワーク・ライフ・バランス施策のなかでも専ら育児休業制度の拡充が日本で進められてきた背景としては，以下のような事情が考えられる．第1に，育児休業制度は事業主に対する義務付けであり，雇用保険からの休業給付や，休業者と事業主双方の社会保険料免除がもたらす減収を考慮しても，制度導入に伴う追加的な財政負担が相対的に小さい．第2に，育児休業の取得促進によって最も保育コストの高いゼロ歳児保育を拡充するための財政負担を抑制することができる．第3に，母親が子育てに専念することをよしとする伝統的な意識も育児休業制度の普及・拡充を支えてきたとみられる（大石，2010）．

しかしながら，育児休業制度は事業主に代替要員確保などの追加的な負担を課すことから，そうした負担の一部は雇用量の減少や賃金の低下となって女性労働者にも帰着すると考えられる（Gruber, 1994；森田，2005；酒井・風神，2007；Boeri and van Ours, 2008）．このようなマイナス効果を緩和するためには，事業主に対して補助金を支給するなどの負担軽減策を設けることが望ましい．

また，男性の育児休業取得を促進することも重要である．両立支援策を拡充しても，利用するのが常に女性であるならば，女性の労働コストが男性と比較して高くなるため，長期的には企業は女性の採用を抑制したり，男女で異なる採用基準を設定し，コストを十分に回収できるほど優秀な，生産性の高い女性

だけを採用したりするといった行動に出ることが予想される．これを防ぐうえでは，男女間での育児休業取得率の差を縮小させる必要がある[4]．

さらに，雇用の非正規化が進む中で，妊娠した時点で非正規労働についている女性が若い世代になるほど増加している．育児休業制度を拡充しても，妊娠する女性の多くが制度を利用しにくい立場にあるのでは，少子化対策としての実効性は限定的にならざるを得ない．2004年改正によって期間雇用者も育児休業を取得できるようになったものの，休業取得に必要とされる条件を満たすケースばかりではなく，既存の制度が期間雇用者の両立支援ニーズに合致していないことが明らかにされている(労働政策研究・研修機構，2005)．今後は，非正規労働者のワーク・ライフ・バランス実現を目指して，より広範囲の労働者を対象とする普遍的な施策を展開することが望まれる(松田，2010)．

5　ワーク・ライフ・バランスの課題

本章の最後に，ワーク・ライフ・バランス施策が少子化対策としての有効性をもつために今後，どのような方向をとるべきかを検討する．

第1は，保育サービスの拡充である．諸外国と比較すると，日本の育児休業制度は国際水準に達している一方で保育サービスの整備は不足している．近年では育児休業明けの保育ニーズが高まっていることに加えて，不況のなかで家計を支えるために再就職を希望する母親が増加しており，保育をめぐる需給ギャップから大量の待機児童が発生している[5]．出産・育児期のワーク・ライフ・バランスを実現するうえでも保育サービスの拡充は不可欠である．

第2は，柔軟な働き方の保障である．オランダやイギリスでは，育児休業よりも，労働時間を短縮する権利を保障することによって乳幼児期の子どもをも

---

[4]　日本では2010年より父母双方が育児休業を取得した場合には，原則1歳までの休業期間を1歳2カ月まで延長する「パパ・ママ育休プラス」が導入された．これはノルウェーの「パパ・クォータ(父親割当制度)」(6週間)，スウェーデンの「パパの月」(60日間)を見本としたものであるが，父親の育児への意識を高めるという精神的な意味だけではなく，育児休業制度が女性の労働需要に与えるマイナスの影響を相殺する施策として注目される．

[5]　たとえば2003年度に年間10.3万人であった育児休業給付の初回受給者数は，2009年度には年間18.4万人に達しており，育休明けの保育ニーズが大幅に高まっていることが示唆される(厚生労働省「雇用保険事業年報」平成21年度)．

つ親のワーク・ライフ・バランスを実現することに重点が置かれている．とくに注目されるのはイギリスの動きで，2003年から「柔軟な働き方の申請権」が労働者に保障されるようになっている．ほかにもフランスでは育児親休業（日本の育児休業に相当）の1パターンとして週16時間までの短時間勤務が認められており，ドイツでも親時間（同）の期間中でも親1人につき週30時間の勤務ができる．このように，先進諸国の潮流は，家庭で育児に専念するかたちの休業から，労働者のニーズに合った部分就労を可能とする方向へシフトしている．これに対して現在の日本の労働市場では，柔軟な働き方をしようとすると，労働条件の劣るパートタイム労働など非正規労働を選択せざるを得ない．2010年施行の改正育児・介護休業法では育児期にある労働者に対する短縮勤務措置の義務化と時間外労働の免除が盛り込まれているが，これらの施策の活用を進めていく必要があろう．

第3は，女性の働き方にバイアスをもたらしている税制や社会保険制度の見直しである．大多数のOECD加盟国では共稼ぎのほうが片稼ぎよりも税制上有利になっているなかで，日本の税制は片稼ぎに有利な仕組みとなっている（OECD, 2005）．また，税制とあいまって社会保険の被扶養認定基準が女性の本格的な就労を抑制していることは，多くの既存研究が指摘している（樋口，1995；安部・大竹，1995；大石，2003）．制度的な要因からパートタイム労働市場に女性労働者が集中する結果，パートタイム賃金は低水準にとどまり，留保賃金の高い高学歴女性はいったん退職すると再就職への意欲を喪失してしまう．また，正規労働者と非正規労働者の賃金格差が出産退職の機会費用を高め，少子化の要因ともなっている．制度がもたらすバイアスを取り除き，個々人がライフサイクルの中で最適な働き方を選択できるようにすることが，ワーク・ライフ・バランスを実現するうえで求められるのである．

参考文献

安部由起子・大竹文雄, 1995,「税制・社会保障制度とパートタイム労働者の労働供給」『季刊社会保障研究』31(2):120-134.

大石亜希子, 2003,「有配偶女性の就業と税制・社会保障制度」『季刊社会保障研究』39(3): 286-300.

大石亜希子, 2010,「育児休業制度からみる女性労働の現状」安孫子誠男・水島治郎

編『持続可能な福祉社会へ——公共性の視座から3　労働』勁草書房，pp. 215-232．
厚生労働省職業安定局雇用政策研究会，2007，『すべての人々が能力を発揮し，安心して働き，安定した生活ができる社会の実現——本格的な人口減少への対応』（雇用政策研究会報告書）厚生労働省．
国立社会保障・人口問題研究所，2006，『日本の将来推計人口——平成18(2006)年12月推計』国立社会保障・人口問題研究所．
小原美紀，2000，「長時間通勤と市場・家事労働——通勤時間の短い夫は家事をより手伝うか？」『日本労働研究雑誌』No. 476: 35-45．
酒井正・風神佐知子，2007，「介護保険制度の帰着分析」『医療と社会』16(3): 285-301．
佐藤香，2009，「総論——企業中心・男性稼ぎ主型社会からの脱却をめざして」連合総合生活開発研究所編『生活時間の国際比較——日・米・仏・韓のカップル調査　連合・連合総研共同調査研究報告書』連合総合生活開発研究所．
樋口美雄，1995，「「専業主婦」保護政策の経済的帰結」八田達夫・八代尚宏編『「弱者」保護政策の経済分析』日本経済新聞社，pp. 185-219．
松田茂樹，2010，「非正規雇用者のワーク・ライフ・バランス」『Life Design Report』Winter 2010年1月号．
守泉理恵，2008，「有配偶女性の就業行動の変化と出産の機会費用——1992～2002年」高橋重郷編『少子化関連施策の効果と出生率の見通しに関する研究』平成19年度厚生労働科学研究報告書，pp. 96-117．
森田陽子，2005，「育児休業法の規制的側面——労働需要への影響に関する試論」『日本労働研究雑誌』536: 123-136．
労働政策研究・研修機構，2005，『有期契約労働と育児休業——継続雇用の実態と育児休業の定着に向けた課題』（労働政策研究報告書，No.99）労働政策研究・研修機構．
Abe, Y., 2009, "The effects of the 1.03 million yen ceiling in a dynamic labor supply model," *Contemporary Economic Policy*, 27-2: 147-163.
Abe, Y. and A. S. Oishi, 2009, "The 1.03 million yen ceiling and earnings inequality among married women in Japan," *Economics Bulletin*, 29-2: 1521-1530.
Boeri, T. and J. van Ours, 2008, *The Economics of Imperfect Labor Markets*, Princeton: Princeton University Press.
Gregg, P. and J. Waldfogel, 2005, "Symposium on parental leave, early maternal employment and child outcomes: Introduction," *Economic Journal*, 115: F1-F6.
Gruber, J., 1994, "The incidence of mandated maternity benefits," *American Economic Review*, 84(3): 622-641.
OECD, 2003, *Babies and Bosses—Reconciling Work and Family Life (Volume 2): Austria, Ireland and Japan*, Paris: OECD.
OECD, 2005, *Taxing Working Families: A Distributional Analysis,* Paris: OECD.
OECD, 2007, *Labour Force Statistics 2007,* Paris: OECD.
OECD, 2009, *Society at a Glance 2009,* Paris: OECD.

Ueda, A., 2005, "Intrafamily time allocation of housework: Evidence from Japan," *Journal of the Japanese and International Economies,* 19: 1–23.

第2章 働き方と家族形成の関係

酒井正・高畑純一郎

1 はじめに

働くことと家庭の両立を無理なく可能にするような一連の施策，いわゆるワーク・ライフ・バランス施策(以下では，両立支援策と総称する)の充実が叫ばれている．その実際の普及と進展については様々な評価があろうが，働き方の見直しを進めようという機運が官民を問わず高まっていることは間違いない．一方で，労働市場に目を向ければ，近年，いくつかの大きな変化の傾向が見られる．総務省統計局「就業構造基本調査」によれば，会社などの役員を除く雇用者のうち，正規雇用でない者の割合は，1997年の24.6%から2007年の35.6%に増えており，雇用の非正規化が大きく進んでいることがわかる．前章でも述べられたように日本の女性の年齢別就業率は，いわゆる「M字カーブ」を描くことが広く知られているが，これは日本の女性が結婚や出産を機に労働市場から退出し，子育てが一段落した頃に再び労働市場に戻ることが多い事実を反映しているとされる．同調査によってこの「M字カーブ」の経年的な変化を見れば，M字の「底」は近年上がってきている．つまり，結婚や出産を機に仕事を辞める女性は近年減っているように思われる．ところが，正規雇用就業率に限って見れば，全体の就業率ほどには大きく変化していない[1]．つまり，結婚・出産後の時期にあたる女性の就業率の上昇は，正規雇用以外の増加による貢献が大きかったことになる．女性の就業率の上昇は，雇用の非正規化という側面を伴って進展してきたことが示唆される．非正規雇用が量的に

---

[1] 詳しくは酒井・高畑(2010)の図1を参照されたい．

拡大している一方で，正規雇用の内部にも変化が見られる．同じ「就業構造基本調査」によれば，非農林業の雇用者で年間200日以上就業している者のうち平均して週60時間以上働いている男性の割合は，1997年の11.9%から2007年の17.9%に増えている．また，女性においてもその割合は3.0%から5.8%に増えており，正規雇用において長時間労働が増えている現状が窺える．非正規雇用において両立支援制度の整備が遅れている状況や，一般的に正規雇用における労働時間が硬直的であることを考えると，以上のような雇用環境の変化は，ワーク・ライフ・バランス社会の実現にとってブレーキとはなれ，促進させるものとはならない．畢竟，少子化がより進むことになる．これらの就業環境の変化を1つの背景として，両立支援策の必要性が一層高まっていると見ることもできよう．

　両立支援策が脚光を浴びているなか，企業の両立支援策がその経営に与えるプラスの効果に注目した研究が相次いでいる(Arthur and Cook, 2004；阿部, 2007；佐藤・武石，2008 等)[2]．両立支援策に生産性や経営効率を高める機能がなければ，企業にはそれらを採用するインセンティヴがないので，経営面への影響を検証することは重要だろう．もとより，両立支援策は少子化対策のためだけにあるのではないとする見方もある(脇坂, 2006)．しかし，それが仕事と家庭の「両立」を目指すものである以上，家族形成に対して果たす役割についてもなんらかの評価は必要と思われる．はたして，(法的な強制力を伴うものや企業独自のものも含めて)各種の両立支援策は出生を促すような効果を持っているのだろうか．そもそも，長時間労働等の非柔軟的な就業環境は，どの程度そこで働く者の出生を阻害する要因となっていたのか．また，出生行動のみならず，結婚行動にも就業環境は影響しているのか．本章では，以上のような問いに取り組んだ先行研究についてサーベイを行うことにする．これまでも，日本で少子化が進む要因については，より一般的な観点から優れた文献サーベイが行われてきた(たとえば，加藤，2001；伊達・清水谷，2005；橘木・木村，2008 等)．本章は，主に経済学的な観点から，働き方と家族形成の関係に焦点

---

[2] 両立支援策が経営に及ぼす影響に関する研究のサーベイとして，松原・脇坂(2005a；2005b；2006)，武石(2006)などがある．

をあてて先行研究を整理する．ここで「家族形成」とは，主に婚姻と出産を指すものとする．また，「経済学的な観点から」と述べたのは，家族形成における「インセンティヴ」と「制約条件」に焦点を当てて先行研究を概観したいからである[3]．両立支援に関わる様々な施策がインセンティヴと制約条件の変化を通じて家族形成に与えうる影響を整理し，何がわかっており何がわかっていないのか把握することで，本書の次章以降も含めたこれからの研究の展望としたい．その過程で，家族形成において企業が果たしている役割についても把握する．これまで日本で行われた実証研究では，育児休業制度などの導入は，女性の継続就業に対しては一定のプラスの影響が認められるものの(Waldfogel et al., 1999；駿河・張，2003等)[4]，出生に対する影響については必ずしも一貫した結果が得られていない(滋野・大日，2001a；駿河・西本，2002等)．だが，それらを結論する前に，いま一度，実証分析が依拠している理論的な前提条件や実証方法の妥当性に注意を払う必要があるのではないか．本章ではそれらについても言及することで，具体的な分析において留意すべき点を明らかにしたい．

　なお，本章では，主として，育児休業法や企業独自の育児休業制度，短時間勤務制度といった施策の効果について取り上げる．これらは社会保障の教科書風に言うならば「現物給付」ということになる．逆に言えば，本章では，たとえば児童手当といった子育てに伴う費用に対する所得補助(＝「現金給付」)の効果については取り上げない．所得補助は，ある面では，家族形成に関して両立支援策と代替的な機能を有しているという見方もできる[5]．しかし，両立支援策が就業を前提としているのとは裏腹に，子育てに対する所得補助は女性の就業を抑制する方向に働く可能性もある．またなにより，本書は働き方と家族

---

3) 本章では，妊娠は基本的に個人の意思によってコントロールされうると前提して議論する．すなわち，避妊手段は充分に普及しており，人工妊娠中絶も合法化されているため，それらのコストは著しく低いと想定して議論を進めることにする．妊娠のコントロールが困難な場合は，本章の議論において想定する以外の出生行動やその他の行動への影響も考えられうる．

4) ただし，育休制度の継続就業への効果は限定的とする見方もある(たとえば，岩澤，2004)．また，滋野・大日(1998)は，育休制度の存在が未婚者も含めた女性の継続就業に影響があるかを見ている．

5) 金銭的インセンティヴが出生に与える影響に関しては，内外で多くの実証研究がなされており，日本での最近の実証例として，Kureishi and Wakabayashi(2008)，田中・河野(2009)などがある．

形成の関係を主題としていることから，施策の効果については両立支援策のみに焦点を絞り既存研究の紹介を行うことにする．また，公的な保育サービスについても紙幅の都合から取り上げない[6]．

本章では，まず次節で，家族形成に関する理論の整理を行う．次に，就業や就業に関わる施策が家族形成に与えうる影響について実証分析した先行研究を整理する．最後に，家族形成に関わる実証分析において，今後留意すべきと思われる事項に触れて結びとしたい．

2　働き方が家族形成に与える影響に関する理論分析

2.1　家族形成の理論

人口成長の決定に関する古典的な研究としては，マルサスの理論があるが[7]，これによれば，人口の水準は経済の条件によって自動的に均衡するように決まるが，歴史的な人口成長は，技術進歩によって説明されるという．しかし20世紀以降，技術進歩は進む一方で人口成長率は低い水準で推移し，マルサスの理論によって説明がつかなくなってきた．そこで，こうした現象を説明できるように理論の修正が行われ，特に従来考慮されてこなかった結婚・出生選択の意思決定がモデルで考えられるようになってきた[8]．

まず，結婚に関しては Becker(1973) の理論があり，結婚することによって消費できるようになる家計内生産財を想定し，得られる純便益が大きい場合に個人は結婚すると説明される．この便益とは，例えば子ども，食事・清掃等の家事，夫婦生活の楽しみなどが考えられる．しかし，結婚することによって失われる便益もあり，この点も考慮する必要がある[9]．この他に結婚の理由とし

---

[6]　公的な保育サービスの現状と評価については，本書第13章(泉田論文)のほか，滋野・大日(1999)や吉田・水落(2005)などの推計結果を参照されたい．

[7]　本節におけるマルサスの理論の記述については，加藤(2001)に従った．

[8]　Galor and Weil(2000)は，マルサスの枠組みを取り込みながら技術進歩を考慮することで人口成長のトレンドの変化を理論的に説明している．

[9]　1つのケースとして，小川(2006)は，結婚前の独身状態において，親と同居しているかどうかを考慮し，親と同居している人が結婚する場合には逸失利益が発生するという点を加味して分析を行っている．

て，保険機能や取引費用などの視点からも分析が行われてきた(加藤，2001)[10]．

それに対して，近年，Chiappori(1992)によって考案されたコレクティブ・モデル(Collective Model)を用いて，女性の結婚の意思決定を考察した研究が登場してきている．コレクティブ・モデルでは，女性は結婚によって新たに得られる便益と，結婚による逸失便益を比較することで，結婚の意思決定をすると考える(Browning *et al.*, 2006)．そのため，家計内での交渉力が弱いと予想する場合，女性は結婚しないという選択をする．宇南山(2009)は，保育所の整備によって出産後の就業継続が容易になれば，出産後も相対的に高い賃金が得られるために，女性の交渉力は高まり，女性の結婚を促す可能性があると指摘している．

次に，出生選択に関しては，限界便益が限界費用を上回る場合に，子どもをもう1人持つという意思決定をすると考えられる．子どもから得られる便益は大きく分けると3つあり，子どもを持つこと自体から便益が得られるケース(消費的動機)，引退後の生活補償をあてにするケース(投資的動機)，あるいは家業の手伝いを期待するケース(労働力としての動機)である．先進諸国では，投資的動機は社会保障制度の充実やそれに伴う規範の変化と共に，また労働力としての動機も産業構造の変化と共に，小さくなりつつある[11]．

こうした考え方に基づいて，近年の出生率の低下を理論で説明したBecker and Lewis(1973)は，子どもの質を考慮する場合には，子どもの費用が質の水準に依存するため，所得が増えても数が増えない可能性を指摘したが，そこから子どもの質から得られる収益率が高まると，親は数よりも質を選択することになる(Becker *et al.*, 1990)[12]．

また，ミクロ的基礎付けのある理論モデルを用いたシミュレーション分析が近年盛んになってきている．Da Rocha and Fuster(2006)は，失業によって出

---

[10] 保険機能とは，一方が失業あるいは病気の場合に他方が補うことが可能になることを指す．取引費用とは，同棲では得られないような，結婚による長期的関係を維持することによって取引費用を小さくできることを指し，これによって子育てなどがしやすくなるなどの利点がある．

[11] 先行研究では，発展途上国を対象としているものでは投資的動機に基づいているものが多いのに対し(Neher, 1971 ほか)，先進国を対象としているものには消費的動機が多い(Becker, 1960 ほか)．関連研究のまとめとして高畑(2009)を参照のこと．

[12] 出生率と所得がなぜ負の相関を持っているのかという視点でなされた研究は数多く存在する．包括的な議論はJones *et al.*(2008)を参照のこと．

生間隔をあけることから，労働市場で仕事が見つかる確率が低いほど出生率が低下することを示し，その確率によって先進諸国に見られる女性の労働参加率と出生率の正の相関が説明される可能性を示した．彼女らのシミュレーション分析では，仕事が見つかる確率の変化によって，女性の労働参加率と出生率の相関の符号が変わりうることを示している[13]．

2.2 経済理論の観点から見た実証分析にあたっての留意点

上述の多くの研究では，子どもの数を決める際に予算制約のみの下で自由にその量を決定できると仮定していたが，こうしたモデルでは現実と異なっている点が存在する．両立支援策が家族形成，特に出生行動に与える影響に注目する場合には，現実に近いモデルで考えることが重要であり，理論モデルの洗練が必要となる．

まず，通常のモデルでは保育サービスについて，明示的に考慮されてこなかった[14]．日本では保育所に入れない場合が多く，いつでも利用できるわけではないので，価格を払っても利用できないということになる．このような状況では，予算制約とは別に，保育所の利用可能性に関する制約に直面していることになる．この点と関連して，子どもが病気になった場合には通常の保育所に預けることができない．そのような状況では，柔軟な働き方ができるかどうかが問題となるため，それが可能かどうかを考慮する必要がある．

さらに，親の所得に不確実性があると，長期間一定の費用がかかる子育てを避けるかもしれない．というのも，子どもは通常の財とは異なり，大人になるまで育てる責任が発生するため，一度子どもを持った親は大人になるまで育てなければならない．例外として，里親の制度があるが，日本では一般的でなく，途中で子育てが困難になっても放棄しにくい状況にある[15]．このように，所得の不確実性も出生選択に影響があると考えられる．

最後に，上述のように日本の場合に限ると，ほぼ結婚が出産の必要条件とな

---

13) このほか，同様の手法を用いた研究には Caucutt et al. (2002) や Erosa et al. (2009) などがある．
14) 例外として Lundholm and Ohlsson (2002) がある．
15) 厚生労働省によると，2007 年時点で全国に 7,745 人の里親がおり，うち 2,339 人の里親に計 3,424 人の児童が委託されている．一方，アメリカでは 2006 年時点で 510,885 人の子どもが里親に育てられている (U. S. Department of Health and Human Services, 2006)．

っていると考えられるため，出生選択の行動を考察する場合には，結婚の意思決定を取り込んだモデルで分析することによって，結果が異なる可能性がある．しかし，これまでの多くの研究では，全ての個人が結婚しているという前提で分析が行われてきた[16]．

では，両立支援策は家族形成に対してどのような影響があるのだろうか．時間制約を予算制約に統合した制約式のみを考えるモデルでは，時間と金銭の補助の効果は同じであるが，上で考えた制約の要因を取り込むと，それぞれの制約に対応した両立支援策は時間や金銭的な補助と異なる効果を持つと考えられ，出生選択に影響すると考えられる．

また，子どもをもう1人持つという意思決定をする際に，どの制約が効いているかは個別の家計の状態に依存している．例えば，所得変動の問題と育児休暇が十分にないことの2つの条件が理由で子どもを持たないという意思決定をしている場合，一方のみを緩和しても効果はなく，両方を実施して初めて子どもを持つようになるのである．このように，各個人の状況を考慮せずに，政策の効果を単独で見ては意味を持たない可能性がある．

両立支援策の家族形成への影響は，想定するモデルによって結果が異なる．どのモデルが適切かは実証研究によっても判定されうるが，個人の家族形成の意思決定に際して，どの制約に直面していると想定すべきかをよく考えた上でモデルを設定する必要がある．

3 働き方が家族形成に与える影響についてのこれまでの評価

3.1 就業と婚姻の関係

前節でも触れたように，これまでの実証分析には，想定する理論モデルが前提とする条件の妥当性を必ずしも充分に検討していないものも多いため，それらにおいては結果の解釈にあたって議論の余地が残ったり，先験的には効果が

---

[16] 結婚を考慮した研究には Aiyagari *et al.*(2000)，Fernandez *et al.*(2005)，Tertilt(2005)，Doepke and Tertilt(2009)，宇南山(2009)がある．

明らかでなかったりする．それらをあらかじめ理解したうえで，以下では，日本と海外において行われた就業と家族形成の関係に関する実証分析を，付された留保条件にも目を配りながら見てゆくことにする．

まず，就業と結婚との関係を分析した既存の実証研究について見る．日本では，婚外子が極めて少なく，少子化の大部分は結婚が少なくなっていることによるものとされる．就業や就業環境は，機会費用の変化等を通じて結婚という意思決定に影響を与えることが考えられる．また，現状では，両立支援策と呼ばれるものに結婚を促すことを意図しているものは少ないように見受けられるが，たとえ既婚者の出産に対する両立支援策であっても，出産が結婚を必要条件としているのであれば，結婚自体をも促すことが予想される[17]．

滋野・大日(1998)，樋口・阿部(1999)，Blau *et al.*(2000)，Ahn and Mira (2001)，Higuchi(2001)，永瀬(2002)，酒井・樋口(2005)，Gutierrez-Domenech (2008)，太田(2007)，北村・坂本(2007)，Kondo(2008)，北村・宮崎(2009)といった研究は，労働市場や就業状態と結婚との関係を調べている．その結果，男女ともに概ね，失業率が上がったり正規就業率が低下したりすると結婚が遅くなる(もしくは有配偶率が低下する)ことが見出されているが，なかには逆の効果を検出している例や一部だけに影響が見られるとするものもある．労働市場参入時の景気の影響についても，必ずしも一致した結果は得られていない[18]．

硬直的な労働時間や長時間労働は出会いの機会を失わせ，非婚化・晩婚化の原因になっているといったことがしばしば言われる．日本においてそのことを直接的に確かめた例は筆者の知る限りないが，岩澤・三田(2005)は，夫婦が出会ったきっかけという点に着目して初婚の動向を分析した結果，過去30年間における初婚率の低下に「職縁による結婚」の減少が大きく寄与していたことを見出しており，職場環境の変化が晩婚化・非婚化となんらかの形で関係していた可能性が考えられる[19]．海外では結婚への影響よりもむしろ，長時間労働や職場環境が結婚の解消すなわち離婚と関わっているかどうかに関心があるよ

---

17) 先にも触れた宇南山(2009)は，このような立場からの主張である．
18) さいきん，Hashimoto and Kondo(2010)は，労働市場の悪化によって家族形成が遅れるのは高卒以下の学歴の女性であり，高学歴の女性については当てはまらないことを示している．
19) 岩澤・三田(2005)では，初婚率の低下量のうち，約5割が「見合い結婚」の減少によって，約4割が「職縁結婚」の減少によって説明されるとしている．

うだ.たとえば,Johnson(2004)は,米国のマイクロ・データを用いて,共稼ぎであるほうが離婚する確率が高く,また女性が長時間労働であるとより離婚に結びつきやすいという事実を見出している.しかし,このことが必ずしも長時間労働が離婚をもたらすという因果関係を示しているとは限らないとも述べている.また,Svarer(2007)は,職場において異性の比率が高いほど離婚の確率が高まることを見出しているが[20],職場における異性の比率が高くても独身者が結婚する確率が高くなるわけではなく,異性の割合が高い職場はもっぱら既婚者が(配偶者以外の)パートナーを探す場として機能している可能性を示唆している.

日本において両立支援制度が結婚確率に及ぼす影響を定量的に検証した例として,滋野・大日(1998;2001a)が挙げられるが,それらにおいては育児休業制度の有無といった要因は必ずしも有意に結婚確率を高めていなかった[21].

3.2 就業および就業環境と出生の関係

女性の労働市場参加が出生に与える影響については,古くはいわゆる Butz-Ward モデルによる検証が知られる(Butz and Ward, 1979).そこでは,米国の時系列データに基づき,戦後,女性の賃金率が高かった時期には(機会費用の上昇を通じて)出生率が有意に下がっていた事実が見出されている[22].女性の労働市場参加と出生率の相関関係については,国ごとの集計データを用いた議論も多く行われてきた(たとえば,Ahn and Mira, 2002;Rindfuss *et al*., 2003;Adsera, 2004;Kogel, 2004;山口,2005b).それらの研究から,OECD 諸国の国ごとの女性の就業率と出生率の関係は,1970 年代頃までは負の相関を示していたが,1980 年代以降は正の相関を示すようになってきたことが広く知られている[23].これらは基本的に,国ごとのデータをプールして,出生率を女性

---

[20] McKinnish(2007)も同様の結果を確認している.
[21] 両立支援策ではないが,北村・宮崎(2009)は,過疎市町村における「結婚祝い金」などの結婚促進策が男性の結婚に正の影響を及ぼすことを見出している.
[22] 好景気で女性の賃金が上がる時期には,同時に夫の所得が上がることも多い.夫の所得の上昇は出生を促す方向に働きうるので,景気循環(労働市況)が出生に及ぼすトータルの影響は,女性の賃金を押し上げる効果と夫の所得を引き上げる効果の大きさ次第ということになる.Butz-Ward モデルの問題点や日本への適用例については,加藤(2001)が参考になる.

の就業率によって説明させる推計である.

　個票データを用いた研究としては，Ahn and Mira(2001)やGutierrez-Domenech(2008)が，スペインのデータによって，労働市場と家族形成の関係を調べている．男性については，無職や非正規雇用であると，正規雇用である場合に比べて結婚が遅れ，その結果，子どもを持つことも遅れることが確認されている(Ahn and Mira, 2001)．女性についても，労働市場が悪化した場合，結婚が遅れ，その結果，子どもを持つことが遅れることが見出されている．ただし，本人の雇用状態の影響はコーホートによって異なっていた(Gutierrez-Domenech, 2008)．

　日本では，近年，家計経済研究所の「消費生活に関するパネル調査」(以降，「家計研パネル」と呼ぶ)を用いて家族形成の決定要因を検証する例が増えている．代表的なものとして，樋口・阿部(1999)やHiguchi(2001)は，結婚や出産のタイミングが教育水準や労働市場の状況によってどのように異なるか見ている．その結果，女性の失業率が高いと出産時期が遅くなる傾向を見出している．また，酒井・樋口(2005)は，「慶應義塾家計パネル調査」を用いて学卒時の就業状態と結婚時期・出産時期の関係を見ている．その結果，学卒直後にいわゆる「フリーター」と呼ばれる無職や臨時雇用であった者は，その後の出産が正規雇用に就いた者に比べて遅いことを確認している[24]．しかし，労働市場が家族形成(ここでは特に出産)に与える影響には様々な経路があると予想される．上記の分析はいずれも多くの説明変数によってコントロールされているが，それらの限りでは，労働市場の変数が本当はどのチャネルを通じて家族形成に影響を与えているのか必ずしも区別されえない．また，先験的にはその影響が不確定なため，出てきた結果をもとに後付け的に解釈せざるをえない側面もある．たとえば，労働市況の悪化は，現在仕事に就いている者にとっては辞めた場合に再就職が困難になることを意味するため出産を先送りしてでも仕事を優先するインセンティヴとなるかもしれないが，現在仕事に就いていない者にとって

---

23) ただし，各国の観察されえない異質性を考慮して推計を行うと1980年代以降も出生率と女性の就業率の関係は負の相関のままであった(Kogel, 2004；山口, 2005b)．その場合でも，負の相関関係の度合いは1980年代半ば以降小さくはなっている．

24) ただし，同時に，出産が遅くなっているのは，「フリーター」経験者において結婚時期が遅いことに由来することも確認している．

は就職機会の減少を意味し，職探しをあきらめてむしろ家庭に専念することにつながるかもしれない．マクロで見た効果は，この相反する2つの効果が相殺し合ったネットの結果に過ぎないということもあり得る．また，各個人の就業状態を説明変数として用いた場合では，出産を計画しているがゆえに就業していないといったこともあるかもしれない．このような，いわゆる「内生性」についてもよく考慮された研究は少ない．

　それでは，就業の有無や雇用形態ではなく，労働時間といった就業環境が出生力に与える影響はどうだろうか．Toda et al.(2007)は，「家計研パネル」を用いた分析の結果，妻の残業時間が多いほど第1子出生の時期が遅くなることを見出している．滋野(2006)も，同じデータを用いて，長時間労働であると第1子を産むタイミングが遅れることを確認している．だが，労働時間(もしくは残業時間)は人々が出産の決定に際して直面する「制約条件」であると単純に言えるだろうか．いわゆる「サービス残業」をする者はしない者に比べて総報酬額が高いことが知られている(高橋，2005)．これは，ボーナスなどを通じて結局は「サービス残業」の対価が支払われていることを意味している．所得への志向が高く，長く働く傾向がある者ほど(観察されえない)出産意欲は低いといった傾向がもしあれば，推定された労働時間の出生への影響は過大に見積もられている可能性もある[25]．

　労働時間が性行動を通じて出生行動に影響を及ぼす様子を検証した例もある．玄田・川上(2006)は，若年成人において，出産の前提となる性行動そのものが減っていることが，日本の少子化の背景にあるのではないかという問題意識から実証分析を行っている．分析上の時間整合性という観点からも，就業との関係では(子どもがいるかどうかよりも)性行動の有無を見るほうが適切な場合もある．彼らはまず，国ごとの性行動の頻度と出生率との関係を回帰分析し，両者の間には有意な正相関があることを見出している．次に，(2000年と2001年の)日本版 General Social Surveys(JGSS)を用いて，就業が性行動の頻度に

---

[25] なお，出産の決定には，本人(妻)の労働時間だけでなく，配偶者(夫)の労働時間も，家事や育児への協力を通じて影響してくることが考えられる．駿河ほか(2000)は上記の「家計研パネル」を用いて，夫の労働時間や通勤時間が出生確率に与える影響を見ている．その結果，夫の労働時間は出生確率に影響を与えないが，夫の通勤時間が長いと出生確率が有意に下がることを確認している．

与える影響を統計的に分析したところ，無業であることは単身者において有意に性行動の頻度を低下させており，この効果は男女ともに見出された[26]．また，労働時間については，就業者についてのみ見たところ，既婚者では労働時間が長くなるほど性行動頻度が少なくなることが観察された(単身者では確認されず)．既婚給与所得者に絞った分析では，労働時間の影響はさらに大きく出た．サンプルを給与所得者に絞っているのは，給与所得者では，労働時間が硬直的で，外生的な要因として比較的みなしやすいという考えからである．就業(具体的には，失業や長時間労働)が性行動に影響を与える経路は幾通りか考えられるが，無業であることは，期待所得の低下を通じて子どもを持つインセンティヴを下げ，性行動を少なくしている可能性がある．また，就業を通じたパートナーとの出会いの機会の喪失も性行動を少なくする可能性がある．長時間労働によって，パートナーとのコミュニケーションの時間が少なくなった結果，性行動が少なくなるということも考えられる．さらに，長時間労働が大きなストレスとなっていれば，性行動の意欲を下げる可能性もあろう[27]．

3.3 両立支援策が出生に与える影響——海外での評価[28][29]

長時間労働や硬直的な就業環境が仕事と出産や子育ての両立を妨げる制約として働いているとしたら，それらの制約を緩和させるものと位置付けられる両立支援策は，実証的にどのように評価されうるのだろうか．育児休暇や公的な保育サービスなどは北欧諸国(デンマーク，フィンランド，アイスランド，ノルウェー，スウェーデン)で早くから整備が進められてきた．北欧諸国は，女性(母親)の高い就業率と緩やかな出生率低下という2つの現象を同時に実現させたが，この要因として，北欧諸国の手厚い家族政策が挙げられることが多い．

---

26) 単身者では，無業だと有意に「友人との会食や集まり」に参加する頻度が減っていることも見出されている．
27) なお，玄田・斎藤(2007)では，女性において，失業経験があるほど，また仕事への満足度が低いほど，性行動の頻度が少なくなることを確認している．
28) 先進諸国における家族政策が出生に与える影響についてレビューしたものとして，Gauthier (2007)がある．
29) 以下では主に，企業における育児休暇制度の有無が出産に与える影響について見るが，休業期間中の給与補償があるかどうかによって本来その効果は大きく異なるはずである．しかしながら，多くの先行研究では，(一部にはデータ上の制約もあり)それらは明示的に区別されていない．

なお，ここで「家族政策」とは主に，出産休暇・育児休暇などの有給休暇施策と公的・私的な保育サービスの提供を指す．北欧諸国の家族政策を評価した Datta Gupta *et al*.(2008)によれば，北欧諸国の家族政策は他の先進諸国と比べて一般的に手厚いが，出産・育児休暇(すなわち政策によって補助された家庭育児)へ重点を置くか，保育サービス(すなわち家庭外での育児)に重点を置くかが同じ北欧諸国内でも国によって異なっている．たとえば，フィンランドでは出産・育児休暇が手厚いかわりに，保育サービスによってカバーされている子どもの割合は低い．対極的にデンマークでは，保育サービスによってカバーされている児童の割合は高いが，出産・育児休暇はそれほど手厚くない．これは，出産・育児休暇と保育サービスが代替的な関係にある事実を反映している．すなわち，出産・育児休暇が手厚ければ，当然，（家庭外での育児である)保育サービスは不要となりがちである．多くの先行研究は，出産・育児休暇が北欧諸国で母親の就業(労働供給)を高めるのに資したことを明らかにしている(特に，母親の就業復帰が早くなる)．一方，北欧各国の家族政策が出生に与えた影響ははっきりせず，他の要因による影響のほうが大きかった可能性も考えられる(Walker, 1995；Bjorklund, 2006；Ronsen, 2004)．

米国については，Averett and Whittington(2001)が，企業の育児休暇(出産休暇)付与が出生に与えた影響を National Longitudinal Survey of Youth(NLSY)を用いて確かめている．育児休暇制度のある会社とない会社が存在する状況で，もし出生意欲が高い者ほど育休制度のある企業を選ぶ傾向があるとしたら[30]，育休制度のある企業における女性の出生率とない企業の女性の出生率を単純に比較しても，それは育休制度が出生に働きかけた影響を見ていないことになる．そこで彼女たちはまず，本当に出生意欲が高いと育児休暇制度のある仕事を選ぶことが多いか確かめている．その結果，出生意欲は，育休制度のある仕事を選ぶかどうかという選択には有意に影響していなかった．そのうえで，育児休暇制度のある仕事に就いているか否かが出産確率に影響しているかどうか分析したところ，（モデルの特定化によって若干異なるものの)育休制度のある企業

---

[30] 出生意欲の高い者ほど出産後の就業を望まない傾向が強ければ，育休制度が有る職場を評価するとは限らない．その意味で，出生意欲が育休制度のある企業を選ぶ行動に及ぼす影響は先験的に必ずしも明らかでない(Averett and Whittington, 2001)．

に勤めているほど出産する確率は有意に高かったことを見出している.

その他の国の研究として,オーストリアで2回にわたって行われた法定育児休暇期間の変更が,出生とキャリアに与えた影響を調べた Lalive and Zweimuller(2009)があるが,そこでは出生を促す効果がかなり大きかった(さらに長期にわたっている)ことが確認されている.

柔軟な労働時間の実現も,仕事と家庭のトレードオフを緩和するような仕組みの1つとしてしばしば挙げられる.欧州11カ国[31]について検証した Ariza et al.(2005)は,オランダとアイルランドにおいて,パートタイム就業が容易だと一貫して出生率にプラスの影響があることを見出している(他の国については,パートタイム労働が出生に対してマイナスに寄与している国も見られた).だが,パートタイム労働は,国によって,定義も異なれば法的な保護も異なる[32].また,パートタイム労働と代替的に利用可能な制度も国によって異なっている.分析上の技術的な問題として,出生意欲が高いためにパートタイム雇用を選んでいるという可能性も考慮しなければならない.またそもそも,パートタイム労働の雇用保障が一般的に弱いという事実は,2節でも述べたように継続的な支出を必要とする子育てを躊躇させる要因となる可能性がある.たとえ,労働時間の点で正規雇用よりも柔軟性があるのが事実だとしても,他の面で劣後していれば,労働者にとって単純に制約の緩和とはならない.実証的な観点からは,パートタイム労働者の割合といった指標を単純に柔軟性の指標として解釈することは,日本のような国では難しいかもしれない.

仕事と子どもを持つことの間のトレードオフを緩和するのは,育児休業制度や柔軟な労働時間だけではない.技術革新もまた女性のキャリアと出産の両立を実現させうる.女性が子どもを出産するには生理学的な年齢限界がある.従って,出産を延期すれば生理学的に子どもを持てる確率は低くなる.それにもかかわらず,働いている女性が出産を遅らせるのは,出産によって失われるものが大きいからだ[33].これが,子どもの数を少なくする要因になっていると考

[31) ベルギー,デンマーク,フランス,ドイツ,ギリシャ,アイルランド,イタリア,オランダ,ポルトガル,スペイン,イギリス.

[32) 日本では,一般的に非正規雇用は,正規と比べて賃金が低いだけでなく,(企業独自の両立支援策を含め)様々な福利厚生も手薄い傾向にある.非正規雇用(有期契約労働者)に対する育児休暇は,日本では2005年になって初めて法的に定められた.

えられる．もし，ここで医療技術が進み，出産の年齢限界が引き上げられたとすれば，女性は大きな賃金ロスを負うことなく，希望通りの数の子どもを産むようになるかもしれない．米国で不妊治療が法的に保険適用にされるようになった州では，女性の出生率が有意に上昇したことが確認されている(Buckles, 2007).

3.4 育児休業制度を中心とした両立支援策が出生に与える影響
　　——日本における評価[34]

それでは，日本において各種両立支援策は出生行動にどのような影響を与えているのだろうか．日本では，育児休業制度について出生へ及ぼす影響を検証した例が多い(代表的なものとして，樋口，1994；塚原，1995；森田・金子，1998；滋野・大日，2001a；駿河・西本，2002；滋野・松浦，2003；Shigeno and Matsuura, 2004；駿河・張，2003；山口，2005a；滋野，2006；坂爪・川口，2007)．それらにおいては，「子どもの有無」や「事業所における女性雇用者数のうちの出産者数の割合」，「子どもを産む予定」といった変数を被説明変数として[35]，「育児休業制度の有無」や「育児休業制度の利用経験」等を説明変数に加えた推計を行い，その効果を見ている[36]．推計に用いられたデータは，独自調査から政府統計の個票，また上記の「家計研パネル」まで様々である．それらは表 2-1 に整理されている．育児休業制度は出産確率を有意に引き上げるとするものが比較的多いものの(森田・金子，1998；駿河・西本，2002；駿河・張，2003；滋野・松浦，2003；山口，2005a；滋野，2006)，有意な効果は

---

33) Buckles(2008)は，米国のデータに基づき，出産を 1 年遅らせるとその後の賃金が 3％ 上昇することを見出している．
34) 育児休暇の付与は法律的に義務付けられており，その育児休業制度が法定を上回るものであるかどうかはその効果を考える際に本来重要であろう．しかし，日本の実証分析で用いられているデータでは，それらが明確に区別されていないことが多い．
35) 「子どもを産む予定」や「出産の意欲」と，実際に将来持つ「子どもの有無」は異なるはずである．出産を希望したり予定したりしていても制約条件の存在のために，子どもを持てないということがあるからだ．その意味で，出産意欲についての分析と実際の出生数についての分析は，そのインパクトを評価する際には本来区別して考えなければならない．ただし，山口(2005a)は，出産行動を説明する要因としては出産意欲が大きいことを示している．
36) 樋口(1994)では，調査対象者本人が属する産業の育児休業制度実施企業割合を説明変数として用いている．

ないとするものやはっきりしないとするものもある(樋口, 1994；滋野・大日, 2001a)[37]. 出生に有意な正の効果を持つとする研究も, その効果の大きさについては明示的に議論していないものが多い[38].

しかし, 上記の研究群は, そもそも出産意欲の高い者が両立支援の充実した職場を選択している可能性(セレクション・バイアス)や, 出生意欲の高い女性が多いから企業が制度を充実させたといった逆の因果関係の可能性(同時性バイアス)を, 必ずしも適切に考慮して推計を行っているわけではない. いずれの可能性が存在しても, 係数の値(支援策の効果の推定値)は過大に推定されることになる.

最近, 野口(2007)は, 本書の他章でも用いられる労働組合員へのアンケート調査 (「職場環境と少子化の関連性に関する調査」(2006年度)) に基づいて, 企業における両立支援策等の職場環境が従業員(労働者)の出生行動に与える影響を, 上のようなバイアスの可能性も考慮した方法(Propensity Score Matching 推定法)によって確かめている.

野口(2007)の分析が依拠している2つの産業における労働組合員に対する調査では, 各企業における詳細な両立支援制度が把握されている. 具体的には, 「半日単位の年次有給休暇」, 「育児等の短時間勤務制度」, 「深夜勤務の免除」, 「時間外労働の免除」, 「法定を上回る育児休業制度」, 「法定を上回る介護休業制度」, 「始業・終業時刻の繰上げ・繰下げ」, 「会社による託児所利用の支援」, 「在宅勤務制度」, 「勤務地限定制度」, 「結婚・出産退職者のための再雇用制度」, 「子どもの看護休暇制度」について制度の有無と同時に制度の使いやすさを聞いている. 統計的手法によって各制度を4つの施策群に分類したうえで[39], 各施策群が出生に与えた影響を調べたところ, 「育休制度」や「短時間勤務制度」を含む施策群の効果はなく, 「会社による託児所利用の支援」や「在宅勤

---

37) 育児休業制度の取得には, 一定の就業期間が要件とされていることが多い. その場合, 育休制度があることは出産を遅くする方向に働く可能性もある.
38) 滋野・松浦(2003)は, 育児休業制度がある場合とない場合では30歳時の出産確率が20%ポイント近く異なることを報告している. また, 滋野(2006)では, 育児休業制度がないと, 30歳までに出産する確率が, 育休制度がある場合に比べて16%ポイントほど低くなるとしており, 育休制度が出産に及ぼす影響は極めて大きいということになる. しかし, 他の研究では, 育休制度の効果の大きさを明示的に検討していない.

務制度」等を含む施策群のみが有意に出生確率（「子どもがいる」確率）を引き上げていた[40]．また，夫婦の所得によってサンプルを分けたところ，その施策群の効果は，所得の高い層において生じているものであることがわかった．その他の施策群については有意な効果は認められなかった．推計結果を総合的に判断すると，「会社による託児所利用の支援」や「在宅勤務制度」等が整備されると子どもを持つ確率が 10% 程度上がることになる．ただし，野口も述べているように，本章に用いられたデータは労働組合員を対象としたものであり比較的「恵まれた」人々から構成されているとも言える．また，ランダム・サンプリングでもないため，結果の解釈には留保が付けられる．しかし，野口の結果はいくつかの重要な含意を示していると思われる．1 つは，セレクション・バイアス等を考慮しない（従来の）単純な推計による結果は過大に推定されているおそれがあること．もう 1 つは，このような比較的恵まれたサンプルにおいては，もはや「高価な制度」しか出生には影響を持たない可能性があることである．それらのいわば高コストの制度が，多くの企業において簡単に実施が可能かどうかはわからない．育休制度を主とした従来的な両立支援策が限界にきていることを示していると読めなくもない．

3.5 夫の家事・育児協力が出生に及ぼす影響

ここまでは，両立支援策の対象は働く母親であることを暗黙に仮定していた．たしかに，企業の両立支援策には実質的に子どもを持つ女性のみをターゲットとしているものが多く，またたとえ男性をも対象にしていたとしても男性が実際に取得することは極めてまれである場合が多い[41]．しかし，両立支援策は本来，子どもを持つ母親だけを対象とするものではない．女性のみならず，男性

---

39) 具体的には，施策群 I が「半日単位の年次有給休暇」，「育児等の短時間勤務制度」．施策群 II が「始業・終業時刻の繰上げ・繰下げ」，「深夜勤務の免除」，「時間外労働の免除」．施策群 III が，「法定を上回る育児休業制度」，「法定を上回る介護休業制度」，「子どもの看護休暇制度」．施策群 IV が，「会社による託児所利用の支援」，「在宅勤務制度」，「勤務地限定制度」，「結婚・出産退職者のための再雇用制度」である．

40) この推計値は最小自乗法によるものより小さく，単純な最小自乗法では過大に推計されていた可能性を示唆する．

41) たとえば，男性の育児休暇取得率は 2008 年現在，1.23% に過ぎない（厚生労働省「平成 20 年度 雇用均等基本調査」）．

表 2-1　職場における「仕事と家庭の両立支援策」が出生行動

著者(年)	データ	分析の対象
樋口(1994)	『就業構造基本調査(1987年)』(総務省統計局)※補足データとして、『賃金構造基本統計調査(1987年)』(厚生労働省)及び『女子保護実施状況調査(1985年)』(旧労働省婦人局)	学校卒業後、一度は正規就業者としての勤務経験がある25-29歳の女性(全サンプル：$N=24,138$；有配偶サンプル：$N=16,190$)
塚原(1995)	『出産と育児に関する意識調査(1993年)』(旧社会保障研究所)	2段無作為抽出法による東京都在住の18-40歳の女性($N=538$)
森田・金子(1998)	『女性の就業意識と就業行動に関する調査(1996年)』(日本労働研究機構)	首都圏30km圏、福島市・広島市に在住の20-40歳未満の女性のうち、現在正規雇用者として就労する女性(出生児関数の推計では$N=101$)
滋野・大日 (2001a)	『女性の結婚・出産と就業に関する実態調査(1997年)』(医療経済研究機構・「経済と社会保障に関する研究会」)、及び、『乳幼児の保育事業に関する実態調査(1996年)』(旧厚生省・「社会保障の経済分析研究会」)	関西圏在住の無作為抽出した24-34歳の女性のうち有配偶者(第1子出産関数：$N=226$；第2子出産関数：$N=165$)
駿河・西本(2002)	『女子雇用管理基本調査——育児・介護休業制度等実施状態調査(1996年)』(旧労働省婦人局)	本社において常用労働者30人以上を雇用している民営企業のうちから層化抽出した事業所別集計データ($N=7,340$)
滋野・松浦(2003)	『消費生活に関するパネル調査(1993-1997年)』((財)家計経済研究所)	全国で層化2段階無作為抽出した1993年当時24-34歳の女性のうち、仕事をもつ有配偶者(結婚・就業選択関数の同時決定モデル(第1段階)：$N=5,106$；第1子出産選択関数(第2段階)：$N=227$)

に与える効果に関する日本における主要な実証研究(1994-2007年)

分析の方法	被説明変数	両立支援の効果	備考
Probit	子どもの有無	育児休業実施事業所割合に有意に正の効果が認められる.	ただし,有配偶サンプルでは統計的有意性なし.
ヴィネット調査(仮想的質問による意向調査)によるLogit	フルタイムの労働者サンプルにおける短期的(1年以内)出産意向	育児休業中の給与保障が従前所得の25%,50%,100%の場合,出生確率を1.7%,3.4%,6.8%,それぞれ押し上げる.	1993年現在の児童手当の水準で,専業主婦,フルタイム,パートでそれぞれ,出生確率を2.1%,1.8%,1.7%引き上げる.
賃金関数,出生児関数,勤続年数関数の同時決定モデル(2段階最小2乗法)	出生児数	「育児休業制度利用経験あり」に有意に正の効果が認められる.	
Probit	第1子出産選択及び第2子出産選択	企業の福利厚生に統計的有意性認められず.	
Tobit	女性雇用者数に対する出産者数の割合	「育児休業制度の規定あり」,「配偶者が常態として養育可能な労働者が育児休業対象者か」,「休業期間中の昇給制度あり」「復職後昇給あり」,「復職後の賃金保障あり」,「職業能力の維持・向上のための措置あり」,「始業・終業時間の繰上げ・繰下げ措置あり」は出生率を引き上げる.一方,「復職後の職場が原職の場合」あるいは,「本人希望を考慮の上会社決定の場合」は出生率を引き下げる.	労働組合ありの場合,有意に正の効果あり.
第1段階として,結婚・就業選択関数の同時決定モデル(Bivariate Probit),第2段階として,第1段階で得られた修正項を説明変数に加えた第1子出産選択関数(Probit)	第1子出産選択	育児休業制度の規定がある企業に勤務する就労者の第1子出産確率は30.3-40.1%(ないケースは12.6-19.9%)であり,育児休業制度が有効に機能していれば第1子出産確率を17.5-21.3%ポイント高める.	

著者(年)	データ	分析の対象
駿河・張(2003)	『消費生活におけるパネル調査(1993-1997年)』((財)家計経済研究所)	全国で層化2段階無作為抽出した1993年当時24-34歳の女性のうち，仕事をもつ有配偶者($N=1,358$)
Shigeno and Matsuura(2004)	『消費生活におけるパネル調査(1993-1997年)』((財)家計経済研究所)	全国で層化2段階無作為抽出した1993年当時24-34歳の女性のうち，仕事をもつ者(無配偶者($N=1,559$)，無配偶者($N=328$))
山口(2005a)	『消費生活におけるパネル調査(1993-1999年)』((財)家計経済研究所)	全国で層化2段階無作為抽出した1993年と1997年にそれぞれ24-34歳の女性のうち，パネル調査開始時に2子以下の出生数を持つ女性($N=1,028$)
滋野(2006)	『消費生活におけるパネル調査(1993-1999年)』((財)家計経済研究所)	全国で層化2段階無作為抽出した1993・1997年に24-34歳の女性で有配偶者(有配偶で子どもがいない女性(第1子出産選択)：$N=598$；有配偶で子どもが1人いる女性(第2子出産選択)$N=1,169$)
野口(2007)	『職場環境と少子化の関連性に関する調査(2007年)』((株)サーベイリサーチセンター)	2つの産業別の労働組合傘下の労働組合員のうち，企業票が一部結合でき且つ転職経験のない既婚者本人と配偶者
坂爪・川口(2007)	『消費生活におけるパネル調査(1997-1999年)』((財)家計経済研究所)	全国で層化2段階無作為抽出した1993・1997年に24-34歳の女性で正社員の者($N=759$)

出所：本表は，野口(2007)の表1を，筆者の許諾を得たうえで，加筆・転載したものである．

分析の方法	被説明変数	両立支援の効果	備考
出産関数と継続就業関数の同時決定モデル(Bivariate Probit)	ある年の10月からその翌年の9月における出産の有無	「育児休業制度の規定あり」に有意な正の効果が認められる.	
比例ハザードモデル(ワイブル)	第1子出産時年齢と第2子出産時年齢	育児休業制度は,第1子出産時年齢を有意に早めるものの,第2子出産時年齢については有意な効果なし.	
出生意欲については,蓄積Logit,出生ハザード率については,離散時間Logit	出生意欲及び,第1子,第2子,第3子の出生ハザード率	出生意欲及び,出生ハザード率は,育児休業制度の規定が職場にある者は無い者と比較して,それぞれ,約1.9倍と約2.6倍になる.	
Cox比例ハザードモデル	第1子出産選択及び,第2子出産選択	第1子出産選択については,育児休業制度の規定あり,第2子出産選択については,第1子出産の際に育児休業制度の利用ありが,出産確率を引き上げる.	育児休業効果のシミュレーションにより,30歳・35歳までに第1子を出産する確率は,「就業かつ育児休業制度あり」,「無職,就労・育児休業制度なし」,「育児休業制度なし・長時間労働」の順で高い.また,35歳までに第2子を出産する確率は,無職,就業かつ育児休業取得経験あり,取得経験なし,取得経験なし・長時間労働の順で高い.
Propensity Score Matching推定法(前段階として,多次元尺度法によって各施策を4つの施策群に分類)	子どもの有無	「会社による託児所利用の支援」,「在宅勤務制度」,「勤務地限定制度」,「結婚・出産退職者のための再雇用制度」を含む施策群のみが有意に出生確率(「子どもがいる」確率)を引き上げていた.また,施策群Ⅳは所得の高い層でのみ有意な影響を持っていた.	労働組合員であるため比較的「恵まれた」サンプルであり,無作為抽出でもない点には注意が必要.
Probit	翌年の出産の有無	育児休業制度は,出産確率を高めるが,労働時間が長いとその効果は小さい.	

(夫)も硬直的な就業環境などによって，仕事と家庭の両立を希望していても困難になっている可能性がある．男性(夫)が直面しているそのような制約を緩和させることで，男性が家事・育児などを負担し，その結果，出生が促されることも考えられる．

　Feyrer et al. (2008)は，同じ先進国でも出生率の傾向が国によって異なっている事実を，男性がどれだけ家事・育児負担を担っているかという観点から説明することを試みている．出生率は，どこの国でも長期的に見れば経済成長に伴って低下傾向にあるが，フランスや米国では90年代以降に出生率の低下傾向が反転したのに対して，イタリアやドイツ，日本では低下傾向に歯止めがかからない．Feyrerらは，経済成長と出生率の間には大きく分けて次のような3つの段階があるとする．第1の段階は，女性がまだあまり社会に進出しておらず，女性の賃金も男性に比べて低い段階である．この段階では，女性はもっぱら家庭のみに専念し，出生率も高い．次の段階では，技術革新が起きて女性労働の需要が増す．女性労働の需要が増すに従って，女性の賃金も上昇する．女性の社会進出が進むが，この段階ではいまだ女性のみが，文化や社会的規範によって家庭に対する責任を負わされている．そのため，仕事と家庭の両立が困難なため出生率は大きく低下する．第3の段階では，社会的規範がようやく変化し，男性も家事・育児を負担するようになる．そのため，女性の家庭に対する負担が減り，出生率が回復するという．彼らは，男性が家事・育児負担をどれくらいしているかという指標が，先進国間の出生率の違いを説明するのに大きく寄与していることを示している．日本のマイクロ・データによって分析した山口(2005a)や小葉ほか(2009)でも，夫が家庭に協力的であるほど出生意欲が高くなることが見出されているが[42]，Feyrerらの貢献は，女性の社会進出の増加という傾向が技術革新によって外生的にもたらされ，他方で社会規範の変化にはラグが伴うために出生率の変化が生じると説明したことにある．この点は，日本において，今後の女性の就業と出生率の関係を占ううえで重要な示

---

[42] 小葉ほか(2009)では，夫の家事・育児協力を決定するのは夫婦間の比較優位すなわち賃金格差であることも実証的に示されており，そうだとすれば，女性の賃金が上昇すれば必然的に夫の家事・育児協力は増えることになる．ただし，彼らの研究においては，夫の労働時間や（「育児は女性が行うべき」といった）性別役割分業意識の変数も，育児協力に関して有意に大きな影響を持っていた．

唆を与えるのではないか．

4　まとめ——今後の分析において留意すべきこと

　最後に，日本において，家族形成の決定要因やそれに影響を与えうる諸施策の効果を定量的に分析するにあたって，留意すべき事項を整理して本章の結びとしたい．

　両立支援策が家族形成に与える影響を計測するにあたっては，前節で論じたように内生性によるバイアスやセレクション・バイアスが適切にコントロールされる必要がある．特に，企業によって両立支援策の提供に格差がある状況では，このようなバイアスが大きくなっている可能性がある[43]．それらのバイアスをコントロールする試みが一部の分析では行われてきているが，より強力に対処するには，やはり自然実験となりうるセッティングや適切な操作変数の「探索」が必要となろう．

　また，両立支援策の効果を分析する際に，従来の研究は，データの制約もあり，制度の有無といったことだけに着目することが多かった．だが，実際にはある制度が企業に整備されていても，それが労働者に認識されているとは限らなかったり，著しく使い勝手が悪いといったことがありうる．また，制度の利用しやすさは，周囲の制度利用経験や，職場の雰囲気にも大きく依存するようだ[44]．それらは個々の企業で大きく異なろう．これまでの研究は，そのようないわば運用面での差異に充分に配慮してこなかった．本書の後の章で用いられる労働組合へのアンケート調査は，それら職場環境についても捕捉している．

　支援策の効果を精緻に検討するには，個々人が直面している他の制約条件にも注意を払う必要がある．2節でも述べたように，家族形成の選択に際して個々人が直面している制約条件には様々なものが考えられる．従来の施策の効

---

[43]　筆者の1人が以前，企業に対して行ったヒアリングでも，手厚い両立支援策が出産意欲の高い女性を引き付けている実情が聞かれた．
[44]　周囲の者から受ける影響による行動の変化は，海外ではpeer effectの研究として近年盛んである．出生行動については，きょうだいの出産経験が影響を与えるとする研究などはあるが（たとえばKuziemko, 2006），職場における出生行動に対するpeer effectの研究は筆者の知る限りない．

果に関する実証分析では，それらのうちの1つの制約だけを緩和するような施策に焦点が当てられてきた．緩和させる1つの制約条件が「最後の」制約条件であれば出生の決定がなされることになるが，各人のその他の制約の状態については実際には窺い知れないことが多い．本章で紹介した既存研究も，ある分析では労働市場や就業環境といった制約条件について扱いながら，他の分析では必ずしもそれらを考慮せず，制度の効果だけを調べているといったことが見られた．これは，実証的には，脱落変数バイアスの問題と言ってしまえばそれまでかもしれないが，今後の実証研究では，想定するモデルの設定に関して充分な注意を払うことに加え，個々人が家族形成の選択に際して置かれている状況を包括的に把握しうるデータの開発も重要になる．

また，上に述べたこととも関わるが，現段階では様々な施策の効果を包括的に計測するところまではいっておらず，どの施策がどの施策よりも効果が大きいかといったことがはっきりとわかっていない側面がある．現状で多くの施策が起動しており，それぞれの施策が高い相関を持っていることが，個々の施策の真の効果を把握することを困難にしている．そのことは結果的に，どの施策に重点を置けば少子化対策として最も効率的なのかがわからないということにもつながる．今後は，施策間のインパクト(効果の大きさ)の比較ということが1つの分析課題となろう[45]．それは，各施策がどの程度代替的であるか，もしくは補完的であるかという議論とも関わることである．さらに，両立支援策間の代替／補完関係だけでなく，両立支援策と労働市場における各制度(解雇規制等)との関係も検討されなければならないだろう．

また，両立支援制度の効果は，仕事の内容や賃金体系にも依存する可能性が

---

45) こういった施策のインパクトを見る際には，長期的な観点からベネフィットとコストを検討しなければならない．長期的なコストの1つの可能性として，最近，育児休暇が子どもの健康に与える影響が言われている(Ruhm, 2000；Berger *et al*., 2005；Tanaka, 2005；Baker and Milligan, 2008 等)．

46) 権丈(2001)では，有資格者の出産タイミングが早いことが示されており，職務の性質と出生行動が関係していることが示唆される．

47) ただし，育休を取得するかどうか，また取得するとしたらどの程度の期間取得するかという問題は，個々人の機会費用などの大きさから決まることであり，その意味で外的に決まっているとはいえない(西本，2004；阿部，2005)．

48) 特に，賃金分布における上位層への抑制傾向(グラス・シーリング)として，これらの影響が顕れている様子が窺えるという．

ある.たとえば,企業における営業職と内部業務では同じように育休が取り易いだろうか.歩合給のような極めて成果主義的な賃金体系になっている場合と,固定給になっている場合では,両立支援策の効果は本当に同じだろうか.賃金体系や職務内容によって支援策の効果がどの程度異なるか確かめることは,今後極めて重要になると思われる[46].

なお,両立支援策は企業の経営にプラスの効果をもたらすことが考えられる一方で,企業にとってコストとなることも考えられる.特にそれが法的に義務付けられた場合,そのコストは,最終的には雇用の削減や賃金の引き下げという形で労働者に返ってくることが考えられる.従来から,育児休業制度などについては,職場から離れている期間が長過ぎれば,労働者が持っているスキルが陳腐化し,結果的に女性の就業を阻むことになるという懸念が言われてきた(Lalive and Zweimuller, 2009)[47].Datta Gupta et al. (2008)は,北欧諸国において男女間賃金格差の縮小傾向が近年,鈍化していることを指摘しているが,彼らはこれを手厚い家族政策の反動と見ている[48].両立支援策を手厚くすれば,出生を促す効果はあるが,女性の就業や賃金を抑制する可能性もあるという結論は,まさにワーク(女性の就業)とライフ(家族形成)をバランスさせる最適解を見つけることが,政策形成の観点からも難しいことを示唆している.今後は,このような点にも配慮した研究が必要となろう.

(付記) 本章は,酒井・高畑(2010)を抜粋・要約したものである.本章を作成するにあたり,吉田千鶴氏(関東学院大学),府川哲夫氏(田園調布学園大学),野口晴子氏(国立社会保障・人口問題研究所)より貴重なコメントを頂いた.記して,感謝申し上げたい.言うまでもなく,本章に残された誤りは筆者に帰属する.

参考文献

阿部正浩,2005,「誰が育児休業を取得するのか——育児休業制度普及の問題点」国立社会保障・人口問題研究所編『子育て世帯の社会保障』東京大学出版会.

阿部正浩,2007,「ポジティブ・アクション,ワーク・ライフ・バランスと生産性」『季刊社会保障研究』Vol. 43, No. 3: 184-196.

岩澤美帆,2004,「妻の就業と出生行動——1970年〜2002年結婚コーホートの分析」『人口問題研究』60(1): 50-69.

岩澤美帆・三田房美,2005,「職縁結婚の盛衰と未婚化の進展」『日本労働研究雑誌』No. 535: 16-28.

宇南山卓, 2009,「結婚促進策としての保育所の整備について」(若手研究者による政策提言「少子高齢化への政策対応, 女性就業支援策の改革」中間報告)日本経済研究センター.
太田聰一, 2007,「ライフイベントと若年労働市場——『国勢調査』から見た進学・結婚・出生行動」橘木俊詔編『日本経済の実証分析——失われた10年を乗り越えて』東洋経済新報社.
小川浩, 2006,「少結婚化と賃金・雇用制度」高山憲之・斎藤修編『少子化の経済分析』東洋経済新報社.
加藤久和, 2001,『人口経済学入門』日本評論社.
北村行伸・坂本和靖, 2007,「世代間関係から見た結婚行動」『経済研究』第58巻第1号: 31-46.
北村行伸・宮崎毅, 2009,「結婚の地域格差と結婚促進策」『日本経済研究』No. 60: 79-102.
権丈英子, 2001,「離職コストが第一子出産タイミングに与える影響」『季刊家計経済研究』春: 50-55.
玄田有史・川上淳之, 2006,「就業二極化と性行動」『日本労働研究雑誌』No. 556: 80-91.
玄田有史・斎藤珠里, 2007,『仕事とセックスのあいだ』朝日新聞社.
小葉武史・安岡匡也・浦川邦夫, 2009,「夫の家事育児参加と出産行動」『季刊社会保障研究』Vol. 44, No. 4: 447-459.
酒井正・高畑純一郎, 2010,「働き方と家族形成の関係——サーベイ」国立社会保障・人口問題研究所『家計の経済資源・人的資源と社会保障の機能の関連性に関する実証的研究 平成21年度報告書』pp. 187-218.
酒井正・樋口美雄, 2005,「フリーターのその後——就業・所得・結婚・出産」『日本労働研究雑誌』No. 535: 29-41.
坂爪聡子・川口章, 2007,「育児休業制度が出生率に与える効果」『人口学研究』第40号: 1-15.
佐藤博樹・武石恵美子編著, 2008,『人を活かす企業が伸びる——人事戦略としてのワーク・ライフ・バランス』勁草書房.
滋野由紀子, 2006,「就労と出産・育児の両立——企業の育児支援と保育所の出生率回復への効果」樋口美雄・財務省財務総合政策研究所編『少子化と日本の経済社会——2つの神話と1つの真実』日本評論社.
滋野由紀子・大日康史, 1998,「育児休業制度の女性の結婚と就業継続への影響」『日本労働研究雑誌』No. 459: 39-49.
滋野由紀子・大日康史, 1999,「保育政策が出産の意思決定と就業に与える影響」『季刊社会保障研究』35巻2号: 192-207.
滋野由紀子・大日康史, 2001a,「育児支援策の結婚・出産・就業に与える影響」岩本康志編著『社会福祉と家族の経済学』東洋経済新報社.
滋野由紀子・大日康史, 2001b,「保育政策が女性の就業に与える影響」岩本康志編

著『社会福祉と家族の経済学』東洋経済新報社.

滋野由紀子・松浦克己，2003,「出産・育児と就業の両立を目指して――結婚・就業選択と既婚・就業女性に対する育児休業制度の効果を中心に」『季刊社会保障研究』Vol. 39, No. 1: 43-54.

駿河輝和・七條達弘・張建華，2000,「夫の通勤時間・労働時間が出生率に与える影響について――『消費生活に関するパネル調査』による実証研究」『季刊家計経済研究』夏: 51-58.

駿河輝和・張建華，2003,「育児休業制度が女性の出産と継続就業に与える影響について――パネルデータによる計量分析」『季刊家計経済研究』No. 59: 56-63.

駿河輝和・西本真弓，2002,「育児支援策が出生行動に与える影響」『季刊社会保障研究』37 巻 4 号: 371-379.

高橋陽子，2005,「ホワイトカラー『サービス残業』の経済学的背景――労働時間・報酬に関する暗黙の契約」『日本労働研究雑誌』No. 536: 56-68.

高畑純一郎，2009,「最適な出生率と育児支援政策の理論サーベイ」国立社会保障・人口問題研究所ディスカッションペーパーシリーズ，No. 2008-J 03.

武石恵美子，2006,「企業からみた両立支援策の意義――両立支援策の効果研究に関する一考察」『日本労働研究雑誌』No. 553: 19-33.

橘木俊詔・木村匡子，2008,『家族の経済学――お金と絆のせめぎあい』NTT 出版.

伊達雄高・清水谷諭，2005,「日本の出生率低下の要因分析――実証研究のサーベイと政策的含意の検討」内閣府経済社会総合研究所『経済分析』第 176 号: 93-135.

田中隆一・河野敏鑑，2009,「出産育児一時金は出生率を引き上げるか――健康保険組合パネルデータを用いた実証分析」『日本経済研究』Vol. 61: 94-108.

塚原康博，1995,「育児支援政策が出生行動に与える効果について――実験ヴィネットアプローチによる就業形態別出生確率の計量分析」『日本経済研究』No. 28: 148-161.

永瀬伸子，2002,「若年層の雇用の非正規化と結婚行動」『人口問題研究』242 号.

西本真弓，2004,「育児休業取得とその取得期間の決定要因について」『日本労働研究雑誌』No. 527: 63-75.

野口晴子，2007,「企業による多様な『家庭と仕事の両立支援策』が夫婦の出生行動に与える影響――労働組合を対象とした調査の結果から」『季刊社会保障研究』Vol. 43, No. 3: 244-260.

樋口美雄，1994,「育児休業制度の実証分析」社会保障研究所編『現代家族と社会保障』東京大学出版会.

樋口美雄・阿部正浩，1999,「経済変動と女性の結婚・出産・就業のタイミング――固定要因と変動要因の分析」樋口美雄・岩田正美編著『パネルデータからみた現代女性――結婚・出産・就業・消費・貯蓄』東洋経済新報社.

松原光代・脇坂明，2005a,「米英における両立支援策と企業のパフォーマンス」(I)『学習院大学経済論集』第 41 巻 4 号: 295-302.

松原光代・脇坂明，2005b,「米英における両立支援策と企業のパフォーマンス」(II)

『学習院大学経済論集』第 42 巻 2 号: 99-117.
松原光代・脇坂明, 2006,「米英における両立支援策と企業のパフォーマンス」(III)『学習院大学経済論集』第 42 巻 4 号: 251-259.
森田陽子・金子能宏, 1998,「育児休業制度の普及と女性雇用者の勤続年数」『日本労働研究雑誌』No. 459.
山口一男, 2005a,「少子化の決定要因と対策について——夫の役割, 職場の役割, 政府の役割, 社会の役割」『季刊家計経済研究』No. 66: 57-67.
山口一男, 2005b,「女性の労働力参加と出生率の真の関係について——OECD 諸国の分析」RIETI Discussion Paper Series, 05-J-036.
吉田浩・水落正明, 2005,「育児資源の利用可能性が出生力および女性の就業に与える影響」『日本経済研究』51.
脇坂明, 2006,「ファミリー・フレンドリー施策の普及は少子化抑制のためだけにあるのではない」『日本労働研究雑誌』No. 553: 80-82.
Adsera, A., 2004, "Changing Fertility Rates in Developed Countries: The Impact of Labor Market Institutions," *Journal of Population Economics*, 17: 17-43.
Ahn, N. and P. Mira, 2001, "Job Bust, Baby Bust?: Evidence from Spain," *Journal of Population Economics*, 14: 505-521.
Ahn, N. and P. Mira, 2002, "A Note on the Changing Relationship between Fertility and Female Employment Rates in Developed Countries," *Journal of Population Economics*, 15: 667-682.
Aiyagari, S. R., J. Greenwood and N. Guner, 2000, "On the State of the Union," *Journal of Political Economy*, 108: 213-244.
Albrecht, J., A. Bjorklund and S. Vroman, 2003, "Is There a Glass Ceiling in Sweden?" *Journal of Labor Economics*, Vol. 21, No. 1: 145-177.
Ariza, A., S. Rica and A. Ugidos, 2005, "The Effect of Flexibility in Working Hours on Fertility: A Comparative Analysis of Selected European Countries," *Public Finance and Management*, Vol. 5, No. 1: 110-151.
Arthur, M. and A. Cook, 2004, "Taking Stock of Work-Family Initiatives: How Announcements of 'Family-Friendly' Human Resource Decisions Affect Shareholder Value," *Industrial and Labor Relations Review*, Vol. 57, No. 4: 599-613.
Averett, S. and L. Whittington, 2001, "Does Maternity Leave Induce Births?" *Southern Economic Journal*, 68(2): 403-417.
Baker, M. and K. Milligan, 2008, "Maternal Employment, Breastfeeding, and Health: Evidence from Maternity Leave Mandates," *Journal of Health Economics*, 27: 871-887.
Becker, G. S., 1960, "An Economic Analysis of Fertility," in G. S. Becker, ed., *Demographic and Economic Change in Developed Countries*, Princeton University Press.
Becker, G. S., 1973, "A Theory of Marriage: Part I," *Journal of Political Economy*, 81: 813-846.

Becker, G. S. and H. G. Lewis, 1973, "On the Interaction between the Quantity and Quality of Children," *Journal of Political Economy*, 81: S279-S288.

Becker, G. S., K. M. Murphy and R. F. Tamura, 1990, "Human Capital, Fertility, and Economic Growth," *Journal of Political Economy*, 98: S12-S37.

Berger, L., J. Hill and J. Waldfogel, 2005, "Maternity Leave, Early Maternal Employment and Child Health and Development in the US," *The Economic Journal*, 115: F 29-F47.

Bjorklund, A., 2006, "Does Family Policy Affect Fertility? Lessons from Sweden," *Journal of Population Economics*, 19: 3-24.

Blau, F., L. Kahn and J. Waldfogel, 2000, "Understanding Young Women's Marriage Decisions: The Role of Labor and Marriage Market Conditions," *Industrial and Labor Relations Review*, 53(4): 624-647.

Browning, M., P.-A. Chiappori and A. Lewbel, 2006, "Estimating Consumption Economies of Scale, Adult Equivalence Scales, and Household Bargaining Power," Economic Series Working Papers, No. 289, Department of Economics, University of Oxford.

Buckles, K., 2007, "Stopping the Biological Clock: Infertility Treatments and the Career-Family Tradeoff," mimeo.

Buckles, K., 2008, "Understanding the Returns to Delayed Childbearing for Working Women," *American Economic Review*, 98(2): 403-407.

Butz, W. and M. Ward, 1979, "The Emergence of Countercyclical U.S. Fertility," *American Economic Review*, 69(3): 318-328.

Caucutt, E. M., N. Guner and J. Knowles, 2002, "Why Do Women Wait? Matching, Wage Inequality, and the Incentives for Fertility Delay," *Review of Economic Dynamics*, 5: 815-855.

Chiappori, P.-A., 1992, "Collective Labor Supply and Welfare," *Journal of Political Economy*, 100(3): 437-467.

Da Rocha, J. M. and L. Fuster, 2006, "Why Are Fertility Rates and Female Employment Ratios Positively Correlated across O.E.C.D. Countries?" *International Economic Review*, 47: 1187-1222.

Datta Gupta, N., N. Smith and M. Verner, 2008, "The Impact of Nordic Countries' Family Friendly Policies on Employment, Wages and Children," *Review of Economics of the Household*, 6(1): 65-89.

Doepke, M. and M. Tertilt, 2009, "Women's Liberation: What's in It for Men?" *Quarterly Journal of Economics*, 124: 1541-1591.

Erosa, A., L. Fuster and D. Restuccia, 2009, "A general equilibrium analysis of parental leave policies," Working Paper Series in Economics and Social Sciences, 2009/10, Instituto Madrileño de Estudios Avanzados (IMDEA) Ciencias Sociales.

Fernandez, R., N. Guner and J. Knowles, 2005, "Love and Money: A Theoretical and

Empirical Analysis of Household Sorting and Inequality," *Quarterly Journal of Economics*, 120: 273-344.

Feyrer, J., B. Sacerdote and A. Dora Stern, 2008, "Will the Stork Return to Europe and Japan? Understanding Fertility within Developed Nations," *Journal of Economic Perspectives*, Vol. 22, No. 3: 3-22.

Galor, O. and D. N. Weil, 2000, "Population, Technology, and Growth: From Malthusian Stagnation to the Demographic Transition and Beyond," *American Economic Review*, 90: 806-828.

Gauthier, A., 2007, "The Impact of Family Policies on Fertility in Industrialized Countries: A Review of the Literature," *Population Research and Policy Review*, 26(3): 323-346.

Gutierrez-Domenech, M., 2008, "The Impact of the Labour Market on the Timing of Marriage and Births in Spain," *Journal of Population Economics*, 21: 83-110.

Hashimoto, Y. and A. Kondo, 2010, "Long-term Effect of Labor Market Conditions on Family Formation for Japanese Youth," ISER Discussion Paper, No. 789 and Global COE Discussion Paper, No. 153, Osaka University.

Higuchi, Y., 2001, "Women's Employment in Japan and the Timing of Marriage and Childbirth," *Japanese Economic Review*, Vol. 52(2): 156-184.

Johnson IV, J., 2004, "Do Long Work Hours Contribute to Divorce?" *Topics in Economic Analysis & Policy*, Vol. 4(1).

Jones, L. E., A. Schoonbroodt and M. Tertilt, 2008, "Fertility Theories: Can They Explain the Negative Fertility-Income Relationship?" NBER Working Paper, 14266.

Kogel, T., 2004, "Did the Association between Fertility and Female Employment within OECD Countries Really Change Its Sign?" *Journal of Population Economics*, 17: 45-65.

Kondo, A., 2008, "Female Labor Market Condition and Family Formation," Columbia University Department of Economics Discussion Paper Series, 0809-08.

Kureishi, W. and M. Wakabayashi, 2008, "Taxing the Stork," *National Tax Journal*, 61: 167-187.

Kuziemko, I., 2006, "Is Having Babies Contagious? Estimating Fertility Peer Effects Between Siblings," mimeo.

Lalive, R. and J. Zweimuller, 2009, "How Does Parental Leave Affect Fertility and Return to Work? Evidence from Two Natural Experiments," *Quarterly Journal of Economics*, Vol. 124, No. 3: 1363-1402.

Lundholm, M. and H. Ohlsson, 2002, "Who Takes Care of the Children? The Quantitiy-Quality Model Revisited," *Journal of Population Economics*, 15: 455-461.

McKinnish, T., 2007, "Sexually Integrated Workplaces and Divorce: Another Form of On-the-Job Search," *Journal of Human Resources*, 42(2): 331-352.

Neher, P. A., 1971, "Peasants, Procreation, and Pensions," *American Economic Review*,

61(3): 380-389.
Rindfuss, R., K. Guzzo and M. Philip, 2003, "The Changing Institutional Context of Low Fertility," *Population Research and Policy Review*, 22(5-6): 411-438.
Ronsen, M., 2004, "Fertility and Public Policies: Evidence from Norway and Finland," *Demographic Research*, 10(6).
Ruhm, C., 2000, "Parental Leave and Child Health," *Journal of Health Economics*, 19: 931-960.
Shigeno, Y. and K. Matsuura, 2004, "The Effects of Child-Care Leave, Working Hours and Day Nurseries on Fertility in Japan," *Osaka City University Economic Review*, Vol. 39: 97-113.
Svarer, M., 2007, "Working Late: Do Workplace Sex Ratios Affect Partnership Formation and Dissolution?" *Journal of Human Resources*, Vol. 42(3): 583-595.
Tanaka, S., 2005, "Parental Leave and Child Health across OECD Conutries," *The Economic Journal*, 115: F7-F28.
Tertilt, M., 2005, "Polygyny, Fertility, and Savings," *Journal of Political Economy*, 113: 1341-1371.
Toda, A., M. Kurosawa and Y. Higuchi, 2007, "Overwork and Fertility Decline in Japan," KUMQRP Discussion Paper Series, DP2007-032.
U. S. Department of Health and Human Services, 2006, *Adoption and Foster Care Analysis and Reporting System*.
Waldfogel, J., Y. Higuchi and M. Abe, 1999, "Family Leave Policies and Women's Retention after Childbirth: Evidence from the United States, Britain and Japan," *Journal of Population Economics*, 12: 523-545.
Walker, J., 1995, "The Effect of Public Policies on Recent Swedish Fertility Behavior," *Journal of Population Economics*, 8: 223-251.

第2部
人びとの家族形成と働き方の社会的・経済的背景

第 3 章　成年層の子ども数の実態

府川　哲夫

1　はじめに

　日本では超低出生率と世界一長い平均寿命によって，総人口に占める65歳以上人口の割合は2010年の23%から2050年には40%に上昇すると予想され，このような人口構成によって社会保障をはじめ社会システム全体が圧迫されることが懸念されている．

　日本の出生率(TFR)は2005年の1.26を底に2006年1.32, 2007年1.34, 2008年1.37とわずかながら上昇した．しかし，依然として出生率が極めて低い水準であることに変わりはない．これまで日本では「少子化対策」に関する様々な取り組みが実施されてきた．しかし，出生統計を見る限り，これらの対策は出生率にほとんど影響を与えてこなかった．出生率低下の原因には子育ての経済的コストの他に，出産・育児に伴う機会費用や子育ての非金銭的コスト（時間的・精神的負担，キャリア阻害，等）など様々なものがある．また，1990年代以降の少子化には，若い世代の意識変化による結婚・出産行動の変化（非婚化，晩婚化，晩産化）や，雇用環境の厳しさに伴う所得の低下が重要な要因としてあげられている．しかし，少子化の真の要因はまだ十分には解明されていない．

　少子化の真の要因は企業，個人・家庭，地域のどこにどのようなウエイトで存在するのであろうか[1]．本章は，労働組合経由の働き方に関する調査（第2節）及び厚生労働省のパネル調査の1つである成年者縦断調査（第3節）の個票データを用いて成年層の子ども数の実態を把握し，第4節で子ども数と家族給付に関する国際比較を行った上で，第5節で日本の深刻な少子現象に対する政

策的な対応策を議論する.

2 労働組合経由の働き方に関する調査

2.1 使用データ

使用したデータは「職場環境と少子化の関連性に関する調査」(2006 度及び 2007 年度)である.調査票の種類と回収データ数は以下のとおりである(カッコ内は回収率,％).

調査票の種類	2006 年度	2007 年度
既婚者本人票	674(61.3)	1,441(51.3)
既婚者配偶者票	682(56.8)	1,441(46.7)
独身者票	634(57.6)	1,514(53.9)

これまで及び将来における子ども数の決定には本人の年収だけよりむしろ夫婦の年収が関与していると考え,既婚者の年収は既婚者本人票と既婚者配偶者票をマッチングして夫婦年収を使った.今回行ったデータ・クリーニング[2]「子育て支援環境」の作成方法[3]は注に示した.以下本章の図表では,夫婦の場合の年齢は妻の年齢である.また,サンプル数が少ない場合は数値を記載せず空欄とした.サンプル数を確保し,大まかな動向をつかむために,本章のいくつかの図表では両年度調査データを 1 対 1 のウエイトで統合した結果を示した.その際は「2006 年度＋2007 年度」と表記した.

---

1) 本章では,少子化の要因は企業・職場に多くあり,個人・家庭や地域にも存在し,それぞれ次の要素が重要であるという問題意識が背景にある.
   企業・職場:機会費用,時間
   個人・家庭:結婚・子育てに関する意識,子育てにかかる直接・間接コスト
   地域:保育サービスの量・質,教育費
2) 以下のデータ・クリーニングを行った.
   ・週労働時間と年収のクロス表をもとに,労働時間が 12 時間未満については 1 日の労働時間(週の労働時間ではなく)を記載したと解釈して 5 倍にした.
   ・そのうえで,労働時間が 30 時間未満の者は対象外とした.

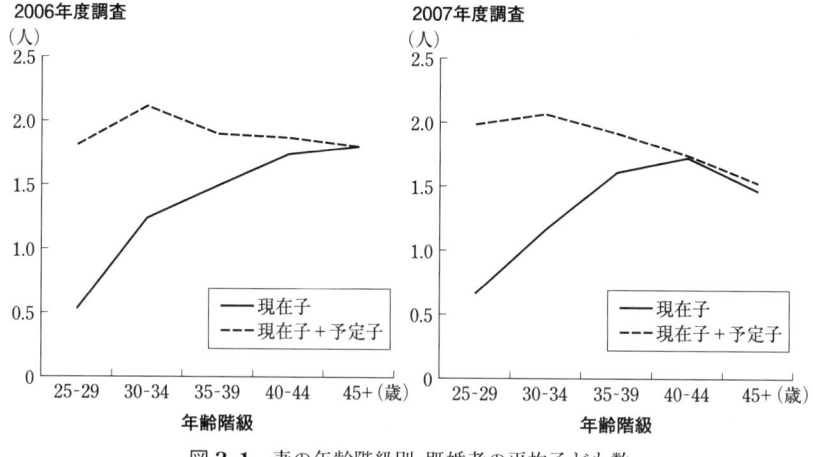

図3-1 妻の年齢階級別 既婚者の平均子ども数

2.2 既婚者の平均子ども数

図3-1は妻の年齢階級別に現在の平均子ども数及び現在子＋予定子の平均値をみたものである．今後予定している子ども数の平均値は年齢の上昇とともに小さくなり，40歳以上ではゼロに近い．また，現在子＋予定子の平均値は，妻の年齢が30歳代後半以降でやや低下している．

図3-2は両年度調査データをプールして，妻の年齢階級・夫婦年収階級別に現在の平均子ども数及び現在子＋予定子の平均値をみたものである．現在の平均子ども数は，35歳未満では年収が低い方が子ども数は多い傾向が見られる一方で，夫婦年収が600万円以上では年収が高い方が平均子ども数は少ない傾向がうかがわれる（図3-2a）．現在子＋予定子をみると，40歳未満では夫婦年収480-600万円層の平均値が最も高く，夫婦年収840万円以上層は720-840

・就業形態の「正規」のみを対象とした．
・年収が240万円未満は対象外とした．
・子ども数は4人以上を，現在子＋予定子は5人以上を一括した．
3)「子育て支援環境」は問X（日常的に子育てを手伝ってもらえる配偶者以外の家族がいるか），及び問Y（親から日常的に子育て支援をうけているか）を用いて次のように作成した．
  A：問Xでyes ＆ 問Yでyesと回答した場合
  B：A, C以外の場合
  C：問Xでno ＆ 問Yでnoと回答した場合

(a) 現在子　　　　　　　　　　　　　(b) 現在子＋予定子

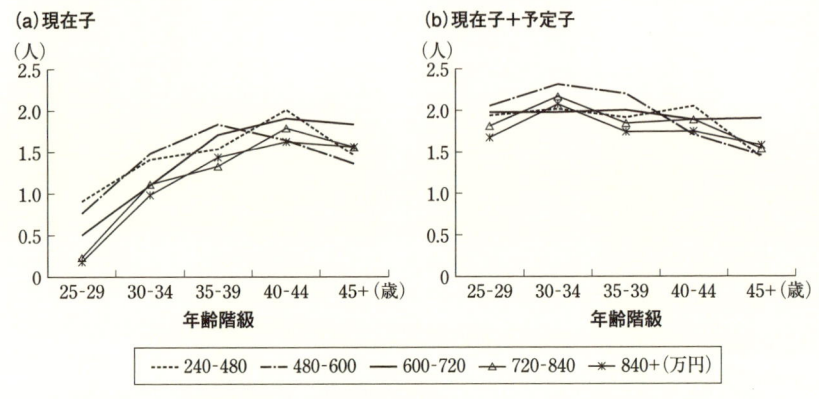

図 3-2　妻の年齢階級・夫婦年収階級別　平均子ども数 (2006 年度＋2007 年度)

万円層より概して子ども数が少なかった (図 3-2b). また, この図から年収階級にかかわらず妻の年齢の上昇とともに現在子＋予定子の平均値が低下する傾向にあることが確認される.

2.3　労働時間・子育て支援環境と平均子ども数 (現在子＋予定子)

図 3-3 はサンプルを男性に限定して, 本人の年齢階級・労働時間階級別に既婚者の平均子ども数 (現在子＋予定子) をみたものである. この図によると週労働時間は既婚者の平均子ども数 (現在子＋予定子) に概してあまり大きな影響を与えていないようにみえるが, 2006 年度調査の 45 歳以上及び 2007 年度調査の 45 歳未満で 51 時間以上の人が 40-50 時間の人より平均子ども数がやや少ない傾向があった.

図 3-4 は性・労働時間階級・子育て支援環境別に既婚者の平均子ども数を図示した (サンプル数の少ないコマはグラフ化していない).「子育て支援環境」は A (良い), B (普通), C (悪い) に 3 区分されている. 週労働時間 40-50 時間に限ってみても, 子育て支援環境が良いほど平均子ども数がふえるという結果に反する年齢が少なからずあるが, 年齢計でみると両年度調査とも, また, 男女とも, 子育て支援環境が良いほど平均子ども数がふえるという結果になっている (2007 年度調査の女性で B は例外).「子育て支援環境の良さと子ども数の正の関係は一部でしか見られない」という結果にはいくつか留保が必要であ

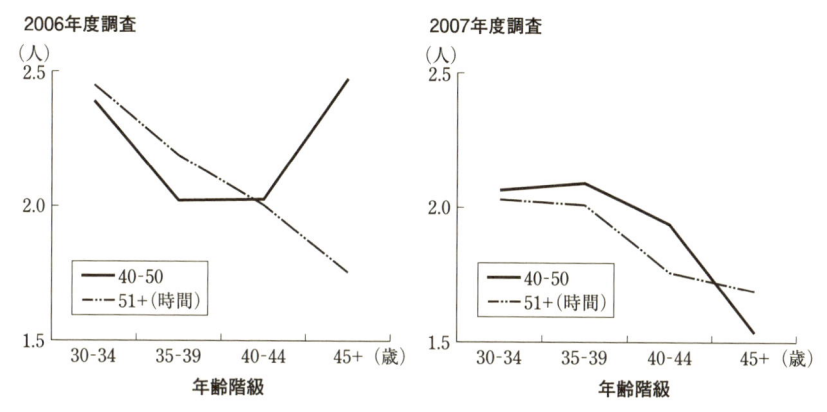

図 3-3 年齢階級・労働時間階級別 既婚者の平均子ども数(現在子＋予定子)：男性

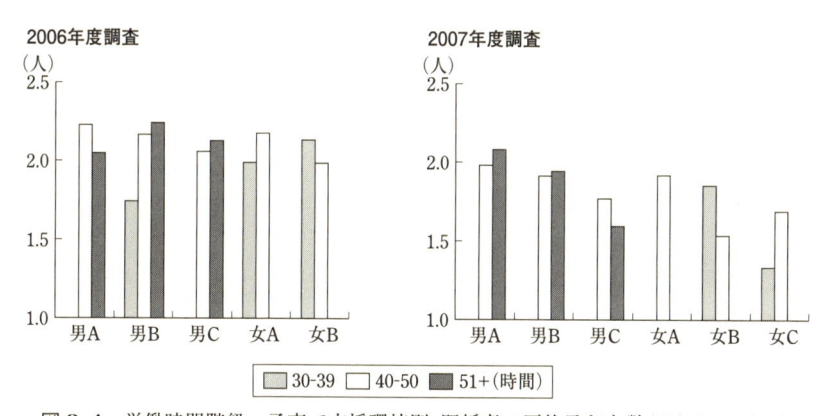

図 3-4 労働時間階級・子育て支援環境別 既婚者の平均子ども数(現在子＋予定子)

る．まず，「子育て支援環境」という変数がうまく作れていない可能性がある．さらに，子どもがいない人は子育て支援環境に関する項目に回答しない傾向があるため，サンプル・バイアスにも留意する必要がある．

2.4 労働時間と年収のトレード・オフ

調査には本人の労働時間について次の3つの選択肢の中から1つ選ぶ問がある．

既婚者(夫婦年収)　　　　　　　　独身者

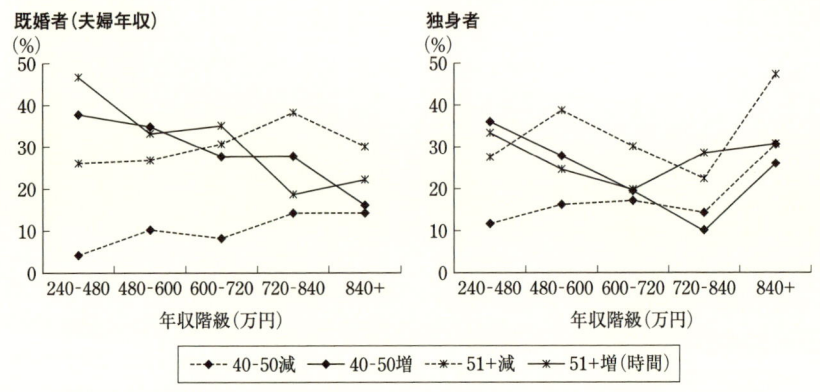

図 3-5　年収階級・労働時間階級別 労働時間増減：男性(2006年度＋2007年度)

・労働時間を1割短縮できるならば，給与は1割減ってもかまわない(労働時間「減」と略す).
・現状のままでよい(労働時間「不変」と略す).
・給与が1割増えるなら，労働時間が1割増えてもかまわない(労働時間「増」と略す).

労働時間階級別にこの問に対する回答状況をみると，おおむね6割の人が労働時間は現状のままでよいと回答しているが，51時間以上の既婚者は例外である．彼らの半数以上は労働時間を「減らしたい」または「増やしたい」と回答し，既婚者の中では「給与が1割増えるなら，労働時間が1割増えてもかまわない」の割合が最も高かった．一方，独身者では30-39時間で労働時間を増やしたいと回答した割合が高かった．

図 3-5 は両年度調査データをプールして，男性に限定して年収階級(既婚者は夫婦年収)・労働時間階級別に労働時間と年収のトレード・オフをみたものである．既婚者では夫婦年収が低い層で「労働時間増」と回答した人の割合が高く，年収階級の上昇とともにこの割合は低下した．独身者でも年収階級の上昇とともに「労働時間増」と回答した人の割合が低下したが，840万円以上では週労働時間にかかわらず「労働時間増」と「労働時間減」の割合がともに増

表 3-1 独身者の年収階級別集計

年収階級(万円)	2006年度調査						2007年度調査					
	相手に求める最低年収				共働き希望の割合(%)		相手に求める最低年収				共働き希望の割合(%)	
	なしの場合(%)		平均値(万円)				なしの場合(%)		平均値(万円)			
	男	女	男	女	男	女	男	女	男	女	男	女
240-480	62	7	340	650	74	80	61	7	356	561	80	76
480-600	71	4	350	710	75	89	71	4	398	840	77	87
600-720	79	−	330	−	62	−	69	−	370	−	74	−
計	66	6	350	660	74	83	64	7	369	616	79	78

注:平均値は相手に求める最低年収がある人の平均金額.

加した.

2.5 独身者の意識

独身者票には独身者の結婚観や子どもについての考え方を聞いている問がある.これらは独身者がいずれ結婚して子どもをもつプロセスに影響を与えると考えられる.男性の約9割,女性の約8割が「いずれ結婚したいと思うし子どもも欲しい」と回答したが,男女とも数%の人は結婚にも子どもにも否定的な考えを持っていた.結婚に肯定的な考えの人に,結婚相手に求める最低年収を尋ねた問には男性の65%程度,女性の6-7%が「相手に求める最低年収はない」と回答した.また,最低年収の平均値は女性で高かった(**表3-1**).結婚後に共働きを希望する割合は2006年度調査の男性を除いて8割程度と高かった.

2.6 長時間労働と期待する子育て支援策

職場の雰囲気については,週60時間以上の長時間労働をしている人の割合,残業に対する雰囲気,などの問がある.既婚者・独身者(男)を問わず,本人が週51時間以上働いている人の約3-4割は「ほとんどの人が週60時間以上の長時間労働をしている」職場にいた.また,2006年度調査では全体の4割,2007年度調査では全体の3割で職場に残業を肯定する雰囲気(「残業をする人はがんばっている人だという雰囲気がある」と「残業をすることは必ずしも強く要請されていないが,上司より先には帰りにくい雰囲気がある」の合計)があっ

たが，独身の男性で本人が週51時間以上働いている場合，その割合はさらに約10%ポイント上昇した．

表3-2は既婚者について属性・環境別にどのような子育て支援策を望んでいるかを集計したものである[4]．その際，支援策は「児童手当増額」「保育料減額」「保育所サービス拡大」「柔軟勤務」の4つに限定した．**表3-2**から次のような結果が読み取れる．

・児童手当の増額は女性より男性に強く，保育所サービスに対する要望は女性に強い．
・労働時間の長い人あるいは長時間勤務の職場にいる人に柔軟勤務の要望が高い．
・子育て支援環境の悪い人は保育所サービスに対する要望が強い(特に女性)．
・夫婦年収が最も高い層で現金給付への要望が低く，柔軟勤務の要望が高い．
・「労働時間を1割短縮可能なら，給与は1割減っていい」と答えた人は柔軟勤務の要望が高い．

3　成年者縦断調査

21世紀成年者縦断調査(国民の生活に関する縦断調査)は2002年10月末時点で20-34歳であった全国の男女(及びその配偶者)を対象として，結婚・出産・就業等の実態及び意識の経年変化の状況を継続的に観察するために2002年から毎年11月に実施されている．2009年3月に発表された第6回調査(対象者の年齢は25-39歳)は，対象者のうち第4回調査(2005年11月実施)または第5回調査(2006年11月実施)において協力を得られた者を客体として2007

---

4)　2006年度調査では選択肢の中から第1位と第2位の2つを選ぶ形式であるため，第1位に2ポイント，第2位に1ポイントを与えて，各選択肢のポイントの合計を回答者数で割って各選択肢のポイントを計算した．2007年度調査では各項目について，1＝非常に不足している，2＝どちらかというと不足している，3＝どちらかというと充実している，4＝非常に充実している，のいずれかを選ぶ形式であるため，1に2ポイント，2に1ポイントを与えて，各項目の合計ポイントをその項目の回答者数で割って各選択肢のポイントを計算した．表3-2は，両年度調査でのポイントを標準化したうえで，両年度調査結果を1対1のウエイトで統合した結果である．

表 3-2　希望する育児支援策(2006 年度＋2007 年度)　　(%)

区分		男					女				
		児童手当	保育料	保育所	柔軟勤務	計	児童手当	保育料	保育所	柔軟勤務	計
既婚者計		32	27	16	25	100	21	26	25	27	100
労働時間 (時間／週)	30-39	35	31	10	24	100	22	26	26	25	100
	40-50	33	27	17	23	100	21	27	24	28	100
	51+	30	25	14	31	100	−	−	−	−	100
子育て支援環境別	A	35	27	14	25	100	22	31	19	29	100
	B	32	29	15	24	100	21	20	29	29	100
	C	34	20	20	26	100	29	12	46	13	100
夫婦年収 (万円)	240-480	37	28	13	23	100	−	−	−	−	100
	480-600	33	28	14	24	100	27	27	31	15	100
	600-720	33	27	17	24	100	19	29	19	33	100
	720-840	33	27	17	22	100	26	30	25	19	100
	840+	26	24	18	31	100	21	25	26	29	100
職場の労働時間	1	32	26	13	28	100	−	−	−	−	100
	2	32	27	17	25	100	19	24	26	31	100
	3	36	28	15	21	100	24	26	27	23	100
給与と労働時間のトレード・オフ	1	27	25	17	32	100	20	20	24	36	100
	2	33	27	16	25	100	21	29	27	24	100
	3	36	27	16	21	100	−	−	−	−	100

注：職場の労働時間：1 ほとんどの人が週 60 時間を超える.
　　　　　　　　　　2 一部の人が週 60 時間を超える.
　　　　　　　　　　3 ほとんどの人が定時に帰る.
　　給与と労働時間のトレード・オフ：1 労働時間を1割短縮可能なら，給与は1割減ってもいい.
　　　　　　　　　　　　　　　　　　2 現在のままでいい.
　　　　　　　　　　　　　　　　　　3 給与が1割増えるなら，労働時間が1割増えてもいい.

年 11 月に実施された．第 1 回調査時点で男性票・女性票の配偶者で年齢が 19 歳以下または 35 歳以上であった者，及び，第 2 回調査以降に男性票・女性票の対象者の配偶者となった者は配偶者票に記入する．このためデータの構造は複雑なものになっている．これまでの調査の男性票・女性票の回収客体数は第 1 回 2 万 8,000 人，第 2 回 2 万 4,000 人，第 3 回 2 万 2,000 人，第 4 回 2 万人，第 5 回 1 万 8,000 人，第 6 回 1 万 6,000 人と徐々に減少している．この調査からは次のような興味深い知見が報告されている．

・独身者が1年間に結婚する割合はおおむね男性が 4-5%，女性が 5-6%，

独身者が3年以内に結婚する割合は男女とも10%台で男性より女性の方が高い.
・仕事の有無別にこの5年間に結婚した人の割合をみると，男性は正規就業24%，非正規就業12%，「仕事なし」9%と，正規就業の人とそれ以外とで大きな格差があった．年齢階級別にみても，正規が非正規の2倍という状況は変わらなかった．一方，女性独身者の結婚の状況は仕事の有無や就業形態によって大きな違いはなかった．
・この5年間に結婚した人の結婚前後の就業状況の変化をみると，男性は77%が同一就業を継続していたが，女性は「同一就業継続」が47%，「離職」が28%と結婚を機に約3割の女性が就業を止めた．結婚前に正規就業していた女性の60%は同一就業を継続していたが，非正規就業ではその割合は40%に低下し，40%が離職した．
・妻の仕事の有無別にこの5年間の出生の状況をみると，「仕事あり」で就業形態が正規の場合43%，非正規の場合22%，「仕事なし」の場合48%に子どもが生まれていた．また，妻の職場に育児休業制度がある方（34%）がない場合（19%）より子どもが生まれていた．
・この5年間に出産がなかった妻は正規就業では91%，非正規就業では77%が同一就業を継続していたが，出産した妻の同一就業継続の割合は正規で67%，非正規で23%に低下した．妻の勤務する会社に育児休業制度があれば同一就業継続の割合は高まり，夫の家事・育児時間が長いほど，妻が出産後に離職する割合は低くなる．

本節では夫婦の平均子ども数について2002-2005年の4年分の個票データから集計された結果（府川，2009）を引用する．この調査で「希望子ども数」は，現在の子ども数も含めて合計何人の子どもを希望しているかを聞いているため，第2節の「現在子＋予定子」に相当する．以下，3.1ではクロスセクション集計のため女性の年齢階級は固定し，3.2では4年間既婚者であり続けた女性（同一集団）を追跡しているため女性の年齢は2002年時点のものを表示した．

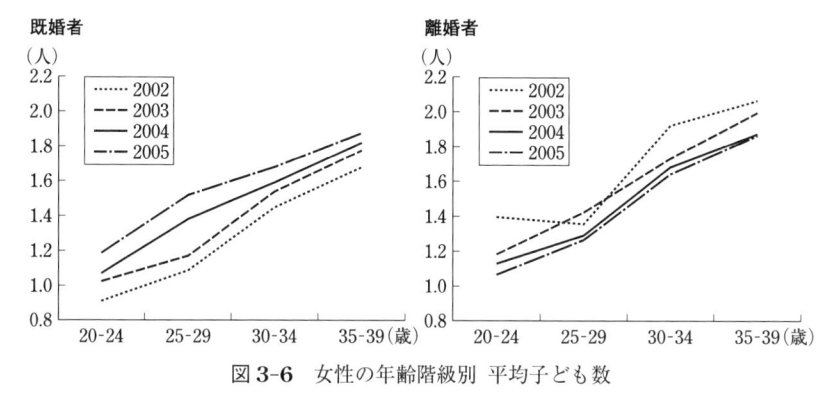

図 3-6 女性の年齢階級別 平均子ども数

出所:「成年者縦断調査」2002-2005 年個票データより筆者作成.

3.1 既婚女性の年齢階級別平均子ども数

2002 年から 2005 年の 4 年間で既婚女性の回答者数は 4,970, 4,616, 3,980, 3,719 と推移し,その平均子ども数はこの間 1.32, 1.48, 1.62, 1.74 と変化した.一方,離婚女性の回答者数は 4 年間に 696, 780, 1,021, 1,158 と推移し,その平均子ども数は 1.80, 1.71, 1.63, 1.63 と変化した.図 3-6 はこれを年齢階級別に示したものである.35-39 歳の既婚女性と離婚女性の平均子ども数を比較すると,離婚者の平均子ども数は既婚者のそれと同程度かもしくは少し多かった.35-39 歳の女性(既婚者及び離婚者)の就業時間別平均子ども数をみると,働いていない人の割合は既婚者と離婚者で大きな違いはなく,両者とも就業時間が 40 時間以上の人で平均子ども数が少ない傾向がみられた.

3.2 同一集団の平均子ども数の推移

2002 年から 2005 年の 4 年間で既婚者の現在の子ども数の平均値は 1.37 から 1.74 に増加した.2002 年に 35-39 歳層の平均子ども数と平均希望子ども数の差は 0.59 あったが,2005 年にはその差は 0.21 に低下した(図 3-7:女性の年齢は 2002 年時点).これをさらに親との同別居別にみると,一部の例外を除いて同居している女性の方が平均子ども数・平均希望子ども数ともに多かった(例えば,2005 年の年齢計の希望子ども数は同居群 2.34,別居群 2.19).

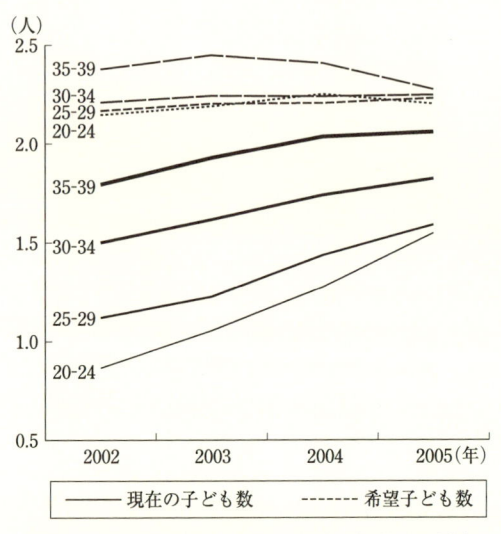

図3-7 同一集団の平均子ども数の推移：既婚者

注：年齢階級は2002年時点の妻の年齢．
出所：成年者縦断調査 2002-2005年個票データより筆者作成．

4　子ども数と家族給付に関する国際比較

　日本の合計出生率(TFR)は1975年に2.0を下回り，その後約10年間は1.8台または1.7台を維持していたが，1989年の1.57ショック後も低下を続け，1997年以降1.4を下回っている．ドイツやイタリアの出生率も低く，1.4を下回っている．スウェーデンでは1980年代にTFRが回復したが，1990年の2.14をピークに再び低下し，1998年の1.51を底に再び上昇に転じている(2006年で1.85)．フランスではTFRは長期的にゆるやかに低下し，1980年の1.99から1993-94年の1.65を底に再びゆるやかに上昇しはじめ，2006年には2.0を超えた．一方イギリスのTFRは，1980年代はフランスと大差なく，1990年代の出生率低下もゆるやかでおおむね1.7台を維持したが，2001年の1.63を底に上昇に転じている(2006年で1.84)．アメリカはベビーブーマー世代(1946-64年生まれ)の医療や年金が大きな関心事ではあるが，少子化問題は認識されておらず，TFRは2000年代も2.0以上で推移している．
　TFRの年齢階級別内訳をみると，日本でも他の先進諸国と同様に晩産化が

表 3-3 年齢階級別出産率の動向

	年	TFR	15-19	20-24	25-29	30-34	35-39	40-49(歳)
日 本	1970	2.13	0.02	0.52	1.05	0.43	0.10	0.01
	1975	1.91	0.02	0.51	0.93	0.36	0.08	0.01
	1980	1.75	0.02	0.39	0.91	0.35	0.07	0.01
	1985	1.76	0.02	0.32	0.89	0.44	0.08	0.01
	1990	1.54	0.02	0.24	0.70	0.47	0.11	0.01
	1995	1.42	0.02	0.20	0.59	0.47	0.13	0.02
	2000	1.36	0.03	0.20	0.50	0.46	0.16	0.02
	2005	1.26	0.03	0.18	0.42	0.43	0.18	0.02
	2006	1.32	0.02	0.19	0.44	0.45	0.19	0.03
	2007	1.34	0.03	0.18	0.44	0.46	0.20	0.03
	2008	1.37	0.03	0.19	0.44	0.47	0.21	0.03
フランス	2007	1.95	0.05	0.30	0.67	0.60	0.27	0.06
ドイツ	2007	1.36	0.05	0.22	0.42	0.44	0.20	0.04
スウェーデン	2007	1.87	0.03	0.25	0.56	0.66	0.31	0.06
イギリス	2004	1.76	0.13	0.36	0.49	0.49	0.24	0.05
	2007	1.90						
アメリカ	2005	2.0505	0.202	0.511	0.578	0.4795	0.2315	0.0485
	2007	2.12						

出所:国立社会保障・人口問題研究所『人口統計資料集』2010.

進んでいることがわかる.日本の20歳代の出生率低下は特に顕著で,1970年の出生率と比べて2007年は20-24歳で3分の1,25-29歳は約4割である(表3-3).晩婚化・晩産化の影響で35歳以上の出生率は高くなっているが,20歳代の出生率低下を補うにははるかに及ばない.イギリスやアメリカでは10歳代の出生率が高く,これが大きな社会問題になっている.15-19歳の出生率が日本並みに低ければ,アメリカの2005年におけるTFRは2.05ではなく1.88となる.20-24歳の出生率も6カ国中でアメリカが最大である.OECD(2005)は日本が適切な政策を実施すればTFRが2.1まで回復する可能性があると指摘している.仮に,25-29歳の出生率が1990年並(0.70)に回復すれば,2008年の日本のTFRは1.63となり,1990年の1.54を上回る.出生率低下の真の要因を除去できれば,日本の出生率も他の先進諸国と同様に変動することは十分考えられる.

OECD(2008)によると,2005年における家族給付(対GDP比)はデンマークやスウェーデンで3.2%と高く,アメリカ(0.6%)や日本(0.8%)で低い(図3-

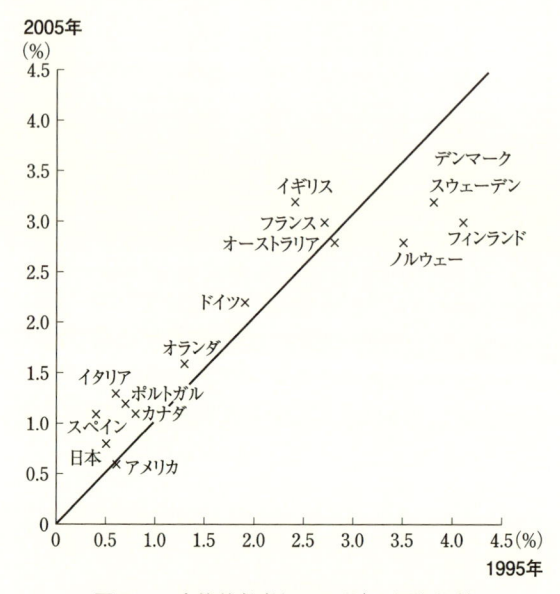

図 3-8　家族給付（対 GDP 比）の国際比較

出所：OECD（2008）．

8)．多くの国で家族給付の規模は 1995-2005 年の間に拡大しているが，北欧の福祉国家では低下した．しかしながら，家族給付に力を入れている国とそうでない国との差は歴然としている．税控除による間接的な給付（租税支出）は図 3-8 には含まれていないが，フランス，ドイツ，オランダ，アメリカなどでは重要な役割を果たしている．この租税支出を加えると，フランスの家族給付の水準はデンマークやスウェーデン並みになる[5]．一方，日本の家族給付の規模はアメリカとともに小さく，「少子化対策」が本格化した 1990 年代以降も顕著な変化はみられない．

---

[5] フランスの所得税は世帯単位課税で，子どもの数を直接反映した N 分 N 乗課税方式をとっている．除数 N は成人1人につき1とし，子ども（18歳未満）は最初の2人まで1人 0.5 を加算し，第3子以降は1人1を加算する（ひとり親世帯の第1子も1とする）．世帯の課税所得を R とすると，世帯の所得税は R/N に累進税率を掛けた額の N 倍で計算される．このため，同じ所得でも家族の数が多いほど税負担は少なくなる．また，この方式では税額低下の幅は低所得層で小さく，所得が高くなるほど大きくなるため，節約できる税額には上限が定められている．N 分 N 乗課税方式による税収ロスは 2004 年で GDP の 0.7％ と推計されている（Caussat, 2006）．

2006年に出生率(TFR)が2.0を超えて注目されているフランスには手厚い家族政策・育児支援策が存在している．ヨーロッパで出生率が高い国々では，女性が出産・育児と就業を両立させられるように教育・雇用・税制など幅広い政策分野で多種多様なきめ細かい育児支援策が存在し，人々は安心してそれらを利用している．出産・育児によって女性が就業を中断するときに逸失利益が生じるが，その程度は国によって異なり，育児サービスが女性のフルタイム就業を十分にサポートできない国では出産・育児による逸失利益は大きいと考えられる．労働市場が流動的な英米では出産後も労働市場への再参入が容易である一方，育児休業制度の利用しやすい北欧では継続就業が容易であり，ともに出産にともなう機会費用(女性が出産し退職することで失う将来の収入)が低く，就業と育児の両立が容易になっている．これが出生率の回復や高い出生率の維持に貢献している．また，失業率の上昇や不安定雇用の増加は育児の機会費用を引き上げ，将来不安をもたらすことにより出生率を引き下げる可能性が強い．

5 議　論

労働組合経由の働き方に関する調査(第2節)及び成年者縦断調査(第3節)の主な分析結果は，次のようにまとめられる．

・現在子の平均値が年齢に大きく依存するのに対して，現在子＋予定子の平均値は年齢への依存度が大幅に縮小する．現在子＋予定子が安定した指標であることは図3-1及び図3-7で確認される．
・収入が一定以上であれば，現在子＋予定子が出生率水準の代理変数になる(年齢と収入を無視できる)．
・労働時間の長さが子どもをもつことの阻害要因となっている可能性は捨てられない．
・独身者で週労働時間の短い人は労働時間を増やしたい人が多い．一方，既婚者で週労働時間の長い人は労働時間の増減に関心が高い．
・労働時間の長い人は，どんなに年収が低くても労働時間を増やしようがないが，「年収の低い方が労働時間を増やしたいと希望する割合が高い」とい

う関係は一部で見られた．
・児童手当の増額と保育所サービスに対する要望には男女差があり，柔軟勤務にも根強い要望があった．

独身者の多くが「いずれ結婚したいと思うし子どもも欲しい」と回答しているが，既婚者では年収階級にかかわらず，妻の年齢の上昇とともに現在子＋予定子の平均値が低下する傾向にあった．これは既婚者の一部で，希望する子ども数を実現できずにあきらめている可能性を示唆している．また，労働時間の長い人や長時間勤務の職場にいる人を中心に柔軟勤務に対する要望が強い．労働時間が長過ぎないことが大前提となるが，その上で，労働時間に柔軟性をもたせることはワーク・ライフ・バランス（仕事と生活の調和）の回復に極めて重要な要素である．仕事と生活のバランスをとることがきわめて困難な現状を見直すことは，働く人の福利向上策というだけではなく，企業経営にとっても社会全体の活性化や持続的な発展のためにも不可欠になっている（武石，2009）．

本章第2節で用いたデータは無作為に抽出されたサンプルではなく，配票方法は個々の労働組合に委ねられ，ほぼ全ての調査対象者が労働組合員であるため，その結果を安易に一般化することはできない．しかし，日本の深刻な少子現象に対する政策的な対応策を議論するうえで，本章の結果が示唆するところも少なくない．

少子化への政策的対応の基本的な方向は，若年層の雇用環境の改善，就業と育児の両立支援，子育ての費用負担の軽減，女性の出産・育児にともなう機会費用の軽減，などである．日本では子どもを2人持つことが国民意識（またはノルム）から消滅しかかっている．一方で，人々が経済的インセンティブに反応することも分かっている．子育てにはコストがかかり，経済力のない家庭には様々な支援（経済的支援，社会サービス等）が必要である．その上で，就業と出産・育児の両立支援策が重層的にはりめぐらされることが望まれる．個々人のニーズに合った多様なメニューが用意され，人々が安心して制度を活用できることが重要である．少子化の要因として出産・育児の機会費用の寄与の大きさが測定されれば，雇用や社会保障システムの改革によりこの逸失利益を抑制することの重要性が明らかになる．

日本では，教育費（大学卒業まで），住居費など子育ての経済的負担が大きい[6]．子育ての直接的費用のみならず，間接的費用（機会費用）を軽減することも重要である．女性にとって結婚・出産の機会費用は極めて大きい[7]．そのためには企業の雇用パラダイムの転換（正社員と非正社員の間の雇用条件の格差縮小，長時間労働の見直しなど）が必要である（府川，2008）．女性にとっては，(a)「結婚とキャリア」や「育児と就業継続」の二者択一を迫られること，(b)子どもの教育費や住宅ローンのためのパート就業等，長期間にわたる子育ての直接的・間接的負担，(c)親の介護負担という展望，などが結婚や出産を躊躇させる遠因となっている．女性が結婚・出産後も仕事を続けることができるよう，社会は積極的な仕事と子育ての両立支援策を用意する必要がある（橘木，2005）．

　非正規雇用の増加が非婚化・晩婚化の要因になっており，若年層の雇用環境を改善すれば若年層の晩婚化・非婚化が減少すると期待される．正規・非正規就業の格差是正やワーク・ライフ・バランス（仕事と生活の調和）は子育て支援に重要であり，労働時間に柔軟性をもたせることがワーク・ライフ・バランスの回復に不可欠である．国際競争が激化する中で賃金付随コストへの関心が高まり，企業は社会保険料の増加に伴ってその事業主負担分が増加することに大きな懸念を表明している．しかし，マクロ統計でみる限り，日本の企業が他の先進諸国の企業に比べて重い負担（法人税＋社会保険料の事業主負担）を背負っているわけではない．企業の競争力の維持・向上と「子育てに優しい社会」を両立できるような雇用制度の整備が求められる．その対策の根幹は週労働時間が長すぎないこと，その上で労働時間に柔軟性があること，の2点であろう（府川，2008）．

　日本における今日の深刻な少子化問題を解決するためには，税制・社会保険・教育・雇用など多岐に及ぶ総合的な家族政策が必要である．企業の自主的

---

[6] 18歳未満の子どもを育てるのに社会全体で38.5兆円かかっている，という試算を内閣府が2005年度版『少子化社会白書』の中で初めてまとめた．その内訳（ダブルカウントあり）は教育費20.3兆円（公費12.9兆円，私費7.4兆円），生活費12.7兆円，家庭内育児活動費（パートの平均賃金で換算）8.1兆円，出産費・医療費3.1兆円，児童福祉サービス費2.5兆円，手当・一時金等1.5兆円，租税支出1.5兆円であった（2002年度）．

[7] 内閣府は出産を機に退職しパート労働者として復帰しても，正社員で働き続けるケースと比べ合計で2億円を超える収入減になると試算している（第1章3.3参照）．

なワーク・ライフ・バランス策の導入を政府が後方から支援する形で，長時間労働の文化を変え，働きやすく子どもを育てやすい社会を作ることが重要である(大沢，2006). 正規就業と非正規就業の不合理な格差をなくした上で，家族給付(現金給付＋現物給付＋租税支出)の規模をヨーロッパ諸国並みに引き上げ，資源を効率的に使えば，子ども数や育児に関する日本の現状は劇的に改善すると考えられる．就業者のワーク・ライフ・バランスが改善した結果として出生率が高まることは望ましいことである[8]．

参考文献
浅子和美・井口泰・金子能宏・府川哲夫，2002,「少子社会の制度設計」国立社会保障・人口問題研究所編『少子社会の子育て支援』東京大学出版会.
大沢真知子，2006,『ワークライフバランス社会へ』岩波書店.
厚生労働省，2008,『第5回21世紀成年者縦断調査(平成18年)報告書』.
厚生労働省，2009,「第6回21世紀成年者縦断調査(平成19年)発表資料」.
国立社会保障・人口問題研究所編，2005,『子育て世帯の社会保障』東京大学出版会.
こども未来財団，2008,『フランスにおける子育て支援とワーク・ライフ・バランスに関する調査研究報告書』.
白波瀬佐和子，2002,「ヨーロッパにおける家族政策」国立社会保障・人口問題研究所編『少子社会の子育て支援』東京大学出版会.
武石恵美子，2009,「女性が働く社会を展望する」武石恵美子編著『女性の働きかた』ミネルヴァ書房.
橘木俊詔，2005,「なぜ女性活用策がうまくいかないのか」橘木俊詔編著『現代女性の労働・結婚・子育て』ミネルヴァ書房.
樋口美雄・財務省財務総合政策研究所編，2006,『少子化と日本の経済社会』日本評論社.
府川哲夫，2006,『企業による福祉と社会保障Ⅲ　社会保障と私的保障(企業・個人)の役割分担に関する実証研究　平成17年度報告書』.
府川哲夫，2008,「少子化への政策的対応」『職場・家庭・地域環境と少子化との関連性に関する理論的・実証的研究　平成19年度報告書』.
府川哲夫，2009,「成年層の属性別子ども数」『職場・家庭・地域環境と少子化との関連性に関する理論的・実証的研究　平成20年度報告書』.
府川哲夫，2010,「成年層の子ども数——労働組合経由の働き方に関する調査をもと

---

[8] OECDなどの分析によると，仕事と家庭の両立支援に成功した国(デンマーク，ノルウェーなど)では出生率の上昇がみられるという．そうした国では働き方に応じた保育所サービスの提供だけでなく，企業による短時間勤務の導入や長時間労働の見直しなど雇用環境の整備も進んでいる．

に」IPSS Discussion Paper Series, No. 2010-J01(2010.7).
Adema, W. and M. Ladaique, 2005, Net Social Expenditures, 3rd edition, Social, Employment and Migration Working Papers, OECD, Paris.
Caussat, L., 2006, Fertility trends and family policy in France: do they match? International Forum on Low fertility and Ageing Society, Seoul, Korea, 13-14 September.
OECD, 2005, *Extending Opportunities: How Active Social Policy Can Benefit Us All*, OECD.
OECD, 2008, Social Expenditure Database 2008, OECD.
Thevenon, Olivier, 2008, Does Fertility Respond to Work and Family-life Reconciliation Policies in France? mimeo.

第4章 ワーク・ライフ・アンバランスはどこで起こっているか
―― 出産ペナルティと女性の就業継続 ――

野崎　祐子

1　ワーク・ライフ・バランスの隠れた論点

　ワーク・ライフ・バランス問題はジェンダー問題である．1990年代後半から女性の大学進学率は男性を追い抜く勢いで上昇し，良質な雇用機会にも恵まれるようになった．一方で，出産・育児の負担は相変わらず重い．そうしたジレンマが女性を結婚や出産から遠ざけ，少子化を招いている，といわれる．それを解決するには，男性にはない，女性固有の問題に向き合い，ジェンダー間の格差を解消することが重要だ，というのである．このように，ワーク・ライフ・バランス問題は，男女間の格差，あるいは差異に着目して論じられる．

　こうした見解は，遅々として進まない男性の家事参加と相俟って説得力を持つ．しかしながら，その帰結をジェンダー問題に収斂してしまうと，もうひとつの重要な論点を見逃してしまう．出産が就業するうえで不利益となってしまうのはどのような女性なのか，どのような女性が就業継続や出産をあきらめているのか，という女性間の問題である．

　例えば，樋口・酒井(2004)[1]は，バブル崩壊後顕在化した企業の雇用抑制は，学歴の低い女性により大きなダメージを与えたと指摘する．労働市場の入り口で正規雇用からはじかれ，フリーターとしてキャリアをスタートさせる者の割合は，短大・高専卒と高卒以下とでは大きな違いはない．しかし大卒以上の女性ではその確率は有意に低くなっている．これは，参入に際して働くメリトクラティックな選抜ラインが大卒以上に引き上げられ，それまでサービス職やマ

---

[1]　家計経済研究所「消費生活に関するパネル・データ」を用いているため，サンプルは女性に限定されている．

ニュアル職などにも開かれていた質のよい雇用機会が閉ざされてしまったことを意味する．

　学歴差が及ぼす影響は，就職の機会配分に留まらない．それはキャリア形成の過程でさらにその比重を増す．フリーターには，企業内で教育や訓練が与えられることはほとんどないのだが，経済のグローバル化や技術革新が急激に進展する今日，これは致命的なものとなる．企業の人材ニーズは環境変化に対応可能なナレッジワーカーに集中し，スキルアップのチャンスを持たないフリーターにはリベンジが難しくなるからである．経済産業省が行った「男女共同参画に関する調査」[2]によれば，高度な専門知識が求められ，高い報酬が期待できる職場では男性独占が崩れ，女性比率が急激に高まっているという．個人の持つ学歴，意欲，能力の高さは，女性であることのハンディを乗り越えるのである．

　それでは，こうしたワーク（雇用）の場における変化は，ライフ（家庭）にどのような影響を与えたのか．その問いに答えるデータが前述の樋口・酒井（2004）のもうひとつの検証にある．そこでは，フリーター経験者のその後を追跡した調査で，無配偶率が相対的に高いこと，有配偶である場合は夫の年収が低いことが明らかになった．いわば「ワーク」での格差がそのまま「ライフ」へと持ちこされているのである．本来ならば，世帯所得は，夫と妻の就業バリエーションによっていかようにも変化する．夫が高所得であっても妻が専業主婦であれば，共働き世帯との差は縮小されるか，あるいは逆転される．1930年代のアメリカでP. ダグラスによって見出され，有沢広巳によって日本でも実証された「高収入の夫を持つ妻の就業率は低い」という経験則は，世帯間格差の拡大に歯止めをかけるものであった．ところが，小原（2001）らによって，この法則は1990年代後半以降弱化していることが確認されている．夫婦そろって高学歴・高収入という強者連合が出現し，妻の追加的な就業による世帯間所得格差の平準化が難しくなったのである．

　そうした格差は，ワーク・ライフ・バランス施策の要ともいえる育児休業法にも見え隠れする．公表された取得率の推移をみると，1996年の49.1%から

---

[2]　経済産業省「男女共同参画に関する調査――女性人材活用と企業の経営戦略の変化に関する調査」平成17年6月.

2008年には90.6%[3]へと飛躍的に伸びており，一見したところ順調な浸透ぶりである．しかし，武石(2006)によれば，実質的な取得率は全体の1割程度であるという．7割もの女性は出産タイミング以前に離職しており，公表された数字の分母には含まれていない．出産時点で雇用されていた女性のうち9割が取得していたということを示しているにすぎないのである．ワーク・ライフ・バランス施策の恩恵に与れるのは，出産に際しても働き続けられる「幸運な女性」に限定されるといっても過言ではない(阿部，2005)．

これらの知見から浮かびあがるのは，ワーク，ライフの両面で大きな格差を示す女性の学歴や職種，すなわち人的資本による階層差の実態である．こうした事象は「ワーク・ライフ・バランス」にどのような問題を突きつけているのか．そこには明らかに，男性の問題，あるいは男女間の問題とは異なる位相の問題が表出している．しかしながら，こうした論点を踏まえ，解明しようとした実証研究は，これまでのところまだないといってよい．本章では，ワークとライフのアンバランスがどこで起こっているのか，男性との対比ではなく，「女性間の格差」といった視点から検証を行う．

本章の構成は以下のとおりである．次節では，先行研究を整理し，分析の枠組みを提示する．第3節ならびに第4節では第2節で得た指標についてそれぞれ定量分析を行う．最後に本章で得た知見をまとめ，政策的インプリケーションを述べる．

2 先行研究の整理とワーク・ライフ・バランスの指標

2.1 出産ペナルティ

この節では，本章で行う分析のフレーム・ワークを示す．パク(2008)によれば，ワーク・ライフ・バランスという用語には，統一された定義が存在しない．それが「仕事と私生活のバランス」という表面的な言葉の意味を超え，個人，組織，国，社会，そして経済全体のさまざまな側面に，非常に大きく影響する

---

3) 厚生労働省「平成20年度 雇用均等基本調査」．

テーマだからだという．つまり，その解釈は，個人により千差万別であり，本質的に画一的な基準など持ち得ないものなのである．

とはいえ，ワーク・ライフ・バランスの達成度をなんらかの指標で代理することは可能である．例えば，女性の労働力率と合計特殊出生率との間に負の相関が観察されれば，女性の就業と出産との間にトレード・オフがあり，アンバランスが生じていることがわかる．そのことを反映して，ワーク・ライフ・バランス施策の有効性を測る代表的な指標としては，合計特殊出生率がしばしば使われていた．しかし，先進諸国では劇的に上昇へと転じる見込みはほとんどなく，その変化率も極めて小さい．

そこで新たに注目されるようになったのが，出産ペナルティ(motherhood wage penalty)[4]である．出産ペナルティは，一般的には，母親とそうでない女性との，あるいは出産前と後との間に観測される賃金水準の乖離を推計する．つまり子どもを産むことが及ぼす不利益の程度を視野に入れることによって，仕事と生活とのバランス(ないしはアンバランス)を，より広く把握することが可能になるのである．

ここで先行研究の概観をしておこう．出産ペナルティはどのように発生するのか，また程度の違いは何に起因するのか，時間的な経緯を併せて考察することで，指標としての有効性を確認できるからである．出産ペナルティに関する初期の研究にBecker(1985)がある．ベッカーは母親の賃金水準の低さを「労働生産性」に求めた．子どもを持つと育児や家事にエネルギーを割かれ，「労働生産性」が落ちる．そのためパート労働のようなconvenient jobを選好するようになる．これがベッカーが提示した「work effort仮説」[5]である．Hill (1979)は，出産ペナルティの存在を実証した先駆的な研究だが，そこでは，勤務年数，訓練年数，勤務地や労働時間に関する制限の有無，学歴などをコント

---

[4] 出産ペナルティは，介護などを含んだ家庭責任全般が及ぼす影響についてのfamily gapと同義に使用されることも多い．family gapの包括的な議論についてはWaldfogel(1998)を参照．Harkness and Waldfogel(2003)の国際比較によれば，男女間賃金格差(gender gap)とfamily gapとは正の相関にある．

[5] 出産プレミアムの原因については川口(2005)に詳しい．主な仮説として「人的資本仮説」「仕事・子育て両立仮説」「観察できない個人属性仮説」「差別仮説」の4つが挙げられている．Beckerの仮説はこのうち「仕事・子育て両立仮説」に分類される．

ロールすると出産ペナルティ[6]は消失しており,この仮説に整合的なものとなっている.ただしこの時点では出産ペナルティという言葉は明示されていない.

出産ペナルティが注目を集めるようになったのは,女性の高学歴化や社会進出が本格化した1990年代以降である.Olivetti(2006)のPSID[7]を用いた検証によると,既婚の幼い子どもがいる女性の労働時間や機会費用が,1970年代から1990年代にかけてドラスティックに上昇している.労働時間を例にとると,独身女性ではわずか3％の伸びだが,既婚女性では96％,6歳以下の子どもをもつ母親では134％もの上昇をみせている.このような背景のもとにOECD諸国[8]を中心に出産ペナルティの推計が競うように行われた.ところが,研究の蓄積が進むにつれ,出産ペナルティはどの国でも一様に観測されるわけではなく,イギリスやアメリカ,カナダ,およびイタリアやスペインなどの南ヨーロッパで高く,スウェーデン,ノルウェー,フィンランドの北欧諸国ではほとんど存在しないことが判明した[9].Harkness and Waldfogel(2003)の検証によれば,そうした違いはファミリー・フレンドリー(family-friendly)施策[10]にあるという.施策が働く者に手厚いところで出産ペナルティは低く(あるいは観測されない),そうでないところで高いことが確認されたのである[11].ファミリー・フレンドリー施策の充実している国で出産ペナルティが観察されていないことは,それがワーク・ライフ・バランスの指標として有効であることを裏付けるものと考えられる.

---

6) 説明変数は18歳以下の子ども数である.
7) The Panel Study of Income Dynamics. 1968年開始のアメリカを代表するパネル調査.
8) アメリカ(Buding and England, 2001；Waldfogel, 1998；Edwards, 2005),ドイツ(Kunze and Ejrnares, 2004),イギリス(Joshi, Paci and Waldfogel, 1999)など.
9) 国際比較については,Harkness and Waldfogel(2003), Todd(2001), Davies and Pierre(2005), Dupuy and Fernandez-Kranz(2009)などを参照.スウェーデンについてはAlbrecht *et al*.(1999),デンマークについてはNielsen, Simonsen and Verner(2004)を参照.日本における出産ペナルティとタイミングについては野崎・福田(2009)を参照.
10) 両立支援策ともいう.従業員が出産・育児・介護などの家庭責任に直面したとき,仕事との両立を図れるよう支援するシステムを指す.
11) 35カ国にわたる大規模調査・分析を行ったDupuy and Fernandez-Kranz(2009)ではさらに,労働法制と出産ペナルティとの関係を検証し,育児休暇や出産・育児による解雇規制の推進・強化は出産ペナルティを引き下げるとの結論を得ている.

2.2 日本のワーク・ライフ・バランスが抱える問題

2.1 では，出産ペナルティがワーク・ライフ・バランス施策の充実度から影響をうけていることについて論じた．しかしこの「定説」は，1990 年代後半以降，ゆらぎをみせている．そのようなポリシーを持たない国においても，出産ペナルティが観察されないケースが報告されるようになったのである．さらに，Anderson et al.(2003)，Todd(2001)らによれば，母親の賃金が子どもを持たない女性よりも高いという wage boost (賃金押上げ) さえ出現しているのである．

このような現象は，経済学の理論に従うものではない．ファミリー・フレンドリーな職場環境と賃金水準はトレード・オフの関係にあるはずだからである．高い賃金を得ようと思えば，長時間労働や不規則な勤務シフトも受け入れなければならない．一方でフレキシビリティを求めるならば，高賃金は望めない．育児休業法や出産に伴う解雇規制などの施策は，こうしたメカニズムを是正するためのものである．この疑問を解く鍵として，まず想定されるのは人的資本である．wage boost はすべての母親に見られるものではなく，高学歴，ハイ・スキル職でしか観察されない事象だからである．換言すれば，それは人的資本の高い女性は，出産と就業のトレード・オフにさらされないどころか，母親であることがメリットになりうることを意味する．

この現象の背景にあるものは何か．Amuedo-Dorates and Kimmel(2005)は，wage boost が，勤務年数や職歴，職階といった経済学が伝統的に用いてきた要因ではなく，柔軟な労働時間やスケジュール，手厚い出産・育児休暇など，いわゆる「非金銭的要因」(non-wage compensation) に着目し，その有意性を確認することで，この疑問に答えた．彼らの分析では，wage boost を得ている多くの母親は，そうした非金銭的なケアが充実したファミリー・フレンドリー企業に雇用されている[12]．この結果は，人的資本の高さが，賃金水準だけで

---

[12] Blackburn et al. (1990) なども参照．non-wage compensation と賃金格差が何らかの因果関係にあるという指摘は，特に新しいものではない．例えば，Currie and Madrian(1999)では，企業データを用いて，生産性の高い労働者が高い賃金を得ているのは，彼らがさまざまなフリンジ・ベネフィットを持つ企業を選好した結果だと結論づけている．

はなく，家庭責任と両立しやすい雇用環境にも直結し，プラスの効果を持っていることを意味する．高い学歴や専門性を持つ女性にとって，就業と出産はもはやトレード・オフではなく，wage boost はそれが具現化されたものといえる．

このような現象は日本においても観測されるのだろうか．ワーク・ライフ・バランス問題に特化して行われた調査からみてみよう．データは内閣府男女共同参画局による「男女の働き方と仕事の調和」調査である[13]．そのうち，ワーク・ライフ・バランスの実現度を高めているのはどのような属性なのか，既婚女性に絞ってカイ二乗検定をしたところ，学歴では 10% 水準，職種では 1% 水準で実現確率が各群間で同じとする帰無仮説が棄却された．この結果は，ワーク・ライフ・バランスの実現と，これらの要因は何らかの相関関係にあることを示すものである．その実現割合をみると，学歴では，高卒以下が 5.8%，短大卒が 7.9%，大卒以上が 9.0% と，学歴が高くなるにつれて実現度が高くなっている．一方で職種をみると最も実現度が高いのは管理職の 11.9%，事務・販売・サービス職で 11.3%，農林・運輸・マニュアル職で 7.5% と続いている．しかし一般的な予想に反して，最も低いのは専門職の 4.1% である．専門職，管理職として働いている女性は，ともに高学歴，高賃金水準であると推察されるが，似通った属性を持ちながら，専門職では，管理職の半分にも満たない．これは，人的資本の向上とワーク・ライフ・バランスの実現が正の相関に転じた欧米諸国にはみられない事象であり，日本のワーク・ライフ・バランスが抱える問題のひとつを提示しているともいえる．

以上の検証から，ワーク・ライフ・バランスの達成度を測定するにあたっては次のような点に留意すべき点があることがわかる．まず，出産ペナルティの推計においては，学歴に併せて職種にも着目する必要がある．分析の基軸に人的資本の違いを据えることで，それが女性の間でどのように拡がっているかを捉えることが可能になるからである．とりわけ，日本のように，ファミリー・フレンドリー施策が必ずしも充実しているとはいえない社会において，出産ペ

---

[13] マイクロ・データは東京大学社会科学研究所社会調査・データアーカイブ研究センターより提供を受けた．2006 年 1 月に全国 47 都道府県の 25-44 歳の男女を対象に，インターネットモニター調査によって行われた．配布数は 18,800 票，有効回答数 6,415 票，回収率 34.1% である．

ナルティの程度を，女性間の差異(人的資本や職種の違い)に注目し推定を行うことは，子どもを持つか否かという選択とは別の視点から，「ワーク(雇用)」と「ライフ(家庭)」の関係に目を向けることを意味する．

次節で出産ペナルティの推計を行い，第4節で就業と出産の意思決定に関する分析を併せて行うことで，日本におけるワーク・ライフ・バランスの問題点を明らかにする．

3 出産ペナルティは誰が受けているのか

3.1 データとモデル

この節では，ワーク・ライフ・バランスの指標のひとつとして，まず，出産ペナルティの推計を行う．使用するデータは，続く第4節とともに日本版総合的社会調査JGSS(Japanese General Social Surveys)である．サンプル・サイズを確保するため，JGSS-2000, 2001, 2002, 2005, 2006のクロス・セクション・データを累積し，プールド・データ(pooled data)とした．JGSSは，日本人の意識や行動を総合的に調べた社会調査であり，学歴，初職を含む職歴，婚姻状態，家族構成，就業状況など基本的な個人属性に加えて，本人や家族，世帯の年収，父母の学歴や15歳時点での父母の就労状況，家計や家族に関する意識まで幅広く網羅する．サンプルは調査時点で25歳から49歳の既婚女性，サンプル・サイズは1,662である．基本統計量は表4-1に示した．

出産ペナルティを分析する際には，次のような問題が生じる．出産ペナルティの影響は本人が就業し，収入を得ている場合に限り観測されるが，就業者のみを観察対象として推計すれば，係数にバイアスが発生する恐れがある．ここではそうしたバイアスを除去するためヘックマンの2段階推定を用いる．この方法は，まず，第1段階目で，就業の有無を選択する二項選択モデルについてprobit推定する．続いてそこで計算されるミルズの比率の逆数λ(Inverse Mill's Ratio)を用い，賃金関数を推定するというものである．

最初に，第2段階目で最終的に求める賃金関数について説明する．出産ペナルティは，学歴に関しては，無子(子どもを持たない)と大卒以上の交差項を，

表 4-1　基本統計量

変数	平均値	標準偏差	最小値	最大値
年齢	38.983	6.592	25	49
大都市在住	0.192	0.394	0	1
教育年数	12.995	1.654	9	18
中学校卒	0.039	0.193	0	1
高校卒	0.543	0.498	0	1
短大卒	0.287	0.453	0	1
大卒・大学院卒	0.131	0.337	0	1
出産	0.894	0.307	0	1
就業	0.640	0.480	0	1
勤務年数	5.042	6.667	0	30
週総労働時間 35 時間未満	0.336	0.472	0	1
週総労働時間 35-48 時間未満	0.209	0.406	0	1
週総労働時間 48 時間以上	0.095	0.294	0	1
大企業勤務	0.130	0.337	0	1
労働組合加入	0.109	0.311	0	1
初職専門職	0.194	0.395	0	1
夫大卒	0.366	0.482	0	1
父高学歴	0.155	0.362	0	1
夫年収(対数値)	15.256	0.521	12.394	17.014
母専業主婦	0.247	0.431	0	1
父母と同居	0.088	0.314	0	2
家計満足	0.283	0.451	0	1
家庭生活満足	0.535	0.499	0	1
サンプルサイズ	1,662			

職歴に関しては，無子と専門職の交差項をレファレンス・グループとした．レファレンス・グループを専門職としたのは，前節のレビューに従ったものである．ただし，ここでは現職についてではなく，学卒後最初に就いた職が専門職であった場合を説明変数として採用した．本章ではクロス・セクション・データをプールしたものを用いており，職種の履歴を追跡できないというのが第1の理由である．第2の理由として挙げられるのは，日本の女性労働市場の持つ，次のような特徴を考慮したからである．日本では，女性労働力率の M 字型カーブにみられるように，出産で離職するケースが非常に多い．そのうえ，内部労働市場の堅固さはバブル崩壊後も現存しており，いったん正規雇用を離職すると，再度同じ条件で就職することは難しい．こうした背景にあって，教師や医師，薬剤師や看護師など資格を必要とする専門職の就業継続率は比較的高い

うえ，再就職する際にも同じ職業を選ぶ確率も高い．そのため，初職がそのまま現職となる可能性が高い専門職は，他の職種にない特徴を持つ．なお，本章で扱う「専門職」は JGSS の職業分類から，専門的・資格を要する職業を選択した．ただし，ここでは医師や弁護士など高度な専門知識を要する高度専門職から，歯科衛生士，保育士など比較的短期で獲得可能な技術的専門職まで含まれていることに留意する．

　被説明変数は，妻の年収である．前年の税引き前の年収を 2000 年基準でデフレートし，対数値をとった．カテゴリカル・データであるため，時間当たり賃金は計算せず，説明変数に残業時間を含む週総労働時間を採用して調整した．

　コントロール変数としては，年齢，週総労働時間数，企業の規模，労働組合加入，勤務年数，勤務年数の二乗項，大都市在住の 7 変数を用いた．これらの変数は全て調査時点現在のものである．週総労働時間は，残業時間を含む 35 時間未満をレファレンス・グループとし，パートタイム労働者であることを代理した．35-48 時間は一般的な正規雇用者，48 時間以上は，そのうち長時間労働者をそれぞれ代理している．したがって，ここではパートタイム勤務者との相対的な差を観測することになる．企業規模は，勤務先企業の従業員数が 300 人以上の場合を 1 とし，それ以外を 0 としたダミー変数である．労働組合についても同様に，加入している場合は 1，それ以外を 0 とした．勤務年数は累積勤務年数ではなく，現在勤務する企業での実数と，その二乗項である

　ヘックマン推定の第 1 段階である就業選択に関する 2 値モデルでは，妻の年収には直接関係しないが，働くか働かないかの意思決定には関連すると予想される変数を採用した．世帯所得については，妻の年収と同様に，カテゴリカル・データの中央値をとり，2000 年基準でデフレートした．通常，夫の年収がじゅうぶんに高ければ，妻は追加的な就業を控えると想定されることから，予想される結果の符合条件はマイナスである．「夫大卒以上」は，夫が大学卒以上である場合を 1，そうでない場合を 0 としたダミー変数である．ただし，「夫の学歴」については，夫の年収の効果ほど明確な符合条件が予測できない．というのも，学歴には，人的資本の蓄積による賃金水準上昇という効果のほか，教育方針，子どもに対する選好，文化資本など複雑な要素が含まれているからである．「子ども数」は，子どもが多ければ育児負担が重くなり，就業に負の

影響があるという先行研究に従った．出身階層，家族の影響のコントロールは，父の教育年数が14年以上の場合を「父高学歴」ダミー，15歳時点で母が無業であった場合を「母専業主婦」ダミーとした．これらは妻の出身が相対的に裕福であった可能性を推定すると同時に，育児方針や家庭の文化的な側面を代理しており，夫の学歴と同様に結果の解釈には注意が必要となる．「父母同居」は，父母の同居は，育児にかかる金銭的，時間的な負担が軽減しやすいことから，機会費用を補助的に説明する変数として採用した．ただし，本章のデータは，妻の実父母であり，同居率の高い義父母の情報は含まれていないことに留意する[14]．ほかに出産・就業意欲に影響を及ぼす意識変数として，「家計満足」ダミー，「家庭満足」ダミーを加えた．これらは，非常に満足から非常に不満の5段階に設定された選択肢のうち，「非常に満足」と「満足」と回答した場合を1，それ以外を0としたダミー変数である．

3.2 推計結果

表4-2は推計結果である．Wald検定からはどちらの推計においても統計的に妥当な結果であることが示された．また，セレクション・バイアスについては，逆ミルズ比やその有意性から，セレクション・バイアスの存在が確認されている．

学歴，職種の及ぼす出産ペナルティへの影響をそれぞれ，子どもの有無との交差項からみていこう．学歴の結果をみると，大卒と母親の交差項は有意な結果を得ていない．これは，子どもがいても，大卒であれば賃金水準の低下が認められないことを表している．しかし，短大卒以下では有意に負の結果となっており，出産ペナルティが発生していることが明らかになった．職種についても同様に，専門職と母親の交差項は統計的に有意ではないが，非専門職の母親は有意にマイナスであり，専門職以外では出産による不利益が存在することを示している．

コントロール変数をみると，学歴，職種ともに，年齢と大都市在住ダミーを除いた全ての係数が有意な説明力を持つ．労働時間では，週総労働時間が35-

---

[14] 全調査年にわたって義父母が同居しているか否かのデータを得ることはできない．

表 4-2　出産ペナルティの推計（Heckman Two-Step Estimation）

被説明変数：年収（対数値）	学　歴		職　種	
	係数	z 値	係数	z 値
出産経験×学歴				
（無子×大卒以上）				
子どもあり×大卒以上	−0.144	−0.920		
無子×短大卒以下	−0.217	−1.370		
子どもあり×短大卒以下	−0.473**	−3.350		
出産経験×専門職				
（無子×専門職）				
子どもあり×専門職			−0.202	−1.440
無子×非専門職			−0.205	−1.340
子どもあり×非専門職			−0.493***	−3.680
労働時間				
（35 時間未満）				
35-48 時間	0.710***	11.910	0.699***	11.760
48 時間以上	0.777***	10.030	0.775***	10.000
その他				
年　齢	0.009	1.290	0.011	1.570
大企業勤務	0.125**	2.020	0.140**	2.260
労働組合加入	0.354***	4.970	0.347***	4.870
勤務年数	0.073***	6.140	0.073***	6.090
勤務年数の二乗項	−0.001***	−3.080	−0.001***	−3.090
大都市在住	0.018	0.280	0.026	0.420
定数項	12.772***	31.530	12.673***	31.840
選択関数　1＝就業　0＝非就業				
年　齢	0.056***	10.160	0.056***	10.160
教育年数	0.046*	2.000	0.046*	2.000
夫年収（対数値）	−0.278***	−3.930	−0.278***	−3.930
夫大卒以上	−0.196***	−2.580	−0.196***	−2.580
子ども数	−0.067**	−1.840	−0.067**	−1.840
父母同居	0.070	0.680	0.070	0.680
父高学歴	−0.166**	−1.800	−0.166**	−1.800
母専業主婦	−0.234***	−3.120	−0.234***	−3.120
家計満足	0.027	0.340	0.027	0.340
家庭満足	0.047	0.650	0.047	0.650
定数項	2.012***	1.950	2.012***	1.950
逆ミルズ比	0.557	2.560	0.585***	2.680
サンプルサイズ	1,662		1,662	
	Wald カイ 2 乗＝688.21***		Wald カイ 2 乗＝698.31***	

注：1）　*，**，***はそれぞれ有意水準 10％，5％，1％ を示す．
　　2）　（　）内はレファレンス・カテゴリーである．

48時間，48時間以上である場合は，有意にプラスであり，パートタイム労働者の賃金水準の低さを確認したものとなっている．勤務年数やその二乗項，労働組合加入ダミー，大企業勤務ダミーなど正規雇用者に特徴的な説明変数が全て有意であることもやはり，パートタイムなど非正規雇用者が置かれた不利な雇用環境を反映したものだといえる．

ここでの分析結果を，先行研究での知見と照らすと次のようなことがいえる．出産ペナルティは，出産が女性にとって不利益なイベントとなっていることを示すものであるから，高学歴，専門職では，そうしたジェンダー差が解消されていることを意味する．Anderson et al.(2003)，Todd(2001)らが見出したwage boostこそ確認できなかったものの，日本においても人的資本の上昇が，ワーク・ライフ・バランスの実現に結びついていると解釈できる．一方で，短大卒以下や非専門職で確認されたペナルティの存在は，出産がそのような恵まれたグループとの経済格差をさらに拡大する契機となり得ることをも示唆するものである．

4 誰が就業と出産のトレード・オフにさらされているか

4.1 データとモデル

出産しても賃金水準が下がらないことが既知であれば，出産はキャリアのうえで障碍とはならず，就業と出産のトレード・オフは解消されるはずである．しかし，第3節でのアンケート調査では，専門職でのワーク・ライフ・バランスが達成されていないことが示された．この背景には，先行研究で示された欧米諸国とは異なった，日本固有の問題があるものと推察される．Amuedo-Dorantes and Kimmel(2005)が指摘した，「非金銭的要因」である．出産による賃金水準低下などの不利益がないとしても，長時間労働や休暇が取りにくいなどの「非金銭的要因」により，出産・育児との両立が困難であれば，子どもを持つことをあきらめるかもしれない．本節では，出産と就業の意思決定モデルを推計することにより，こうした問題を検証する．

推計するモデルは以下のとおりである．出産行動と就業行動は，Yes／No

の二項選択が連続したものである.したがって,両者が同時決定であるかどうかを推定しなくてはならない.このような場合,内生性を考慮して,以下のようなBivariate probit モデルを最尤法で推定する方法が望ましい[15].出産に関する意思決定は出産関数,就業に関しては就業関数で推計する.Bivariate probit モデルでは,以下の式にある $\rho=0$ の帰無仮説が棄却されることにより,出産と就業の意思決定が同時性を持つことが示される.

1) 出産関数:出産する=1,しない=0を被説明変数とする

$$F_i^* = x_i\beta + u_i$$
$$F_i = 1 \quad if \quad F_i^* > 0$$
$$F_i = 0 \quad if \quad otherwise \qquad (1)$$

2) 就業関数:就業する=1 しない=0を被説明変数とする.

$$L_i^* = y_i\gamma + v_i$$
$$L_i = 1 \quad if \quad L_i^* > 0$$
$$L_i = 0 \quad if \quad otherwise \qquad (2)$$

$$E(u_i) = E(v_i) = 0$$
$$Var(u_i) = Var(v_i) = 1$$
$$Cor(u_i, v_i) = \rho$$

推計に用いた説明変数は以下のとおりである.学歴別の専門職による効果は,専門職,非専門職,大卒以上,短大卒以下の組み合わせによる交差項で観測する.レファレンス・グループは非専門職と短大卒以下の交差項とした.学歴との交差項を用いることで,大卒以上での高度専門職と,短大卒以下での技術系専門職との区分が可能となる.

コントロール変数は,前節で用いたものと同じ定義の年齢,夫大卒ダミー,大都市在住ダミー,父母同居ダミー,父高学歴ダミー,母専業主婦ダミー,家

---

15) 滋野・松浦(2003)で詳細な解説がある.樋口・松浦・佐藤(2007),駿河・張(2003),馬欣欣(2005)なども参照.

計満足ダミー,家庭生活満足ダミーである.ただし,夫の年収(対数値)に代えて,夫が現在勤務する企業が従業員規模300人以上である「夫大企業ダミー」を用いた.その理由は,夫の収入と出産の意思決定のタイミングにある.両者の関係を観察するためには,夫の収入を,子どもを持つと決めた時点,あるいは出産時点に限定する必要がある.多くの先行研究では,子どもが1歳未満である場合に限定するなどでこの調整を行っているのだが,本章では,サンプル・サイズを確保できなかった.そのため,夫の年収(対数値)に代え,夫大企業ダミーを採用している.

4.2 推計結果

表4-3は推計結果である.まず誤差項の相関係数であるρから出産と就業の意思決定が同時であるかどうかをみると,有意にマイナスとなっている.したがって$\rho=0$の帰無仮説は棄却され,出産と就業がトレード・オフの関係にあることが示された.こうした結果からは,能力や意欲さえあれば性差を超えて働くことが可能となった今日でも,出産という節目では,仕事か家庭かの二者選択を迫られることが明らかになった.

続いて就業の意思決定に関する結果からみていこう.ここでは専門職と大卒以上の交差項,専門職と短大卒以下の交差項で有意にプラスとなっており,専門職であれば,学歴に関係なく就業を継続していることが示された.コントロール変数では,夫が高い学歴を持つこと,大企業に勤務していること,父親が高学歴であることや母親が15歳時点で専業主婦であったことは全て有意にネガティブな影響をもたらしており,妻が就業するかどうかは,夫の所得水準や親の経済状態から影響を受けているということがわかる.

出産の意思決定においては,大卒以上かつ専門職でのみマイナスであり,子どもを産まない選択をしているという結果が示された.しかし,そのようなグループでは,前節で推計した出産ペナルティは観察されておらず,出産に際して不利益は被っていない.したがって,高度専門職に従事する女性は,出産ペナルティがないにもかかわらず,出産と就業のトレード・オフにさらされ,出産をあきらめていることになる.それは第2節でのクロス集計にある「専門職ではワーク・ライフ・バランス実現度が(職種別比較では)最も低い」という結

表 4-3 出産と就業の意思決定 (Bivariate Probit Model)

	係数値	z値
出産関数 子どもあり=1 子どもなし=0		
職種×学歴		
(非専門職×短大卒以下)		
専門職×大卒以上	−0.360**	−2.11
非専門職×大卒以上	−0.024	−0.14
専門職×短大卒以下	0.048	0.36
その他		
年　齢	0.058***	8.34
夫大卒	−0.265***	−2.61
夫大企業勤務	0.105	1.11
大都市在住	−0.208**	−1.97
父母同居	−0.024	−0.16
父高学歴	0.012	0.10
母親専業主婦	−0.048	−0.46
家計満足	−0.361***	−3.35
家庭生活満足	0.051	0.49
定数項	−0.647**	−2.41
就業関数：就業している=1　就業していない=0		
職種×学歴		
(非専門職×短大卒以下)		
専門職×大卒以上	0.619***	4.24
非専門職×大卒以上	−0.026	−0.20
専門職×短大卒以下	0.426***	4.31
その他		
年　齢	0.046***	9.26
夫大卒	−0.224***	−3.04
夫大企業勤務	−0.205***	−3.07
大都市在住	−0.098	−1.22
父母同居	0.073	0.70
父高学歴	−0.176**	−1.91
母親専業主婦	−0.205***	−2.72
家計満足	0.002	0.02
家庭生活満足	0.043	0.59
定数項	−1.375***	−6.84
ρ	−0.211***	−3.68
対数尤度	−1515.485	
サンプルサイズ	1,662	
Wald テスト	Wald chi 2(24) = 260.41***	
対数尤度	Log likelihood = −1515.485	

注：1) *, **, *** はそれぞれ 10％, 5％, 1％ の水準で有意であることを示す.
　　2) (　)内はレファレンス・カテゴリーである.

果とも符合する．

　このような検証結果から，何が読み取れるだろうか．答えの鍵はやはり，女性の置かれた雇用環境にある．もし，高度専門職の女性が，欧米のように家庭生活との両立を可能にする有利な雇用環境にあれば，出産と就業継続の二者択一に悩まされず子どもをもつことができるであろう．高度専門職が，出産ペナルティがないにもかかわらず，子どもをもつという選択をしていないというここでの結果を裏返してみると，ファミリー・フレンドリー施策が充実しているとはいえない厳しい就労環境の中で，子どもを持っている専門職の女性は，家族などの強力なバックアップがあるか，卓越した能力を持って職業生活を生き抜いてきた強者に限られているといえる．こうした強者グループの間にも，「ライフ」との両立が可能な女性とそうでない女性，という格差が出現しているのである．しかし，家族の支援に恵まれるかどうかは個人の責任や能力とは無関係である．そうした偶然が，ワーク・ライフ・バランスを実現できるかどうかを左右しているのであれば，それを是正するシステムを構築していかなければならない．本節では，データの制約から雇用環境に関する変数を採用することができなかった．しかし，ここでの結果とAmuedo-Dorantes and Kimmel (2005)で指摘された欧米諸国での事例を照らし合わせると，勤務時間の柔軟性や育児休暇に際しての雇用保障，さらにはそうしたシステムを活用しやすい職場の雰囲気など，「非金銭的要因」にも配慮することによって，日本の女性労働者が置かれた環境を改善する可能性は大きいと思われる．

5　ワーク・ライフ・アンバランスはどこで起きているのか

　ワーク・ライフ・バランスの実現にあたって，誰がワークとライフのバランスが可能で，誰がどのような理由でアンバランスな状況に置かれているのか，本章では男性との比較ではなく，女性間の格差に着目して検証した．ワーク・ライフ・バランスの指標として出産ペナルティをとりあげ，出産がキャリアにおいて足かせとなるグループと，そうではないグループとに分断されていること，さらには，出産が不利益とはならない女性の場合にも，家庭と仕事とのバランスがとれない雇用環境に置かれ，出産を断念していることも明らかになっ

た．また，このような女性間格差は，学歴，職種といった人的資本蓄積の多寡に起因していること，ファミリー・フレンドリー施策によって改善される可能性についても確認された．女性間格差はジェンダー問題ほど顕在化していないが，問題を洗い出し，検討していくことによって，より実効性のある施策を打ち出すことが可能となる．本章での検証はその可能性を指摘したといえる．

　最後に，ワーク・ライフ・バランス社会の実現に向けて，女性間のアンバランスをどのようにバランスしていけばよいのだろうか．山口(2008)によれば，ワーク・ライフ・バランス社会を達成するためのキーワードは「多様性」「柔軟性」「時間の質」である．より高い学歴，より高い収入といった画一化された理想のライフ・スタイルから離れ，個人の，仕事の多様性を認める．そのような柔軟な思考方法が，ワークとライフのバランスを取り戻し，良質な自分自身の時間をもつことにつながるのではないだろうか．より豊かに，より恵まれた場所を目指しても，そこにワーク・ライフ・バランスがなければ，子どもを持つというささやかな希望すらかなえられない．本章での分析は女性に限定したものであったが，ここでの結論は性差を超えて男性にも共通するものかもしれない．

　(付記)　日本版 General Social Surveys(JGSS)は，大阪商業大学 JGSS 研究センター(文部科学大臣認定日本版総合的社会調査共同研究拠点)が，東京大学社会科学研究所の協力を受けて実施している研究プロジェクトである．

参考文献
阿部正浩，2005，「誰が育児休業を取得するのか──育児休業制度普及の問題点」国立社会保障・人口問題研究所編『子育て世帯の社会保障』東京大学出版会．
川口章，2001，「女性のマリッジ・プレミアム──結婚・出産が就業・賃金に与える影響」『季刊家計経済研究』No. 51: 3-71.
川口章，2005，「結婚と出産は男女の賃金にどのような影響を及ぼしているのか」『日本労働研究雑誌』535 号：42-55．
川口章，2008，『ジェンダー経済格差』勁草書房．
小原美紀，2001，「専業主婦は裕福な家庭の象徴なのか？」『日本労働研究雑誌』No. 535: 42-55.
滋野由紀子・松浦克己，2003，「出産・育児と就業の両立を目指して──結婚・就業選択と既婚・就業女性に対する育児休業制度の効果を中心に」『季刊社会保障研究』Vol. 39, No. 1: 43-54.

駿河輝和・張健華，2003，「育児休業制度が女性の出産と継続就業に与える影響について」『季刊家計経済研究』第 59 巻：56-63.

武石恵美子，2006，『雇用システムと女性のキャリア』勁草書房．

野崎祐子・福田亘孝，2009，「女性の高学歴化が及ぼす出産行動・賃金水準への影響・晩産ペナルティの推計」広島大学経済学部 Discussion Paper Series, No. 2009-16.

パク・ジョアン・スックチャ，2008，「日本でワーク・ライフ・バランス促進に取り組んで」山口一男・樋口美雄編『論争 日本のワーク・ライフ・バランス』日本経済新聞出版社．

樋口美雄・酒井正，2004，「均等法世代とバブル崩壊後世代の就業比較」樋口美雄・大田清・家計経済研究所編『女性たちの平成不況——デフレで働き方・暮らしはどう変わったか』日本経済新聞社．

樋口美雄・松浦寿幸・佐藤一磨，2007，「地域要因が出産と妻の就業継続に及ぼす影響について——家計経済研究所『消費生活に関するパネル調査』による分析」RIETI Discussion Paper Series, 07-J-012.

馬欣欣，2005，「出産・育児と日本女性の就業行動の分析」KUMQRP DISCUSSION PAPER SERIES, DP 2005-024.

山口一男，2008，「プレリュード」山口一男・樋口美雄編『論争 日本のワーク・ライフ・バランス』日本経済新聞出版社．

Albrecht, J. W., P. A. Edin, M. Sundström and S. B. Vroman, 1999, "Career Interruptions and Subsequent Earnings: A Re-examination Using Swedish Data," *Journal of Human Resources*, 34: 294-311.

Amuedo-Dorantes, C. and J. Kimmel, 2005, "The Motherhood Wage Gap for Women in the United States: The Importance of College and Fertility Delay," *Review of Economics of the Household*, Vol. 3(1): 17-48.

Amuedo-Dorantes, C. and J. Kimmel, 2008, "New Evidence on the Motherhood Wage Gap," IZA Discussion Papers, 3662, Bonn: Institute for the study of Labor.

Anderson, D. J., M. Binder and K. Krause, 2003, "The Motherhood Wage Penalty Revisited: Experience, Heterogeneity, Work Effort and Work-Schedule Flexibility," *Industrial and Labor Relations Review*, Vol. 56, issue 2: 273-294.

Becker, G. S., 1985, "Human Capital, Effort, and the Sexual Division of Labor," *Journal of Labor Economics*, Vol. 3(1, Pt. 2): S33-S58.

Blackburn, M. L., D. E. Bloom and D. Neumark, 1990, "Fertility Timing, Wages and Human Capital," NBER Working Paper, No. 3422.

Buding, M. J. and P. England, 2001, "The wage penalty for motherhood," *American Sociological Review*, 66: 204-225.

Currie, J. and B. C. Madrian, 1999, "Health Insurance and the Labor Market," in Orley Ashenfelter and David Cards, eds., *Handbook of Labor Economics*, Vol. 3C, New York: Elsevier, pp. 3309-3416.

Davies, R. and G. Pierre, 2005, "The family gap in pay in Europe: a cross-country study," *Labour Economics*, 12: 469-486.

Dupuy, A. and D. Fernandez-Kranz, 2009, "International differences in the family gap in pay: the role of labour market institutions," *Applied Economics*, iFirst: 1-26.

Edwards, M. E., 2005, "Occupational structure and the employment of American mothers of young children," *Journal of Family and Economic Issues*, 26: 31-53.

Gash, V., 2009, "Sacrificing Their Careers for Their Families? An Analysis of the Penalty to Motherhood in Europe," *Social Indicators Research*, Vol. 93, No. 3: 569-586.

Harkness, S. and J. Waldfogel, 2003, "The Family Gap in Pay: Evidence from Seven Industrialized Countries," *Research in Labor Economics*, Vol. 22: 369-414.

Hill, M., 1979, "The Wage Effects of Marital Status and Children," *Journal of Human Resources*, 14(4): 579-593.

Joshi, H., P. Paci and J. Waldfogel, 1999, "The wage of motherhood: better or worse?" *Cambridge Journal of Economics*, 23: 543-564.

Kunze, A. and M. Ejrnares, 2004, "Wage dips and drops around first birth. IZA," Discussion Papers, 1011, Bonn: Institute for the Study of Labor.

Nielsen, H. S., M. Simonsen and M. Verner, 2004, "Does the Gap in Family-friendly Policies Drive the Family Gap?" *Scandinavian Journal of Economics*, Vol. 106(4): 721-744.

Olivetti, C., 2006, "Changing in Women's Hours of Market Work: The Effect of Changing Returns to Experience," *Review of Economic Dynamics*, Volume 9, Issue 4: 557-587.

Todd, E. L., 2001, "Educational Attainment and Family Gaps in Women's Wages: Evidence from Five Industrialized Countries," Luxembourg Income Study Working Paper, No. 246.

Waldfogel, J., 1998, "Understanding the 'Family Gap' in Pay for Women with Children," *Journal of Economic Perspectives*, Vol. 12(1): 137-156.

第5章 | 妻の学歴・就業と出産行動

安部由起子

1 はじめに

　女性のパート就業が近年増加していることは広く指摘されているが，それが出産行動や子育てとどう関連しているのかについては，必ずしも詳しくは知られていない．パート就業は結婚・出産などで一度労働市場を退職した有配偶女性が労働市場に再参入する際の典型的な就業形態である．そのような性格から，そもそも有配偶女性がパート労働を何歳時点で開始するかは，労働市場にいつ再参入するか，と同一である場合が多いと考えられる．さらに出産や子育ても，多期間において就業や家計の時間配分に大きく影響を与えることから，多期間の最適化の結果と解釈することが，少なくとも経済学的には適切であろう．

　本章では，出産力調査・出生動向基本調査(国立社会保障・人口問題研究所，以下両方のことを出生動向基本調査または NFS と略す)夫婦票の個票データを用いて，就業形態(正規雇用・パート雇用・無業)と平均出生数の関係を集計した結果を紹介する．その際注目するのが，コーホート別の分析である．日本においては女性の就業が増加したことが広く知られているが，女性の就業の変化をライフサイクルの視点から理解するにあたり，データの利用可能性と意味付けの容易さの両面から最も自然な方法の1つは，学歴と生年で定義されるコーホート別に雇用形態別の就業率(雇用形態別の就業者数を女性の人口で割ったもの)の推移を集計することである．この方法を用いると，①パート就業には強いコーホート効果が存在し，それは高卒女性と短大卒女性で顕著であること，②30歳代から40歳代前半まで加齢とともにパート就業への参入が生ずること，がわかる．このような女性の就業行動のライフサイクルでの変化が，出産行動

とどのように関連しているのかを考察するため，学歴と生年で定義されるコーホート別に，年齢に応じての子ども数を集計する．さらにその集計データを用いて平均子ども数や子どもがいない割合（無子割合）を被説明変数とする回帰分析を行い，コーホート効果や妻の就業の影響を考察する．

本章で得られた主な結論は以下のとおりである．第1に，1961-1970年生まれコーホートはどの年齢においても，子ども数がそれ以前のコーホートより少なく，また無子割合も高い．またこの傾向は，高学歴女性ほど，また雇用就業（正規雇用およびパート雇用）をしている女性ほど顕著であった．第2に，パート就業の入職には大きな世代間の違いが存在し，たとえば生年が1950年である女性よりも生年が1960年である女性のほうがパート就業をする割合がどの年齢層でも高くなっている．しかし，そのようにパート就業が一般化するなかで，パート就業をする女性の子ども数が少ないという傾向は，少なくとも1960年以前生まれのコーホートについては観察されない[1]．その一方で，1961年以降生まれのコーホートについては，パート就業者の子ども数が無業者のそれよりも少ないという結果が得られた．

本章は以下のように構成されている．次節では，先行研究の概観を行い，本章の分析の特徴を説明する．第3節では，女性の就業形態選択のコーホート別推移を紹介する．第4節では，就業選択と子ども数・無子割合の関係について，コーホート別の集計結果を報告する．第5節では結論が述べられる．

2 これまでの研究

新谷(1998)は，結婚・出産期における妻の就業について第11回出生動向基本調査(1997年)の個票データを用いて分析し，1980年代以降に結婚した夫婦では，妻の結婚後の就業率が上昇していること，結婚後・妊娠中の就業率は上昇しているものの，結婚後の無業率は緩やかに上昇していることを示し，さらに結婚・出産期の正規雇用就業やパート・自営就業の決定要因を回帰分析によ

---

[1] 出産する子ども数が減少し子育て期間が短くなったために，より若い年齢からパート就業をするようになった可能性も考えられるが，平均的にはそのようなことは生じていない．

り検討している．

　国立社会保障・人口問題研究所(2004)第6章では，第12回出生動向基本調査(2002年)の個票データを用いて，結婚後・調査時点での妻の就業形態(正規雇用，パート，自営・家族従業者，無業)別に，出生子ども数や無子割合をいくつかの側面から集計し，若い世代ほど育児休業取得は増えているが出産退職も増えていること，結婚後の就業形態別ではパート雇用の場合に出生数が少ないことなどを示している．

　第4回21世紀成年者縦断調査(国民の生活に関する継続調査)結果の概況(厚生労働省，2007)では，妻の仕事と出産について以下のような結果を報告している．この調査のサンプルのうち出生があった妻については出生前の妻の仕事を，出生がなかった妻については第3回調査の就業状況をそれぞれ「妻の仕事の有無(正規・非正規)」とし，それが正規の仕事あり・非正規の仕事あり・仕事なしのいずれであるかによって，3年間に出生のあった割合が集計されている．そして，妻が正規の仕事に就いている場合の出生割合は33.1%であるのに対し，妻が非正規の仕事に就いている場合にはその割合が16.3%，仕事なしの場合には30.9%であったと報告している[2]．

　これらの先行研究と比較しての本章の特徴は，比較的長期間にわたるコーホートに着目していることである．以下に示すように，日本の有配偶女性については，加齢とともに就業状態が大きく変化する．そのため，たとえばある年齢でパート就業をしている女性の平均的プロファイル(この場合，プロファイルとしては，主に女性の出産数に注目する)は女性の就業行動の変化にしたがって，変化しうる[3]．その点をとらえるためにはある程度長期間の女性の就業行動を何らかのかたちでフォローする必要がある．たとえば正規雇用就業をしている女性の子ども数が多いとか，無業の女性の子ども数が多いといった集計は，

---

[2]　この調査結果では，出生のない夫婦については第3回の妻の就業状況を用いて出生割合を計算する方法がとられている．この方法は，結婚後時点の妻の就業状態を固定してその後の平均出生数を比較した，上述の国立社会保障・人口問題研究所(2004)第6章での手法とは異なっている．にもかかわらず，両方の調査結果から，非正規雇用者やパート雇用就業者の出生数が少なめであるという方向の結果が得られていることは興味深い．

[3]　就業が出産行動に与える影響を考察する意味では，出産前の就業状況が考察の対象となろう．一方で，子どもがいることや子どもの数が母親の就業にどのような影響を与えるのかを考察する意味では，出産後の就業行動が主な考察の対象となるだろう．

ある時点での就業状態とその時点の子ども数を関連付けていることになるが，ある時点で無業の女性は将来時点で（子ども数は無業のときと全く同じで）パート就業をし始める可能性があり，そうなるとその個人は「無業の女性」ではなくなる．

長期間にわたる女性の就業行動をフォローする方法には，パネルデータを用いる方法と，複数回のクロスセクションデータを用いる方法とがある．本章では後者の方法を用いて，学歴と生年で定義されるコーホートでの出産行動が，そのコーホートのライフサイクルを通じた平均的な労働供給行動とどのように関連しているのかを考察する[4]．

3 コーホート別の就業選択パターン

本章の分析の主眼は妻の就業形態と子ども数の関連であるので，まず学歴と生年で定義される女性のコーホートについて，就業選択が加齢とともにどのように変化しているのかを確認しておこう．そのために，(1)正規雇用就業率(女性正規雇用就業者数を女性の人口で割ったもの)，(2)パート雇用就業率(女性パート雇用就業者数を女性の人口で割ったもの)，(3)無業率(女性無業者数を女性の人口で割ったもの)を，1982・1987・1992・1997年の出生動向基本調査の夫婦票の個票データを用いて集計する．

出生動向基本調査を用いた集計では，コーホートは10年刻みの生年と学歴によって定義する．10年刻みを用いる理由は，ここで定義するコーホート別のサンプル数を十分に確保するためである．

出生動向基本調査による有配偶女性についての集計結果が図 5-1-1（正規雇用就業率），図 5-1-2（パート雇用就業率）および図 5-1-3（無業率）に示されている[5]．これらからわかるのは，以下の点である．

---

[4] パネルデータを用いて構造的なモデルの枠組みで女性のライフサイクルにおける就業と出産行動を分析した研究として，Ueda(2007)がある．
[5] グラフには，生年階級×学歴×年齢階級別に定義されるセルのサンプル数が100以上の場合のみを表示している．

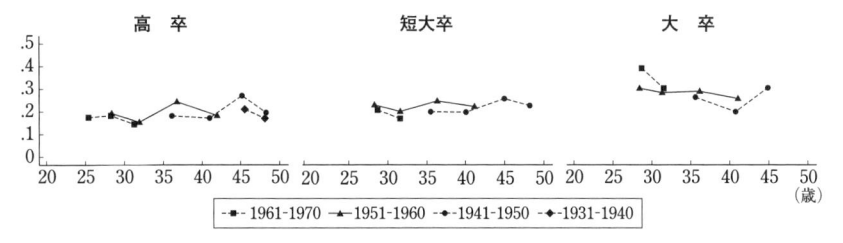

図 5-1-1　有配偶女性のコーホート・学歴別　正規雇用就業率

注：縦軸は正規雇用就業率，横軸は年齢．
出所：NFS(1982-1997)より筆者集計．

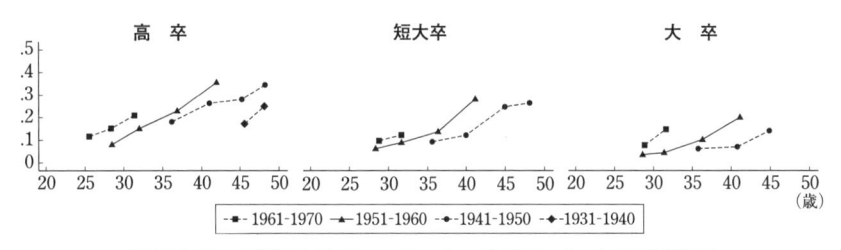

図 5-1-2　有配偶女性のコーホート・学歴別　パート雇用就業率

注・出所：図 5-1-1 と同じ．

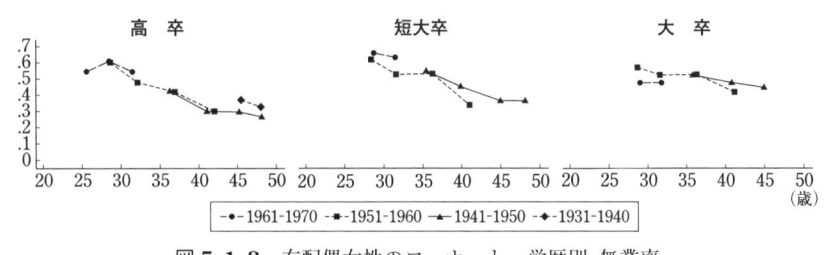

図 5-1-3　有配偶女性のコーホート・学歴別　無業率

注・出所：図 5-1-1 と同じ．

（1）パート労働には加齢とともに多くの有配偶女性が参入しており，また，パート就業率のプロファイルがコーホートごとに一様に上方へシフトしている．

（2）大卒女性については特に，1960年代以降に生まれた均等法世代において，正規雇用就業率が30歳代前半くらいまで高くなっている．

（3）20歳代後半・30歳代前半の無業率は，近年この年齢に達したコーホートほど低くなっている．

(4) バブル期の好況の影響がまだ残存していた1992年(各コーホートの右から2つめの点に対応する時期)について,正規雇用就業率が30-40歳代について上昇している[6].

このように,女性のパート就業の増加,とりわけコーホート別にパート就業率が年齢階級を問わず一様に上昇していることは,最近20年の日本における女性就業の変化のうち,もっとも特徴的な傾向といえよう[7].次節では,パート就業の増加と子ども数とがどのように関連しているのかを分析する.

4 コーホート別子ども数の分析

この節では,有配偶女性のコーホート(生年の10年刻みの階級×学歴で定義)別に,年齢階級ごとの子ども数の平均値,および無子割合を集計した結果を報告する[8].まず学歴別に平均子ども数を集計したのち,学歴×就業形態(正規雇用・パート雇用・無業)別の集計を行う.

4.1 学歴別の集計

妻の生年×学歴で定義されるコーホート別に,平均子ども数を集計した結果が図5-2-1に,無子割合を集計した結果が図5-2-2にそれぞれ示されている[9].図から,コーホート間での違いが顕著であるのは,1961-1970年生まれ

---

[6] 1941-1950年生まれ大卒女性については,1997年調査でのサンプル数が少なく,その時点(年齢は40歳代後半)での集計値を表示していない.そのため他の学歴と異なり,正規雇用就業率が1992年に上昇しその後低下したという,他の学歴にいくらかみられる傾向が示されていない部分がある.

[7] 女性のコーホート別就業に関する同様の傾向は就業構造基本調査の集計データからも確認することができる(Abe, 2010).

[8] ここでの集計では,妻の年齢はセルに含まれるサンプルの平均年齢を用いている.通常コーホート分析では中央値を用いる場合が多いが,ここではコーホートの範囲を10年と長くとっていることと,出生動向基本調査が妻の年齢が50歳までのサンプルに限られていることにより,セルに含まれるサンプルの平均年齢がそのセルの年齢範囲の中央値と離れる可能性を考えて,平均年齢を用いている.

[9] グラフには,生年階級×学歴×年齢階級別に定義されるセルのサンプル数が50以上の場合のみを表示している.

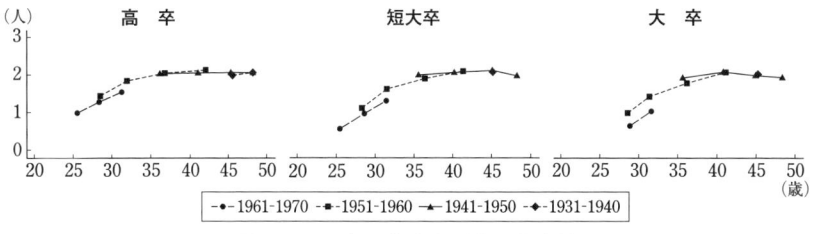

図 5-2-1　妻の学歴別 平均子ども数

注：縦軸は平均子ども数，横軸は年齢．
出所：NFS(1982-1997)より筆者集計．

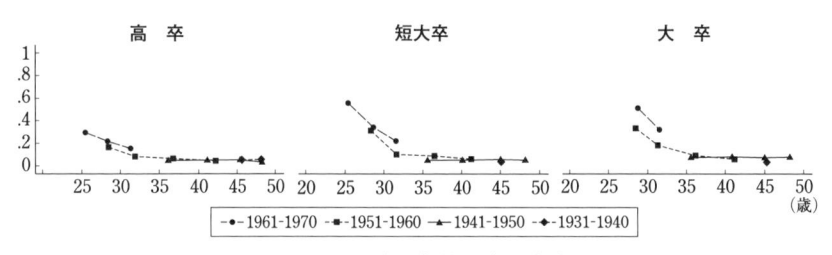

図 5-2-2　妻の年齢別 無子割合

注・出所：図 5-2-1 と同じ．

コーホートとそれ以前生まれのコーホートとであって，1960 年以前に生まれた 3 つのコーホートについては，平均子ども数にも，無子割合にも，ほとんど違いはないことがわかる．1961-1970 年生まれコーホートはどの年齢においても，子ども数がそれ以前のコーホートより少なく，また無子割合も高い．このことは，新谷(1998)や国立社会保障・人口問題研究所(2004)で報告されている結果と整合的である．また，1961-1970 年コーホートの出生数が少ないという傾向は，高学歴者により強くみられる．

4.2　学歴×就業形態別の集計

学歴×就業形態別の平均子ども数を集計した結果が，図 **5-3-1**(妻高卒)，図 **5-3-2**(妻短大卒)，および図 **5-3-3**(妻大卒)に示されている[10]．

---

10)　グラフには，生年階級×学歴×年齢階級別に定義されるセルのサンプル数が 30 以上の場合のみを表示している．

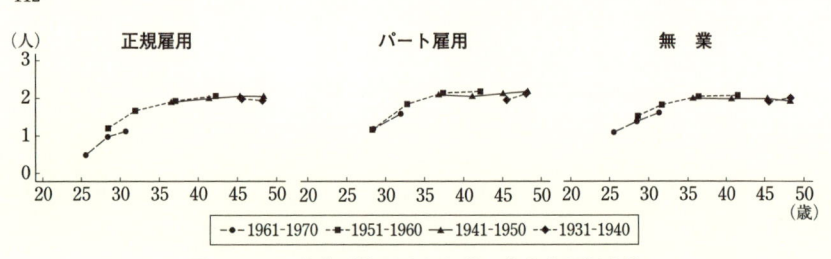

図 5-3-1　就業形態別子ども数：高卒有配偶女性

注：縦軸は平均子ども数，横軸は年齢．
出所：NFS(1982-1997)より筆者集計．

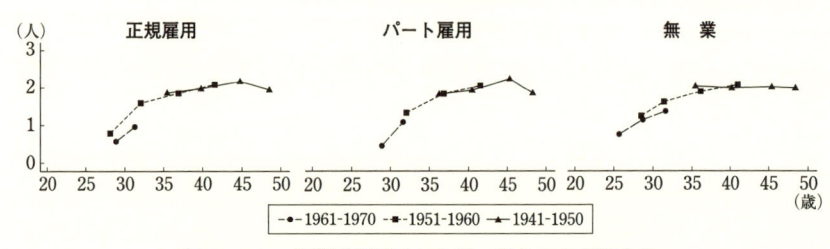

図 5-3-2　就業形態別子ども数：短大卒有配偶女性

注・出所：図 5-3-1 と同じ．

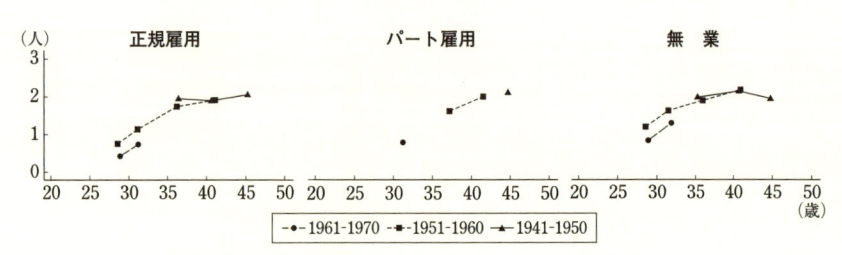

図 5-3-3　就業形態別子ども数：大卒有配偶女性

注・出所：図 5-3-1 と同じ．

　コーホート(学歴×生年)および年齢を固定して妻の就業形態が無業である場合とパート就業である場合を，高卒と短大卒について比較する[11]．妻の年齢が若いうちには，妻がパート就業をしている場合のほうが妻が無業である場合よりも若干子ども数が少ない．ところが年齢が40歳くらいになると，パートと

---

11)　大卒のパート就業者は少ないので，ここでは大卒以外について比較を行う．

第5章　妻の学歴・就業と出産行動　113

無業の間では平均子ども数にはほとんど差が無い(短大卒のケース)か，もしくはパート就業者のほうが無業者よりも子ども数がやや多くなる(高卒のケース)．このようなパターンは，パートに若い年齢から参入している妻は同年齢・同学歴で無業である妻と比較して子ども数が少ないものの，妻の加齢にしたがって無業であった妻がパート就業をするようになる結果，生じていると考えられる．

1960年までに生まれたコーホートに関する限り，パート雇用への参入がコーホートごとに大きく増加しているにもかかわらず(図 5-1-2)，妻の年齢を固定し，その年齢でパート就業をしている妻の中での平均子ども数の推移を見る限り，子ども数が増加も減少もしていない．妻がパート就業をしている夫婦は，前の世代で妻がパート就業をしていた夫婦とほぼ同じ数の子どもをもっているが，妻はより多くの時間をパート労働というかたちで使うようになってきている．ここでは出産の時期がどうなっているかを制御してはいないが，もしそれが世代間であまり違わないのだとすれば，生年がより近年であるコーホートであればあるほど，子どもの年齢が低いうちからパート就業をしている可能性がある．

一方，正規雇用就業者とパート雇用就業者・無業者を比較すると，正規雇用就業者は30歳代前半くらいまで，平均的には子ども数がやや少ない．しかし40歳代になると，正規雇用者のほうが子ども数が少ないという明確な傾向はなくなる．正規雇用を継続している女性が遅い時点で出産をすること，もしくは出産を終えた女性が正規雇用に入職していることが考えられる．

しかし，より影響が大きいと考えられるのは，どの学歴についても，1961-1970年生まれコーホートについて，正規雇用者の子ども数のプロファイルが下方に移動していることである．同じような子ども数の減少は，他の学歴×就業形態では，大卒無業者，および大卒無業者より小幅ではあるが，短大卒無業者・高卒無業者にもみられる．1961-1970年生まれのコーホートは，男女雇用機会均等法が施行された直後に入職した世代を含んでおり，高卒や短大卒については正規雇用就業率が前の世代とほぼ同水準であり，大卒については正規雇用就業率が上昇している．正規雇用就業率が低下している傾向は特にみられないことを考えると，正規雇用者として働く有配偶女性は以前の世代と比較してこの年齢での出産を控えるようになったと解釈するのが妥当であろう[12]．しか

し同時に高学歴で無業の妻についても出生数が減少しており，それが20歳代後半から30歳代前半まで継続している．男女雇用機会均等法以降の世代の高学歴者はそれ以前のコーホートと比較して正規雇用者としての就業機会が増大した，もしくは近年になるほど正規雇用者として就業した場合の仕事内容の負荷が重くなってきたとすれば，この世代の正規雇用者の子ども数が減少したことのひとつの説明になるかもしれない．しかしながらその仮説では，無業者の出生数が減少したことは直接には説明できない．

4.3 回帰分析

上記の生年×学歴×年齢階級ごと，もしくは生年×学歴×就業形態×年齢階級ごとに集計されたセル平均データを用いて，回帰分析を行った[13]．具体的には，平均子ども数を被説明変数とし，妻の年齢(40歳のところで傾きが変化するかたちに設定する)，妻の学歴ダミー(短大卒ダミー，大卒ダミー，ベースグ

[12) 正規雇用就業率が低下しているのであれば，出産をしない女性ほど正規雇用をするという傾向が1961-1970年生まれコーホートでそれ以前のコーホートよりも強まった結果，正規雇用者の平均子ども数が減少することも考えられる(composition bias)．しかし1970年生まれまでの世代については，正規雇用就業率は低下している傾向はみられない．

13) 本章の分析は，グループ効果(とりわけ，生年コーホートおよび学歴グループの効果)に注目している．グループ間の違いの大きさを識別することが分析の主眼である場合，それらのグループ別に集計されたデータを用いても，その元となっている個票データを用いても，推計値が大きく異なることはない(個票データを用いると自由度は大きくなるものの，その一方で個票レベルでの誤差項はグループ平均値の誤差項よりも絶対値としては大幅に大きい．誤差の大きな個票データを多用いることと，平均値をとることにより誤差を小さくしたデータを少数用いる分析を比較して，後者を用いた分析が前者と比較してバイアスをもつと考える特段の理由はない)．労働経済学の実証研究では，説明変数の観測誤差が深刻であると考えられる場合には，グループ平均値による分析が個票データのそれよりも望ましいとされる場合もある(たとえば，Angrist, 1991)．しかしながら，本章の分析では説明変数に観測誤差が深刻であると予想される変数は含まれておらず，この問題は存在しない．また，グループ効果の推計が主眼である分析の場合，グループ内での誤差項の相違を考慮した標準誤差の推計を行うために，グループ平均値を用いた推計が推奨される場合がある(Donald and Lang, 2007；Angrist and Pischke, 2009)．さらに，過去の日本における個票データの利用の実態に照らすと，グループ平均値による回帰分析は個票データよりも充実しうる余地が大きかった．日本において個票データを利用する際には，利用期間が限られており期間終了後は個票データをすべて消去することが要請され，さらに，再度の利用が必ずしも容易でないケースも過去には多くあった．そのような事情に照らすと，個票が利用できた際にグループ平均値の形での集計結果様式を申請しその集計を行っていれば，個票を消去した後でも(個人レベルの情報が含まれないため秘匿の必要がない)グループ平均値を用いた回帰分析は可能であり，個票利用が可能な期間内にしか行えない個票データの分析と比較すると，結果の頑健性を確認する等の作業がより充実して行える環境にあった．

第 5 章 妻の学歴・就業と出産行動

ループは高卒),コーホートダミー(10 歳刻み),就業形態ダミー(正規雇用者ダミー,パート雇用者ダミー,ベースグループは無業),およびそれらのいくつかについての交差項を説明変数として用いる.交差項としては前節の単純集計から示唆されるように,1961-1970 年生まれコーホートダミーと高学歴のダミーの交差項(このコーホートで高学歴者ほど出生数が少ない傾向があるかどうかをとらえる),1961-1970 年生まれコーホートダミーと正規雇用者ダミーの交差項(このコーホートで正規雇用就業者ほど出生数が少ない傾向があるかどうかをとらえる),および 1961-1970 年生まれコーホートダミーとパート雇用就業ダミーの交差項を加えている.回帰分析は,被説明変数である平均子ども数の誤差分散の逆数(生年×学歴×年齢階級ごと,または生年×学歴×就業形態×年齢階級ごとにセル平均値を算出した際の誤差分散の逆数)でウエイト付けを行っている.回帰分析に用いたサンプルの記述統計量が表 **5-1** に,回帰分析の結果が表 **5-2** にそれぞれ示されている.

回帰分析の結果から,以下のことがわかる.第 1 に,妻の年齢 40 歳くらいまでは平均子ども数は増加していくが,その後は年齢の係数と 40 歳以上の年齢の係数が比較的近い値の絶対値をもち符号が逆であることから,40 歳を過ぎると子ども数はほとんど増加しない.第 2 に,短大卒や大卒の有配偶女性は子ども数が少ない傾向が説明変数の少ないモデルではみられるが,1961-1970 年生まれコーホートダミーと高学歴の交差項,妻の就業形態のダミー変数,1961-1970 年生まれコーホートダミーと就業形態ダミーの交差項を説明変数に加えると,学歴ダミーの係数の絶対値が小さくなる.つまり,高学歴ほど子ども数が少ない傾向は 1961-1970 年生まれコーホートに特にみられる傾向であることがわかる.実際,1961-1970 年生まれコーホートダミーと高学歴の交差項の係数は大きな負の値をとっている.第 3 に,妻が正規雇用者である夫婦については,平均子ども数が 0.16 人少ない.これも,1961-1970 年生まれコーホートに特に強くみられる傾向であって,そのコーホートで妻が正規雇用者である場合,子ども数は 0.4 人少ない.1961-1970 年生まれコーホートダミーと正規雇用者ダミーの交差項を入れることにより,正規雇用者ダミーの係数は -0.16 から -0.09 となり,絶対値が小さくなる(後者でも統計的には有意にゼロと異なる).第 4 に,妻がパート雇用就業者であるダミー変数の係数は表 **5-2** の

表 5-1　回帰分析サンプルの記述統計量

就業形態計のサンプル（サンプル数 39）

変数名	平均	標準偏差	最小値	最大値
平均子ども数	1.843	0.358	0.111	2.207
妻の年齢	37.955	6.374	25.462	48.400
妻の年齢×（年齢 40 歳以上ダミー）	1.783	2.704	0	8.400
短大卒ダミー	0.197	0.403	0	1
大卒ダミー	0.098	0.302	0	1
1931-1940 年生まれダミー	0.070	0.259	0	1
1941-1950 年生まれダミー	0.389	0.494	0	1
1961-1970 年生まれダミー	0.152	0.364	0	1
短大卒×1961-1970 年生まれダミー	0.042	0.203	0	1
大卒×1961-1970 年生まれダミー	0.026	0.161	0	1

就業形態のサンプル（サンプル数 113）

変数名	平均	標準偏差	最小値	最大値
平均子ども数	1.805	0.383	0.143	2.500
妻の年齢	37.711	6.434	25.294	48.500
妻の年齢×（年齢 40 歳以上ダミー）	1.751	2.666	0	8.500
短大卒ダミー	0.210	0.409	0	1
大卒ダミー	0.103	0.305	0	1
1931-1940 年生まれダミー	0.068	0.253	0	1
1941-1950 年生まれダミー	0.388	0.489	0	1
1961-1970 年生まれダミー	0.174	0.381	0	1
短大卒×1961-1970 年生まれダミー	0.053	0.226	0	1
大卒×1961-1970 年生まれダミー	0.027	0.162	0	1
妻正規雇用者	0.221	0.417	0	1
妻パート雇用者	0.269	0.445	0	1
妻正規雇用者×1961-1970 年生まれダミー	0.036	0.187	0	1
妻パート雇用者×1961-1970 年生まれダミー	0.023	0.151	0	1

注：記述統計の集計にあたり，平均子ども数の誤差分散の逆数でウエイト付けを行っている．
出所：NFS(1982-1997) より筆者集計．

(3)列では−0.05 であり数値として小さい上，統計的にも有意にゼロと異ならない．さらに，パート雇用者ダミーと 1961-1970 年生まれコーホートダミーの交差項を加えた列(4)の定式化では，パート雇用者ダミーの係数はゼロであり，パート雇用者ダミーと 1961-1970 年生まれコーホートダミーの交差項の係数が−0.29 である．この結果から，1960 年以前生まれのコーホートについては，無業である妻とパート就業をしている妻とで，子ども数は平均的にはほとんど変わらないことになる．1960 年以前生まれのコーホートについては，有配偶

表 5-2 平均子ども数の回帰分析

説明変数	(1)	(2)	(3)	(4)
妻の年齢	0.061**	0.061**	0.063**	0.061**
	(0.008)	(0.006)	(0.005)	(0.005)
妻の年齢×	−0.081**	−0.080**	−0.075**	−0.074**
(年齢40歳以上ダミー)	(0.015)	(0.013)	(0.010)	(0.009)
短大卒ダミー	−0.110*	−0.075	−0.070	−0.066
	(0.052)	(0.049)	(0.039)	(0.035)
大卒ダミー	−0.273**	−0.158*	−0.113*	−0.109*
	(0.069)	(0.068)	(0.052)	(0.047)
1931-1940年生まれダミー	−0.023	−0.020	−0.068	−0.060
	(0.090)	(0.076)	(0.061)	(0.055)
1941-1950年生まれダミー	0.033	0.026	0.041	0.035
	(0.055)	(0.047)	(0.038)	(0.034)
1961-1970年生まれダミー	−0.281**	−0.152	−0.114	−0.023
	(0.090)	(0.086)	(0.067)	(0.063)
短大卒×		−0.214	−0.268**	−0.263**
(1961-1970年生まれダミー)		(0.113)	(0.083)	(0.074)
大卒×		−0.503**	−0.466**	−0.396**
(1961-1970年生まれダミー)		(0.139)	(0.107)	(0.098)
妻正規雇用者			−0.163**	−0.092**
			(0.035)	(0.034)
妻パート雇用者			−0.049	0.000
			(0.034)	(0.033)
妻正規雇用者×				−0.389**
(1961-1970年生まれダミー)				(0.082)
妻パート雇用者×				−0.291**
(1961-1970年生まれダミー)				(0.093)
定数項	−0.247	−0.255	−0.338	−0.270
	(0.288)	(0.244)	(0.192)	(0.173)
サンプル数	39	39	113	113
R^2	0.899	0.932	0.875	0.901

注:各エントリーの上段は係数,下段の括弧内は標準誤差.
　高卒・短大卒・大卒有配偶女性のサンプル.学歴のベースグループは高卒.
　生年のベースグループは1951-1960年生まれ.
　妻の雇用形態のベースグループは無業.
　回帰分析は,平均子ども数の誤差分散の逆数でウエイト付けを行っている.
　** は1%水準で有意であることを示し,* は5%水準で有意であることを示す.
出所:NFS(1982-1997)より筆者集計.

女性によるパート雇用就業の増加は,無業であった妻がパート就業に再参入するかたちで生じており,無業者とパート就業者の間で子ども数にあまり差が無い結果になっていると考えられる[14].一方で,1961-1970年生まれのパート雇用就業者の子ども数は,それ以前のコーホートよりも有意に少なくなっている.つまりこのコーホートについては,パート雇用就業者でも正規雇用者でも,子ども数が少なくなっていることがわかる.そして表5-2の(4)の定式化では,1961-1970年コーホートダミーの係数はゼロに近くなっており,このコーホートで子ども数が少ないことは,高学歴者・正規雇用就業者・パート雇用就業者の子ども数が少ないことの影響であることがわかる.

同じサンプルを用いて無子割合を被説明変数とした回帰分析を行った結果を示したのが表5-3である.ここでも平均子ども数の場合とほぼ同様に,1961-1970年生まれコーホートダミーと高学歴の交差項を加えることにより,学歴ダミーの影響がかなり小さくなる.無子割合は1961-1970年生まれコーホートの高学歴者で高くなる傾向があり,またこのコーホートの正規雇用者で特に高い.就業形態をコントロールすると(表5-3(3)列),平均子ども数の場合と異なり,パート就業者の無子割合は6%程度高いという結果になった(統計的にも有意).さらに1961-1970年生まれコーホートダミーと就業形態のダミーを加えた定式化の結果が表5-3の列(4)に示されている.平均子ども数の場合と同様,無子割合についても,1961-1970年生まれコーホートの高学歴者,正規雇用就業者,およびパート雇用就業者についてそれが特に高くなっており,それらの交差項を含めると1961-1970年生まれコーホートダミーの係数はマイナスの値をとっている(統計的には有意にゼロと異ならない).さらに,パート雇用者ダミーの係数も表5-3の列(4)ではゼロに近くなり,列(3)においてパート雇用就業者の無子割合が高くなっていたのは,もっぱら1961-1970年生まれコーホートの無子割合が高いことによっていたことがわかる.

第2節でも述べたとおり,パート雇用就業・非正規就業と出生数の関連につ

[14) たとえばより早い年齢からパートに再参入するために子どもを産む数が減少しているとか,子どもを産む数が少なくなったのでパートにより早い年齢から参入するようになったといったことはなさそうである.子ども数とはかかわりなく,妻はより早い時点でパート就業を開始しているのである.

表5-3 無子割合の回帰分析

説明変数	(1)	(2)	(3)	(4)
妻の年齢	−0.012**	−0.012**	−0.014**	−0.013**
	(0.003)	(0.003)	(0.003)	(0.003)
妻の年齢×	0.016**	0.016**	0.017**	0.017**
(年齢40歳以上ダミー)	(0.005)	(0.005)	(0.006)	(0.005)
短大卒ダミー	0.028	0.013	0.015	0.013
	(0.017)	(0.018)	(0.015)	(0.015)
大卒ダミー	0.072**	0.036**	0.036*	0.033*
	(0.024)	(0.015)	(0.016)	(0.015)
1931-1940年生まれダミー	0.003	0.002	0.014	0.008
	(0.014)	(0.012)	(0.030)	(0.020)
1941-1950年生まれダミー	0.002	0.004	0.001	0.004
	(0.017)	(0.016)	(0.017)	(0.012)
1961-1970年生まれダミー	0.089*	0.047	0.039	−0.035
	(0.035)	(0.027)	(0.037)	(0.025)
短大卒×		0.077	0.083	0.093**
(1961-1970年生まれダミー)		(0.043)	(0.063)	(0.031)
大卒×		0.179**	0.156*	0.134**
(1961-1970年生まれダミー)		(0.063)	(0.066)	(0.044)
妻正規雇用者			0.102**	0.060**
			(0.018)	(0.014)
妻パート雇用者			0.056**	0.020
			(0.018)	(0.015)
妻正規雇用者×				0.231**
(1961-1970年生まれダミー)				(0.029)
妻パート雇用者×				0.193**
(1961-1970年生まれダミー)				(0.051)
定数項	0.496**	0.510**	0.562**	0.541**
	(0.098)	(0.100)	(0.094)	(0.093)
サンプル数	39	39	113	113
R^2	0.781	0.849	0.680	0.805

注:各エントリーの上段は係数,下段の括弧内は分散不均一にロバスト標準誤差.
　高卒・短大卒・大卒有配偶女性のサンプル.学歴のベースグループは高卒.
　生年のベースグループは1951-1960年生まれ.妻の雇用形態のベースグループは無業.
　回帰分析は,各セルの無子割合を計算するのに使われたサンプル数でウエイト付けを行っている.
　被説明変数の平均値は列(1)・(2)のサンプルで0.1042,列(3)・(4)のサンプルで0.1113.説明変数の記述統計量は,用いるウエイトが異なるために表5-1に示されている値と一致はしないものの,記述統計の値はほぼ同水準である.
　** は1%水準で有意であることを示し,* は5%水準で有意であることを示す.
出所:NFS(1982-1997)より筆者集計.

いては，妻がパート就業をしている場合に妻が正規就業の場合と比較して出生数が少ない・出産割合が低い傾向のあることが指摘されている．これらの指摘は若年層を主な対象としていると考えられるが，本節の回帰分析結果は，1960年以前生まれのコーホートについてはパート就業をする妻と無業の妻とで子ども数・無子割合はほぼ同じ水準であるものの，1961-1970年生まれコーホートについてはパート雇用就業者のほうが無業者よりも，子ども数が少ないことを示した[15]．

5 おわりに

本章では，出生動向基本調査の個票データを用い，妻の生年階級・学歴・就業形態別に平均的な子ども数や無子割合がどのように推移しているのかを検討した．出生数の低下は未婚率の上昇と同時に生じていること，夫婦の完結出生児数はほぼ一定であったことが指摘されてきたが(国立社会保障・人口問題研究所，2004；小塩，2005)，本章の分析は有配偶者に限定しても，コーホート・学歴・就業形態などの属性別に子ども数が異なっていることを示している．1961-1970年生まれコーホートはどの年齢においても，子ども数がそれ以前のコーホートより少なく，また無子割合も高い．またこの傾向は，高学歴女性ほど，また雇用就業(正規雇用またはパート雇用)をしている女性ほど顕著であることが，回帰分析の結果からわかった．近年になるほど正規雇用者数は減少傾向にあり，その結果正規雇用労働者の仕事の負荷が高まっているとすると，その負荷の上昇が女性正規雇用者にとって出産を抑制する要因になっている可能性がある．しかしその一方で，育児休業制度の充実・看護休暇制度の法制化などで，雇用者として働く母親への子育て支援が以前よりも充実しているという側面もある．本章の分析から個々の要因の影響を識別することはできないが，全体としてみれば，1961年以降生まれのコーホートについては，有配偶女性の中にあって出生数が低下していることが見て取れる．

また本章では，近年増加しているパート雇用就業と子ども数との関係に注目

---

[15] もちろんこの結果は，コーホートにより分析サンプルに含まれる年齢層が異なっていることに影響を受けている．

した．妻が非正規雇用者であると子ども数が少なくなる傾向にあることが指摘されている．本章では妻の就業形態，および，コーホート効果，学歴，年齢などの要因を含めた回帰分析を行い，これらの要因をコントロールしたもとでも，妻の就業形態が子ども数と関連しているのかどうかを分析した．回帰分析の結果は，1960年以前生まれのコーホートについては，無業の妻とパート就業の妻の子ども数や無子割合はほぼ同じ水準にあるが，1961年以降生まれのコーホートについてはパート雇用就業者のほうが無業者よりも子ども数が少ないことを示している．

(付記) この研究のために，「出産力調査」(第7次，第8次，第9次)夫婦票(国立社会保障・人口問題研究所)，「出生動向基本調査」(第10回，第11回)夫婦票(国立社会保障・人口問題研究所)の個票データを利用させていただいた．福田亘孝氏および，国立社会保障・人口問題研究所「職場・家庭・地域環境と少子化との関連性に関する理論的・実証的研究」研究会参加者からは貴重なコメントをいただいた．この研究は，日本学術振興会科学研究費(基盤研究 B-19330053，C-17530188，および C-20530188)および法政大学大学院エイジング総合研究所の「高齢化に関する国際共同研究(日本，中国，韓国)プロジェクト」(文部科学省私立大学研究高度化推進事業)から助成を受けている．感謝申し上げたい．残る誤りは筆者のものである．また本稿の内容は筆者個人の見解を示したものである．

参考文献

安部由起子，2006，「夫婦の学歴と有配偶女性の就業──家計所得への影響」小塩隆士・田近栄治・府川哲夫編『日本の所得分配』東京大学出版会，pp. 211-235.

小塩隆士，2005，『人口減少時代の社会保障改革──現役層が無理なく支えられる仕組みづくり』日本経済新聞社．

厚生労働省，2007，「第4回 21世紀成年者縦断調査(国民の生活に関する継続調査)結果の概況」(http://www.mhlw.go.jp/toukei/saikin/hw/judan/seinen07/kekka2-1.html アクセス日 2009年11月29日).

国立社会保障・人口問題研究所，2004，「平成14年わが国夫婦の結婚過程と出生力──第12回出生動向基本調査」財団法人厚生統計協会．

小原美紀，2001，「専業主婦は裕福な家庭の象徴か？──妻の就業と所得不平等に税制が与える影響」『日本労働研究雑誌』493: 15-29.

白波瀬佐和子，2005，『少子高齢社会のみえない格差──ジェンダー・世代・階層のゆくえ』東京大学出版会．

新谷由里子，1998，「結婚・出産期の女性の就業とその規定要因──1980年代以降の出生行動の変化との関連より」『人口問題研究』54: 446-462.

Abe, Y., 2010, "The Equal Employment Opportunity Law and labor force behavior of women in Japan," *Journal of the Japanese and International Economies*, doi: 10.1016/j.jjie. 2010.06.003.

Angrist, J. D., 1991, "Grouped-data estimation and testing in simple labor-supply models," *Journal of Econometrics*, 47: 243-266.

Angrist, J. D. and J.-S. Pischke, 2009, *Mostly Harmless Econometrics: An Empiricist's Companion*, Princeton University press.

Burtless, G., 1999, "Effects of growing wage disparities and changing family composition on the U.S. income distribution," *European Economic Review*, 43: 853-865.

Donald, S. G. and K. Lang, 2007, "Inference with Difference-in-Differences and Other Panel Data," *Review of Economics and Statistics*, 89: 221-233.

Raymo, J. and M. Iwasawa, 2005, "Marriage Market Mismatches in Japan: An Alternative View of the Relationship between Women's Education and Marriage," *American Sociological Review*, 70: 801-822.

Ueda, A., 2007, "A Dynamic Decision Model of Marriage, Childbearing, and Labor Force Participation of Women in Japan," *Japanese Economic Review*, 58(4): 443-465.

第6章 母親の就業が女性労働供給に与える影響について

――独身者と既婚者の調査を用いて――

島根哲哉・田中隆一

1 はじめに

　現在の日本が直面している最大の問題の1つは，出生率の低下と急速な高齢化の進展である．合計特殊出生率は1947年では4.54, 1955年においては2.37であったが，2005年には1.26という水準にまで低下した．それを受けて，総人口に占める65歳以上人口の割合，すなわち高齢化率は，1950年には4.9%にすぎなかったが，2005年には20.1%にまで上昇し，今後も上昇してゆくことが予想されている．さらに，社会保障制度の持続可能性や労働力不足といった問題が懸念されており，厚生労働省・雇用政策研究会(2005)によれば，2004年に6,642万人であった労働力人口が，2030年には5,597万人と，1,045万人減少すると予想されている．

　労働力不足への対応策のうち，女性労働参加率の上昇，とりわけ出産後の女性の労働供給がしばしば議論されている．内閣府(2007)によると，「若者，女性，高齢者等の労働市場参加」を労働力人口減少への対策として取り上げており，特に子育て中の女性の労働参加率の上昇に焦点を当てた議論がなされている．そこでは，10年後までに25歳から44歳の女性就業率を4%から7%引き上げること，および第1子出産前後の女性の継続就業率を7%引き上げることが数値目標として掲げられている．実際に，過去20年間において女性労働参加率は上昇傾向にあったが，それでも現在の日本における25歳から35歳の女性の労働参加率は，2002年において66%であり(OECD, 2003)，アメリカ合衆国の75%をはじめとする他の先進諸国と比べて低い水準にあるため，今後女性，特に子どもを持つ女性の労働参加が進めば，労働力人口の減少の緩和

に貢献することが期待できると考えられている.

　女性労働供給の決定要因そのものに関する研究は，国内外問わず数多く蓄積されているが，そのような研究は労働力人口不足に対する対策の可能性という観点からも注目を集めている．日本における既婚女性の労働供給については，社会保障制度や税制から考察したもの(例えば，大石，2003；Abe，2009)などが多く存在するが，家計の属性に着目したものとしては，配偶者(夫)の所得が低いほど既婚女性の労働供給が行われるといったダグラス＝有沢法則(例えば，Shimada and Higuchi，1985；樋口，1991；2000；2001；大沢，1993；川口，2002)をはじめ，配偶者(夫)の就業状態(小原，2007)，女性の賃金率の影響(樋口，2000；2001)，子ども数や親との同居(西本・七條，2004)などがあげられる．

　このように家計属性からの女性労働供給の決定要因へのアプローチにおいて，近年，家計属性の1つとして，母親の就業形態に着目し，母親の就業が子どもの労働参加に関する選好形成を通じて女性労働供給に与える影響が分析されてきている．そのような分析の1つとして，Tanaka(2008)は女性の労働参加の意思はその母親の就業の影響をうけることを指摘しており，日本版 General Social Surveys(JGSS)の複数年データを用いて，女性の出産後の就業形態は，15歳時の母親の就業形態に依存し，母親と同じ就業形態を選ぶ傾向があることを示している．

　母親の就業が女性の労働参加への選好形成に与える影響を分析することは，まず第1に女性の労働供給にとって女性本人の労働意思が必要条件であるという意味で必要不可欠である．しかし，既婚女性の労働供給問題は女性本人のみによる意思決定ではなく，家計全体の意思決定，つまり collective labor supply としての側面を持つ．ゆえに，既婚女性が労働供給を行うか否かは，その家計において誰が意思決定の主体なのかに大きく依存すると考えられる．

　そのような問題意識のもと，Fernandez, Fogli and Olivetti(2004)はアメリカのデータを用いて，女性の労働参加の決定要因を分析し，15歳時に母親が働いていた男性と結婚している女性は，そうでない既婚女性に比べて労働供給確率が有意に高くなることを発見している．また，Kawaguchi and Miyazaki(2009)は，JGSSを用いて，配偶者(夫)の15歳時点での母親のフルタイム就業

は，既婚女性の労働供給に対して肯定的な選好を形成することを示し，それが既婚女性の労働供給に対して影響を与える可能性を示唆するという，Fernandez, Fogli and Olivetti の結果とも整合的な結果を得ている．このように，既婚女性の労働供給に関しては，女性本人のみならず配偶者（夫）の母親の就業が，配偶者の選好形成を通じて重要な役割を果たすことが示唆されている．

　本章の主な目的は，これらの先行研究と同様に母親の就業が女性の労働供給に与える影響を分析することである．先行研究と異なる本研究の特徴は，主に以下の2点である．まず，1点目は，先行研究では既婚者のみを分析の対象としているのに対して，本研究では独身者と既婚者それぞれについての分析を行っている点があげられる．特に，独身者の分析においては，結婚後および出産後に労働供給を行うか否かという仮想的な質問への回答を利用することで，母親の就業が女性の結婚後および出産後の労働供給に対する選好形成にも影響を与えるかどうかの検証を行っている．既婚者の分析においては，先行研究と同様に実際の結婚後および出産後の女性労働供給に対する母親の就業の影響を分析している．その際に，家計全体の意思決定という側面を考慮するために，女性本人の母親のみならず，配偶者（夫）の母親の就業状態が影響を持つかを調べ，女性労働供給に対する選好の形成と実際の女性労働供給の関係を分析する．

　また，本研究の特徴の2点目としては，先行研究では15歳時点での母親の就業の効果を分析しているのに対して，本研究では6歳時点での母親の就業の影響を分析している点があげられる．筆者たちが6歳時点での就業に着目する理由は，15歳時点での就業よりもその効果が強いのではないかと予想されるからである．なぜなら，子どもが6歳時に就業を選択している母親は，15歳時点で就業を選択している母親に比べて平均的に就業に対して強い選好を持っていることが予想されるからである．15歳児に比べると，6歳児は家庭内における子育てに手間がかかり，保育サービスを利用するといった就業のコストが高く，それでもあえて就業を選択するのは強い選好の現れだと考えられるからである．実際，15歳時点での母親の就業情報を用いた Kawaguchi and Miyazaki（2009）では，男性の母親が就業していると，その男性は女性が就業することに対して肯定的に考えるようになるという効果を検出しているものの，女性の就業そのものに対して与える影響については，統計的に有意な効果を検出できて

はいない．6歳時点で就業を選択する母親は，15歳時点で就業を選択する母親より平均的に就業に対してより強い選好を持っていると考えられるが，それらの母親の情報を用いることにより，母親の就業が子どもおよびその配偶者の労働供給に与える影響をより鮮明に検出できるのではないかと考えられるため，本研究は15歳時点の母親の就業がもつ影響についての先行研究を補完するとも考えられる．

　母親の就業と女性労働供給の関係を分析するために，女性の労働供給に関するダミー変数を被説明変数とするプロビットモデルを推定した．推定に用いたデータは，国立社会保障・人口問題研究所プロジェクト「職場・家庭・地域環境と少子化との関連性に関する理論的・実証的研究」の委託により実施された「職場環境と少子化の関連性に関する調査」の2007年度調査である．

　回帰分析から得られた主な結果としては，6歳時に母親が働いていた女性は，そうでない女性に比べて出産後も働くことを望む傾向があることがわかった．しかしながら，子どものいる既婚女性の分析では，女性本人よりも，夫の母親が就業していたことが女性の出産後の労働供給に対して強い正の効果を持つことがわかった．これらの結果は，女性の労働供給の意思決定において，女性本人の選好だけではなく配偶者の選好が重要な役割を果たしていることを示唆している．

　既婚女性の就業に関して得られたその他の主な結果としては，配偶者（夫）の所得が高いと，就業確率が低くなるという，いわゆるダグラス＝有沢の法則，および子ども数が多いと就業確率が統計的に有意に低くなるという関係が観測された点があげられる．特に，6歳以下の子ども数は就業確率に対して負の有意な効果があることがわかり，このことは幼少期における就業と子育ての両立のための支援策を考察する余地があることを示唆しているといえる．

　本章の構成は以下の通りである．まず第2節で分析に用いる計量モデルの解説を行う．第3節ではデータについて詳述する．第4節では回帰分析の結果を示す．第5節では結果の考察を行う．第6節は結語である．

2 計量分析の理論的枠組み

女性の結婚後や出産後の労働供給の決定要因を分析するために，以下のプロビットモデルを推定する．

$$P(work_i = 1 | mowork_i, X_i) = \Phi(\beta\, mowork_i + X_i\gamma)$$

ここで，$work_i$ は，独身者の分析では結婚・出産後に働くこと（独身男性の場合は，仮想的な配偶者に働いてもらうこと）を希望していることを，また既婚者の分析では実際に働いていることを意味するダミー変数である．$mowork_i$ は6歳時点で母親が就業していたかどうかを表すダミー変数である．母親の就業に関する変数は，独身者のサンプルを用いた分析では，回答者本人の母親が就業していたかどうかのみを表すが，既婚者のサンプルでは，女性本人のみならず配偶者（夫）の母親の就業についての変数も含める．なお，$\Phi(\cdot)$ は標準正規分布の累積分布関数である．

X_i はその他の説明変数のベクトルであり，最終学歴，年齢，年齢の2乗，家計所得を含んでいる．なお，既婚者の分析においては，本人の学歴および年齢以外に，配偶者（夫）の学歴，年齢，年齢2乗，所得も説明変数として加える[1]．さらに，既存の子ども数，特に幼少の子ども数は女性労働供給に影響を与えると考えられるので，総子ども数のみならず，6歳以下の子ども数も説明変数として追加する．

3 分析に用いるデータについて

本研究で用いるデータは，国立社会保障・人口問題研究所プロジェクト「職場・家庭・地域環境と少子化との関連性に関する理論的・実証的研究」のもと，国立社会保障・人口問題研究所の委託により，社団法人中央調査社によって実施された「職場環境と少子化の関連性に関する調査」の2007年度調査である．

---

1) 既婚者の分析においては，本人の最終学歴や年齢および年齢の2乗項は，これらの属性を持つ女性が働いたら得られるであろう平均的な賃金の代理変数として含めている．

この調査は，働き方をめぐる様々な状況と少子化との関連性について現状を把握し，その関連性の度合いを分析することを目的として設計され，平成19年度は，UIゼンセン同盟及びサービス・流通連合(JSD)に加盟している労働組合の組合員に対して実施された．調査の実施時期は2007年11月であり，郵送法による調査が行われた．

本研究で用いたデータのうち，個人に対する調査票は，既婚者本人票，既婚者配偶者票，独身者票の3種類からなる．独身者票は，現在独身の組合員を対象とするものである．既婚女性の分析に関しては，フルタイム就業をしている男性組合員（既婚者本人票への男性回答者のうち，フルタイムで就業しているもの）に対し，既婚者配偶者票への回答をマッチさせた情報を用いている．なお，既婚者本人票への回答率は51.3％，配偶者票への回答率は46.7％，独身者票への回答率は53.9％であった．

まず，本研究の対象とする変数は，女性の就業状態と母親の就業状態である．現在の女性の就業状態および6歳時点での母親の就業状態に関する情報は，独身者票，既婚者票ともに利用可能であるが，結婚後および出産後の就業についての情報は，既婚者票のみにおいて利用可能である．ただし，独身者票においては，結婚や出産後の就業意思について仮想的な質問をしており，それらの質問に対する回答を就業継続意思についての情報として利用することができる．具体的には，以下の仮想的質問に対する回答を利用する．まず，結婚後の就業継続意思については，「あなたは，結婚後は夫婦ともに働いていたいと思いますか」という質問に対し，「結婚後も，夫婦それぞれが仕事を持って働きたい」と答えた場合は，就業意思ありと考える．

同様に，出産後の就業については，「あなたは，将来子どもが生まれたとしたら働き続けていたいと思いますか」という質問に対し，「子どもが生まれたらすぐには働かないが，いつかは再び仕事に就きたい」または「子どもが生まれても今の仕事を続けたい」のいずれかを回答した場合に，就業意思ありとする．なお，出産直後の就業継続意思を分析するため，「子どもが生まれても今の仕事を続けたい」と回答したもののみを就業継続意思ありとした分析も行う．なお，分析には未婚の独身女性のみのサンプルを用いた．

表6-1-1は，分析に用いる主要な変数の記述統計をまとめたものである．

表 6-1-1　記述統計表(独身者)

変数名		独身男性		独身女性	
		平　均	標準偏差	平　均	標準偏差
配偶者(妻)の出産後就業を希望	wishwork	0.793	0.406	0.830	0.376
配偶者(妻)の婚姻後就業を希望	wishbothwork	0.800	0.400	0.769	0.422
配偶者(妻)の出産直後の就業継続を希望	contwork	0.235	0.424	0.223	0.417
幼少期の母親の就業	mowork	0.543	0.499	0.524	0.500
幼少期の母親の就業(被雇用)	moemp	0.400	0.490	0.396	0.490
幼少期の母親の就業(フルタイム)	mofull	0.126	0.333	0.138	0.346
幼少期の母親の就業(パートタイム)	mopart	0.274	0.446	0.258	0.438
幼少期の母親の就業(自営業)	moself	0.143	0.350	0.128	0.334
所　得	income	445.773	243.477	360.813	167.827
教育年数	educ	15.082	2.261	14.263	2.079
年　齢	age	30.928	5.980	29.928	6.042
年齢2乗	age2	992.243	401.439	932.109	389.569
サンプルサイズ	N	680		376	
将来の結婚を希望	wishmarry	0.944	0.231	0.930	0.256
サンプルサイズ	N	746		412	

まず，出産後および結婚後の就業について，77% が婚姻後の就業を希望しており，83% の女性が出産後の就業(一時的な離職後の復帰を含む)を希望していることがわかる．6歳時点での母親の就業については，53% の母親が就業(雇用および自営業)していたことがわかる．平均年収(ボーナスを含む)は360万円であり，平均的な就学年数は14年(短期大学卒業)である．平均年齢は30歳となっている．

表 6-1-1 には独身男性データの記述統計も示してある．独身男性には，仮想的な結婚相手に，結婚後および出産後に就業してもらうことを希望するかどうかを聞いている．それらの質問への回答によると，独身女性のものと同様に，約 80% の男性が，婚姻後および出産後の配偶者(妻)の就業を希望していることがわかる．また，6歳時点での母親の就業比率は，独身女性のサンプルと同様に 50% 程度となっている．

既婚者の場合は，仮想的質問を用いる独身者の場合と異なり，実現した就業形態の情報を用いることができる．具体的には，調査時点において就業していると答えたものを就業者と考える．なお，既婚者票においては，独身者票と異なり，結婚後の就業継続と出産後の就業とを分けることができない．しかしな

表 6-1-2　記述統計表（既婚者）

	変数名	平　均	標準偏差
本人(妻)の就業	swork	0.478	0.500
本人(妻)の就業(休業中を含む)	swithwork	0.498	0.500
本人(妻)の就業(正規雇用)	sregular	0.153	0.360
本人(妻)の就業(非正規雇用)	sirregular	0.307	0.461
本人(妻)の就業(自営業)	sself	0.017	0.128
配偶者(夫)の幼少時の母親の就業	mowork	0.539	0.499
配偶者(夫)の幼少時の母親の被雇用	moemp	0.363	0.481
配偶者(夫)の幼少時の母親の就業(フルタイム)	mofull	0.117	0.321
配偶者(夫)の幼少時の母親の就業(パート)	mopart	0.246	0.431
配偶者(夫)の幼少時の母親の就業(自営業)	moself	0.176	0.381
本人(妻)の幼少時のの母親の就業	smowork	0.534	0.499
本人(妻)の幼少時の母親の被雇用	smoemp	0.343	0.475
本人(妻)の幼少時の母親の就業(フルタイム)	smofull	0.137	0.344
本人(妻)の幼少時の母親の就業(パート)	smopart	0.206	0.405
本人(妻)の幼少時の母親の就業(自営業)	smoself	0.191	0.393
配偶者(夫)の所得	income	608.765	203.575
子どもの数	numchild	1.413	0.950
子どもの数(6歳以下)	numychild	0.618	0.777
子どもの有無	havechild	0.787	0.409
配偶者(夫)の教育年数	educ	14.555	2.179
本人(妻)の教育年数	seduc	13.437	1.703
配偶者(夫)の年齢	age	38.725	7.388
配偶者(夫)の年齢2乗	age2	1,554.111	608.267
本人(妻)の年齢	sage	36.988	7.137
本人(妻)の年齢2乗	sage2	1,419.012	563.009
サンプルサイズ	N	1,020	

がら，第1子出産直後の就業継続に関しては，出産後1年以内の就業状態についての情報が利用可能であるので，これらの情報を用いて，出産後および出産直後の就業についての分析を行う．

　その他の説明変数として，まず所得を考える．独身者票の分析における所得は，本人の月収を12倍したものにボーナスを加えたものを用いる．一方，既婚者票の分析においては，配偶者(夫)の年収を説明変数として用いている．また，本人の学歴に関しては，最終学歴を就学年数に換算したものを用いている．

　表 6-1-2 は，既婚者についての変数の記述統計をまとめたものである．既婚女性の48%が現在就業しており，現在休職中も含めると，約50%の既婚女性が就業していることがわかる．次に，女性本人の母親の就業については，独

身者票と同様に50%強の母親が就業していたことが見て取れる．また，配偶者（夫）の母親の就業に関しても，ほぼ同じ水準になっている．配偶者（夫）の平均年収（ボーナスを含む）は約600万円である．約80%の家計には子どもがおり，平均子ども数は1.4人になっている．平均的な就学年数は既婚女性は13.5年，配偶者（夫）は14.5年である．平均年齢は既婚女性が37歳，配偶者（夫）は39歳となっている．

独身女性と既婚女性のサンプルを比較すると，幼少期の母親の就業割合にはほとんど違いがみられない．その他の違いとしては，独身者のほうが既婚者に比べて平均就学年数が0.8年ほど長くなっている．これは，独身者のほうが既婚者よりも平均年齢が低く，大学進学率が高くなっていることが1つの理由として考えられる．

4 母親の就業が女性の労働供給に与える影響

4.1 独身者の場合

前述の通り，独身女性については，結婚後および出産後の就業意思については仮想的な質問に対する回答を用いている．具体的には，被説明変数として結婚後の就業意思，出産後の就業意思をそれぞれ用いた．なお，出産後の就業意思に関しては，出産直後も継続するケースと，出産後は仕事を辞めるが，いずれ復職するケースそれぞれについても分析を行った．

表 6-2-1は，独身女性の分析結果をまとめたものである．まず，結婚後の就業に対して，6歳時での母親の就業が与える影響を見てみると，母親の就業の統計的に有意な効果は検出されなかった．これは，母親の就業形態を被雇用者に限った場合でも同様であり，さらに母親の就業形態を，フルタイム，パートタイム，自営業及び専業主婦とした場合でも統計的に有意な効果は検出されなかった．

しかしながら，出産後の就業についての分析に目を向けると，結果は異なっている．母親が就業していた女性はそうでない女性に比べて8.2%就業を希望する確率が高くなるという，統計的に有意な結果が得られた．さらに母親の就

表 6-2-1　独身女性の結婚後

サンプル 被説明変数	独身女性	将来の結婚 (希望しない=0, 希望する=1)		
		wishmarry	wishmarry	wishmarry
幼少期の母親の就業 (非就業=0, 就業=1)	mowork	0.03532* (0.01748)		
幼少期の母親の就業(被雇用) (非就業=0, 就業=1)	moemp		0.03415* (0.01639)	
幼少期の母親の就業(フルタイム) (非就業=0, 就業=1)	mofull			0.03020 (0.01359)
幼少期の母親の就業(パートタイム) (非就業=0, 就業=1)	mopart			0.03124* (0.01394)
幼少期の母親の就業(自営業) (非就業=0, 就業=1)	moself			0.01415 (0.01732)
所　得	income	−0.00002 (0.00004)	−0.00002 (0.00004)	−0.00002 (0.00004)
教育年数	educ	0.01569** (0.00469)	0.01562** (0.00451)	0.01554** (0.00452)
年　齢	age	−0.00618 (0.00770)	−0.00617 (0.00730)	−0.00598 (0.00743)
年齢2乗	age2	0.00001 (0.00011)	0.00002 (0.00010)	0.00001 (0.00010)
ワルド検定統計量		30.8**	40.1**	41.7**
擬似決定係数		0.2265	0.2280	0.2308
対数尤度		−81.154	−80.990	−80.698
N		412	412	412

注：**：1% 有意．*：5% 有意．上段の数字はサンプル平均で評価した限界効果，(　)内の数

業形態を，フルタイム，パートタイム，自営業及び専業主婦とした場合は，フルタイム就業が最も強い効果を持ち，就業確率を 11.9% 引き上げるが，パートタイム就業および自営業は統計的に有意な効果を持ってはいなかった[2]．結婚後と出産後で影響が異なるというこれらの結果は，結婚よりも出産の方が就労継続の意思決定のタイミングとしてはより重要であることを示唆している．

その他の推定結果としては，学歴の高い女性は結婚後の共働きを望むことが確認できたが，出産後の就業については統計的に有意な学歴の効果を検出することはできなかった．これは，独身女性の分析が就業者を対象としており，8

---

[2]　母親の就業の影響が独身女性(娘)の出産後の就業希望において強く検出された理由の1つとして，これらの母親の就業に関する変数の性質が影響していることが考えられる．ここで娘が回答している「母親の就業」とは，娘の6歳時点の情報であるので，「母親の出産後の就業」と考えられ，もし Ortega and Tanaka (2007) や Tanaka (2008) で議論されているように，就業について同性の親子間でお手本効果があるのであれば，「母親が出産後に就業していた娘は出産後に就業を希望する」ことになる．

及び出産後の就業意思

本人(妻)の婚姻後の就業 (希望しない=0, 希望する=1)			本人(妻)の出産後の就業 (希望しない=0, 希望する=1)			本人(妻)の出産直後の就業の継続 (希望しない=0, 希望する=1)		
wishbothwork	wishbothwork	wishbothwork	wishwork	wishwork	wishwork	contwork	contwork	contwork
0.02800			0.08249*			0.00147		
(0.04393)			(0.03925)			(0.04214)		
	−0.00342			0.07088			0.01750	
	(0.04507)			(0.03848)			(0.04382)	
		0.04285			0.11915*			0.07981
		(0.05994)			(0.03730)			(0.0734609)
		−0.00433			0.05086			−0.02601
		(0.05394)			(0.04261)			(0.0514012)
		0.07518			0.06123			−0.02869
		(0.06106)			(0.04853)			(0.0637731)
0.00012	0.00012	0.00011	0.00008	0.00010	0.00009	0.00018	0.00018	0.00020
(0.00018)	(0.00018)	(0.00018)	(0.0001)	(0.00015)	(0.00015)	(0.00013)	(0.00013)	(0.001315)
0.02740*	0.02620*	0.02615*	0.00438	0.00388	0.00321	0.02776*	0.02843*	0.02662*
(0.01169)	(0.01170)	(0.01158)	(0.00997)	(0.01010)	(0.01002)	(0.01140)	(0.01138)	(0.0114305)
0.11338**	0.11445**	0.11728**	0.07672**	0.07526**	0.08112**	0.08895**	0.08840**	0.09131**
(0.02797)	(0.02799)	(0.02866)	(0.02395)	(0.02358)	(0.02388)	(0.03233)	(0.03249)	(0.0325607)
−0.00170**	−0.00172**	−0.00177**	−0.00118**	−0.00115**	−0.00124**	−0.00129**	−0.00128**	−0.00132*
(0.00043)	(0.00043)	(0.00044)	(0.00037)	(0.00036)	(0.00037)	(0.00050)	(0.00050)	(0.000507)
29.2**	29.1**	29.4**	15.5**	14.4*	19.5**	20.9**	21.4**	25.1**
0.0710	0.0700	0.0743	0.0461	0.0425	0.0518	0.0582	0.0586	0.0642
−188.959	−189.157	−188.283	−163.628	−164.246	−162.657	−188.105	−188.029	−186.912
376	376	376	376	376	376	376	376	376

字はその標準誤差である.

割超の独身女性が出産後の就業を希望しているため，学歴による就業促進効果があまり強く検出されなかった可能性が考えられる．また，出産直後も就業を継続する意思があるかどうかの分析においては，母親の就業が与える効果について統計的に有意な効果を検出することはできなかった．しかしながら，高学歴の女性ほど出産直後も今の仕事を継続する意思があることが観測された．これは，高学歴な女性ほど，現在就いている職の条件が良いためではないかと考えられる[3]．

次に，独身男性の分析について説明する．独身男性の場合は，将来の配偶者(妻)が結婚後及び出産後に就業することを望むかどうかという仮想的な質問を

---

[3] 本研究で用いた独身女性のサンプルは正規職員でありかつ組合に加入している者が9割超を占めているため，もともと働く意思の強い人々のみを対象としている可能性も否定できず，ここでの結果を女性一般に適用する際には注意が必要である．ただし，ここで得られた母親の就業の効果というのは，そのように就業意思が強いと想定される女性の集団においても，母親が就業していた独身女性は，そうでない女性に比べて出産後の就業をより強く希望することを意味している．

表 6-2-2　独身男性の配偶者に対する

サンプル 被説明変数	独身男性	将来の結婚 (希望しない=0, 希望する=1)		
		wishmarry	wishmarry	wishmarry
幼少期の母親の就業 (非就業=0, 就業=1)	mowork	−0.01598 (0.01609)		
幼少期の母親の就業(被雇用) (非就業=0, 就業=1)	moemp		−0.00735 (0.01680)	
幼少期の母親の就業(フルタイム) (非就業=0, 就業=1)	mofull			0.02511 (0.02143)
幼少期の母親の就業(パートタイム) (非就業=0, 就業=1)	mopart			−0.02740 (0.02182)
幼少期の母親の就業(自営業) (非就業=0, 就業=1)	moself			−0.02516 (0.02737)
所　得	income	0.00003 (0.00004)	0.00003 (0.00004)	0.00004 (0.00004)
教育年数	educ	0.00049 (0.00387)	0.00083 (0.00393)	0.00022 (0.00375)
年　齢	age	−0.01492 (0.01033)	−0.01443 (0.01044)	−0.01518 (0.00994)
年齢2乗	age2	0.00015 (0.00015)	0.00015 (0.00015)	0.00016 (0.00014)
ワルド検定統計量		19.2**	18.3**	22.2**
擬似決定係数		0.0388	0.0364	0.0499
対数尤度		−155.353	−155.755	−153.564
N		746	746	746

注：**：1% 有意．*：5% 有意．上段の数字はサンプル平均で評価した限界効果，(　)内の数

行っている．その希望を調べたところ，母親が就業していた独身男性は，結婚後および出産後も配偶者(妻)が就業することを望むという，統計的に有意な効果が検出された(表 6-2-2)．これは，独身女性本人の就業に関する希望と比較しても，はっきりと統計的に有意な影響を見て取ることができる．

　以上をまとめると，幼少期の母親の就業は，出産後の就業に対して肯定的な選好の形成に寄与しており，特に男性に関しては出産後のみならず結婚後の共働きをも希望するという選好を形成することになっているといえる．

4.2　既婚者の場合

　次に，既婚女性のサンプルを用いた分析結果について見てゆく．表 6-3 は，既婚女性の分析結果をまとめたものである．まず，既婚女性の就業に対して，女性の母親の就業が与える影響を見てみると(2)，符号は正ではあるが，統計的な有意性は低い．しかしながら，既婚女性の就業に対する，配偶者(夫)の母親

結婚後及び出産後の就業希望

配偶者(妻)の婚姻後の就業 (希望しない=0, 希望する=1)			配偶者(妻)の出産後の就業 (希望しない=0, 希望する=1)			配偶者(妻)の出産直後の就業の継続 (希望しない=0, 希望する=1)		
wishbothwork	wishbothwork	wishbothwork	wishwork	wishwork	wishwork	contwork	contwork	contwork
0.07822*			0.06563*			0.08047*		
(0.03156)			(0.03157)			(0.03263)		
	0.07367*			0.10635**			0.05073	
	(0.03083)			(0.03034)			(0.03435)	
		0.12498**			0.11682*			0.12262*
		(0.03525)			(0.03705)			(0.05866)
		0.05878			0.08430*			0.05969
		(0.03399)			(0.03372)			(0.04278)
		0.04839			−0.02280			0.10281*
		(0.04096)			(0.04675)			(0.05522)
−0.00002	−0.00001	−0.00001	−0.00004	−0.00003	−0.00003	0.00001	0.00001	0.00001
(0.00005)	(0.00005)	(0.00005)	(0.00006)	(0.00006)	(0.00006)	(0.00008)	(0.00008)	(0.00008)
−0.00471	−0.00534	−0.00499	−0.00169	−0.00034	−0.00082	0.00322	0.00176	0.00286
(0.00732)	(0.00731)	(0.007323)	(0.00724)	(0.00727)	(0.00726)	(0.00745)	(0.00746)	(0.00747)
0.03564	0.03639	0.03512	0.03408	0.03476	0.03444	−0.04085*	−0.03991	−0.04170*
(0.01959)	(0.01964)	(0.01958)	(0.01957)	(0.01960)	(0.01966)	(0.02043)	(0.02042)	(0.02043)
−0.00052	−0.00054	−0.00052	−0.00048	−0.00050	−0.00049	0.00053	0.00051	0.00054
(0.00029)	(0.00029)	(0.00029)	(0.00029)	(0.00029)	(0.00029)	(0.00030)	(0.00030)	(0.00030)
10.7	10.6	14.3*	7.7	15.0*	15.9*	12.9*	9.2	14.0
0.0156	0.0145	0.0201	0.0114	0.0214	0.0228	0.0175	0.0125	0.0191
−334.957	−335.323	−333.449	−343.131	−339.653	−339.182	−364.507	−366.350	−363.905
680	680	680	680	680	680	680	680	680

字はその標準誤差である.

の就業が与える影響を見てみると(1), 配偶者(夫)の母親の就業は既婚女性の就業確率を11.3%引き上げる, 統計的に有意な効果が検出された. また, 既婚女性の母親と配偶者(夫)の母親の就業についての変数を同時に回帰式に入れたところ(3), 配偶者(夫)の母親の就業のみが統計的に有意な効果を持っていた.

では, なぜ女性の母親よりも, 配偶者(夫)の母親の就業が既婚女性の労働供給に対してより強く影響しているのであろうか. Fernandez et al.(2004)やKawaguchi and Miyazaki(2009)で指摘されているように, 男性の女性労働供給に対する選好が, 母親が就業していた場合は肯定的なものとなり, かつ配偶者(夫)が既婚女性の労働供給の意思決定において大きな影響力を持っていることが理由の1つとして考えられる. 母親の就業が, 女性労働に対する選好形成にどのような影響を与えているかを見るために, 独身男性が, 将来の配偶者に対して結婚後及び出産後に就業することを望むかどうかを調べた前述の結果においては, 母親が就業していた独身男性は, 結婚後および出産後も配偶者(妻)が

表 6-3　既婚女性の結婚後及び

被説明変数：本人(妻)の就業；swork	変数名	(1)	(2)
配偶者(夫)の幼少期の母親の就業 (非就業=0, 就業=1)	mowork	0.11278** (0.03216)	
配偶者(夫)の幼少期の母親の就業(自営業) (非就業=0, 就業=1)	moself		
配偶者(夫)の幼少期の母親の就業(被雇用) (非就業=0, 就業=1)	moemp		
配偶者(夫)の幼少期の母親の就業(フルタイム) (非就業=0, 就業=1)	mofull		
本人(妻)の幼少期の母親の就業 (非就業=0, 就業=1)	smowork		0.03912 (0.03258)
本人(妻)の幼少期の母親の就業(自営業) (非就業=0, 就業=1)	smoself		
本人(妻)の幼少期の母親の就業(被雇用) (非就業=0, 就業=1)	smoemp		
本人(妻)の幼少期の母親の就業(フルタイム) (非就業=0, 就業=1)	smofull		
配偶者(夫)の所得	income	−0.00036** (0.00009)	−0.00037** (0.00009)
子どもの有無 (子どもなし=0, 子どもあり=1)	havechild		
子どもの数	numchild	−0.07280** (0.01876)	−0.07352** (0.01878)
6歳以下の子どもの数	numychild		
配偶者(夫)の教育年数	educ	0.00041 (0.00874)	−0.00334 (0.00871)
本人(妻)の教育年数	seduc	0.00540 (0.01122)	0.00733 (0.01124)
配偶者(夫)の年齢	age	0.03013 (0.03005)	0.03302 (0.02992)
配偶者(夫)の年齢2乗	age2	−0.00032 (0.00037)	−0.00035 (0.00037)
本人(妻)の年齢	sage	0.07416* (0.02901)	0.07194* (0.02880)
本人(妻)の年齢2乗	sage2	−0.00073 (0.00037)	−0.00071 (0.00037)
尤度比検定統計量		94.2**	83.49**
擬似決定係数		0.0667	0.0591
対数尤度		−658.961	−664.315
N		1,020	1,020

注：**：1% 有意，*：5% 有意．上段の数字はサンプル平均で評価した限界効果，（　）内の数字はその標準誤差で

出産後の就業行動(2項プロビット)

(3)	(4)	(5)	(6)	(7)	(8)
0.11001**	0.10553**	0.11845**	0.11282**	0.11745**	0.11839**
(0.03234)	(0.03570)	(0.0450)	(0.03271)	(0.03350)	(0.03357)
	0.01332				
	(0.04705)				
		−0.03438			
		(0.05035)			
		0.06540			
		(0.05789)			
0.02798	0.02438	0.03539	0.03781	0.03717	0.03573
(0.03288)	(0.03680)	(0.04444)	(0.03323)	(0.03405)	(0.03410)
	0.01013				
	(0.04649)				
		−0.02492			
		(0.05161)			
		0.03263			
		(0.05691)			
−0.00036**	−0.00036**	−0.00035**	−0.00033**	−0.00035**	−0.00036**
(0.00009)	(0.00009)	(0.00009)	(0.00009)	(0.00009)	(0.00009)
			−0.35544**		
			(0.05317)		
−0.07350**	−0.07342**	−0.07357**	0.04915		0.04540*
(0.01879)	(0.01880)	(0.01881)	(0.02801)		(0.02252)
				−0.27261**	−0.30043**
				(0.02507)	(0.02869)
−0.00027	−0.00035	−0.00036	−0.00461	−0.00210	−0.00041
(0.00879)	(0.00879)	(0.008796)	(0.00890)	(0.00913)	(0.00918)
0.00657	0.00640	0.00550	0.00764	0.00958	0.01137
(0.01130)	(−0.01132)	(0.01136)	(0.01144)	(0.01178)	(0.01183)
0.02985	0.02968	0.02818	0.03793	0.02724	0.02025
(0.03004)	(0.03005)	(0.03012)	(0.03038)	(0.03052)	(0.03074)
−0.00032	−0.00032	−0.00030	−0.00041	−0.00038	−0.00031
(0.00037)	(0.00037)	(0.00037)	(0.00037)	(0.00038)	(0.00038)
0.07389*	0.07412*	0.07738**	0.07357*	0.06355*	0.05183
(0.02898)	(0.02900)	(0.02913)	(0.02914)	(0.02893)	(0.02952)
−0.00073	−0.00073	−0.00077*	−0.00073	−0.00066	−0.00053
(0.00038)	(0.00038)	(0.00038)	(0.00038)	(0.00038)	(0.00038)
94.92**	95.06**	96.82**	130.26**	208.03**	212.11**
0.0672	0.0673	0.0686	0.0922	0.1473	0.1502
−658.599	−658.530	−657.653	−640.932	−638.318	−600.003
1,020	1,020	1,020	1,020	1,020	1,020

ある.

就業することを望むという，統計的に有意な効果が検出されていた(**表 6-2-2**)．これは，幼少期の母親の就業が，男性の選好を女性労働供給に対して肯定的なものにしているためであると解釈できる．また，既婚女性の労働供給においては，女性の母親の就業形態の影響の統計的有意性の低さ，および配偶者(夫)の母親の就業形態の影響の有意性より，配偶者(夫)が大きな影響力を持っていることが推測される．

その他の説明変数に関しては，まず配偶者(夫)の所得が高いと，就業確率が低くなるという，いわゆるダグラス＝有沢の法則がすべての定式化のもとで観測された．また，子ども数が多いと就業確率が統計的に有意に低くなっているが，これは子どもの世話に時間がかかるため，母親は就業しなくなる傾向があるためだと考えられる．実際に，子ども数を6歳以下の子ども数と総子ども数それぞれを加えた分析では，6歳以下の子ども数は就業確率に対して負の有意な効果があることがわかった．これらの結果は，配偶者(夫)の所得や子ども数といった家計の属性が女性の就業と強い関係があるという一連の先行研究とも整合的である．

また，多くの定式化において既婚女性の年齢が高いほど就業確率が高くなるという結果となっている．分析に用いたデータはクロスセクションデータであるため，一般的には年齢効果と世代効果の識別はできない．しかし，本研究が対象としている既婚女性のサンプルは2007年において年齢が21歳から59歳までであり，過去50年間の女性就業率の推移を労働力調査の集計データからみると上昇傾向にあることから，ここでの結果は世代効果というよりはむしろ年齢効果と考えるほうが妥当であると思われる．

以上の結果は以下のようにまとめられる．まず，独身女性は母親が就業していると出産後も就業を希望する確率が高くなっている．一方，実際の出産後の就業選択において，母親の就業は既婚女性の就業に対して正の影響を持つ傾向があるが，配偶者(夫)の母親の就業の効果の方が，女性の母親の就業よりも大きくかつ統計的に有意な効果をもつことがわかった[4)5)]．

---

4) もし母親の就業形態が地域属性と相関しているとすると，地域属性を通じて子どもの就業形態選択に影響を与える可能性がある．この点を考慮するため，都道府県ダミーを説明変数として含めた推定を行ったが，得られた結果に大きな変化はなかった．

5 考察——なぜ母親の就業が子どもの労働供給に影響を与えるのか

本研究の主な結果の1つは，女性本人ではなく，配偶者(夫)の母親の就業が，出産後の女性労働供給の重要な決定要因になっているということである．6歳時点での母親の就業形態それ自体は外生変数であると考えることができるが，ここで得られた結果の解釈としては，6歳時点での母親の就業が，子どもの選好形成に影響を与えているというものである．ただし，夫の選好が配偶者である妻の就業行動に反映されている理由としては，夫が妻の就業決定に関して強い影響力を持っているという説明のほかに，結婚市場において，既婚女性の就業に対して同じような選好を持っている者同士が結婚しているという，いわゆる割り当てが生じていることも考えることができる．

結婚市場における割り当ての可能性は，データからも見て取ることができる．独身男性のサンプルで結婚・出産後の女性労働供給に対する選好と母親の就業の関係を見てみると，6歳時点で母親が就業していた独身男性は，結婚後および出産後も配偶者の就業を希望していることがわかる．一方，独身女性の場合は，母親の就業は，出産後の就業希望に正の影響を持っている．結婚市場においては，結婚・出産後も就業を希望している女性は，結婚・出産後も就業を希望している男性と結婚することを選んでいると考えることもできる．このような場合は，既婚者のデータにおいて，男性の母親の就業と女性の母親の就業は強く相関していることが予想される．

実際に，既婚女性のサンプルにおける男性の母親の就業と女性の母親の就業の相関係数を計算すると，0.6 と高い水準にあるため，結婚市場において選好による割り当てがある程度起きていることが予想される．したがって，推計結果において男性の母親の就業が既婚女性の労働供給に影響を与えているのは，単に男性の母親の就業が女性の選好の代理変数になっている可能性もある．

---

5) 母親の就業が，子どもの就業形態(正規就業，非正規就業，自営業，非就業)選択に影響を与えるかどうかを調べるため，多項プロビットモデルを用いた分析も行った．その結果，上記の分析同様に，妻ではなく夫の母親の就業のみが妻の就業に対して統計的に有意な影響を持つことがわかったが，特に母親のフルタイム就業が正規雇用就業確率に対して与える正の効果が大きいことがわかった．

しかしながら，本研究における回帰分析では，女性の母親の就業形態のみを回帰式に入れても，その統計的有意性は低い上に，男性の母親の就業と女性の母親の就業の両方を説明変数とした分析では，男性の母親の就業のみが統計的にも有意な効果を持っている．以上の分析のみから，夫の影響力と結婚市場における割り当てのどちらがこれらの結果を導いているのかを断定することはできないが，少なくとも出産後の女性労働供給の意思決定において，配偶者(夫)が強い影響力を持っており，夫の選好が妻の就業の重要な決定要因になっている可能性も否定できない．

6 おわりに

本章では，幼少期の母親の就業が女性の労働供給に与える影響を，独身女性，独身男性および既婚女性それぞれについての情報を用いて分析した．独身者票を用いた分析では，6歳時に母親が働いていた女性は，そうでない女性に比べて出産後も働くことを望む傾向があることがわかった．しかしながら，子どものいる既婚女性の分析では，女性ではなく，夫の母親が就業していたことが女性の出産後の労働供給に対して強い正の効果を持つことがわかった．夫の母親の就業が出産後の労働供給に対して持つ強い正の効果は，Kawaguchi and Miyazaki(2009)では検出されていなかったが，本研究で強い正の効果が得られたことから，6歳時点での母親の就業が選好形成に対してより強い影響を持っていたことを示唆している．

本章では，女性労働供給の問題を親子間の選好伝播という世代を通じたプロセスに着目して，長期的な視点から論じたが，本来，労働力人口構成の変化といった問題は長期に及ぶものであると考えられるため，女性労働供給の問題をこのような長期的な視点から分析することには一定の意義を見出すことができると筆者らは考えている．また，本研究で得られた結果の1つである，世代間での選好形成を通じた長期的影響という知見から得られる重要な政策的含意の1つとしては，一時的な既婚女性の労働参加促進政策が，世代を超えた長期的な影響を持ちうることがあげられるであろう．本研究の分析が長期的な労働力不足問題の理解および解決の一助になるのであれば，それは筆者らの望むとこ

ろである.

（付記） 本稿の執筆に当たり，坂本和靖先生，樋口美雄先生，府川哲夫先生および匿名の Reviewer の方から大変貴重かつ丁寧なコメントを頂いた．また，「職場・家庭・地域環境と少子化の関連性に関する理論的・実証的研究ワークショップ 2008」においては，大石亜希子，酒井正，野崎祐子，吉田千鶴の各先生から大変貴重なコメントを頂いた．ここに記して感謝の意を表したい．なお，いかなる誤りも筆者らの責任に帰するものである．

参考文献

大石亜希子，2003,「有配偶女性の労働供給と税制・社会保障制度」『季刊社会保障研究』第 39 巻第 3 号.
大沢真知子，1993,『経済変化と女子労働——日米の比較研究』日本経済評論社.
川口章，2002,「ダグラス＝有澤法則は有効なのか」『日本労働研究雑誌』No. 501.
厚生労働省・雇用政策研究会，2005,「人口減少下における雇用・労働政策の課題——すべての人が自律的に働くことができ，安心して生活できる社会を目指して」雇用政策研究会報告書.
国立社会保障・人口問題研究所，2008,「職場・家庭・地域環境と少子化との関連性に関する理論的・実証的研究」平成 19 年報告書.
小原美紀，2007,「夫の離職と妻の労働供給」林文夫編『経済停滞の原因と制度』勁草書房，pp. 325-340.
内閣府，2007,『「子どもと家族を応援する日本」重点戦略』重点戦略検討会議報告書.
西本真弓・七條達弘，2004,「親との同居と介護が既婚女性の就業に及ぼす影響」『季刊家計経済研究』No. 61.
樋口美雄，1991,『日本経済と就業行動』東洋経済新報社.
樋口美雄，2000,「パネルデータによる女性の結婚・出産・就業の動学分析」岡田章・神谷和也・黒田昌裕・伴金美編『現代経済学の潮流 2000』東洋経済新報社.
樋口美雄，2001,『雇用と失業の経済学』日本経済新聞社.
Abe, Yukiko, 2009, "The Effects of the 1.03 million yen Ceiling in a Dynamic Labor Supply Model," *Contemporary Economic Policy*, Vol. 27, No. 2: 147-163.
Fernandez, Raquel, Alessandra Fogli and Claudia Olivetti, 2004, "Mothers and sons: Preference formation and female labor force dynamics," *Quarterly Journal of Economics*, Vol. 119, No. 4: 1249-1299.
Kawaguchi, Daiji and Junko Miyazaki, 2009, "Working Mothers and Sons' Preferences Regarding Female Labor Supply: Direct Evidence from the Stated Preferences," *Journal of Population Economics*, Vol. 22, No. 1: 115-130.
OECD, 2003, *Labour Force Statistics 1982-2002*, OECD.
Ortega, Francesc and Ryuichi Tanaka, 2007, "Gender Specialization in Households: An Empirical Analysis," mimeo, Universitat Pompeu Fabra and Tokyo Institute of Tech-

nology.

Shimada, Haruo and Yoshio Higuchi, 1985, "An Analysis of Trends in Female Labor Force Participation in Japan," *Journal of Labor Economics*, Vol. 3, No. S1, Part 2: 355–374.

Tanaka, Ryuichi, 2008, "The Gender-Asymmetric Effect of Working Mothers on Children's Education: Evidence from Japan," *Journal of The Japanese and International Economies*, Vol. 22, No. 4: 586–604.

第2部 コメント

大森義明・水落正明

1 第5章について

　女性のパート就業が近年増加していることが広く指摘されているが，その一方で，それが出産行動や子育てとどのように関連しているかについては必ずしも詳しくは知られてはいない．この問いに答えるのが第5章「妻の学歴・就業と出産行動」(安部由起子)である．安部は出産力調査・出生動向基本調査(国立社会保障・人口問題研究所)夫婦票の個票データを用い，詳細な記述的分析を行っている．まず，学歴と(10年刻みの)生年で定義されるコーホート別に妻の年齢階級別就業形態(正規雇用・パート雇用・無業率)の推移，年齢階級別平均子ども数の推移，年齢階級別無子割合の推移，就業形態×年齢階級別子ども数の推移を集計している．さらに，学歴×生年×年齢階級ごと，もしくは学歴×生年×年齢階級×就業形態ごとに集計されたセル平均データを用い，平均子ども数，無子割合を被説明変数，妻の年齢，妻の学歴，コーホートダミー，就業形態ダミー，交差項を説明変数とする記述的な回帰分析を行い，これらの変数がコーホート効果や妻の就業形態とどのように関係しているかを見ている．

　安部の分析の特徴は，妻の就業形態が加齢とともに大きく変化することに留意していること，また，比較的長期間にわたるコーホートに着目していることである．安部は複数回のクロスセクショナルデータを用いることで，これらを達成している．学歴と生年で定義されるコーホートは，後年のクロスセクショナルデータになるほど，高い平均年齢で観察されることになる．

　回帰分析は2つの興味深い結果を示している．第1に，1961-1970年生まれのコーホートはどの年齢においても，子ども数がそれ以前のコーホートより少なく，無子割合が高く，この傾向は高学歴女性，雇用就業(正規雇用またはパート雇用)している女性ほど顕著である．第2に，1960年以前生まれのコーホートについてはパート就業をする妻と無業の妻との間で子ども数・無子割合に差がないが，1961-1970年生まれのコーホートについてはパート雇用者の方が

無業者よりも子ども数が少なく無子割合が高い．非正規雇用者やパート雇用者の出生数が少ないことを示す先行研究(国立社会保障・人口問題研究所，2004；厚生労働省，2007)の結果が近年のコーホートに特殊な結果であることを示唆している．

　有配偶者のみに焦点を当てた安部の分析に疑問を抱く読者がいるかもしれない．先行研究(国立社会保障・人口問題研究所，2004；小塩，2005)は，出生数の低下は未婚率の上昇と同時に生じていること，夫婦の完結出生児数はほぼ一定であることを示しているからである．しかし，有配偶者に限定しても，子ども数・無子割合が属性により異なることを安部は示しているのであり，この点が高く評価されるべきである．

　安部の分析は，人々の家族形成と働き方の社会的・経済的背景を探るという本書の第2部の目標を十分に果たしている．安部はデータに忠実な記述的な分析を行い，データが示唆すること以外をあえて語らない．限られたデータで可能な記述的分析に徹し，結果の無理な解釈や政策的インプリケーションの提示を避けている点を評価したい．

　安部の記述的分析は，今後の実証研究の重要な課題を提示してくれている．ワーク・ライフ・バランス研究の観点からとりわけ重要なのは，1961-1970年生まれのコーホートの妻の出産行動が，それ以前のコーホートの妻と大きく異なる原因の解明であろう．均等法の効果かもしれないが，他にも様々な仮説が立てられるであろう．

2　第6章について

　本章の特徴は，女性の労働供給に関して長期的な視点から分析を行っていること，そして意思決定において夫妻のどちらの影響が強く出るのかを検証していることである．女性の労働供給に関する研究は数多くあるが，このような視点からの研究はそれほど多くなく，得られた結果も興味深い．ポイントになるのは6歳時点での母親の就業の有無の影響であり，分析結果によれば，母親が就業していた場合，独身女性の就業希望確率が上がること，既婚女性では，妻側ではなく夫側からの影響が強いということがわかった．

　したがって，本章が指摘するように，労働政策の影響を考えるとき長期的な

影響も考慮する必要があろう．このことは，ワーク・ライフ・バランスという観点からも重要である．御船(2008)は，依然として存在する性別分業的な夫婦の時間配分に対して，家庭科など学校教育がそれを変えていく大きな力になると主張している．現時点でのさまざまなワーク・ライフ・バランス政策によって，ある程度の時間配分の変化は起きるものの，成人前の経験がその後の行動を決める部分も大きい．一般に政策には短期的な成果を求められる傾向が強いが，長期で人々の行動を変える可能性があることを忘れるべきではないことを本章は示唆している．

さらに，家計の意思決定モデルの観点からは，わが国では夫の意向の影響が強いことが確認された．伝統的な家族規範が比較的維持されているわが国において，夫の意向が強く反映されている，という結果は理解しやすい．水落(2010)では，夫妻の性別役割意識が妻の就業に与える影響を分析し，フルタイム就業については夫の意識の影響が強く，パートタイムについては妻の意識次第という結果が得られている．使っている指標は異なるものの，妻の正規雇用には夫側の影響が強いなどとした本章の結果(表6-4)と一部，一致している．

最後にコメントを3点ほど述べる．

①6歳時点の母親の就業状態の情報の正確さである．回顧的な質問には必ず生じる問題であるが，就業の有無はまだよいとして就業形態になると，どの程度の精度なのか疑義が生じる．データの特性があるため難しいだろうが，公的統計などとの比較があると信頼性は増したであろう．

②表6-2-1の独身女性の就業に関する3つの推定では，婚姻後と出産直後では教育年数は効くが母親の就業は効かず，出産後はその逆となっていることである．母親の就業は6歳時点のものということから，出産後でだけ有意になったという説明だが，それは別の時点の就業促進効果を必ずしも否定するものではないし，教育年数が効かなくなることを説明していない．これは本章の核となる変数であるから，この原因を考えるためにも，記述レベルでよいから，もう少し細かい情報があっても良かったのではないだろうか．

③独身時には女性の母親の影響が検出されたが，結婚後にはなくなってしまうという結果は面白い．結婚割当の観点からの考察もあるが，ならば，例えば夫婦の学歴の組み合わせ別に，影響の違いを測定するなどの分析があれば，よ

り興味深い知見が得られたのではないか.

(付記) 第5章は大森, 第6章は水落が担当した.

参考文献

小塩隆士, 2005, 『人口減少時代の社会保障改革——現役層が無理なく支えられる仕組みづくり』日本経済新聞社.

厚生労働省, 2007, 「第4回21世紀成年者縦断調査(国民の生活に関する継続調査)結果の概況」(http://www.mhlw.go.jp/toukei/saikin/hw/judan/seinen07/kekka2-1.html アクセス日 2009年11月29日).

国立社会保障・人口問題研究所, 2004, 「平成14年 わが国夫婦の結婚過程と出生力——第12回出生動向基本調査」財団法人厚生統計協会.

水落正明, 2010, 「夫婦の性別役割意識と妻の就業」『季刊家計経済研究』No. 86: 21-30.

御船美智子, 2008, 「家庭と職場のありかたとワーク・ライフ・バランス——その前提と道筋」山口一男・樋口美雄編『論争 日本のワーク・ライフ・バランス』日本経済新聞出版社, pp. 79-140.

第3部
ワーク・ライフ・バランス推進施策と生活形態

第 7 章 | 企業の両立支援策と労働時間
　　　　　　——組合調査による分析——

　　　　　　　　　　　　　　　　　　　　　　　　　　　　大石亜希子

1　はじめに

　日本では 25-44 歳の男性正規雇用者(年間就業日数 200 日以上，役員除く)のうち，2 割以上が 1 週間に 60 時間以上働いており，しかも近年はその割合が上昇している(総務省統計局「就業構造基本調査」平成 19 年)．長時間労働は，労働者の心身両面の健康を損なう要因としてだけでなく，少子化の要因としても問題視されつつある．たとえば，夫が長時間労働をすると家庭で過ごす時間が必然的に短くなるため，結果として家庭責任が女性に偏るようになり，女性の就業参加や就業継続が困難になる．このことは女性にとっての結婚や出産の機会費用を高める方向に作用し，少子化の要因となる．

　そのため近年では，ワーク・ライフ・バランスの実現が重要な政策目標として政府や企業に広く認識されるようになった．具体的には，ワーク・ライフ・バランスを実現するための施策として，育児休業制度の拡充や子育て期間中の短時間勤務，フレックスタイムやテレワークの導入などが推進されている．また，長時間労働の抑制を目的として 2010 年 4 月より改正労働基準法が施行されている．

　これらの施策の目的は，①出産前後の女性労働者の継続雇用の促進と，②男性を含めた働き方の見直しに大別できる．ところが，ワーク・ライフ・バランス施策に関するこれまでの研究では，前者の女性労働者の継続雇用に及ぼす影響については豊富な研究が蓄積されてきた半面，後者の働き方の見直し，つまり労働時間に及ぼす影響についてはほとんど分析が行われてこなかった．しかしながら少子化対策の観点からは，働き方の見直しも女性の継続雇用の促進と

同様に重要である．とくに近年，ワーク・ライフ・バランス施策を導入する企業が増加しているにもかかわらず長時間労働者の割合が低下していないという事実は，ワーク・ライフ・バランス施策のあり方についてより深い検討を行う必要があることを示している．

そこで本章では労働者に対するアンケート調査を使用して，職場におけるワーク・ライフ・バランス施策と労働時間の関係について分析を行う．本章の主な特長は以下の通りである．第1に，労働時間への影響を多様な観点からとらえている．具体的には，労働時間の長さといった客観的な指標だけでなく，希望する労働時間と現実の労働時間のギャップにも着目し，個々人の主体的なワーク・ライフ・バランスの実現に向けた含意を探っている．第2に，労働時間の希望と現実のギャップをとらえるにあたって，賃金率一定の仮定を置いたより正確な情報を用いている．第3に，長時間労働が生じるメカニズムについて先行研究に基づき仮説検証を行っている．

分析結果からは，ワーク・ライフ・バランス施策が労働時間に及ぼす効果には正負両面があること，労働者の希望を超える長時間労働が誘発される要因として上司の姿勢や業績評価の問題があることが明らかになる．

本章の構成は以下の通りである．第2節では本章の分析枠組みを提示し，先行研究サーベイを行う．第3節では使用データの説明と変数の定義を行う．第4節では，実証分析を行う．第5節では，結果のまとめと考察を行う．

2 分析枠組み

2.1 ワーク・ライフ・バランス施策は労働時間を短縮するか？

ワーク・ライフ・バランス施策が雇用や賃金に及ぼす影響については，これまでにも数多くの理論的・実証的な先行研究が蓄積されてきた(サーベイとして川口(2008))．その一方で，ワーク・ライフ・バランス施策が個々の労働者の労働時間に及ぼす影響についての研究蓄積は少なく，両者の関係についても，先験的に正あるいは負の関係が予想されているわけではない．

まず，短時間勤務や時間外労働・深夜業の免除などの時短施策が導入されて

いる場合，それらを利用する労働者の労働時間は以前よりも減少すると考えられる．つぎに，フレックスタイムや勤務時間の繰り上げ・繰り下げ，在宅勤務など労働時間や就業場所の柔軟性を増す施策について考えてみると，これらの施策は直接的には利用者の労働時間を短縮させるものではないが，業務の実状に合わせた労働時間の設定を可能にしたり，通勤混雑の回避によって肉体疲労を軽減したりするのであれば，仕事の効率化と生産性の上昇に寄与して労働時間の短縮につながる可能性はある．

それでは，さまざまなワーク・ライフ・バランス施策が企業に導入されている場合に，それらの制度を利用しない一般社員の労働時間はどのような影響を受けるであろうか．

ひとつの可能性としては，制度を利用する社員の仕事を補うために業務量が増加し，これによって労働時間も増加することが考えられる．例えばチームで仕事を行っている職場で育児休業者が出た場合，必ずしも代替要員が確保されるとは限らず，また，代替要員が確保されても休業者を完全には代替できないためにチームの他のメンバーの負荷が増すかもしれない(阿部，2007)．しかし反対に，もうひとつの可能性として一般社員の労働時間が減少することも考えられる．次節で論じるように，長時間労働はワーカホリックの上司が存在することによる負の外部効果や，企業側が長時間労働を選抜の手段に用いることなどによっても誘発される．このような場合に，ワーク・ライフ・バランス施策の導入を契機として，全社的に労働時間管理や人事評価の基準の見直しが進められれば，子育て中の女性社員だけでなく一般社員の長時間労働も是正される可能性がある．

2.2 なぜ長時間労働をするのか？──先行研究サーベイ

伝統的な経済理論では，労働者は予算制約のもとで効用を最大化する労働時間を自由に選択すると想定されており，不本意な長時間労働はないと考えられている．しかしながら現実には，希望する労働時間よりも現実の労働時間が上回る過剰就業(overemployment)や下回る過少就業(underemployment)がしばしば起きている．経済学の枠組みの中で過剰就業につながる長時間労働の背景を説明するアプローチには，次のような3つのものがある．

その第1は，ワーカホリックの上司がもたらす負の外部性を長時間労働の原因とする説である．ワーカホリックになると，労働の不効用が非常に小さくなったり，働けば働くほど喜びを感じて効用が高くなったりするので長時間労働を厭わなくなる(Hamermesh and Slemrod, 2008；大竹・奥平，2009)．このようなワーカホリックが管理職になっている場合，部下にも本人の意思に関係なく長時間労働を強いるという負の外部効果を及ぼす．

第2は，長時間労働が企業による労働者選別の手段になっているという説である．Sousa-Poza and Ziegler(2003)の研究では，労使間に情報の非対称性がある状況の中で，雇い主が非効率なまでに長い労働時間を課すことによって労働者のインセンティブや真の生産性に関する情報を開示させるモデルが提示されている[1]．実証分析の結果では，生産性が高く，高賃金の労働者ほど長時間労働をする傾向がみられる．

第3は，労働者が自主的に長時間労働やサービス残業をするのは，将来の高賃金や昇進といった形で報酬を受けることができるためだとする説である(三谷，1997；高橋，2005)．高橋は，労働者と企業の間に暗黙の契約が結ばれており，高賃金が得られるために労働者がサービス残業をするというモデルを提示した．その結果，実証分析においてはサービス残業をする労働者ほど年収が高い傾向を見出している．

第1と第2の説にみられるような不本意な長時間労働については，労働市場が競争的であれば転職によって解決しうるという見方もある(Altonji and Paxson, 1986；1992)．しかし現実には労働市場は不完全であり，外部労働市場が発達していない社会では，個々の労働者は勤め先との交渉において不利な立場に置かれやすい．そうなると，企業の要請に応じて労働者は長時間労働を余儀なくされる(樋口，2008)．

2.3 実証分析へのアプローチ

前述したように，ワーク・ライフ・バランス施策の導入と労働時間の関係に

---

[1] Landers *et al*.(1996)は法律事務所を例にとり，ハード・ワークをいとわない性向をもつ弁護士だけが昇進してパートナーとして残るように，あえて非効率なほど長い労働時間を使用者側が提示する rat-race のモデルを示している．

第7章　企業の両立支援策と労働時間　　153

ついては未解明の部分が多い．そこで本章の実証分析においては，はじめにワーク・ライフ・バランス施策の導入状況を考慮に入れて労働供給関数を推定する．個々人の労働時間選択は市場賃金，留保賃金，非勤労所得に左右されるため，説明変数としてはまずアンケート調査から算出した時間当たり賃金を市場賃金の代理変数として用いる．留保賃金を左右する要因としては通勤時間と年齢，そして勤続年数と学歴といった人的資本に関連する変数を含める．さらに，ワーク・ライフ・バランス施策を報酬の一部と解釈してこれらを表す指標（後述）も使用する．なお，時間当たり賃金を計算する際に被説明変数である労働時間を用いるため，同時推定バイアスが生じる．これを補正するために職種を時間当たり賃金の操作変数とする推定も別途行う．ここでの主たる関心事は，ワーク・ライフ・バランス施策の導入状況が労働時間に有意な影響を及ぼしているかどうかということと，影響の方向性（正か負か）を把握することにある．とくに注目されるのは，それぞれタイプの異なるワーク・ライフ・バランス施策の各類型が労働時間にどのような影響を及ぼしているのかという点である．

　つぎに，ワーク・ライフ・バランス施策の目的のひとつである働き方の見直しという観点から，過剰就業をもたらす要因を分析する．ここでなぜ「過剰就業」に着目するかというと，主体的な均衡により即した指標と考えられるからである．「長時間労働」という用語は，「週60時間以上」などのように何らかの客観的な基準を設けてそれ以上の時間働く場合を指すのが一般的である．一方，「過剰就業」は本人の希望する労働時間を現実の労働時間が上回ることを意味しており，基準はあくまで主体的に選択される労働時間にある．

　過剰就業については海外には豊富な研究蓄積があるものの，日本ではようやく近年，原・佐藤（2008），山口（2009）などによる研究が出てきたに過ぎない．しかも日本の研究の場合，過剰就業の判断基準のひとつとなる労働時間の短縮希望について，時短と給与削減がセットであることが回答者に十分に理解されていないという問題が指摘されている（赤林ほか，2009）．この点，後述するように本章で使用する設問では時短と給与削減がセットであることを明示しており，海外の研究と比較可能になっている．

　過剰就業について検証する内容は以下の3つである．第1に，ワーカホリックな上司による負の外部性の存在を，「上司より先に帰りにくい職場」かどう

かというアンケート調査の設問から把握する．当然ながらこれは回答者の主観に基づく情報であり，上司が実際にワーカホリックであるかどうかを確認した上での問いではない．そうした限界はあるものの，各種調査の結果を分析した佐藤(2008)によると，上司が残っているので帰りづらいという回答がどの調査でも少なからず存在することから，ワーク・ライフ・バランスの実現を阻む要因として上司の影響を検証することにも，一定の意義があると考えられる．

　第2に，長時間労働が労働者選別の手段になっているという仮説を，Sousa-Poza and Ziegler(2003)のモデルを踏襲して分析する．Sousa-Poza and Zieglerの理論モデルでは，労使間に生産性についての情報の非対称性が存在するために，使用者側は非効率なほどの長時間労働を課して観察されない生産性を開示させようとする．このため，観察されない生産性が高い労働者ほど，過剰就業になりやすいというインプリケーションが得られる．彼らの実証分析では，実際の賃金率と賃金関数から推定される賃金率との差を「観察されない生産性」と位置付け，過剰就業を1，そうでない場合を0とするプロビット推定でその影響を把握している．その結果，観察されない生産性は過剰就業と有意な関係にあることが確認されている．そこで本章でも同様の方法で「観察されない生産性」の変数を作成し，これと過剰就業との関係を把握する．さらに，労働者選別モデルの傍証として，アンケート調査から得られる「残業する人が高評価を得られる職場」という情報も過剰就業の説明変数に含めて分析を行う．

　第3に，経済学よりも主として人事管理の分野で指摘されている点として，仕事量の管理や配分に問題があるために過剰就業が起こるという仮説を検討する．労働政策研究・研修機構(JILPT)の調査を分析した小倉・藤本(2007)によると，「そもそも所定労働時間では片付かない仕事だから」残業するという回答が約6割と突出して高く，「業務量が多い」場合に総労働時間が有意に長くなっている．佐藤(2008)は，弾力的な労働時間制度を適用しても仕事量についての裁量度などが適正でないと労働時間は短くならないと指摘している．そこで本章では，アンケート調査から仕事の裁量度を表す指標を作成し，過剰就業に有意な影響をもつかどうかを検証する．

3 データと主な変数の説明

3.1 使用するデータ

　本章で使用するデータは，電機連合傘下の 29 労働組合と情報産業労働組合連合会(情報労連)傘下の 31 労働組合に所属する組合員と企業を対象として 2007 年 1 月 10 日〜2 月 28 日に実施された「職場環境と少子化の関連性に関する調査」(以下，「組合調査」と略)[2] の個票である．組合員本人を対象とした調査票の有効回答数は，本人既婚者票が 674 人(有効回答率 61.3%)，本人独身者票が 634 人(同 57.6%)である．同調査では，個人属性に加えて現在・過去の就業状況(就業形態・職種・業種・労働時間や労働日数・所得など)，職場の制度や利用状況，職場環境，子育てについての考え方などを調査している．分析で使用するのは，調査対象組合に加入している常勤の正規職員・正規従業者(独身・既婚者とも)で，必要な項目に異常値や欠損値のない 1,036 人(男性 821 人，女性 215 人)の調査票である．分析に使用する各変数の記述統計量は章末の付表 **7-1** に示してある．

　これを全国の労働者についての統計と比較すると，分析対象者は男女ともに高学歴層の割合が顕著に高い．男性は 6 割が大卒以上で(うち 15% が大学院卒)，女性も大卒・大学院卒が 45.1% となっており，同年の「賃金構造基本統計調査」(厚生労働省)における企業規模 1,000 人以上の大卒割合(男性 47.6%，女性 26.8%)より大幅に高学歴となっている．こうした学歴を反映して職種構成においても事務職，技術職の割合が高く，技能・サービス職や販売職の割合は低くなっている．年齢的には，男女ともに産業平均より 5 歳程度若い．

　このように，本章で使用するサンプルは，若く高学歴でスキルレベルが高いホワイトカラーに偏っているという特徴がある．したがって，本章の分析結果から政策的含意を引き出すにあたっては十分な留意が必要である．しかしその半面，本章のサンプルはまさに長時間労働の問題に直面しやすいグループからなっており，とくに女性については通常の調査では少数しか存在しないため分

---

[2] 同調査は，国立社会保障・人口問題研究所の委託により，株式会社サーベイリサーチセンターによって実施されたものである．

析の中で埋没しやすい高学歴専門技術職を多数含んでいる．ワーク・ライフ・バランス問題の最先端にいるこれらの労働者の状況を分析することによって，今後の施策の方向性についても一定の示唆が得られるものと考えられる．

3.2 労働時間の変数

　主な変数の定義・作成方法は以下の通りである．

　まず，労働時間については，「あなたの1週間の平均的な労働時間はおよそ何時間ですか．残業時間も含めてお答えください」という設問への回答をそのまま使用している[3]．所得については，「あなたの月収（ボーナスは除く）はおよそいくらですか．月給でもらっていない場合は月給に換算してお答えください．また，2006年1年間に受け取ったボーナスは合計でいくらですか」という設問への回答を用いている．賃金率は，（月収×12＋ボーナス）／（週労働時間×52）として計算したものを用いる．

　つぎに，過剰就業かどうかを判断する上で必要となる労働時間の希望と現実の乖離については，「あなたは現在の労働時間についてどのようにお考えですか」という設問への回答を用いている．回答は択一式で，「1.労働時間を1割短縮できるならば，給与は1割減ってもかまわない，2.現在のままでよい，3.給与が1割増えるなら，労働時間が1割増えてもかまわない」という3つの選択肢が提示されており，1が選択された場合に過剰就業としている．この設問は，前節で取り上げた海外の先行研究で使用されている労働時間についての設問とほぼ共通なので，国際比較が可能である[4]．「組合調査」において「労働時間を1割短縮できるならば，給与は1割減ってもかまわない」と回答した労

---

[3] 週当たり労働時間に関しては，回答状況から明らかに1日当たりの労働時間と誤解しているとみられる場合には週当たりに修正を施した．ここで調査対象者から報告された労働時間には，サービス残業も含まれているとみられる．

[4] Shank(1986)では時間当たり賃金は不変として「①現在と同じ労働時間，②より少ない労働時間，③より多い労働時間」の中から選択するようになっている．Kahn and Lang(1991)の場合は「自由時間が増えるならば，今後2年間にわたり給与カットを受け入れますか？」となっている．Sousa-Poza and Ziegler(2003)が使用しているスイスの労働力調査の設問は，「労働時間の長さに比例して賃金が調整されるとして，あなたは週に何時間働きたいと思いますか？」というように，希望する労働時間を直接たずねている．詳細な国際比較については，Sousa-Poza and Henneberger(2000)を参照．

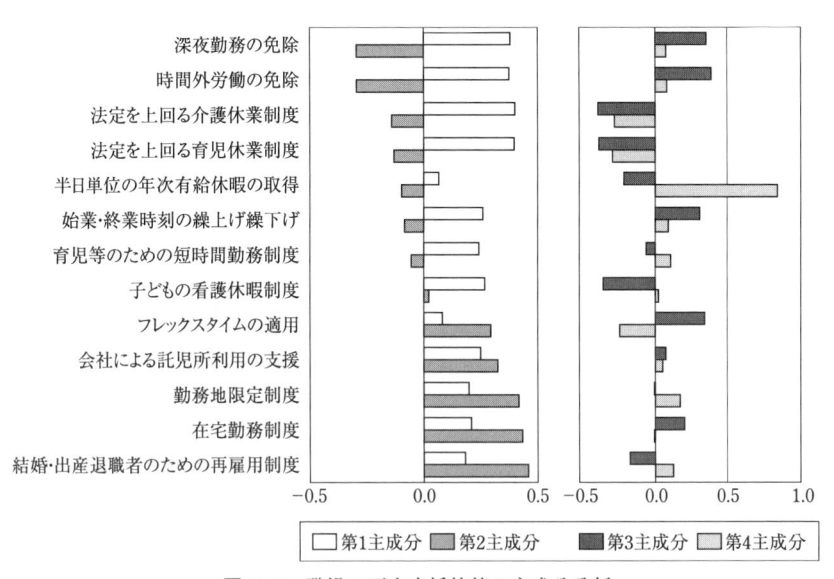

図 7-1　職場の両立支援施策の主成分分析

注：各主成分の固有値(寄与率)は以下の通り．第 1 主成分 3.592(0.276)，第 2 主成分 1.479(0.114)，第 3 主成分 1.113(0.086)，第 4 主成分 1.024(0.079)．

働者の割合は男性 18.6％，女性 16.7％ であるが，「現在のままでよい」とする割合は男性 53.1％，女性 65.1％ に達し，現状に満足している労働者が大半を占めている[5]．

3.3　ワーク・ライフ・バランス施策の導入状況

「組合調査」では，勤務先の職場にどのようなワーク・ライフ・バランス施策が導入されているかについて 13 項目にわたり調査している(具体的な項目については図 7-1 参照)．しかしながら，野口(2007)でも指摘されているように，各項目は互いに密接な関係があり，それぞれを説明変数として含めると多重共線性の問題が生じがちである．このため，主成分分析を行って情報を集約する

---

[5]　「日本人の働き方総合調査」(労働政策研究・研修機構，2006 年)を使用した原・佐藤(2008)では短縮希望が 45％，現状維持が 49.1％ となっており，短縮希望者の比率が本章のサンプルより大幅に高い．これは①同調査では時短に応じて給与がカットされることを前提とした設問となっていないことに加え，②分析対象にパートタイム労働者など非正社員も含んでいることが影響していると考えられる．

こととする[6]．図7-1は，固有値が1を超えた4つの主成分について，各施策の因子負荷量を示したものである．第1主成分は，「深夜勤務の免除」，「時間外労働の免除」，「法定を上回る介護休業制度」，「法定を上回る育児休業制度」の4つの項目について因子負荷量がとくに大きく，かつすべての施策について因子負荷量が正であることから，両立支援策一般の充実度を示していると考えられる．一方，第2主成分は，「結婚・出産退職者のための再雇用制度」，「在宅勤務制度」，「勤務地限定制度」の因子負荷量がとくに大きいことから，就業形態の多様性を表していると考えられる．第3主成分は，「深夜勤務の免除」，「時間外労働の免除」，「始業・就業時刻の繰り上げ・繰り下げ」，「フレックスタイムの適用」の因子負荷量が大きいことから，労働時間の柔軟性を表していると考えられる．第4主成分は，「半日単位の年次有給休暇の取得」の因子負荷量がとくに大きい半面，「法定を上回る介護休業制度」，「法定を上回る育児休業制度」の因子負荷量は負となっている．このことから，単純な意味での休暇の取りやすさよりも，休暇取得の形態が柔軟であるかどうかをとらえているものと考えられる（有給休暇取得の柔軟性）．

3.4　仕事の裁量度

小倉・藤本(2007)，佐藤(2008)らの先行研究では，仕事上の裁量度が労働時間に影響することが指摘されている．「組合調査」では，仕事や出退勤時間，年休取得に関して，裁量の度合を調査している．各項目については，「1. だいたい自分の裁量で決められる，2. ある程度自分の裁量で決められる，3. 自分の裁量で決められる部分はあまりない，4. 裁量の余地はない」の4つの中から1つを回答として選ぶようになっている．そこで各選択肢に順に2点，1点，-1点，-2点を与えて裁量の度合を数値化し，性別に平均ポイントを示したものが表7-1である．

「仕事の量」については男女ともに正値となっている一方で，「仕事の納期や締め切り」は大きく負値となっている．男女差が大きいのは「会議やミーティングの開催時間」に関する裁量度で，男性が正値(0.03)であるのに対して，女

---

[6]　ここでは固有値が1を超えた第4主成分までを使用する．ただし第4主成分までの累積寄与率は55.5%にとどまっている．

表 7-1　仕事の裁量の度合

	男性 ($N=821$)	女性 ($N=215$)
仕事の量	0.15	0.20
仕事の内容	−0.01	−0.13
仕事の納期や締め切り	−0.44	−0.40
会議やミーティングの開催時間	0.03	−0.40

注：各項目について「1. だいたい自分の裁量で決められる，2. ある程度自分の裁量で決められる，3. 自分の裁量で決められる部分はあまりない，4. 裁量の余地はない」という4つの選択肢に順に2点，1点，−1点，−2点を与えて数値化している．

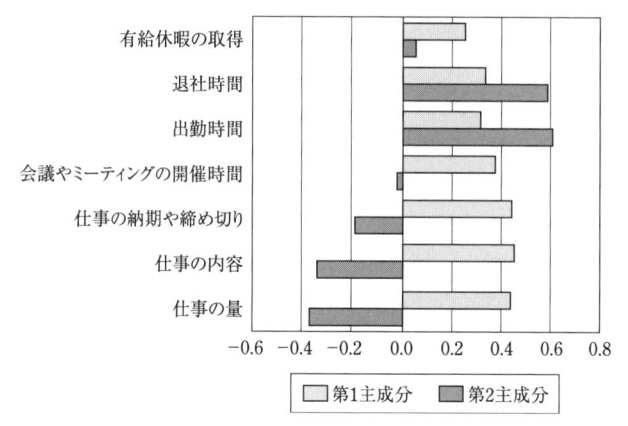

図 7-2　仕事の裁量度の主成分分析

注：各主成分の固有値(寄与率)は以下の通り．第1主成分 2.873(0.411)，第2主成分 1.147(0.164)．

性は「仕事の納期や締め切り」と同程度の負値(−0.40)となっている．こうした差は男女の職種や職階の違いによって生じていると考えられるが，女性労働者がワーク・ライフ・バランスを実現する上で，会議やミーティングの開催時間が問題となる可能性がある．

　ワーク・ライフ・バランス施策の場合と同様に，仕事上の裁量度についても主成分分析を行い，情報を集約している．固有値が1を超える2つの主成分について，各項目の因子負荷量をプロットしたものが図 7-2 である．第1主成分はどの項目とも因子負荷量が正値をとっており，とりわけ「仕事の量」，「仕事の内容」，「仕事の納期や締め切り」との関係が深いため，仕事全体の裁量度

を表していると解釈できる．第2主成分は「出勤時間」,「退社時間」の因子負荷量が多いので，出退勤時間についての裁量度を表していると考えられる[7]．ただし，これはワーク・ライフ・バランス施策の第3主成分と重複することから，分析では第1主成分のみ使用する．

4 実証分析

4.1 労働供給関数の推定

表 7-2 は，週当たり労働時間の対数を被説明変数として，労働供給関数を男女別に推定した結果である．説明変数の時間当たり賃金を計算する際に，被説明変数である週当たり労働時間を用いているため，最小2乗法(OLS)による推定と職種を操作変数に用いた推定(IV)の2通りの推定をしている．ここでは職種が賃金のみを通じて労働時間に影響を与えると仮定していることになるが，過剰識別検定の結果では職種は操作変数としての条件を満たしている．

まず，男性の賃金弾力性は OLS で-0.214，IV では-0.287 であることから，ゼロ方向バイアスが生じていることがわかる．いずれも有意に負値となっているが，男性の労働供給，とくに既に働いている男性の労働時間が賃金にあまり反応しないことは先行研究でも指摘されており(黒田・山本，2007；Bessho and Hayashi, 2008)，本章の結果もこれらの研究と整合的と言える．

一方，女性の賃金弾力性は，OLS では-0.261 と男性と同じく有意に負値をとっているが，IV では依然として負値であるものの有意ではなくなっている．「パートタイム総合実態調査」を用いた安部・大竹(1995)では女性(とくに有配偶女性)パートタイム労働者についてかなり大きい負の賃金弾力性を観察しているが，本章の対象は常勤の正規職員・正規従業員であるため，税制や社会保障制度を考慮して就業調整をする必要のないことが，こうした結果をもたらしているとも考えられる．なお，ここでの賃金弾力性の計測には就業者のみのサンプルを使用しているため，サンプル・セレクション・バイアスを伴うことに

---

7) 第2主成分までの累積寄与率は 57% である．

表 7-2 ワーク・ライフ・バランス施策と労働時間についての推定結果

被説明変数:労働時間(対数)

	男 性				女 性			
	OLS		IV		OLS		IV	
	係数	標準誤差	係数	標準誤差	係数	標準誤差	係数	標準誤差
対数賃金	-0.214***	0.025			-0.261***	0.044		
対数賃金(instrumented)			-0.287**	0.127			-0.324	0.240
両立支援策一般の充実度†	0.003	0.003	0.005	0.005	-0.006	0.006	-0.004	0.011
就業形態の多様性†	0.017***	0.004	0.017***	0.004	0.003	0.008	0.002	0.008
労働時間の柔軟性†	-0.005	0.005	-0.005	0.005	-0.001	0.010	-0.002	0.010
有給休暇取得の柔軟性†	-0.012**	0.006	-0.012**	0.006	0.001	0.018	0.001	0.017
通勤時間	-0.030***	0.011	-0.027**	0.012	-0.017	0.022	-0.017	0.022
年 齢	0.001	0.002	0.002	0.003	0.007*	0.004	0.008	0.006
勤続年数	0.002	0.002	0.002	0.002	-0.004	0.004	-0.004	0.004
高専・短大卒*	0.051**	0.022	0.060**	0.028	0.011	0.023	0.018	0.035
四大卒*	0.074***	0.015	0.080***	0.019	0.057*	0.034	0.069	0.059
院 卒*	0.103***	0.021	0.116***	0.032	0.092	0.059	0.103	0.078
子ども数	0.015**	0.006	0.015**	0.006	-0.029**	0.014	-0.028*	0.014
定数項	5.417***	0.171	5.892***	0.846	5.542***	0.300	5.953***	1.576
F 統計量	12.66***		7.62***		5.97***		3.46***	
決定係数	0.210		0.198		0.260		0.254	
過剰識別検定			18.344***				11.26**	
標本数	821		821		215		215	

注:対数賃金の操作変数は職種(専門職,技術職,管理職,技能・作業職,販売職).職種の基準は事務職で,女性については該当なしのため操作変数から販売職を除いている.†は主成分スコア.*印はダミー変数.学歴の基準は高卒.標準誤差は robust standard errors. *は10%,**は5%,***は1%水準で有意であることを示す.

注意する必要がある.

ワーク・ライフ・バランス施策の影響をみると,女性の労働時間にはいずれの主成分も有意な影響をもたらしていない.男性の場合は「第4主成分:有給休暇取得の柔軟性」が労働時間を短縮させる効果をもつ一方で,「第2主成分:就業形態の多様性」は労働時間を伸長させる効果をもっている.分析対象者の勤務先において,第4主成分に含まれる半日単位の有給休暇の普及率はほぼ100%と非常に高い半面,第2主成分に含まれる再雇用制度や在宅勤務制度の普及率は20%弱であり,大きな差がある.ただしこれらの制度が労働時間に及ぼす影響については,内生性の問題に注意しなければならない.たとえば,結婚・出産退職者のために再雇用制度を設けている企業では,もともとの労働時間が長いために結婚・出産を契機に退職する社員が多いという状況があるのかもしれない.ワーク・ライフ・バランス施策導入の内生性の問題については,章末で検討する.

他の変数については，まず，長時間通勤をしている男性は労働時間が有意に短い傾向にある．具体的には通勤時間が1時間延びるつど，労働時間は3%程度短縮する．学歴の効果も男性では有意で，高卒と比較して大卒は7-8%，大学院卒は10-12%程度労働時間が長い．子ども数の効果も有意であるが，男性では子どもが1人増えるごとに1.5%労働時間が延びる程度であり，その影響は限定的である．

これに対して女性の場合には式の説明力が低く，賃金を除くと年齢，大卒の学歴，子ども数のみがOLSでは有意となっている．子ども数の効果は男性と符号が逆で，1人増えるごとに2.9%労働時間が短くなる．IVでも子ども数は唯一の有意な説明変数であり，係数はOLSの場合とほぼ同様の大きさとなっている．男女間で子どもの存在が労働時間に異なる影響を及ぼすのは，母親が就業している家庭においても家事・育児がもっぱら女性によって担われているという状況があるためと考えられる．

4.2 過剰就業はなぜ生じるのか

以上では労働時間の長さという客観的な指標とワーク・ライフ・バランス施策の関係について分析してきた．ここでは本人の主体的均衡に重点を移し，希望する労働時間よりも現実の労働時間が長くなる要因について，①ワーカホリックな上司の存在，②選抜手段としての長時間労働，③仕事の配分や裁量に問題があるという3つの仮説を検証する．

過剰就業の有無を被説明変数とするプロビット推定の結果は表7-3に示す通りである．モデル1では，章末の付表7-2に示す賃金関数の推定値を説明変数に含めている．モデル2では推定賃金と現実の賃金との差を「観察されない生産性」として説明変数に含めている．モデル3はモデル1とモデル2との比較のために，それらの変数を除いた推定を行っている．なお，女性については特定の職種の中で被説明変数のバリエーションがないため，職種ダミーを説明変数から除外している．

はじめに，ワーカホリックな上司がもたらす外部性について「上司より先に帰りにくい職場」を示すダミー変数に着目すると，男性で10ポイント，女性で18ポイントほど過剰就業となる確率を有意に引き上げる効果をもっている．

第 7 章 企業の両立支援策と労働時間

男性についての 3 つのモデルのいずれでも係数は安定しているので，これは頑健な結果と考えられる．

つぎに，長時間労働が選抜手段となっている可能性について検討する．先行研究にならい全体的な生産性の代理変数として含めた推定賃金(モデル 1)の係数と「観察されない生産性」(モデル 2)の係数に着目すると，推定賃金の係数は有意に正であり，個人属性から観察可能な全体的な生産性の高い男性労働者ほど過剰就業になりがちであることを示している．一方，使用者側にとってより重要な情報である「観察されない生産性」については，Sousa-Poza and Ziegler (2003)では有意に正の係数が観察されていたものの，モデル 2 の係数は負値でかつ有意ではなく，先行研究と整合的な結果は得られない．また，企業側が「観察されない生産性」を開示させるために長時間労働を課しているという仮説に基づけば，勤続年数が増すにしたがって労使間の情報の非対称性が解消されるので，勤続年数の係数は負になることが予想される．しかしながら，勤続年数の係数はいずれの推定でも有意にはなっていない．この点は先行研究も同様である．

長時間労働と評価の関係について「残業する人は高評価の職場」を示すダミー変数の係数をみると，すべてのモデルで有意に正であり，過剰就業をもたらす要因であることを示している．過剰就業となる確率を高める効果は，男性の場合はどのモデルでも 10 ポイント程度であるが，女性の場合はより大きく，18 ポイントとなっている．

さらに，仕事の裁量度を表す主成分の係数については，男性の場合，モデル 1 からモデル 3 までのすべてで有意に負値となっている．すなわち，仕事の裁量度が大きいほど，過剰就業になる確率が低下することを意味する．しかし女性では仕事の裁量度は有意ではなく，過剰就業の要因とはなっていない．

ワーク・ライフ・バランス施策の導入状況を示す主成分は，いずれも男性の過剰就業に有意な影響を及ぼしていない．表には示していないが，「上司より先に帰りにくい職場」，「残業する人は高評価の職場」，そして仕事の裁量度を表す主成分をそれぞれ個別に，あるいはグループ化して説明変数から除外してもこの結果は変わらない．

一方，女性については「第 1 主成分：両立支援策一般の充実度」の高さは過

表 7-3　過剰就業の分析

被説明変数：「労働時間を1割短縮できるならば，給与は1割減ってもかまわない」Yes＝1, No＝0

説明変数	男性：モデル1			男性：モデル2		
	係数	標準誤差	限界効果	係数	標準誤差	限界効果
対数賃金(推定値)	2.066**	0.972	0.506			
観察されない生産性(推定値)				−0.247	0.225	−0.061
両立支援策一般の充実度†	0.012	0.029	0.003	0.015	0.029	0.004
就業形態の多様性†	−0.003	0.047	−0.001	−0.008	0.049	−0.002
労働時間の柔軟性†	0.004	0.054	0.001	−0.010	0.055	−0.002
有給休暇取得の柔軟性†	0.014	0.049	0.003	0.006	0.051	0.001
仕事全体の裁量度†	−0.182***	0.037	−0.045	−0.167***	0.039	−0.041
上司より先に帰りにくい職場*	0.368**	0.153	0.101	0.366**	0.153	0.101
残業する人は高評価の職場*	0.367***	0.128	0.098	0.359***	0.134	0.097
通勤時間	0.014	0.122	0.003	0.013	0.132	0.003
年齢	−0.083**	0.037	−0.020	−0.026	0.023	−0.006
勤続年数	0.024	0.027	0.006	0.026	0.021	0.006
高専・短大卒*	−0.449*	0.270	−0.091	−0.193	0.238	−0.044
四大卒*	0.226	0.210	0.056	0.371**	0.177	0.093
院卒*	0.061	0.329	0.015	0.425*	0.242	0.120
専門職*	0.137	0.306	0.036	0.251	0.312	0.069
技術職*	0.383**	0.152	0.095	0.229*	0.133	0.057
管理職*	0.052	0.376	0.013	0.344	0.373	0.099
技能・作業職*	0.116	0.283	0.030	−0.124	0.252	−0.029
販売職*	0.805	0.578	0.265	0.196	0.456	0.053
子ども数	−0.120*	0.066	−0.029	−0.083	0.067	−0.021
定数項	−14.386**	6.441		−0.803	0.560	
Wald chi^2	60.11***			55.75***		
擬似決定係数	0.093			0.086		
対数尤度	−358.24					
外生性のWald test	6.91***					
標本数	821			821		

注：対数賃金は付表7-2の賃金関数による推定値．観察されない生産性は，対数賃金の実際値と推計値の差．†は主成誤差が2,000回のbootstrapで修正したもの．*は10％，**は5％，***は1％水準で有意であることを示す．限界効果の変化で示している．

剰就業となる確率を有意に高める効果を持っている．こうした結果となる理由を探るために，子どもの有無別の推計を別途行ったところ，子どものいない女性の場合のみ，両立支援策の充実度が過剰就業に有意な影響を及ぼしていた．表7-2で示したように，両立支援策一般の充実度は女性の労働時間には影響しておらず，両立支援が進んでいる職場で働く女性労働者の労働時間が，そう

男性：モデル3			女性		
係数	標準誤差	限界効果	係数	標準誤差	限界効果
0.009	0.029	0.002	0.120**	0.061	0.027
−0.005	0.048	−0.001	−0.095	0.081	−0.022
−0.010	0.054	−0.002	0.073	0.111	0.016
0.007	0.050	0.002	−0.078	0.130	−0.018
−0.176***	0.036	−0.044	−0.021	0.082	−0.005
0.375**	0.156	0.104	0.636*	0.334	0.182
0.370***	0.127	0.100	0.668*	0.260	0.181
0.004	0.127	0.001	−0.011	0.242	−0.002
−0.025	0.023	−0.006	−0.052	0.036	−0.012
0.026	0.021	0.006	0.048	0.035	0.011
−0.195	0.238	−0.045	0.116	0.332	0.027
0.372**	0.177	0.093	0.302	0.353	0.071
0.429*	0.255	0.122	−0.093	0.593	−0.020
0.256	0.302	0.071			
0.222	0.136	0.055			
0.349	0.387	0.100			
−0.143	0.247	−0.033			
0.186	0.437	0.050			
−0.081	0.067	−0.020	0.257*	0.143	0.058
−0.822	0.567		−0.394	0.894	
57.65***			20.49*		
0.085			0.091		
			−88.35		
			215		

分スコア．＊印はダミー変数．学歴の基準は高卒．職種の基準は事務職．標準
は平均値回り，ただしダミー変数の場合は0から1になった場合の被説明変数

でない職場で働く女性労働者よりも長いという傾向はみられない．ただし，子どものいる女性労働者の労働時間は両立支援策の充実度に関係なく有意に短い．そうなると，両立支援策が充実している職場で働く女性労働者の希望する労働時間のほうが，他の職場で働く女性労働者の希望する労働時間よりも短く，そのために過剰就業となっている可能性が考えられる．子どものいない女性労働

者でそれが顕著になるのは，有子女性の場合は充実した制度を利用して労働時間の短縮を実現できているからであろう．

そのほかの変数についてみると，通勤時間と勤続年数はいずれの推定でも有意ではない．年齢の係数はすべて負で，年齢とともに過剰就業の問題が緩和される可能性を示すが，統計的に有意なのは男性についてのモデル1のみである．学歴の効果はモデルにより有意であったりなかったりするが，有意となっている男性のモデル2とモデル3では大卒で9ポイント程度，大学院卒で12ポイント程度，過剰就業となる確率を高めている．職種に関しては男性の技術職で5-10ポイント程度，過剰就業となる確率が高い．

労働供給関数の場合と同様に，過剰就業についても子ども数の影響は男女で方向が異なっている．男性の場合，子どもが1人増えるつど，過剰就業となる確率が2.9ポイント低下するが(モデル1)，女性の場合は1人につき5.8ポイント過剰就業となる確率を引き上げている．子ども数に比例して実際の労働時間は男性で増加，女性では減少するにもかかわらず，過剰就業の確率が男性で低下し，女性で上昇するということは，希望する労働時間が男性の場合には子ども数に影響されないか増加する半面，女性の場合は大幅に減少することを意味している．

以上の分析をまとめると，過剰就業が生じる要因として検討した3つの仮説のうち，上司がもたらす負の外部性についてはその存在が強く示唆される一方で，長時間労働が選抜手段となっているという仮説については，観察可能な生産性(賃金)との正の相関関係や「残業する人は高評価の職場」を示すダミー変数の効果から部分的に支持されるにとどまっている．また，仕事の配分・裁量に問題があるとする仮説については，男性についてはそうした状況があることが強く示唆される結果となった．

5 ワーク・ライフ・バランス施策への含意

本章はワーク・ライフ・バランス施策が労働時間に及ぼす影響に着目し，実際の労働時間および過剰就業の有無について分析を行った．主な発見とインプリケーションをまとめると次のようになる．

第1に，ワーク・ライフ・バランス施策の類型によって労働時間の減少に効果をもつものと逆に増加させる効果をもつものとがある．とくに，ワーク・ライフ・バランス施策の導入と労働時間の間には内生性の問題があるため，現在の労働時間が短い企業で導入されている施策が必ずしも時短効果をもたらすとは限らないことに注意する必要がある．また，男女や未婚・既婚といった労働者の属性によってワーク・ライフ・バランス施策のもつ労働時間への影響は異なる．したがって，施策を導入する場合には，どのようなグループの労働時間をターゲットとするのかを明確化しておくことが望まれる．

第2に，上司の働き方や残業することをプラスに評価する職場のありかたは，労働者の主観的なワーク・ライフ・バランスに大きな影響を及ぼしており，とくに女性への影響が顕著である．ワーク・ライフ・バランス施策の導入に当たっては，個別の施策の導入にとどまらず，労務管理や業績評価の方法も併せて見直すことが望まれる．たとえば管理職が裁量労働制やみなし労働時間制などの適用対象となっている場合でも，周囲にいる適用対象外の部下への影響を考慮した働き方をすることがポイントとなろう．

第3に，仕事の裁量度は男性の主観的なワーク・ライフ・バランスに大きな影響を与えている．したがって，上司から部下への権限委譲などを通じて個々人の労働者の仕事の裁量を高めていくことが望まれる．

最後に本章の分析の留保点について述べておきたい．第1に，本章の分析はワーク・ライフ・バランス施策導入の内生性の問題を残している．たとえば，ワーク・ライフ・バランス施策を導入する企業では，もともとサービス残業が多い（労働時間が長い）という状況があり，それを改善するために様々な制度が導入されている可能性がある．あるいは，ワーク・ライフ・バランスを重視する労働者が施策の充実した企業を選んで就職している可能性もある．こうした内生性の問題に対処するためには，パネルデータを用いてワーク・ライフ・バランス施策の導入前後の労働時間の変化をそのほかの企業属性・個人属性と合わせて分析していくべきであるが，本章ではクロスセクション・データによる分析にとどまらざるを得なかった．第2に，本章ではデータの制約から労働者の世帯状況（たとえば妻が働いているかどうか，収入がどれだけあるか，など）や勤務先の企業の情報は利用していないため，コントロールされていないこれ

らの要因が推定に影響している可能性を残している.

　少子化への対応という観点からも働き方の見直しを進める上で，企業で導入されているワーク・ライフ・バランス施策がどのような効果をあげているか検証することの重要性は今後ますます高まるとみられる．この分野のデータの整備が望まれるところである.

　　（付記）　本章の作成にあたり，鈴木不二一氏，松田茂樹氏より貴重なコメントをいただいた．記して感謝申し上げる．また本研究は厚生労働科学研究費補助金（政策科学総合研究事業）の助成を受けている（課題番号 H21-政策一般-003）.

参考文献

赤林英夫・臼井恵美子・坂田圭・安井健悟，2009,「労働経済学研究の現在──2006～08年の業績を通じて」『日本労働研究雑誌』No. 584: 2-38.

阿部正浩，2007,「ポジティブ・アクション，ワーク・ライフ・バランスと生産性」『季刊社会保障研究』Vol. 43, No. 3: 184-196.

安部由起子・大竹文雄，1995,「税制・社会保障制度とパートタイム労働者の労働供給行動」『季刊社会保障研究』Vol. 31, No. 2: 120-134.

今田幸子・池田心豪，2004,「仕事と育児の両立支援策の拡大に向けて」JILPT ディスカッション・ペーパー，04-012, 労働政策研究・研修機構.

大竹文雄・奥平寛子，2009,「長時間労働の経済分析」鶴光太郎・樋口美雄・水町勇一郎編『労働市場制度改革』日本評論社, pp. 179-195.

小倉一哉・藤本隆史，2007,「長時間労働とワークスタイル」JILPT ディスカッション・ペーパー，07-01, 労働政策研究・研修機構.

川口章，2008,『ジェンダー経済格差』勁草書房.

黒田祥子・山本勲，2007,「人々は賃金の変化に応じて労働供給をどの程度変えるのか？──労働供給弾性値の概念整理とわが国のデータを用いた推計」『金融研究』Vol. 26, No. 2: 1-40.

佐藤厚，2008,「仕事管理と労働時間──長時間労働発生のメカニズム」『日本労働研究雑誌』No. 575: 27-38.

JILPT（労働政策研究・研修機構），2007,「仕事と家庭の両立支援にかかわる調査」労働政策研究・研修機構.

高橋陽子，2005,「ホワイトカラー『サービス残業』の経済学的背景──労働時間・報酬に関する暗黙の契約」『日本労働研究雑誌』No. 536: 56-68.

野口晴子，2007,「企業による多様な『家庭と仕事の両立支援策』が夫婦の出生行動に与える影響──労働組合を対象とした調査の結果から」『季刊社会保障研究』Vol. 43, No. 3（Winter）: 244-260.

原ひろみ・佐藤博樹，2008,「労働時間の現実と希望のギャップからみたワーク・ラ

イフ・コンフリクト——ワーク・ライフ・バランスを実現するために」『季刊家計経済研究』No. 79: 72-79.

樋口美雄, 2008,「経済学から見た労働市場の二極化と政府の役割」『日本労働研究雑誌』No. 571: 4-11.

三谷直紀, 1997,「サービス残業と労働努力」『企業内賃金構造と労働市場』勁草書房, 第2章4節.

山口一男, 2009,『ワークライフバランス——実証と政策提言』日本経済新聞出版社.

Altonji, Joseph G. and Christina H. Paxson, 1986, "Job Characteristics and Hours of Work," in Ronald G. Ehrenberg, ed., *Research in Labor Economics*, Vol. 8, Part A, Greenwich: Westview Press, pp. 1-55.

Altonji, Joseph G. and Christina H. Paxson, 1992, "Labor Supply, Hours Constraints, and Job Mobility," *Journal of Human Resources*, Vol. 27, No. 2(Spring): 256-278.

Bessho, S. and M. Hayashi, 2008, "A Structural Estimation of the CES Preferences and Linear Labor Supply: The Case of Prime-age Males in Japan," Discussion Paper No. 2008-2, Department of Economics, Hitotsubashi University.

Hamermesh, Daniel S. and Joel Slemrod, 2008, "The Economics of Workaholism: We Should not Have Worked on This Paper," *The B. E. Journal of Economic Analysis and Policy*, Vol. 8, Iss. 1, Article 3.

Kahn, S. and K. Lang, 1991, "The Effects of Hours Constraints on Labor Supply Estimates," *Review of Economics and Statistics*, Vol. 73, No. 4: 605-611.

Landers, Renee M., James B. Rebitzer and Lowell J. Taylor, 1996, "Rat Race Redux: Adverse Selection in the Determination of Work Hours in Law Firms," *American Economic Review*, Vol. 86, No. 3(June): 329-348.

Rebitzer, James B. and Lowell J. Taylor, 1995, "Do Labor Markets Provide Enough Short-Hour Jobs? An Analysis of Work Hours and Work Incentives," *Economic Inquiry*, Vol. 33, No. 2(April): 257-273.

Shank, Susan E., 1986, "Preferred Hours of Work and Corresponding Eanings," *Monthly Labor Review*, 109: 40-44.

Sousa-Poza, A. and F. Henneberger, 2000, "Arbeitszeitpolitik. Eine Analyse der Arbeitszeitwünsche, überstunden und Stundenrestriktionen in der Schweiz," *Mitteilungen aus der Arbeitsmarkt- und Berufsforschung*, 33: 277-289.

Sousa-Poza, Alfonso and Alexandre Ziegler, 2003, "Asymmetric Information about Workers' Productivity as a Cause for Inefficient Long Working Hours," *Labour Economics*, Vol. 10, No. 6(December): 727-747.

付表 7-1 要約統計

		男性 (N=821) 平均	女性 (N=215) 平均
サービス残業あり		0.184	0.042
労働時間(週当たり)		48.888	43.763
		(8.563)	(7.015)
労働時間についての考え方	短縮したい	0.186	0.167
	現状のままでよい	0.531	0.651
	増やしたい	0.283	0.181
時間当たり賃金(円)		2,107.397	1,856.554
		(705.256)	(485.411)
学　歴	中学・高校卒	0.284	0.274
	専門学校・短大卒	0.101	0.274
	大　卒	0.465	0.386
	大学院卒	0.150	0.065
職　種	事務職	0.354	0.712
	専門職	0.054	0.028
	技術職	0.469	0.195
	管理職	0.018	0.005
	技能職	0.089	0.047
	販売・サービス職	0.006	0.000
年　齢(歳)		35.516	33.367
		(7.060)	(6.593)
勤続年数(年)		12.685	11.116
		(8.552)	(7.468)
職場の両立支援策	半日単位の年次有給休暇の取得	0.968	0.991
	育児等のための短時間勤務制度	0.838	0.963
	深夜勤務の免除	0.434	0.600
	時間外労働の免除	0.456	0.549
	法定を上回る育児休業制度	0.460	0.521
	法定を上回る介護休業制度	0.412	0.465
	始業・終業時刻の繰上げ繰下げ	0.479	0.516
	会社による託児所利用の支援	0.111	0.153
	在宅勤務制度	0.186	0.186
	勤務地限定制度	0.180	0.149
	結婚・出産退職者のための再雇用制度	0.210	0.158
	子どもの看護休暇制度	0.484	0.502
	フレックスタイムの適用	0.434	0.372
職場の雰囲気	上司より先に帰りにくい職場	0.167	0.107
	残業する人は高評価の職場	0.245	0.219
通勤時間(時間)		0.814	0.783
		(0.457)	(0.438)
子ども数(人)		0.783	0.456
		(1.003)	(0.824)
独　身		0.445	0.609

注：(　)内は標準偏差.

付表7-2 賃金関数の推定

被説明変数：賃金(対数)

	男　性	
	係数	標準誤差
年　齢	0.055***	0.015
年齢(二乗)	0.0004**	0.0002
勤続年数	0.019***	0.005
勤続年数(二乗)	0.0005***	0.0001
高専・短大卒*	0.100***	0.034
四大卒*	0.070**	0.025
院　卒*	0.193***	0.037
専門職*	0.053	0.045
技術職*	−0.073***	0.020
管理職*	0.161**	0.069
技能・作業職*	−0.134***	0.035
販売職*	−0.237**	0.117
扶養家族数	0.006	0.007
定数項	6.004***	0.263
F 統計量	44.76***	
決定係数	0.419	
標本数	821	

注：職種の基準は事務職．学歴の基準は高卒．標準誤差は robust standard errors．*は10％，**は5％，***は1％水準で有意であることを示す．

第8章 働き方と両立支援策の利用

武石恵美子

1 女性の就業継続と両立支援策

1.1 両立支援策の効果と限界

　日本の女性の年齢階級別にみた労働力率はM字型カーブを描き，長年にわたり，妊娠・出産・育児は女性の就業継続の大きな障害となってきた．1992年には育児休業法が施行され，その後の数次の法改正により企業における仕事と出産・育児の両立支援策は大きく前進したものの，多くの女性が妊娠・出産・育児を理由に退職する傾向には，現在に至るまで大きな変化はみられていない(武石，2006；2009)．

　これまでの研究で，育児休業制度は女性の就業継続を支援する制度として機能していると評価されてきた(樋口，1994；森田・金子，1998；滋野・大日，1998；樋口・阿部，1999；脇坂，2002など)．また，育児休業制度は出生に効果があるという点についても研究が蓄積されている(滋野・松浦，2003；山口，2005など)．このように，仕事と子育ての両立支援策は出産後の女性の就業継続に寄与していると評価できるものの，それを利用して就業を続ける女性は，出産した女性全体から見れば一部にとどまっているのが現状である．両立支援策の充実が多くの女性の就業継続につながらないのはなぜなのだろうか．阿部(2005)は，育児休業取得者が高学歴者や高賃金の女性に偏在している実態を指摘しており，同様の課題はOECD(2001)でも指摘されている．仕事と子育ての両立支援策が，女性全体の就業継続を一様に底上げする状況には至っていないのである．

育児休業制度は企業に制度導入を義務付けている重要な政策であるが，女性の就業継続に関して，こうした制度が単独で効果を発揮するわけではない．武石(2008)は，育児休業法施行後も両立支援策を利用して就業継続する女性が増えないのは，育児をしていない従業員も含めた働き方に問題があるからではないかと指摘した．今田・池田(2006)は，育児休業制度が単独で女性の就業継続を高めるのではなく，親族(親や夫)の支援や地域社会の支援(保育所利用)との組み合わせで効果をあげると指摘する．特に，子育ての責任をともに分かち合う夫の役割は重要である．松田(2002)が父親の育児参加を規定する要因を分析した結果，子どもの年齢と父母の時間的余裕が重要であることを明らかにし，父親については21時までに帰宅することが育児参加を高めているとしている．森田(2006)も，女性の就業継続における夫の役割に着目し，夫の育児協力度が高く，就業時間が短く帰宅時間が早いことが，妻の就業や正規就業に正の効果を与えていることを明らかにしている．

　以上みてきたように，育児休業制度に代表される仕事と子育ての両立支援策は，女性の就業継続に一定の効果をもたらしているものの，その効果は十分とはいえない．それは，男性を含む働き方の問題など，制度が機能する環境に課題があるからではないだろうか．

1.2　女性の就業継続における両立支援策の意義

　そもそも育児休業制度や短時間勤務制度といった両立支援策は，子育てをする従業員にとっては働き方のオプションである．働き方の現状や家族の支援など，個々人が置かれた状況に応じて最適な制度が選択され，女性の就業継続を支えると考えられる．状況さえ整えば，両立支援策を利用せずに子育てと仕事の両立を図ることも可能である．

　近年，女性の活躍推進の観点から仕事と子育ての両立支援策の充実に取り組む企業が増えている．ただし，職場の長時間労働や夫の子育てへの関与が少ないという実態を前提にすると，企業は，育児責任を担う女性従業員のために，たとえば休業期間を長期間にするなど，きめ細かな両立支援策を導入せざるを得ないという側面がある．つまり，労働時間が長い職場に勤務し夫の子育てへの関わりが期待できないような女性が，仕事と子育ての両立を図ろうとすると，

さまざまな手立てを講じて重装備をしなければならないのである.

反対に,残業が少なく夫と子育てがシェアできる女性であれば,休業制度や短時間勤務制度に過度に依存しなくても仕事と子育ての両立が可能になるだろう.制度利用に伴う本人のキャリアロスなどを考えると,制度利用を最小限に抑えて通常勤務で働くことは重要な選択肢となる.制度を提供する企業の立場からいえば,長時間労働の是正など働き方を見直して比較的導入しやすい両立支援策のみで女性の就業継続を支援するという方針の選択もありうる.

三菱UFJリサーチ&コンサルティング(2009)の調査において,女性本人の通勤時間が長くなるほど,配偶者・パートナーの就業時間が長いほど,女性の短時間勤務の希望が高くなるという結果がみられている.女性が通常勤務ではなくあえて短時間勤務を希望する背景には,そうしないと働きにくい働き方の現状があると考えられる.また,樋口・阿部(1999)においては,英米に比べて日本では,育児休業制度の利用可能性が女性の就業継続率に及ぼす影響が大きいことから,日本の労働時間の長さ,拘束性の強さにより,育児休業制度が利用できないと就業継続が難しいという事情があるのではないかと指摘されている.ワーク・ライフ・バランス実現の取り組みの必要性が指摘されている現在,働き方の見直しはその取り組みの中心的課題となっているが,これにより男女の働き方が変化していけば,両立支援策への過度な依存が軽減され,有効な両立支援策の内容も変化するだろう.

本章では,女性の就業継続やその際の両立支援策の利用[1]という側面に注目し,女性が仕事と子育ての両立を図ることを可能とする環境整備のあり方を検討する.その際,両立支援策の利用は女性の働き方や家族状況と独立に決まるのではなく,女性の労働時間などの働き方,家族のサポートの状況等の影響を受けると考える.これまでの多くの研究では,両立支援策の利用については本人の労働時間等の働き方と独立に扱われることが多く,制度が単独で女性の就業を支援すると考えられてきた.これに対して本研究では,両立支援策は,女性の就業継続支援の1つのオプションという考え方に立つ.この点は,今田・池田(2006)の問題意識と重なる.今田・池田は,出産前後の女性の雇用継続の

---

[1] 両立支援策は男性にとっても重要な施策であるが,制度利用の大半が女性で,実質的に女性の仕事と子育ての両立を支援するという性格が強いことから,女性を分析対象とする.

規定要因を,企業(育児休業制度),家族(親と夫の援助),地域社会(保育所利用)の3つの資源と関連付けて分析している.しかし,本人の労働時間等の働き方に関する変数が含まれていない[2].森田(2006)は,夫の育児協力が妻の就業に及ぼす影響を分析している点で本研究にとって示唆に富むが,今田・池田(2006)と同様に,女性本人の働き方が考慮されていない.本研究では,パネルデータを用いて,出産前の本人の働き方や職場の状況,夫の状況等と組み合わせて両立支援策の活用実態を明らかにすることにより,トータルな働き方の中に両立支援策を位置づけて,就業継続,制度利用について検討を加えることとする.

以下第2節では分析に利用するデータと分析内容を説明し,第3節では女性の出産後の就業継続,両立支援策の活用がどのような要因で選択されているのかを明らかにし,第4節では3歳未満の幼い子どものいる女性雇用者が両立支援策を利用する場合にどのような要因が作用しているのかを検討する.最後の第5節で結論をまとめる.

2 分析の内容,分析課題

2.1 データ

分析に使用するデータは,厚生労働省「21世紀成年者縦断調査」の個票データである[3].本調査は,2002年10月末時点で20-34歳であった全国の男女(及びその配偶者)を対象に,2002年以降同じ対象者に継続的に毎年実施しているものである.調査対象者の結婚,出産,就業等の実態及び意識の経年変化の状況を個人別に把握できるという利点がある.ここでは,2003年(第2回調査)から2005年(第4回調査)までの,3回分のデータを使用する[4].データは,

---

2) なお,保育所利用の変数は,就業継続をした場合に利用率が高まるという同時決定の問題があるため,就業継続の要因分析の説明変数とするのは問題があると考えられる.
3) 個票データは,本研究会において利用申請を行い利用が許可されたものである.
4) データ使用が認められたのは2002年(第1回調査)から2005年(第4回調査)までの,4回分のデータである.ただし,第1回調査では,本調査で使用する両立支援策に関する調査項目の多くが設問に含まれておらず,2回目以降の調査と比較できない部分が多いため第1回調査を分析対象から外し,第2回調査から第4回調査の3回分のデータを使用した.

女性票にその配偶者票をマッチングして夫婦データとした．

データセットは次の2種類である．

まず1つは，出産前後の女性の就業状況の変化に着目するために，第2回調査と第3回調査，第3回調査と第4回調査について同じ対象者を接続し，この2時点のデータをプールしたデータセット（データ1）を作成した．このうちt時点と$t+1$時点の間で出産したサンプル（$t+1$時点で0歳の子どもがいるサンプル）830名を利用する．これにより，出産による就業状態の変化と出産前後の夫婦の働き方の状況との関連について分析することができる．

もう1つは，第2回から第4回の3回分の夫婦マッチングデータをプールしたデータ（データ2）である．本研究では，両立支援策の利用状況に着目するため，一定の措置が企業に義務付けられている3歳未満の子どもを持つ女性を分析対象とする[5]．

2.2 分析の課題

分析課題は次の2つである．

第1に，出産に伴う女性の就業継続パターンに及ぼす要因を分析することである．出産に伴う女性の就業継続パターンに関しては，就業継続の有無に加え，継続の場合に育児休業制度利用の有無にも着目する．また，女性の就業継続パターンに及ぼす要因に関しては，個人属性に加え，出産前の職場の状況，出産前の本人の働き方，出産後の夫の働き方等を取り上げる．

第2の課題は，3歳未満の子どもをもつ女性雇用者の両立支援策利用に及ぼす要因について分析することである．特に両立支援策の提供が手厚く行われている層に着目して，両立支援策の利用に関わる要因を分析する．

[5) 調査実施時において，育児・介護休業法では，働きながら育児をすることを容易にするため，3歳未満の子を養育する労働者について，①短時間勤務制度，②フレックスタイム制，③始業・終業時刻の繰上げ・繰下げ，④所定外労働をさせない制度，⑤託児施設の設置運営その他これに準ずる便宜の供与（これらの措置の代わりに育児休業の制度に準ずる措置を講ずることでも差し支えない）のいずれかの措置の実施が義務付けられていた（2002年4月から対象年齢引き上げ）．このため，3歳未満の子をもつ労働者には，一定水準の両立支援策が提供されていると考えられる．

3 出産前後の就業状況の変化とその要因

3.1 出産前後の就業状況の変化

まず,出産による就業状況の変化について分析結果をみていきたい.

ここでは,2回分の調査結果を接続した「データ1」を使用する.出産経験に伴う女性の就業状態の変化に注目するため,$t+1$時点に0歳の子どもがいるサンプルを分析対象として,個人属性やt時点での職場の状況,働き方の要因が出産後の就業状態にどう影響するのかを分析する.$t+1$時点に0歳の子どもがいるサンプルは830名で,このうち第1子の出産と考えられる子ども数1人のサンプルは227名である.

まず,出産前後の就業状態を確認しておこう.出産前に就業している女性(休業中を含む)は,830名中337名(40.6%),第1子出産の女性に限定すると,227名中122名(53.7%)である.出産前のt時点で就業していた女性(休業中を含む)のうち,出産後$t+1$時点でも就業(休業中を含む)している割合は,226名(出産前就業者の67.1%),第1子出産の女性では122名中66名(同54.1%)である.第1子の場合に就業継続の割合は低くなる[6].

出産前に就業していた者337名に限定して出産後の就業継続状況等を表8-1によりみると,育児休業を取得して継続した割合が37.1%,育児休業を取得せずに継続した割合が30.0%,退職した割合が32.9%と,ほぼ3分される.特に「正規の職員,従業員」は育児休業を取得して継続した割合が58.1%と高く,「正規以外の職員,従業員」は59.2%が退職している.また,「正規以外の職員,従業員」で育児休業を取得せずに継続した割合は25.5%と,「正規の職員,従業員」の20.9%よりも高い.また,官公庁や規模1,000人以上の企

---

6) 厚生労働省「21世紀出生児縦断調査」(2001年)によれば,第1子出産の場合,出産1年前に就業していた女性の67.4%が出産後半年までに仕事を辞めることがわかっているが,本研究の分析結果はこれよりも就業継続率が高くなっている.本データは,$t+1$時点である11月初めの調査時点で0歳の子どもがいる女性(つまり,前年の11月から当年の10月までに出産した女性)であるため,1年前の調査時点である11月初旬(「出産前の就業状態」の時点)に,対象女性が妊娠の経過の中でどのタイミングにあるのかをコントロールできていないことが影響していると考えられる.

表 8-1　出産前の就業分野別にみた出産前後の就業状態の変化
　　　　（出産前に就業していた（休業を含む）者について）　　　　　　　　　（%）

	n	育児休業取得	育児休業を取得 せずに継続	退　職
就業形態				
会社役員，自営，家族従業	45	11.1	66.7	22.2
正規の職員，従業員	172	58.1	20.9	20.9
正規以外の職員・従業員	98	15.3	25.5	59.2
その他，不明	22	22.7	45.5	31.8
規　模				
29 人以下	120	25.0	38.3	36.7
30-299 人以下	87	42.5	27.6	29.9
300-999 人以下	34	41.2	26.5	32.4
1,000 人以上	53	49.1	18.9	32.1
官公庁	19	63.2	15.8	21.1
職　業				
専門・技術・管理職	88	52.3	29.5	18.2
事務職	117	32.5	24.8	42.7
販売・サービス	66	30.3	36.4	33.3
その他	45	35.6	28.9	35.6
計	337	37.1	30.0	32.9

業に勤務していた者は育児休業を取得して継続した割合が比較的高いものの，退職の割合では規模による違いは小さく，中小規模で働いていた女性は育児休業を取得せずに継続する割合が比較的高い．職種の特徴をみると，事務職では退職の割合が 42.7% と高く，専門・技術・管理職では就業継続，特に育児休業を取得して継続した割合が高い傾向にある．

以上の結果から，出産の前にすでに多くの女性が仕事に就いておらず，就業している女性は 4 割程度にとどまることが確認できた．また，出産に伴い多くの女性が仕事を辞めると指摘されるが，本調査でも，特に第 1 子の出産において仕事を辞める女性が多いことが明らかになった．就業を継続した場合に，育児休業を取得して継続するケースが多いものの，育児休業を取得しないで継続する者も比較的多い．また，正規の職員・従業員，専門・技術・管理職で育児休業を取得して継続する割合が高い傾向もみられている．

3.2 出産前後の就業を取り巻く状況と就業選択の関連分析

次に，出産後も継続する女性と退職する女性との間にはどのような違いがあるのか，その要因分析を進めることとしたい．本研究では，就業継続のみならず，就業継続の場合の育児休業制度利用の有無についても取り上げる点が，これまでの研究と異なる点である．検討する要因も，個人属性に加え，出産前の女性の働き方，勤め先の両立支援策の有無や利用のしやすさ，出産後の配偶者の就業状況や家事への関与度など幅広く取り上げる．なお，両立支援策の利用という点に注目するため，分析対象は，出産前に正規・非正規を問わず雇用者として就業していた者に限定する．

分析は，まず，就業継続の有無に関して，出産後就業する確率を二項ロジスティック回帰分析により推定した．被説明変数は，就業継続を1，退職を0とする質的変数である．さらに，継続時の両立支援策の利用に関しては，「育児休業を取得して継続」「育児休業を取得しないで継続」「退職」の3つのパターンのどれを選択するのか，という視点から「退職」を基準のカテゴリーとして，「育児休業を取得して継続」する確率，「育児休業を取得しないで継続」する確率について，多項ロジスティック回帰分析により推定した．

説明変数として，次にあげる変数を投入している．

①個人属性等：学歴[7]，出産した子が第1子か否か，親との同居の有無
②出産前の仕事や職場の特徴：正社員か非正社員か，勤め先の規模，勤続年数，職業，育児休業制度，短時間勤務制度等[8]の有無とある場合の利用のしやすさ
③出産前の本人の働き方：週の労働時間，通勤時間（片道）
④出産後の夫の働き方：自営業か否か，夫の週の労働時間，夫の家事時間

---

[7] 多項ロジスティック回帰分析では，中卒ダミーを含めるとサンプルが少ないために分析に問題が生ずることから，中卒と高卒をまとめている．
[8] ここで「短時間勤務制度等」には，「育児のための勤務時間の短縮等（残業の免除を含む）」「育児のための時間外労働の制限」「育児のための深夜業の制限」「事業所内託児施設」の利用を含めている．

3.3 出産後の就業継続の要因分析

出産後も就業を継続する要因を探るため，出産後就業を 1，退職を 0 とする二項ロジスティック回帰分析を行い，その結果を表 8-2 に示した．

本人や夫の働き方を投入しないケース 1，本人の働き方を投入したケース 2，夫の状況を投入したケース 3（夫の労働時間を投入）とケース 4（夫の家事時間を投入）の 4 パターンの分析結果を示している．以下で女性の出産後の就業継続に影響がある要因をみていく．

第 1 子の出産の場合には，有意にマイナスの係数である．

就業形態は重要で，正社員・正職員は，非正規に比べて就業継続が有意に高い．通常両立支援策は，就業形態により制度利用の容易さが大きく異なり，非正規の社員・職員にはそもそも制度が適用されない場合も多いため，非正規の場合に就業継続は難しい．なお，このモデルでは，勤め先の育児休業制度の有無や利用のしやすさ[9]をコントロールしており，これらの変数を統制してもなお正社員・正職員は出産後の就業継続が高いことから，正社員・正職員の女性はもともと就業継続意欲が高かった可能性も考えられる．

勤続年数は，ケース 3 で有意にプラス，他のケースでも有意水準には達しないもののプラスの係数である．勤続が長くなると，スキルが蓄積される分退職コストも大きくなるために，出産後も就業継続する確率が高まるものと考えられる．職種の効果も大きい．専門・技術・管理職や販売・サービス職では，事務職に比べて有意に高くなっている．特に専門・技術・管理職で継続の傾向が強い．勤続年数と同様に，専門的な技術・知識を生かす職種において，退職のコストが大きくなり，就業継続が選択されていると考えられる．

一方で，企業規模の影響はみられない．育児休業制度の有無や利用のしやすさを説明変数から除去した推計も行ったが，勤務先規模の影響は有意ではなかった．中小企業では両立支援策の整備が不十分で職場の対応も遅れがちであるため，女性の出産後の就業継続は大企業に比べて低くなると考えられることが多いが，本分析の結果をみる限りにおいて，出産後の就業継続に企業規模は関

---

9) 質問では，「会社にある制度」として尋ねており，非正規の利用可能性までは不明である．

表 8-2 出産後の女性の就業継続の規定要因
(二項ロジスティック回帰分析，被説明変数は出産後有業＝1，出産後無業＝0)

	ケース1 B	ケース1 Exp(B)	ケース2 B	ケース2 Exp(B)	ケース3 B	ケース3 Exp(B)	ケース4 B	ケース4 Exp(B)
学歴(基準・高卒)								
中卒ダミー	-1.221	0.295	-0.481	0.618	-0.166	0.847	-0.720	0.487
短大卒ダミー	0.478	1.613	0.568	1.765	0.546	1.726	0.422	1.525
大卒ダミー	0.088	1.092	0.286	1.331	0.022	1.022	-0.019	0.982
第1子ダミー(第1子＝1)	-1.553***	0.212	-1.466***	0.231	-1.433***	0.239	-1.133**	0.322
親同居ダミー(親同居＝1)	-0.207	0.813	-0.396	0.673	-0.445	0.641	-0.295	0.745
正社員ダミー(正社員・正職員＝1)	0.867*	2.380	1.003*	2.726	1.279**	3.591	1.150*	3.158
勤め先規模(基準：1,000人以上)								
29人以下ダミー	0.644	1.904	0.346	1.414	0.423	1.527	0.287	1.333
30-299人以下ダミー	0.242	1.273	0.164	1.178	-0.022	0.978	0.053	1.055
300-999人以下ダミー	-0.228	0.796	-0.317	0.729	-0.272	0.762	-0.176	0.838
官公庁ダミー	0.314	1.369	0.391	1.478	0.120	1.127	0.600	1.822
勤続年数(年)	0.068	1.070	0.071	1.073	0.094*	1.098	0.087	1.091
職業(基準：事務職)								
専門・技術・管理職ダミー	1.028**	2.796	0.971**	2.640	0.997*	2.709	1.183**	3.263
販売・サービスダミー	0.717	2.049	0.934*	2.544	1.003*	2.726	1.077*	2.937
その他ダミー	0.704	2.021	0.526	1.693	0.446	1.562	0.623	1.864
育児休業制度(基準：制度なし)								
育児休業制度あり＋利用しにくい	0.440	1.552	0.391	1.478	-0.122	0.885	0.115	1.122
育児休業あり＋利用しやすい	1.592***	4.912	1.282**	3.606	0.890	2.435	0.774	2.168
短時間等制度(基準：制度なし)								
短時間等制度あり＋利用しにくい	0.650	1.916	0.598	1.819	0.787	2.196	0.575	1.777
短時間等制度あり＋利用しやすい	0.601	1.824	0.811*	2.251	0.663	1.940	0.691	1.995
週労働時間(基準：40-50時間未満)								
40時間未満ダミー			0.077	1.080	0.004	1.004	-0.119	0.888
50時間以上ダミー			0.698	2.011	0.594	1.811	0.171	1.187
通勤時間(基準：30分未満)								
通勤時間30-59分ダミー			-0.172	0.842	-0.019	0.981	-0.412	0.662
通勤時間60分以上ダミー			-1.211*	0.298	-1.127	0.324	-1.167*	0.311
夫自営ダミー(自営＝1)					1.943**	6.979	1.346*	3.843
夫の週労働時間(基準：40-50時間未満)								
夫40時間未満ダミー					-1.343**	0.261		
夫50-59時間未満ダミー					-0.218	0.804		
夫60時間以上ダミー					-0.597	0.551		
夫の家事時間(基準：0分)								
夫の家事30分未満ダミー							0.045	1.046
夫の家事30-60分未満ダミー							0.205	1.228
夫の家事60-90分未満ダミー							0.422	1.525
夫の家事90分以上ダミー							0.194	1.214
定　数	-1.248**	0.287	-1.041	0.353	-0.703	0.495	-1.154	0.315
n	258		237		216		212	
カイ2乗	90.174***		83.859***		82.950***		73.506***	
-2対数尤度	239.636		216.444		189.168		192.527	

注：***$p<.01$，**$p<.05$，*$p<.10$.
　　投入している独立変数の有効回答状況が異なるため，ケースによってサンプル数が異なっている．

係がないという結果になった．

両立支援策については，制度があっても利用しにくい場合には影響がなく，制度が利用しやすい場合に，ケース1とケース2では有意にプラスとなった．就業継続には，制度があるだけでなく利用のしやすさが重要であることがわかる．ケース2では，短時間勤務制度等でも同様の傾向がみられる．ただし，夫の要因を投入したケース3，ケース4においては，両立支援策の有無の影響はなくなる．今田・池田(2006)において，育児休業制度は単独では女性の就業継続に有意な効果がないことが示されているが，本分析結果も，育児休業制度の女性の就業継続に対する効果は限定的である可能性を示唆しているといえる．

女性の働き方の影響をみたケース2以降をみると，本人の出産前の週の労働時間の長短は就業継続に影響を及ぼしていない．それよりも通勤時間が長くなるとマイナスの係数となり，特に通勤時間が60分以上の場合には，有意に就業継続が低くなる傾向が示された．仕事と子育てとの両立には，長時間通勤の緩和も重要であることがわかる．

夫の働き方に関しては，夫が自営業であることが，女性の就業継続に有意にプラスの効果をもたらしている．夫が自宅で仕事をする，時間の融通が利く，といった自営業の特性が，妻の就業継続に関連していると考えられる．また，夫の週当たり労働時間は，40-50時間未満を基準にして，それより少なくても多くても有意ではないがマイナスの係数となっている．夫の労働時間が正規労働者で残業が少ないパターンで妻の就業継続が促進される可能性がある．夫の労働時間が「40時間未満」と少ない場合に女性の就業継続が有意にマイナスとなっており，夫が40時間未満という短時間で働く場合はどのようなケースなのかについて踏み込んだ分析は本データからは難しいものの，この中には夫が非正規で働くケースも入っていると考えられ，夫の就業の不安定さが妻の就業継続にマイナスの影響を及ぼしている可能性がある．また，夫の家事時間は有意な係数とはなっていない．

以上の分析結果から，女性の就業継続の要因としては，女性の就業形態や職種といった女性の就業面の特性の影響が大きく，また本人の通勤時間が長いと就業継続が抑制されるといえる．また夫が自営業であることは妻の就業継続を促進しており，自営業の働き方の柔軟性が出産後の妻の就業を支援している可

能性がある．一方で，職場の両立支援策について，育児休業制度の利用のしやすさは一定の効果はあるものの，その効果は限定的である．

3.4 育児休業利用の要因分析

次に，育児休業の利用の有無と関連付けて，育児休業を利用して継続する女性，利用しないで継続する女性，退職する女性の違いについての要因を分析していきたい．表 8-1 で示したように，育児休業を取得せずに就業継続をする女性は一定数存在する．ここでは，個人属性や出産前の仕事や働き方の変数を投入したケース 1 と，夫の働き方を加味したケース 2 の 2 つの推計結果をとりあげる[10]（表 8-3）．

まず，「退職」のケースと比べて「育児休業を取得して継続」の確率を高める要因としては，正社員であること，勤続年数が長いこと，（事務職と比べて）専門・技術・管理職や販売・サービス職であること，育児休業制度が利用しやすいこと，夫が自営業であること，があげられる．反対に，「育児休業を取得して継続」の確率を低める要因として第 1 子の出産であること，が有意な係数となった．

この結果は，すでに分析した就業継続の要因とほぼ同様の結果である．育児休業制度がありさらに利用しやすいことは，育児休業を利用しながら就業継続する確率を大きく高める結果となった．脇坂（2002）は，育児休業制度のある事業所ほど利用率が高いことを明らかにしたが，本研究の結果から，制度があるだけでなくそれが利用しやすいと女性が認識することが重要であることがわかる．また，育児休業を取得して就業継続するのは，勤続が長く，職種も専門・技術・管理職や販売・サービス職など，企業の中でスキルを蓄積しそれゆえに退職のコストが大きい女性であるといえよう．特に，そうした女性の就業を後押ししているのが，育児休業制度が利用しやすいと認識されていることであるといえる．

それでは，育児休業制度を利用せずに就業を継続する場合はどうだろうか．第 1 子の出産の場合には有意にマイナスで，退職が選択されやすいのはこれま

---

10) 夫の家事時間を説明変数に加えた推計では影響が見られなかったので，結果は省略する．

表 8-3 出産後の女性の就業継続と育児休業制度利用の有無の規定要因
(多項ロジスティック回帰分析,基準のケースは「退職(出産後無業)」)

	ケース1				ケース2			
	育児休業を取得して継続		育児休業を取得せずに継続		育児休業を取得して継続		育児休業を取得せずに継続	
	B	Exp(B)	B	Exp(B)	B	Exp(B)	B	Exp(B)
切　片	−2.791***		−0.955		−2.648**		−0.434	
学歴(基準・高卒)								
短大卒ダミー	0.595	1.813	0.463	1.589	0.429	1.536	0.396	1.485
大卒ダミー	0.380	1.462	0.224	1.251	−0.135	0.874	0.137	1.147
第1子ダミー(第1子=1)	−1.376***	0.253	−1.534***	0.216	−1.324***	0.266	−1.535***	0.216
親同居ダミー(親同居=1)	−0.495	0.610	−0.299	0.742	−0.623	0.536	−0.241	0.785
正社員ダミー(正社員・正職員=1)	1.306**	3.690	0.792	2.208	1.423**	4.149	1.206*	3.341
勤め先規模(基準:1,000人以上)								
29人以下ダミー	0.758	2.134	−0.012	0.988	0.972	2.643	0.018	1.018
30-299人以下ダミー	0.168	1.183	0.272	1.312	0.044	1.045	0.049	1.050
300-999人以下ダミー	−0.586	0.557	0.016	1.016	−0.494	0.610	0.108	1.115
官公庁ダミー	0.398	1.490	0.172	1.188	0.312	1.366	−0.177	0.838
勤続年数(年)	0.114**	1.121	0.023	1.023	0.131**	1.140	0.047	1.049
職業(基準:事務職)								
専門・技術・管理職ダミー	1.014*	2.758	0.953*	2.595	1.076*	2.932	1.169*	3.219
販売・サービスダミー	1.146*	3.146	0.543	1.721	1.104*	3.016	0.706	2.026
その他ダミー	0.695	2.003	0.123	1.131	0.628	1.874	0.119	1.126
育児休業制度(基準:制度なし)								
育児休業制度あり+利用しにくい	1.071*	2.919	−0.299	0.741	0.861	2.365	−1.211	0.298
育児休業あり+利用しやすい	1.991***	7.324	0.430	1.537	1.868**	6.474	−0.056	0.946
短時間等制度(基準:制度なし)								
短時間等制度あり+利用しにくい	0.650	1.915	0.487	1.628	0.695	2.004	0.738	2.092
短時間等制度あり+利用しやすい	0.932*	2.541	0.767	2.152	0.665	1.945	0.652	1.920
週労働時間(基準:40-50時間未満)								
40時間未満ダミー	0.067	1.070	0.135	1.145	−0.070	0.932	0.068	1.070
50時間以上ダミー	0.842	2.321	−0.293	0.746	0.920	2.509	−0.491	0.612
通勤時間(基準:30分未満)								
通勤時間30-59分ダミー	−0.346	0.708	0.001	1.001	−0.079	0.924	0.098	1.103
通勤時間60分以上ダミー	−1.099	0.333	−1.711*	0.181	−0.856	0.425	−1.589	0.204
夫自営ダミー(自営=1)					2.141**	8.504	1.624	5.073
夫の週労働時間(基準:40-50時間未満)								
夫40時間未満ダミー					−0.692	0.500	−2.157***	0.116
夫50-59時間未満ダミー					0.308	1.360	−0.929	0.395
夫60時間以上ダミー					−0.437	0.646	−0.728	0.483
n	237				216			
カイ2乗	120.866***				126.990***			
−2対数尤度	383.121				334.058			

注:***p<.01, **p<.05, *p<.10.
　　投入している独立変数の有効回答状況が異なるため,ケースによってサンプル数が異なっている.

での分析結果と同様である．正社員であることは，ケース2では有意にプラスとなっているが，ケース1では有意ではなく，出産前の就業形態の影響は安定していない．専門・技術・管理職は有意にプラスであり，退職に比べて休業を取得せずに継続する確率が高まる傾向がある．自分の通勤時間が長いことがケース1ではマイナスで有意となり，通勤時間が長いことが退職につながりやすいことを示唆している．夫の労働時間が40時間と短いと休業を取得しないで継続するよりも退職しやすいということも明らかになった．

以上の分析結果から，出産後の就業継続において，育児休業を取得して継続する場合と，制度を利用しないで継続する場合とでは，その要因に違いがあることが明らかになった．すなわち，育児休業を利用して就業を継続する確率が高いのは，正社員で勤続年数が長く，専門的な知識やスキルのある女性で，育児休業制度が利用しやすい形で両立支援策が整備されている場合である．育児休業制度があるだけでなくその利用がしやすいことは，育児休業制度を利用して就業継続をする際に非常に重要な要因となっている．また，専門・技術・管理職の女性については，全般に就業継続の確率が高く，専門的なスキルを持っていることが，出産による退職のコストを高めるために，就業継続が選択されやすいと考えられるが，その場合に，育児休業制度を利用する場合と利用しない場合と両方のケースが事務職に比べて多いということがわかった．本人の出産前の働き方については，労働時間の影響はみられないが，通勤時間が長いことが就業継続を阻害している可能性がある．通勤時間が60分以上と長い場合には退職が選択されやすい．

4　3歳未満の子を持つ女性の両立支援策の利用

4.1　3歳未満の子を持つ女性の就業の現状

次に，3歳未満の子を持つ女性雇用者に焦点を当てて，両立支援策の利用がどのような要因と関連しているのかという点を明らかにする．調査の実施時において，育児・介護休業法により子が1歳に達するまで(事情により1歳6カ月まで)の休業や，子が3歳に達するまで勤務時間の短縮等の措置を講じるこ

表 8-4 末子年齢別にみた女性の就業状況 (%)

末子年齢	n	仕事に就いている	休業中	就業者の就業形態		仕事に就いていない	無回答
				うち正規の職員・従業員	うち正規以外の職員・従業員		
0歳	1,436	14.0	16.1	(50.8)	(21.6)	68.6	1.3
1歳	1,642	31.5	3.5	(43.0)	(31.4)	63.7	1.3
2歳	1,482	39.4	2.0	(35.0)	(41.2)	57.6	1.0
3歳	1,335	46.8	1.0	(26.8)	(46.5)	50.9	1.3
4歳	1,138	54.7	0.7	(21.2)	(53.2)	43.1	1.4
5歳	918	57.8	0.5	(22.0)	(59.0)	40.4	1.2
6-11歳	2,355	67.6	0.3	(18.4)	(60.6)	30.6	1.5
12歳以上	165	72.1	0.6	(15.7)	(67.8)	26.7	0.6
計	10,521	45.8	3.4	(27.5)	(49.1)	49.6	1.3

注:「正規の職員・従業員」,「正規以外の職員・従業員」の割合は「仕事に就いている＋休業中」を 100 とした割合である.

とが企業に義務付けられていた．これらの制度利用は，女性の就業実態や配偶者の状況とどう関連しているか，というのが分析の問題意識である．

末子年齢別の就業状況を表 8-4 によりみると，末子年齢が低いと就業率は低く，末子が 3 歳までは無業者が有業者（休業中を含む）を上回る．末子が 0 歳の場合，有業者は 3 割で，そのうちの過半が休業中である．また，就業形態をみると，末子年齢が小さいほど正規の職員・従業員の割合が高く，非正規の割合は末子年齢が高くなるほど高くなる．

さらに，表 8-5 により，未就学児をもつ女性の両立支援策の利用状況を就業形態に分けてみると，正規の職員・従業員の場合には末子が 0 歳のときには 72.6％ が，1 歳でも 55.3％ と半数以上が育児休業を取得している．しかし，非正規の場合には，0 歳で育児休業制度を利用している割合は 26.0％ である．育児のための勤務時間の短縮等の措置は，末子が 0 歳では正規と非正規の違いはみられないが，1 歳以上になると正規雇用で利用率が高い．非正規の場合には，パートタイム労働者などそもそも所定労働時間が短いためにあらためて勤務時間の短縮が必要ないという事情もあると考えられる．

4.2 両立支援策利用の有無の要因分析

それでは，3 歳未満の子を持つ女性の両立支援策の利用の要因分析結果をみ

表 8-5　末子年齢別にみた女性の両立支援策の利用状況　　　　　(%)

末子年齢	就業形態	n	育児休業制度	育児のための勤務時間の短縮等	育児のための時間外労働の制限	育児のための深夜業の制限	事業所内託児施設
0歳	正規雇用	226	72.6	25.7	18.1	19.5	5.8
	非正規雇用	96	26.0	26.0	15.6	15.6	1.0
1歳	正規雇用	255	55.3	24.3	15.7	18.4	5.5
	非正規雇用	186	7.5	10.8	8.1	7.0	2.7
2歳	正規雇用	219	9.6	23.3	15.1	16.9	6.4
	非正規雇用	258	1.9	15.9	10.5	7.8	4.7
3歳	正規雇用	175	4.6	10.3	8.0	10.3	3.4
	非正規雇用	304	1.3	15.8	8.2	7.2	2.3
4歳	正規雇用	137	3.6	10.2	7.3	5.8	3.6
	非正規雇用	344	0.6	14.5	5.2	5.2	1.7
5歳	正規雇用	120	5.0	9.2	6.7	7.5	5.8
	非正規雇用	322	0.6	18.3	8.4	6.8	2.5

注：制度の利用は，調査実施前1年間の利用(現在の勤め先)有無(複数回答)を示す．

ていこう．3回分の調査データをプールした「データ2」を利用する．分析対象は3歳未満の子を持ち，現在雇用就業している女性である．両立支援策を，休業と休業以外の勤務時間の短縮等の措置に分けた．この2つの措置の利用は，仕事と子育ての両立にあたって，仕事を休むか，休まずに働き続けるか，という違いがある．休業は子育てに専念できるという点で仕事と子育てのコンフリクトを解消するが，キャリアのロスを小さくするために短時間勤務等の制度を活用することが有効な選択となる場合もあろう．

分析は，調査実施前1年間に，「いずれの制度も利用しない」を基準のカテゴリーとして，「育児休業を利用」，「短時間勤務等を利用」[11]する確率について，多項ロジスティック回帰分析により推定した．0歳児を含めた3歳未満の子をもつサンプルと，育児休業取得が多い0歳児を除く1，2歳児がいるサンプルと，2種類の分析を行った．ちなみに，3歳未満の子を持つ女性に関して，「育児休業を利用」は29.9％，「短時間勤務等を利用」は16.3％，残る53.8％がいずれの制度も利用していない割合である．1，2歳児のいる女性に限定すると，「育児休業を利用」は19.7％，「短時間勤務等を利用」は18.6％，残る61.6％がいずれの制度も利用していない割合である．

---

11)　育児休業制度と両方を利用した場合には，「育児休業を利用」に分類している．

表 8-6　女性の両立支援策利用の規定要因

（多項ロジスティック回帰分析，基準のケースは「制度利用なし」）

	子が 3 歳未満				子が 1, 2 歳			
	育児休業制度利用		短時間勤務等利用		育児休業制度利用		短時間勤務等利用	
	B	Exp(B)	B	Exp(B)	B	Exp(B)	B	Exp(B)
切片	−6.504***		−3.634***		−5.755***		−3.680***	
学歴(基準・高卒)								
短大卒ダミー	0.566**	1.762	0.290	1.337	0.599**	1.820	0.086	1.090
大卒ダミー	1.213***	3.365	0.360	1.433	1.244***	3.468	0.322	1.380
末子0歳ダミー(末子が0歳=1)	1.808***	6.101	−0.341	0.711				
親同居ダミー(親同居=1)	0.111	1.118	−0.218	0.804	0.118	1.125	−0.279	0.757
正社員ダミー(正社員・正職員=1)	0.108	1.114	0.135	1.144	0.214	1.239	0.175	1.191
勤め先規模(基準：1,000人以上)								
29人以下ダミー	−0.085	0.918	0.502	1.652	−0.500	0.606	0.370	1.447
30-299人以下ダミー	−0.399	0.671	−0.185	0.831	−0.194	0.824	−0.266	0.766
300-999人以下ダミー	−0.265	0.768	0.115	1.122	−0.452	0.636	0.042	1.043
官公庁ダミー	−0.557	0.573	−0.252	0.778	−0.579	0.560	−0.271	0.763
勤続年数(年)	0.039	1.040	0.015	1.016	0.038	1.039	0.024	1.024
職業(基準：事務職)								
専門・技術・管理職ダミー	0.218	1.244	0.458	1.580	0.637**	1.891	0.634**	1.885
販売・サービスダミー	0.034	1.035	0.795***	2.215	0.250	1.285	0.949***	2.584
その他ダミー	0.096	1.101	0.389	1.475	0.431	1.539	0.385	1.470
育児休業制度(基準：制度なし)								
育児休業制度あり＋利用しにくい	4.089***	59.673	−0.313	0.731	3.125***	22.751	−0.359	0.699
育児休業あり＋利用しやすい	5.008***	149.551	−0.293	0.746	4.052***	57.503	−0.333	0.716
短時間等制度(基準：制度なし)								
短時間等制度あり＋利用しにくい	0.645***	1.906	2.192***	8.957	0.523*	1.687	2.150***	8.583
短時間等制度あり＋利用しやすい	0.474*	1.607	3.031***	20.712	0.398	1.489	3.088***	21.929
通勤時間(基準：30分未満)								
通勤時間30-59分ダミー	0.318*	1.375	0.648***	1.912	0.413	1.511	0.792***	2.208
通勤時間60分以上ダミー	0.362	1.437	0.153	1.165	0.704*	2.022	0.339	1.404
夫自営ダミー(自営=1)	0.484	1.623	0.132	1.141	0.140	1.150	0.014	1.014
夫の週労働時間(基準：40-50時間未満)								
夫40時間未満ダミー	0.329	1.389	0.187	1.205	0.231	1.259	0.315	1.370
夫50-59時間未満ダミー	0.609**	1.838	0.125	1.133	0.420	1.522	0.085	1.089
夫60時間以上ダミー	0.011	1.011	0.229	1.257	−0.152	0.859	0.365	1.440
n	998				780			
カイ 2 乗	645.183				408.956***			
−2 対数尤度	1,316.393				1,316.393			

注：***$p<.01$，**$p<.05$，*$p<.10$．

説明変数は，前節とほぼ同様で，次にあげる変数を投入している．

①個人属性等：学歴，子どもが 0 歳児か否か，親との同居の有無
②仕事や職場の特徴[12]：正社員か非正社員か，勤め先の規模，勤続年数，職業，育児休業制度，短時間勤務制度等の有無とある場合の利用のしやすさ

③本人の働き方[13]：通勤時間（片道）
④夫の働き方[14]：自営業か否か，夫の週の労働時間

まず，3歳未満の子を持つ女性についての分析結果についてみていきたい（表8-6）．

いずれの制度も利用しない場合に比べて育児休業制度の利用確率が高くなる要因としては，学歴の効果が大きい．短大卒，大卒は，高卒以下の場合に比べて育児休業の利用確率が有意に高い．学歴の効果については，制度利用についての権利意識の強さ，あるいは子どもが低年齢の時に育児休業をとって子どもと一緒にいたいといった育児に対する考え方の違いなどが考えられよう．両立支援策に関しては，育児休業制度，短時間勤務等の制度いずれの場合も制度があること，さらにそれが利用しやすい場合に育児休業制度の利用確率が有意に高い．なかでも育児休業制度があることの効果は大きく，さらにそれが利用しやすいと育児休業利用の確率に大きく影響している．繰り返しになるが，制度の導入に加えてそれが利用しやすいことは，育児休業制度利用の際に重要であることがわかる．また，自分自身の通勤時間については30分未満に比べて30-59分の場合に，夫の働き方については夫の労働時間が40-49時間の場合に比べて50-59時間の場合に，育児休業の利用確率が高まる．しかし，自身の通勤時間や夫の労働時間については，モデルによって有意でないものもあり，労働時間と制度利用の関係については明確ではない．

次に，短時間勤務制度等の利用に関係する仕事や職場の要因である．職種と短時間勤務制度等の利用のしやすさが重要である．事務職と比べて，販売・サービス職では制度利用が有意に高い．一方で，育児休業の利用では影響力が高い学歴の効果はみられない．短時間勤務制度利用など働き方を変える際には，職種によってそのやりやすさに違いがあると考えられ，販売・サービス職は，

[12) 本調査では，育児休業を取得中の者については，職場の状況等は休業前の状況について回答を求めている．

[13) 週の労働時間は，勤務時間の短縮等の措置を利用している場合制度利用の結果労働時間数が少なくなることが考えられるため，変数から除外している．

[14) 夫の家事時間を説明変数に加えた推計では影響が見られなかったので，結果は省略する．

勤務時間の短縮等になじみやすい職種という仕事の特徴が重要になると考えられる．また，両立支援策との関連では，育児休業制度があること，制度が利用しやすいことは，有意ではないがマイナスの係数である．短時間勤務等の制度は有意にプラスである．つまり，育児休業制度が利用しにくく短時間勤務等の制度が利用しやすい場合に，短時間勤務制度等の利用が高まるといえる．自分自身の通勤時間については，30分未満に比べて30-59分の場合に利用確率が高まる．先の分析と同様に，通勤時間が長いことが両立支援策への依存を強める可能性があるといえよう．

次に，育児休業の利用がより選択的になる1，2歳児をもつ女性に限定した分析結果をみる．0歳児まで含めた分析結果と同様の結果に加え，次のような特徴がみられる．職業について，専門・技術・管理職の場合は，育児休業制度，短時間勤務制度等，ともに利用確率が高い．専門・技術・管理職は，出産後も継続する確率が高い職業であるが，育児休業制度や短時間勤務等の制度を積極的に利用していることがわかる．また，本人の通勤時間が60分以上と長い場合に育児休業の利用確率が通勤30分未満の場合に比べて高く，30-59分と若干短いと短時間勤務等の利用確率が高まる．通勤時間が長くなるとフルで休業することが選択され，相対的に短くなると短時間で働くことが選択されることが示唆されている．

5 結論と課題

本章では，女性の出産後の就業継続を支援する重要な施策である仕事と子育ての両立支援策の利用の実態を，女性本人やその配偶者の働き方と関連付けて分析した．両立支援策が利用されることは望ましいことであり，制度の活用促進は1つの政策目標になっている．しかし，個人から見れば，必要な両立支援策を活用して就業継続ができればよい．育児休業制度や短時間勤務の措置など，仕事と子育ての両立を支援する制度が導入されているが，それらの利用は働き方と関連しており，自身の時間外労働が少ない，配偶者の子育てへの関与度が高いなどの条件がそろえば，あえて両立支援策を利用しなくても仕事と子育ての両立が可能なケースも少なくないと思われる．働き方の見直しを進めること

により，手厚い両立支援策を導入しなくてもよいことがわかれば，企業の人事政策を検討する際に1つの視点を提供することとなろう．

　本章では，まず，出産前に働いていた女性が出産後も就業継続する要因分析を行った．仕事や職場の要因として，出産前に正社員であること，勤続年数が長いこと，専門・技術・管理職であることが就業継続要因としてあげられた．また，これらの属性をもつ女性は，育児休業を利用しながら就業継続を選択する傾向がある．さらに育児休業制度利用にあたっては，制度があるだけでなく利用しやすいという条件が重要である．ただし，専門・技術・管理職では育児休業を取得しないで就業を継続する傾向もみられ，休業取得が職業キャリアに及ぼすネガティブな影響に配慮してあえて休業取得しないケース等もあると考えられる．また，育児休業制度の効果が夫の要因を入れると影響力がなくなるなど，その効果は限定的な可能性が示唆された．本人の働き方に関しては，出産前に通勤時間が長いなどの要因が仕事と育児の両立を難しくしていることが予想される．また，夫に関しては，自営業であることが女性の就業継続，特に育児休業を利用した就業継続を促進する効果があり，夫の働き方の裁量度が女性の就業継続に及ぼす重要性を示すと考えられる．

　次に，3歳未満の子どものいる女性雇用者の両立支援策利用の要因分析を行った．まず育児休業制度の利用は，高学歴，専門・技術・管理職の女性で利用が高い傾向がある．特に制度が利用しやすいことは，制度利用にきわめて大きな影響をもっている．一方で短時間勤務制度に関しては，学歴の効果がなくなり，販売・サービス職での利用が多くなる傾向がある．育児休業の利用のみ学歴の効果がみられ，子どもが小さいときの親の関わり方といった育児観や，制度利用に対する権利意識などが関係していることが考えられるが，この点の掘り下げは今後の課題である．また，働き方に関する変数としては通勤時間が有意に影響する．通勤時間が60分以上と長いと休業が選択され，30-59分では短時間勤務等の制度が選択されている．通勤という負荷が，子育て期の両立支援策の選択に影響する可能性が指摘できる．

　以上の結果から，本人の働き方と両立支援策の利用の関係で明らかになったことは，本人の通勤時間が長いと出産時に退職が選択され，就業を継続しても育児休業や短時間勤務等の両立支援策の利用が高まるという点である．また，

夫に関しては，夫が自営業であることは出産後の女性の就業継続を高めることも明らかになった．夫が自営業であることは，夫の働き方の柔軟性が高い可能性がある．雇用者に関しては柔軟な働き方がきわめて限定的な形でしか広がっていないが，夫の働き方が自営業のようにある程度個人の事情に合わせて柔軟で融通性の利くものとなると，女性の就業継続が高まる可能性が指摘できる．

ただし，分析にあたって注目していた本人や夫の働き方と両立支援策への依存度との関係は一部でしか確認できなかった．女性本人や夫の働き方が，就業継続時の両立支援策の制度利用に影響を及ぼすとすれば，企業に求められる両立支援策の内容が変化する可能性があり，この点からのさらなるデータの整備や研究の掘り下げは今後の課題である．

参考文献

阿部正浩，2005，「誰が育児休業を取得するのか」国立社会保障・人口問題研究所編『子育て世帯の社会保障』東京大学出版会，pp. 243-264.

今田幸子・池田心豪，2006，「出産女性の雇用継続における育児休業制度の効果と両立支援の課題」『日本労働研究雑誌』No. 553: 34-44.

滋野由紀子・大日康史，1998，「育児休業制度の女性の結婚と就業継続への影響」『日本労働研究雑誌』No. 459: 39-49.

滋野由紀子・松浦克己，2003，「出産・育児と就業の両立を目指して——結婚・就業選択と既婚・就業女性に対する育児休業制度の効果を中心に」『季刊社会保障研究』Vol. 39, No. 1: 43-54.

武石恵美子，2006，『雇用システムと女性のキャリア』勁草書房．

武石恵美子，2008，「両立支援制度と制度を利用しやすい職場づくり」佐藤博樹編『ワーク・ライフ・バランス——仕事と子育ての両立支援』ぎょうせい，pp. 33-55.

武石恵美子，2009，「女性の就業構造」武石恵美子編『叢書・働くということ 7 女性の働きかた』ミネルヴァ書房，pp. 11-43.

樋口美雄，1994，「育児休業制度の実証分析」社会保障研究所編『現代家族と社会保障——結婚・出生・育児』東京大学出版会，pp. 181-204.

樋口美雄・阿部正浩，1999，「経済変動と女性の結婚・出産・就業のタイミング——固定要因と変動要因の分析」樋口美雄・岩田正美編著『パネルデータからみた現代女性——結婚・出産・就業・消費・貯蓄』東洋経済新報社，pp. 25-65.

松田茂樹，2002，「父親の育児参加促進策の方向性」国立社会保障・人口問題研究所編『少子社会の子育て支援』東京大学出版会，pp. 313-330.

三菱 UFJ リサーチ＆コンサルティング，2009，『両立支援に係る諸問題に関する総合的調査研究(子育て期の男女へのアンケート調査及び短時間勤務制度等に関する企業インタビュー調査)』．

森田陽子，2006，「子育てに伴うディスインセンティブの緩和策」樋口美雄・財務省財務総合政策研究所編『少子化と日本の経済社会——2つの神話と1つの真実』日本評論社，pp. 49-80.

森田陽子・金子能宏，1998，「育児休業制度の普及と女性雇用者の勤続年数」『日本労働研究雑誌』No. 459: 50-62.

山口一男，2005，「少子化の決定要因と対策について——夫の役割，職場の役割，政府の役割，社会の役割」『家計経済研究』No. 66: 57-67.

脇坂明，2002，「育児休業制度が職場で利用されるための条件と課題」『日本労働研究雑誌』No. 503: 4-14.

OECD, 2001, *Employment Outlook 2001*.

第9章 夫の家事時間を決定するもの

駿河　輝和

1　夫の働き方と家事時間の関係

　日本の低出生率に対する施策，あるいは妻の子育てと就業の両立に対する支援として，育児休業制度などの育児支援政策，保育所の充実，子ども手当ての支給，住宅の問題など多くの視点から政策が提案されてきた．もう1つの論点が，夫の働き方や夫の家事支援の問題であり，松田（2002；2005），水落（2006），小葉・安岡・浦川（2009）など日本に関して父親の育児・家事参加の問題が扱われるようになってきている．

　ここでは，2007年に国立社会保障・人口問題研究所の委託により，社団法人中央調査社によってUIゼンセン同盟とサービス・流通連合（JSD）に対して実施された「職場環境と少子化の関連性に関する調査」（2006年度）の既婚家計の個票を使用して，第1に，夫の通勤時間，労働時間，働き方が夫の家事時間にどのような影響を与えているかを調べている．家計構成員の仕事時間，家事時間，余暇への時間配分が最適行動の結果として自由に選択できるとき，夫の家事時間が短くても家計の自由な選択の結果であり比較的問題は小さい．もちろん，夫の家事に関する生産性が極めて低い，男女間の役割に対する偏見の下で選択が行われている場合には，それなりに問題はある．日本で問題になっているのは，労働時間が自由に選択できず長時間になり，その条件下で時間の選択が行われており，その結果，夫の家事時間が短くなるという点である．したがって，ここでは労働時間が外生的に決まっているかどうかをテストしている．また，使用した調査では，精神面，肉体面および時間面において仕事がきついかどうか，仕事の量や内容などをどの程度自分の裁量で決められるか，残

業に対する職場の雰囲気，サービス残業の有無など働き方に関する項目を聞いていて，この点に特徴がある．こういった働き方の夫の家事時間への影響も見ている．第2に，夫の労働時間，通勤時間，働き方が妻の就業行動にどのような影響を与えているかを調べている．前述したのと同様に，夫の労働時間が自由に決定できずに，最適時間より長くなっている場合に，妻の就業行動に影響を与えることが考えられ，その影響を調べる．最後に，妻が追加的に子どもを持ちたいという考えに夫の働き方が影響を与えているかどうかをみている．

2　家事時間決定に関する理論命題と実証分析

夫の家事時間の決定に関する研究は，Solberg and Wong(1992)や小原(2000)のように，家計の効用最大化から家事時間の決定を導いて，理論から導かれた命題をテストするタイプと，松田(2002；2005)のように夫の家事・育児の決定要因を，必要だから，時間的余裕があるから，妻に対して力関係が弱いから，規範として手伝うべきだからといった分類をして，各要因を表す変数によりテストする方法がある．前者は，明確な経済理論と対応しているが，命題はかなり強い仮定の下に導かれていて，その仮定に対応したデータを使う必要がある．また，例えば，労働時間を短期の視点で見て自由に選択可能で最適な時間を選択するという設定も，正規社員の場合には一定以上の勤務時間が決まっていると考えられ，大いに疑問が残る．家事時間も，家の状況をある程度快適に保つためには一定以上の家事時間が必要となり制約がかかってくると考えられ，内点解で家庭の家事時間が決まる保証はない．後者は各要因に応じて適当に変数を選択できるという意味で弾力的であるが，背景に選択理論がないのが問題点である．労働時間，家事時間，就業選択など幾つかの経済変数は，場合によっては同時決定で内生的に決まっている．また，時間や所得の制約条件が存在するが，そういった点を詳細に変数間の相互関係として考慮されていない可能性がある．以下に，主要な夫の家事・育児の決定要因分析の結果をまとめる．

Solberg and Wong(1992)は，妻と夫の余暇と，市場財と家計で生産される財とを合計した合成財とで決まってくる効用の最大化から通勤時間を外生的に

与えたときの市場労働時間，家事時間，余暇への時間の配分を考えた．内点解における理論の帰結として次のような結論が導かれている．夫と妻の家事時間は完全に両者の賃金で決まってくる．共稼ぎ家計では，夫の通勤時間の増加は，妻と夫の家事時間に影響を与えないが，妻の労働時間を長くする．妻の通勤時間の増加も同様に妻と夫の家事時間に影響を与えないが，夫の労働時間を長くする．賃金の上昇はそれぞれの家事時間を減らす．しかしながら，実証の結果は必ずしも理論命題を支持していなかった．データとして，アメリカの家族時間調査の夫と妻と18歳以下の2人の子どもを持つ家計を使用している．推定の結果，夫の通勤時間増加は，妻の労働時間を増やすことを支持していたが，夫の家事時間を減らしていた．また，妻の通勤時間増加は，夫の労働時間を増やすことは支持したが，妻の家事時間を減らしていた．理論から導かれる，夫あるいは妻の通勤時間の増加は，妻あるいは夫の家事時間に影響を与えないという命題は実証分析では否定され，家事時間を減らす傾向にあった．妻の賃金の上昇は妻の家事時間を理論の予想通り減らすが，夫の賃金の上昇は理論の予想と異なり夫の家事時間に影響がなかった．

小原(2000)は，上記のモデルに，長時間通勤が家事の生産性を低下させることや，家事に下限制約があることを追加的に仮定して理論的に分析した．その結果として，夫の通勤時間の増加は夫の家事時間を減らし，妻の家事時間を増やす端点解のケースがあることを示した．日本の家計経済研究所「消費生活のパネル調査」の共稼ぎ世帯データを用いた実証分析により，次のような結果を得ている．夫の通勤時間の増加は，夫の労働時間を増やし，妻の労働時間を減らすが，夫と妻の家事時間には影響を与えない．妻の通勤時間の増加は，妻の労働時間を増やし，夫の労働時間を減らすが，妻の家事時間を減らし夫の家事時間には影響を与えない．すなわち，通勤時間の増加が家事時間に与える影響が夫婦間で異なっている．この実証分析の結果も，理論から導かれる命題とは異なったものとなっていた．

小葉・安岡・浦川(2009)は，日本家族社会学会「家族についての全国調査2004」を用いて分析を行った．この調査では，家事や育児に関して「食事の用意」「洗濯」「子どもの世話」などを週に何回するか聞いている．主成分分析により，夫の家事育児全般に対する協力，育児への協力を表す変数を作成し，子

どもがもう1人ほしいかどうかにこういった家事・育児の協力の変数がプラスに効いていることを示した．また，消費，家事サービス，夫と妻の余暇からなる家計の効用関数を最大にするように時間配分を行う行動を考え，夫の労働時間に下限制約を導入している．理論分析の結果，労働時間の下限制約がある場合には制約がない場合に比べて，夫の家事労働負担率は小さくなっていた．実証結果は，夫の通勤時間や労働時間が長いと家事育児全般に対する協力には影響がないが，育児協力水準は減少していた．

水落(2006)は，2001年総務省「社会生活基本調査」の都道府県別データを使用して分析している．実証分析により，父親の育児時間は，労働時間が長いと短くなる傾向があるが，通勤時間の長さには影響を受けないという結果を示している．その他の変数では，待機児童率，一時保育実施率，可住地人口密度が父親の育児時間に影響を有意に与えていた．父親の育児分担も，父親の労働時間，待機児童数，可住地人口密度の影響を受けるが，通勤時間の影響を受けないという結果となっている．

松田(2002)は，父親の育児参加の規定要因として，(1)家事育児の量，(2)時間的余裕，(3)母親に対する相対的資源量，(4)イデオロギーの4つの要因を考えている．各要因を言い換えると，(1)必要だからする，(2)時間があるからする，(3)母親に対して力関係が弱いからする，(4)規範として手伝うべきだから行う，ということになる．実証分析のデータとして，平成10年度厚生科学研究子ども家庭総合研究事業「子育て支援政策の効果に関する研究」において実施した「女性の就労と子育てに関する調査」(1998年9-10月実施)を使用している．被説明変数は，父親の育児協力度である．末子年齢，7歳以上の子どもダミー，帰宅時間が21時台，及び22時以降，母親フルタイムで働いている，父親の学歴，母親に対する父親の相対年収額が有意に父親の育児協力度に影響を与えていた．すなわち，家事育児の量，時間的余裕，相対的資源量の仮説は支持されるが，イデオロギー仮説は支持されなかった．

松田・鈴木(2002)は，平成8年「社会生活基本調査」の夫が60歳未満で就労している夫婦の個票を使用して，夫婦の労働時間と家事時間の相互関係を調べている．実証分析の結果，夫婦共に，本人の労働時間が長くなると，家事時間は短くなっていた．ただし，その傾向は妻の方に顕著であった．妻の労働時

間が長くなると夫の家事時間が長くなるのは，妻の労働時間が1日500分を超えるときだけである．

　松田(2005)は，国際データにより，5歳未満の子どもを持つ夫の1日の家事・育児時間と30歳代前半の女性の労働力率は正の関係にあることを指摘している．また，家計経済研究所の「消費生活におけるパネル調査」(1993-2000年)を用いて，夫の家事分担率が40%以上であると妻が出産時に離職する可能性が極めて低いという結果を出している．夫の家事参加，育児参加に関しては，日本家族社会学会全国家族調査研究会「家族についての全国調査」1998年を用いて分析を行い，末子年齢，母親同居，夫の労働時間，妻の労働時間，夫婦の相対的年収が有意に影響していることを示した．ただし，このデータは，家事参加と育児参加を週当たりの頻度で聞いている．

　先述した2つの分析方法は，完全に異なっているというわけではなく，理論的に導かれる命題と第2の方法で考えている夫の家事決定要因は重なりあう点も多い．これまでの研究の結果からも，家計行動の理論によって導かれた命題が実証分析により支持されないことが多いことがわかる．ここでのアプローチは，理論分析に依存しているが，正社員の労働時間が自由に決定できるかどうかを検討して，労働時間が外生的に決められているために家事時間が最適点より短くなる可能性に焦点を当てている．家庭の状況を一定以上に保つためには一定以上の家事が必要であるといった制約条件とそれに関連した，妻が市場労働を行わない選択に注意を払いつつ分析を行う．分析のための変数として，第2の分析方法の要因も導入し，結果を解釈するということも行っている．

　折衷的なアプローチを採ることで，分析において，共働き家計と専業主婦家計のデータを混ぜて使うことができ，サンプルの数を増やすことができる．また，理論の枠組みでは扱えない要素を柔軟に考慮に入れることが可能となる．時間配分を効用を最大化するように自由に決定できるならば，自由な選択の結果であるのでワーク・ライフ・バランスに関して問題は少ない．日本において問題になっているのは，むしろ労働時間が何らかの理由で自由に決められず，そのことが他の時間配分にゆがみをもたらしているという点にある．したがって，理論上の内点解のみを扱うのは問題が残る．

　理論モデルでは，夫と妻の時間配分の決定が同時決定となっているが，実証

分析では，夫の家事時間の決定において妻の就業決定は外生変数として扱っている．また，妻の就業決定のモデルにおいても同様に，夫の労働時間決定は所与と考えている．同時決定モデルとして明確には扱っていない点に課題が残る．

3 家計の時間配分決定の理論と推定モデル

Solberg and Wong(1992)のモデルを中心に，家計で1つの効用関数をもつモデルを考える．すなわち，次のような効用関数を考える．

$$U = U(l_1, l_2, X) \tag{1}$$

ここで，l_i は個人 i の余暇時間であり，$i=1$ は夫，$i=2$ は妻を表している．X は合成財を表す．X は家庭で生産される部分 X_h と市場で購入される部分 X_m から構成される．したがって，$X = X_h + X_m$ となる．

家庭の生産は次のような生産関数によって表される．

$$X_h = F(h_1, h_2) \tag{2}$$

h_i は個人 i により家庭での生産に使われる時間である．市場で購入する財は市場労働で得た収入から通勤や保育所を利用する費用 C を引いたものである．したがって，次のような式になる．

$$X_m = w_1 m_1 + w_2 m_2 - C \tag{3}$$

m_i は個人 i の市場労働時間，w_i は個人 i の市場賃金である．

所得制約は(2)式と(3)式からなり，時間制約は個人 $i=1, 2$ に関して次のようになる．

$$l_i + h_i + m_i + t_i = L \tag{4}$$

ここで，t_i は通勤時間，L は総時間となっている．

家計は(2)式と(3)式の所得制約と(4)式の時間制約の下で(1)式の効用を最大化すると考える．このモデルの内点解では夫と妻の家事分担は両者の時間当たり賃金の比率によってきまる．しかし，家庭を清潔に保つなどのために最低限必要

とされる家事の量があるとすると，夫は賃金が高くても家事をせざるを得なくなる．例えば，子どもの数が多い，子どもの年齢が小さい，妻の仕事が忙しいといったケースである．他方で，正規雇用されている場合には，モデルで考えているような，効用を最大化するように労働時間を選択することができない可能性がある．短期的には労働時間は外生的に，通勤時間も短期的には外生的に決まっているような場合には，家事をする時間が適切にとれないことになる．夫の残業時間や通勤時間が長く，帰宅後の疲労が激しいといった場合には，妻が家事を行わざるをえず，妻の家事時間が長くなったり，妻が正規雇用を続けることが困難になる可能性がある．夫が家事・育児に関する訓練の不足のため，家事・育児の生産性が極めて低い場合にも，妻の家事負担は増えることが予想される．

夫の家事時間の決定は，妻の就業行動を所与として，効用を最大化するように時間を家事と市場労働と余暇に分配する行動となる．ただし，市場労働時間が短期的には外生であるとすると，単に余暇と家事との間の選択となる．上記のモデルの考察から，夫の家事時間は，労働時間や通勤時間が長いことにより時間的な余裕がなくなって減少する．子どもが小さい，子どもが多い，妻が正社員であるといった最低必要な家事を増加させる要因は夫の家事時間を増やすことになる．夫と妻との相対的な賃金の違いといった相互の力関係も重要な要因となる．したがって，推定モデルとしては次のような式を考えている．

$$h_1 = a_1 + a_2 m_1 + a_3 t_1 + a_4 W + a_5 R + a_6 N + a_7 S + a_8 A + u_1 \tag{5}$$

ここで，$a_i(i=1-8)$ はパラメータを表す．h_1 は夫の家事時間，m_1 は夫の労働時間，t_1 は夫の通勤時間，W は夫の働き方を表す変数，R は家事の必要性を表す変数，N は夫婦の力関係を表す変数，S は育児・家事の支援に関する変数，A は年齢などその他のコントロール変数，u_1 は攪乱項を表している．夫の労働時間が外生変数であるかどうかについては，外生性の検定を行って確かめる．

次に，妻の就業の決定に与える夫の働き方を分析している．上記の理論の説明より，妻の就業は，夫の収入，労働時間，通勤時間，夫の働き方，夫以外の支援，子どもの数，子どもの年齢，本人の市場での価値といった変数によって

決まると考えられる．ただし，正規社員と非正規社員とでは，時間や働き方の制約に大きな違いがあると考えられる．妻の就業決定に関する推定式は次のようなものである．

$$p_2 = b_1 + b_2 m_1 + b_3 t_1 + b_4 y_1 + b_5 W + b_6 R + b_7 N + b_8 S + b_9 A + u_2 \qquad (6)$$

ここで，$b_i (i=1-9)$ はパラメータを表す．p_2 は妻の就業に関する変数，y_1 は夫の収入を表している．他の変数は(5)式と同じである．

第3に，夫の働き方の違いによって，妻が追加的に子どもをほしいかどうかを分析している．追加的な子どもに関する推定式は次のようなものである．

$$pc_2 = c_1 + c_2 m_1 + c_3 t_1 + c_4 y_1 + c_5 W + c_6 R + c_7 N + c_8 S + c_9 A + u_3 \qquad (7)$$

ここで，$a_i (i=1-9)$ はパラメータを表す．pc_2 は子どもがほしいかどうかに関する変数である．他の変数については(5)式と同じである．

4　使用したデータの特徴と働き方の変数

使用するデータは，国立社会保障・人口問題研究所の委託により，社団法人中央調査社によってUIゼンセン同盟とサービス・流通連合(JSD)に対して2007年1-2月に実施した「職場環境と少子化の関連性に関する調査」の従業員調査既婚者本人票と従業員調査既婚者配偶者票である．この調査は，UIゼンセン同盟とJSDに加盟している労働組合の組合員に対して実施されたもので，調査対象者から社団法人中央調査社に郵送により回収している．配布した質問票の数は，既婚者本人票，既婚者配偶者票ともにUIゼンセン同盟2,680，JSD130となっている．回収率は，既婚者本人票51.3％，配偶者票46.7％であった．そのうち，既婚者本人票には男性と女性が入っているので，男性だけを取り出し，また変数により回答が欠落しているケースがあるため，夫の家事時間の分析では856から858サンプル，妻の就業の分析では805から809サンプル，39歳以下の妻の出産希望の分析では592サンプルとなっている．

第1の分析は，(5)式を推定して，夫の家事時間が，夫の働き方に依存しているのかを主に見ようとしている．そのほかの決定要因として，家事の必要性の

度合い，夫婦の力関係，家事育児の支援の有無に関連する要因を考えた．夫の家事時間の決定要因の分析には，被説明変数として夫の「平日の家事時間(掃除・炊事・洗濯・育児)」を使用している．説明変数として，次のようなものを使用している．時間的・精神的余裕に関係する働き方を表す変数として，労働時間，通勤時間，職種，フレックスタイム制度の利用可能性，シフト制，仕事が体力的な面できついかどうか，精神的な面できついかどうか，時間的な面できついかどうか，仕事の量・仕事の内容・退社時間をどのくらい自分で調節・決定可能か，残業手当を付けずに残業を行うことが多いかどうか，残業に対する職場の雰囲気を入れた．次に，家計における家事の必要量を表す変数として，子ども数，末子の年齢，妻の就業状況を説明変数に入れている．また夫婦間の力関係を表す変数として，両者の学歴，職種を，家事の支援者の有無を表す変数として，3世帯同居，日常的に子育てを手伝ってもらうことのできる配偶者以外の家族がいるかどうか，を使用した．

　第2の分析は，(6)式を推定して，妻の就業選択に対して，夫の働き方，家事の必要度，夫婦の力関係，家事育児の支援者の有無がどのように影響しているかを見ている．妻の就業に関して被説明変数は，就業しているかどうか及び正規雇用として就業しているかどうかを使用した．説明変数は，夫の家事時間の決定要因分析ともほぼ同様な変数を使用したが，夫の年収(月収×12＋年間ボーナス)を追加した．

　第3の分析は，(7)式を推定して，妻が子どもを追加的に持とうとする希望に対して，夫の働き方，家事の必要性，夫婦の力関係，家事育児の支援者の有無がどのように影響しているかを調べている．妻が子どもを追加的に持とうと思っているかどうかという希望に関して，「今後，何人の子どもを持とうと思っていますか」という質問に対して，「持とうと思っている」を1に，「思っていない」を0として被説明変数を作成した．説明変数には第2の分析と同じような，夫の働き方，年収などを使用した．

　アンケートにおいて，出産，育児，子育て全般に関する支援について，配偶者の理解協力の不足または充足の度合いを聞いている．この質問に対して夫に関して，「非常に不足していると思う」と答えた者5.4％，「どちらかというと不足していると思う」21.3％，「どちらかというと充実していると思う」44.4％，

表 9-1　記述統計

	平均	標準偏差	最小値	最大値		平均	標準偏差	最小値	最大値
家事時間(夫)(時間)	0.674	0.881	0	5	サービス残業なし	2.136	0.800	1	3
労働時間(夫)(時間)	49.760	9.860	10	90	通勤時間(夫)(分)	40.798	26.235	1	130
子ども数	1.371	0.961	0	5	妻専門学校・短大	0.372	0.484	0	1
末子年齢	4.444	5.025	0	18	妻大学以上	0.253	0.435	0	1
親との同居	0.090	0.286	0	1	子育て支援	0.429	0.495	0	1
専門学校・短大	0.103	0.305	0	1	(夫以外家族)				
大学以上	0.590	0.492	0	1	妻就業	0.464	0.499	0	1
管理・専門職	0.060	0.237	0	1	妻正規就業	0.154	0.361	0	1
技術職	0.179	0.383	0	1	年齢(夫)	37.883	6.714	23	61
事務職	0.387	0.487	0	1	年齢(妻)	36.158	6.458	21	60
技能職	0.164	0.371	0	1	(年齢(夫))				
販売職	0.180	0.384	0	1	20 歳代	0.116	0.321	0	1
その他職業	0.001	0.032	0	1	30 歳代	0.564	0.496	0	1
正社員	0.996	0.065	0	1	40 歳代	0.262	0.440	0	1
フレックスタイム	0.414	0.493	0	1	50 歳以上	0.055	0.228	0	1
シフト制	0.229	0.420	0	1	(年齢(妻))				
体力的に楽	2.392	0.717	1	4	20 歳代	0.133	0.340	0	1
精神的に楽	1.982	0.638	1	4	30 歳代前半	0.309	0.463	0	1
時間的に楽	2.165	0.741	1	4	30 歳代後半	0.307	0.462	0	1
残業雰囲気	0.311	0.463	0	1	40 歳代前半	0.146	0.353	0	1
自己裁量なし					40 歳代後半	0.074	0.262	0	1
(仕事の量)	2.309	0.826	1	4	50 歳以上	0.031	0.162	0	1
(仕事の内容)	2.400	0.841	1	4					
(納期や締め切り)	2.705	0.848	1	4					
(会議開催時期)	2.766	0.859	1	4					
(出勤時間)	2.738	1.075	1	4					
(退社時間)	2.266	0.995	1	4					
(有給休暇取得)	1.829	0.776	1	4					

「非常に充実していると思う」23.4％，判断不能 5.0％ であり，充実していると答えている比率が 68.3％ と大半を占めている．夫の理解協力の度合いはかなり良好と妻から評価されている．表 9-1 に記述統計量がまとめてあるが，夫の家事時間は平均 0.67 時間と時間そのものは短くなっている．家事時間は時間単位で聞いているが，半数以上が 0 時間であり，0 時間と 1 時間に集中している．

　表 9-1 より，男性従業員の 59％ が大卒であり，最も多い職が事務職で 38.7％，通勤時間は片道で平均 40.8 分，労働時間は週平均 49.8 時間である．

妻の学歴は37.2%が専門学校あるいは短大卒，25.3%が大卒以上，あわせて62.5%が高等教育を受けている．妻のうち46.4%が就業しているが，正規就業は15.4%だけである．平均年齢は夫37.9歳，妻36.2歳となっている．全体として学歴も高めになっているが，組合を基に作成したデータのためと考えられる．

　表の「体力的に楽」「精神的に楽」「時間的に楽」という変数は，「あなたの今の仕事は体力的(精神的, 時間的)な面できついですか」という質問に対して，「かなりきついと感じている」を1，「少しきついと感じている」を2，「やや楽だと感じている」を3，「かなり楽だと感じている」を4として，そのまま数字を説明変数として入れている．したがって，数字が小さいほどきつく，大きいほど楽であると感じていることになる．「残業の雰囲気」の変数は，「残業に対する職場の雰囲気はどうですか」という質問に対して，「残業をする人はがんばっているという雰囲気がある」と「残業をすることは必ずしも強く要請されていないが，上司より先に帰りにくい雰囲気がある」と答えた場合に1を，「残業は問題であるという雰囲気がある」と「残業に対して特に決まった雰囲気があるわけではない」と答えた場合に0として作成した．自己裁量の変数は「以下の項目について，どのくらい自分で調節・決定することが可能ですか」という質問に対して，「大体自分の裁量で決められる」を1，「ある程度自分の裁量で決められる」を2，「自分の裁量で決められる部分はあまりない」を3，「裁量の余地はない」を4として，そのまま数値を説明変数として入れている．項目としては，仕事の量，仕事の内容，仕事の納期や締め切り，会議やミーティングの開催時間，出勤時間，退社時間，有給休暇の取得である．「サービス残業なし」の変数は，「あなたは残業手当を付けずに残業を行うことが多いですか」という質問に対して，「行うことが多い」と答えた場合に1，「たまに行うことがある」に2，「ほとんど行わない」に3として，数字をそのまま使用している．

5　夫の家事時間を決める要因――実証分析結果

　夫の家事時間の決定要因分析において，夫の労働時間が企業の要因で主とし

て決まり，自分で決定する余地が少ないと外生変数となる．したがって，労働時間が家事決定要因分析において外生変数かどうかを調べる必要がある．そのため，まず，操作変数を用いてダービン＝ウー＝ハウスマン・テストを実施した(北村，2009: 70-71)．クロスセクションデータにおいて適切な操作変数を見つけることはきわめて難しいが，ここでは企業に対する調査から企業規模，従業員男女比率，従業員定着率を操作変数として用いた．帰無仮説は，労働時間は外生変数であるというものである．計測された χ^2 の値は，0.03 となっており，p 値は 0.8549 であった．したがって，帰無仮説は棄却されなかった．また，Maddala(1992: 380-381)にしたがって，夫の労働時間を推定し，その推定した値を(5)式に説明変数として追加したが，有意でなく，やはり外生変数であることを棄却することができなかった．以上の検定から，ここでは夫の労働時間を外生変数として扱う．この結果は，都道府県のデータを用いた水落(2006)の外生性検定の結果と同じである．この検定結果は，家計が短期的には効用を最大化するように自由に時間配分ができず，夫の労働時間の制約の下で時間配分を決定せざるを得ないことを支持している．

　夫の労働時間を外生変数とした夫の家事時間の決定要因に関するトービット・モデルによる推定結果は，**表9-2** にまとめてある．通常の最小二乗法でも推定を行ったが，トービット・モデルの場合と大きな差はない．被説明変数の家事時間に半数を超えるゼロが入っているため，トービット・モデルを用いた推定を用いている．**表9-2** の結果は，夫の家事時間を 0 から 5 時間までをとって推定したものである．6 時間以上家事をしていると答えたケースは極めて少ない．0 から 2 時間の家事時間で 90% 以上を占めている．時間的余裕の面では，労働時間と通勤時間の係数はそれぞれ −0.02 と −0.01 であり共に有意に家事時間を減少させていて，時間的制約が家事時間を制約していることを支持している．労働時間の平均付近での弾力性は −1.55 となっており，通勤時間の弾力性は −0.666 となっている．すなわち，労働時間が 1% 増加すると家事時間は 1.55% 減少し，通勤時間が 1% 増加すると家事時間は 0.666% 減少することを表している．

　家事の必要性に関する変数では，子どもの数の係数は 0.31 程度，末子年齢の係数は −0.087 程度であり，子どもの数が多いこと及び一番下の子どもの年

齢の小さいことは，家事時間を増加させている．また，妻の就業は正規就業の係数は 0.61 程度で有意なのに対し，パートなどを含んだ就業の変数は負であるが有意でない．したがって，正規就業をしている場合にのみ，夫の家事時間を増加させている．妻の通勤時間の係数は 0.006 と小さい値であるが 10% 水準で有意であり，妻の長い通勤時間は夫の家事時間を増やしている．家庭における必要な家事の量が増加した場合に夫の家事時間は長くなり，予想された結果となっている．

　働き方の変数に関しては，基準の職業として技能・作業職をとっているが，その他職業以外の各職業は有意でなく，職業により家事時間が影響を受ける傾向は見られなかった．シフト制の係数は 0.48 程度であり，フレックスタイムの係数は 0.2 程度でともに有意となっていて，シフト制やフレックスタイムの採用は家事時間を長くしている．勤務時間の工夫というものが職業によっては効果があることを示していると考えられる．仕事が体力的につらいか楽か，精神的につらいか楽かは家事時間に影響を与えないが，時間的に楽であると係数は 0.2 前後で有意であり，家事時間が長くなっていた．労働時間や通勤時間と同様，時間的余裕の家事時間に与える重要性をここでも示している．ただし，このデータにおいて労働時間の長さと時間的に楽であるかどうかの相関はあまりない．仕事に関する自己裁量に関する変数はひとつひとつ推定式に入れた．ここでは仕事の量と退社時間の自己裁量の変数を入れた推定結果だけを示している．自己裁量に関する変数は大半のものが有意でないが，退社時間の自己裁量の係数は 0.148 であり唯一有意であった．これは，退社時間に関して自己裁量がないほうが，むしろ家事時間は長くなることを示している．退社時間に関しては自己裁量があるほうが早く退社できないという可能性がある．サービス残業の有無，残業をする雰囲気に関する変数は統計的に有意ではなかった．

　夫婦間の力関係を表す学歴の変数は，夫，妻ともに基準の教育水準は高卒以下である．夫の教育水準の係数は負であるものの統計的に有意でない．妻の教育水準は大学卒以上の場合，係数は 0.27 程度で夫の家事時間は長くなる．両者の力関係が家事時間に影響を与えるという仮説は，妻の学歴に関しては支持されている．

　家事の夫以外の支援に関する変数では，3 世代同居の変数は有意でない．ま

表 9-2　夫の家事時間の分析(トービット・モデルによる推定，(5)式)

労働時間	-0.021**	-0.021**	-0.02**	-0.021**
	(-3.38)	(-3.46)	(-3.30)	(-3.47)
子ども数	0.316**	0.309**	0.315**	0.31**
	(4.67)	(4.59)	(4.69)	(4.61)
末子年齢	-0.087**	-0.087**	-0.089**	-0.087**
	(-5.32)	(-5.37)	(-5.48)	(-5.36)
親との同居	0.131	0.124	0.141	0.125
	(0.66)	(0.63)	(0.72)	(0.63)
専門学校・短大	-0.049	-0.060	-0.061	-0.065
	(-0.26)	(-0.32)	(-0.33)	(-0.34)
大学以上	-0.226	-0.217	-0.23	-0.224
	(-1.52)	(-1.47)	(-1.57)	(-1.52)
管理・専門職	-0.060	-0.107	0.026	-0.087
	(-0.23)	(-0.40)	(0.10)	(-0.33)
技術職	0.138	0.107	0.188	0.116
	(0.73)	(0.57)	(0.99)	(0.61)
事務職	-0.179	-0.203	-0.091	-0.187
	(-0.98)	(-1.10)	(-0.50)	(-1.03)
販売職	-0.169	-0.190	-0.046	-0.175
	(-0.80)	(-0.89)	(-0.21)	(-0.83)
その他職業	0.589*	0.553*	0.659**	0.574*
	(1.85)	(1.75)	(2.09)	(1.82)
正社員	-1.252*	-1.277*	-1.173	-1.280*
	(-1.73)	(-1.77)	(-1.63)	(-1.78)
フレックスタイム	0.190*	0.192*	0.295**	0.204*
	(1.73)	(1.75)	(2.58)	(1.86)
シフト制	0.479**	0.486**	0.447**	0.48**
	(3.17)	(3.21)	(2.97)	(3.18)
30歳代	0.013	0.033	0.032	0.031
	(0.07)	(0.19)	(0.18)	(0.18)
40歳代	-0.025	-0.005	-0.015	-0.004
	(-0.12)	(-0.02)	(-0.07)	(-0.02)
50歳以上	-0.795**	-0.756**	-0.756**	-0.750**
	(-2.38)	(-2.28)	(-2.29)	(-2.26)
体力的に楽	-0.017			
	(-0.19)			
精神的に楽	0.091			
	(0.95)			
時間的に楽	0.172**	0.203**	0.215**	0.215**
	(1.83)	(2.63)	(2.81)	(2.75)
残業雰囲気		0.118	0.104	0.116
		(1.04)	(0.92)	(1.03)

自己裁量なし (仕事の量)		−0.041 (−0.69)		
自己裁量なし (退社時間)			0.148** (2.73)	
サービス残業なし				−0.023 (−0.41)
通勤時間	−0.011** (−4.74)	−0.01** (−4.72)	−0.01** (−4.66)	−0.01** (−4.70)
妻通勤時間	0.006* (1.90)	0.006* (−1.80)	0.006* (−1.77)	0.006* (−1.75)
妻専門学校・短大	0.103 (0.81)	0.101 (0.80)	0.105 (0.84)	0.102 (0.81)
妻大学以上	0.265* (1.73)	0.270* (1.78)	0.288* (1.90)	0.271* (1.79)
子育て支援 (夫以外家族)	0.095 (0.86)	0.103 (0.93)	0.110 (1.00)	0.107 (0.97)
妻就業	−0.056 (−0.37)	−0.064 (−0.43)	−0.046 (−0.31)	−0.060 (−0.40)
妻正規就業	0.6** (3.53)	0.616** (3.65)	0.607** (3.61)	0.619** (3.66)
定数項	1.923** (2.10)	2.104** (2.31)	1.355 (1.48)	2.036** (2.25)
擬似 R^2	0.0843	0.0848	0.0881	0.0847
LR	181.82	183.49	190.45	183.18
観察値数	856	858	858	858

注:( )内 t 値. *, **は,それぞれ10%水準,5%水準で有意を表す.

た,「日常的に子育てを手伝ってもらうことができる配偶者以外のご家族がいるかどうか」の変数も有意ではなかった.

　平日の夫の家事・育児時間はゼロ時間も多く,決して長くはないが,そういう状況の下でも予想したような推定結果が得られており,時間的余裕があればまた必要であれば家事・育児時間は増加していることがわかる.

　妻の就業決定式推定には,被説明変数が0と1であるので,プロビット分析を使用した.表9-3は正規雇用に関して,表9-4はパート・アルバイトなども含めた全ての雇用に関しての推定結果がまとめてある.ただし,表には限界効果が載せてある.プロビット分析において,限界効果が通常の最小二乗法の係数と同じ意味を持っている.すなわち,説明変数が1単位増加したときに被説明変数が何単位変化するかを表している.妻の正規社員としての就業は,夫

表 9-3　妻の就業分析(正規雇用, プロビット分析, (6)式)

妻 30 歳代	−0.087	−0.012	−0.009
	(−0.28)	(−0.37)	(−0.30)
妻 40 歳代	0.005	0.002	0.0008
	(0.11)	(0.04)	(0.02)
妻 50 歳以上	−0.102*	−0.102*	−0.101*
	(−1.75)	(−1.74)	(−1.70)
夫の年収	0.00009	0.00009	0.00009
	(0.75)	(0.81)	(0.78)
夫の労働時間	0.0005	0.0001	0.0002
	(0.35)	(0.11)	(0.12)
子ども数	−0.080**	−0.081**	−0.081**
	(−4.87)	(−4.90)	(−4.90)
末子年齢	0.005	0.005	0.005
	(1.55)	(1.49)	(1.55)
親との同居	0.109**	0.109**	0.110**
	(2.20)	(2.21)	(2.22)
夫専門学校・短大	0.017	0.021	0.017
	(0.40)	(0.48)	(0.40)
夫大学以上	0.004	0.005	0.003
	(0.10)	(0.14)	(0.10)
夫管理・専門職	0.024	0.009	0.028
	(−0.40)	(0.16)	(0.45)
夫技術職	0.037	0.028	0.036
	(0.81)	(0.64)	(0.79)
夫事務職	−0.031	−0.042	−0.029
	(−0.76)	(−1.00)	(−0.70)
夫販売職	−0.110**	−0.115**	−0.106**
	(−2.79)	(−2.97)	(−2.60)
夫その他職業	0.166*	0.145	0.166*
	(1.82)	(1.62)	(1.80)
夫正社員	−0.226	−0.200	−0.193
	(−0.84)	(−0.77)	(−0.74)
夫フレックスタイム	0.024	0.020	0.028
	(0.97)	(0.81)	(1.09)
夫シフト制	0.035	0.041	0.032
	(0.94)	(1.08)	(0.86)
夫体力的に楽	−0.037*	−0.028	−0.025
	(−1.75)	(−1.57)	(−1.39)
夫精神的に楽	0.014		
	(0.69)		
夫時間的に楽	0.013		
	(0.61)		

夫残業雰囲気		−0.01	−0.01
		(−0.42)	(−0.42)
夫自己裁量なし		−0.017	
(仕事の量)		(−1.17)	
夫自己裁量なし			0.009
(退社時間)			(0.69)
夫通勤時間	−0.0005	−0.0004	−0.0005
	(−1.09)	(−1.01)	(−1.06)
妻専門学校・短大	−0.002	−0.003	−0.002
	(−0.08)	(−0.12)	(−0.07)
妻大学以上	0.070*	0.070*	0.071*
	(1.88)	(1.91)	(1.91)
子育て支援	0.057**	0.057**	0.058**
(夫以外家族)	(2.29)	(2.28)	(2.31)
擬似 R^2	0.1139	0.1145	0.1131
LR	77.7	78.19	77.16
観察値数	808	809	808

注：( ) 内 t 値．*，**は，それぞれ 10％水準，5％水準で有意を表す．

の所得や学歴には影響を受けず，家事の必要性要因に大きな影響を受けていることがわかる．子どもの数の限界効果は−0.08 で統計的に有意である．子どもの多いことが必要な家事を増やして正規社員としての就業を妨げている．末子の年齢の係数は予想されるように正であり，t 値もかなり高いが，統計的に有意ではない．3 世代同居や配偶者以外の子育て支援は，限界効果がそれぞれ 0.11 と 0.057 であり，統計的に有意に正規就業を増やしている．夫の要因では，労働時間や通勤時間はまったく有意な影響を与えていない．フレックス制度，シフト制，仕事の体力的・精神的・時間的きつさ，仕事の量・仕事の内容・退社時間などに関する自己調整・決定，残業に関する職場の雰囲気といった変数もまったく有意ではない．夫の職種では，販売サービス職の限界効果が−0.11 程度で妻の正規就業にマイナスの要因を与えている．夫の学歴は有意でないが，妻の学歴では大卒の限界効果が 0.07 であり，正規就業の確率を高めている．妻の年齢は 29 歳以下を基準として，30 歳代，40 歳代，50 歳以上というダミー変数を説明変数に入れている．50 歳以上になると正規雇用就業が減っている以外は統計的に有意でない．

　パート・アルバイトなどの就業も含めた妻の就業に関しては，正社員の就業

表9-4 妻の就業分析(全雇用, プロビット分析, (6)式)

妻30歳代	0.033	0.033	0.033
	(0.63)	(0.62)	(0.61)
妻40歳代	0.131*	0.136*	0.119
	(1.69)	(1.76)	(1.54)
妻50歳以上	−0.304**	−0.304**	−0.297*
	(−2.59)	(−2.59)	(−2.48)
夫の年収	0.0002	−0.0002	−0.0002
	(−0.96)	(−0.91)	(−0.94)
夫の労働時間	0.001	0.0004	0.0001
	(0.62)	(0.19)	(0.06)
子ども数	−0.19**	−0.19**	−0.188**
	(−7.11)	(−7.08)	(−7.00)
末子年齢	0.046**	0.045**	0.046**
	(7.70)	(7.59)	(7.69)
親との同居	−0.006	−0.008	0.001
	(−0.09)	(−0.10)	(0.02)
夫専門学校・短大	−0.127*	−0.122*	−0.141**
	(−1.83)	(−1.75)	(2.03)
夫大学以上	0.031	0.032	0.027
	(0.56)	(0.59)	(0.49)
夫管理・専門職	0.036	0.012	0.04
	(0.37)	(0.12)	(0.40)
夫技術職	0.035	0.027	0.037
	(0.49)	(0.38)	(0.51)
夫事務職	−0.014	−0.027	−0.006
	(−0.20)	(−0.38)	(−0.08)
夫販売職	−0.016	−0.035	−0.022
	(−0.20)	(−0.44)	(−0.28)
夫その他職業	0.086	0.074	0.093
	(0.67)	(0.58)	(0.73)
夫正社員	−0.349	−0.351	−0.335
	(−1.15)	(−1.15)	(−1.08)
夫フレックスタイム	−0.048	−0.053	−0.037
	(−1.23)	(−1.35)	(−0.92)
夫シフト制	0.056	0.061	0.042
	(1.00)	(1.09)	(0.75)
夫体力的に楽	0.007		
	(0.22)		
夫精神的に楽	−0.072**	−0.059*	−0.049**
	(−2.08)	(−1.94)	(−1.63)
夫時間的に楽	0.032		
	(0.95)		

夫残業雰囲気		0.006	−0.005
		(0.16)	(−0.13)
夫自己裁量なし (仕事の量)		−0.038 (−1.56)	
夫自己裁量なし (有給休暇)			0.044* (1.62)
夫通勤時間	−0.002** (−2.42)	−0.002** (−2.45)	−0.002** (−2.46)
妻専門学校・短大	−0.023 (−0.52)	−0.023 (−0.51)	−0.029 (−0.63)
妻大学以上	0.005 (0.09)	0.003 (0.06)	−0.003 (−0.06)
子育て支援 (夫以外家族)	0.076* (1.89)	0.076* (1.90)	0.074* (1.84)
R^2	0.1347	0.1366	0.1361
LR	149.93	152.22	151.28
観察値数	806	807	805

注：( )内 t 値．*，**は，それぞれ10％水準，5％水準で有意を表す．

とかなり結果が異なる．夫の所得や労働時間が影響を与えていないのは同じであるが，夫の通勤時間は限界効果が−0.002という小さい値ではあるが負の影響を持っている．夫の学歴も専門学校・短大卒だけが−0.127と就業を低くする有意な影響を持っている．夫の販売職は有意でなくなっている．家事・育児の必要性を高める子どもの数と末子年齢は限界効果がそれぞれ−0.19，0.046と有意であり，子どもの数が多いほど，末子年齢が低いほど妻の就業は低くなる．家族の支援に関して，3世代同居は有意でないが配偶者以外の家族の子育て支援は限界効果が0.076と有意に就業確率を高めている．この限界効果の値は妻の正規就業の値に比べて大きい．夫の働き方では，精神的にきついと就業は増えている．妻の学歴は正規就業の場合と異なり，有意な影響がなくなる．妻の年齢は，40歳代で就業が増加し，50歳以上で減少する傾向が見られ，50歳以上での減少効果は正規就業のケースより大きい．

この分析では夫の収入が妻の就業確率に影響を与えていない．一般には，永瀬(1997)や樋口(2000)のように，夫の収入は妻の就業確率を低くしているという結果が多い．特に，夫の一時的な所得の変化に対しては就業の変化はないが，恒常所得の変化に対して妻の就業は変化するという結果が支持されている．ここでの結果はデータの制約上，必ずしも普遍的な結論とは言いがたい面がある．

表 9-5 妻(39歳以下)の出産希望(プロビット分析, (7)式)

			限界効果
妻 30-34 歳	−0.344	(−1.63)	−0.137
妻 35-39 歳	−0.879**	(−3.80)	−0.338
夫の年収	0.031	(0.82)	0.012
夫の家事時間	−0.044	(−0.06)	−0.002
夫の労働時間	−0.004	(−0.61)	−0.002
子ども数	−0.858**	(−9.87)	−0.343
末子年齢	−0.112**	(−3.93)	−0.045
親との同居	−0.641*	(−2.14)	−0.241
夫専門学校・短大	0.27	(1.19)	0.107
夫大学以上	0.07	(0.39)	0.028
夫通勤時間	−0.001	(−0.27)	−0.0003
妻専門学校・短大	−0.01	(−0.06)	−0.004
妻大学以上	0.112	(0.59)	0.045
子育て支援(夫以外家族)	0.271**	(1.96)	0.108
妻就業	−0.273	(−1.49)	−0.109
妻正社員就業	0.098	(0.403)	0.039
定数項	1.899**	(4.10)	
R^2	0.4148		
LR	340.44		
観察値数	592		

注:( )内 t 値. *, **は, それぞれ10%水準, 5%水準で有意を表す.

ここで使用したデータは組合員を対象としたデータであるため, 夫の収入の変動が充分でなく, 夫の雇用が安定し, 収入も安定した仕事についていると考えられる. このため, 夫の収入が妻の就業に対して有意でない可能性がある.

表 9-5 に 39 歳以下の妻の追加的に子どもがほしいかどうかについてプロビット分析を使用した推定結果がまとめてある. 表には係数と限界効果の両方が載せてある. 夫の年収, 家事時間, 労働時間, 通勤時間, 学歴, 妻の就業といった変数は一切有意でなく, 子どもの数, 末子年齢, 親との同居, 夫以外の子育て支援といった変数が有意な効果を持っている. 夫の働き方よりは, 夫以外の子育て支援の影響が強い結果となっている. ただし, ここではサンプル数の関係で, 子どもの数をまとめて扱っているが, 第1子のケースと第2子のケースでは夫の労働時間や働き方の影響が異なる可能性がある. 特に第2子の出産を希望するかどうかという点に関して, 夫の労働時間や働き方が影響を与える可能性があるかもしれない. もう1つの留意点は, 前述したようにこのデータ

は組合員の調査であり，雇用は安定し給与に関しても大きな差がないために，夫の働き方の変数が有意でなかった可能性が残されている．

6　夫の時間的余裕が家事時間を増やす

本章では，第1に，夫の家事・育児時間と通勤時間，労働時間，働き方などとの関係を見ようとした．次に，妻の就業選択に与える夫の働き方の影響，第3に，夫の働き方と妻の追加的に子どもを持ちたいという希望との関係を見ようとした．分析のためのデータとしては，2007年に国立社会保障・人口問題研究所の委託により，中央調査社によってUIゼンセン同盟とサービス・流通連合(JSD)に対して実施された「職場環境と少子化の関連性に関する調査」の従業員調査既婚者本人票と従業員調査配偶者票を使用している．

夫の家事時間決定に関して労働時間が外生かどうかをまずテストしたところ，外生変数であることを棄却できなかった．すなわち，家計は自由に労働時間を選択できるわけではなく，夫の労働時間の制約の下で行動を決定していることになる．夫の家事時間決定モデルの推定の結果，夫の労働時間，通勤時間，仕事が時間的に楽といった時間的な余裕をもたらす要因が有意に家事・育児時間を増加させていた．また，子どもの数が多い，末子年齢が低い，妻が正社員といった家事・育児の必要性が増加する要因も有意に家事時間を増加させていた．夫の家事時間そのものは非常に短いが，必要性があったり時間に余裕がある場合には家事時間を増やすことを支持している．夫婦間の力関係を表す変数は妻が大卒という変数のみ有意であった．

妻の就業に関しては，正規雇用就業とパート・アルバイトを含めた就業の場合とで結果がかなり異なっている．正規就業に関しては夫の労働時間や働き方は有意でなく，子どもの数や子育て支援の変数が重要となっている．パートやアルバイトも含む場合には，子どもの要因と子育て要因に加えて，夫の通勤時間が有意に就業を減らしている．妻の追加的な子どもを持ちたいという考えに関しても，夫の働き方はあまり影響を与えておらず，子どもや子育て支援の変数が有意な結果となっている．夫の収入などが有意に効いていないが，このデータが組合員データであるため，雇用は安定し，収入も大きな変動がないとい

う制約が影響している可能性がある．

参考文献
北村行伸，2009，『ミクロ計量経済学入門』日本評論社．
小葉武史・安岡匡也・浦川邦夫，2009，「夫の家事育児参加と出産行動」『季刊社会保障研究』第44巻第4号：447-459．
小原美紀，2000，「長時間通勤と市場・家事労働――通勤時間の短い夫は家事を手伝うか？」『日本労働研究雑誌』476号：35-45．
永瀬伸子，1997，「女性の就業選択――家庭内生産と労働供給」中馬宏之・駿河輝和編『雇用慣行の変化と女性労働』東京大学出版会，第9章，pp. 279-312．
樋口美雄，2000，「パネルデータによる女性の結婚・出産・就業の動学分析」岡田章ほか編『現代経済学の潮流2000』東洋経済新報社，第4章，pp. 109-148．
松田茂樹，2002，「父親の育児参加促進策」国立社会保障・人口問題研究所編『少子社会の子育て支援』東京大学出版会，第14章，pp. 313-330．
松田茂樹，2005，「男性の家事・育児参加と女性の就業促進」橘木俊詔編著『現代女性の労働・結婚・子育て』ミネルヴァ書房，第4章，pp. 127-146．
松田茂樹・鈴木征男，2002，「夫婦の労働時間と家事時間の関係――社会生活基本調査の個票データを用いた夫婦の家事時間の規定要因分析」『家族社会学研究』第13巻第2号：73-84．
水落正明，2006，「家計の時間配分行動と父親の育児参加」『季刊社会保障研究』第42巻第2号：149-164．
Gronau, R., 1977, "Leisure, Home Production, and Work – the Theory of the Allocation of Time Revisited," *Journal of Political Economy*, 85(6): 1099-1124.
Maddala, G. S., 1992, *Introduction to Econometrics*, 2nd ed., Prentice-Hall.
Solberg, E. J. and D. C. Wong, 1992, "Family Time Use-Leisure, Home Production, Market Work, and Work Related Travel," *Journal of Human Resources*, 27: 485-510.

第 10 章 両立支援制度が男性の生活時間配分に与える影響

坂本　和靖

1　なぜ男性の家事・育児参加が求められているのか

　少子高齢社会において，生産年齢人口が減少するなか，経済力を維持していくため，女性労働力の活用が求められている．特に日本では，女性が結婚や出産などのライフイベントを契機に離職，転職（正規就業から非正規就業への転換）する傾向が強いため，女性の労働力の活用の余地は大きいとされている．

　結婚・出産後も女性にとって働きやすい環境づくりのために，育児休業制度（1992 年施行）を嚆矢とした，様々な両立支援制度が設置されてきた．しかし，その多くが子育て期の女性だけを対象と考えている傾向が強く（佐藤，2008），性別役割分業を前提とした働き方が固定化されたままで，女性だけに市場労働，家事労働の両方の負担を強いる形となっている（Hochschild, 1989=1991；津谷，2000；2002）．

　これでは，制度が存在したとしても，結局は就業継続をあきらめたり，就業時間を抑制する女性が多く，女性の労働力の活用という目標にはほど遠い．事実，育児休業制度が成立してから 20 年近く経った現在でも，第 1 子出産を契機に，就業女性の 3 分の 2 が退職している[1]．両立支援制度自体が存在していても，制度が利用できにくい社内の雰囲気や，制度自体の利用しづらさ，そして女性とともに家族を支える世帯員である男性の協力がないことが，女性労働力の活用を妨げている要因と考えられる．こうした現状を踏まえ，佐藤（2008）

---

[1]　第 1 子出産 1 年前は 73.5% だった就業率は，出産半年後には 24.6% となる（厚生労働省「第 1 回 21 世紀出生児縦断調査」（2001 年））．

は，男性の働き方が変わり，家事・育児への参加をすることによって，女性のライフスタイルの選択の幅も広がり，女性の活躍の場を広げられることを提言している．

では，男性の家事・育児参加を促進させるためには何が必要であるのか．本章では，その要因として，「就業環境」に注目し，またそれがもたらす，男性の生活時間の配分への影響について考察したい．

2　男性の家事・育児参加に関する研究

男性の家事・育児参加については，社会学において多くの先行研究の蓄積がある(松田，2004；2006；永井，1999；2001；2006；Tsuya and Bumpass, 2004；Ishii-Kuntz, 2003；Ishii-Kuntz et al., 2004；石井クンツ，2009)．

先行研究で挙げられている，男性の家事・育児参加の規定要因は以下のようにまとめることができる．(1)時間的余裕：妻がフルタイムで働いている世帯と比べ，妻が専業主婦やパートタイマーである場合は相対的に妻の家事時間が長く，夫の家事時間が短いなど，時間に余裕がある方が家事・育児を行う，(2)相対的資源差：妻の資源(学歴・収入)が高いほど，夫が家事をする，(3)家庭内需要：世帯内で必要となる家事・育児の増加により，世帯員それぞれが家事・育児を多く行う，(4)イデオロギー：性別役割分業感が強い夫ほど，家事をしない，(5)情緒関係：夫妻の情緒関係が安定するほど，夫は共同行動としての家事・育児に参加する，(6)父親のアイデンティティ：父親役割を重視している夫ほど家事・育児に参加する，(7)家族・近親者・友人のサポート：家族や友人から家事・育児の援助を受けられる世帯ほど夫が家事・育児に参加しない，(8)子育てに関する知識・スキル：育児に関する知識やスキルを高めることで夫が育児に参加する，(9)雇用不安：夫が雇用不安を抱いた場合，夫は業績をあげ，リストラを回避しようと労働時間を延ばそうとする．そのため，家事・育児参加から遠のいてしまう．(10)職場の環境・慣行：育児休業取得した男性がいる，上司・同僚の理解が得られるなどのファーザー・フレンドリーな職場では，夫は家事・育児に参加する．

以上列記したように，規定要因は多種多様であるが，本章では，雇用者と企

業の双方の情報が得られる貴重なデータ（Employee-Employer Matched Data）を活用できることを考慮し，(10)職場の環境・慣行という要因を中心に掘り下げていきたい．

石井クンツ(2009)でも指摘されている通り，従来の父親研究では家事・育児参加の要因として，家庭内に焦点をあてたものが多く，父親の就業環境などを考慮した研究は少なかった．しかし，海外では2000年代以降，父親の就業環境などを考慮した研究が進んでおり(O'Brien and Shemilt, 2003)，以下のような知見が得られている．

Ishii-Kuntz *et al*.(2004)では，職務満足度を取り上げ，職場に対しての満足感が低い父親ほど育児をしている結果が得られている．さらに，男性が育児をすることに対する職場の上司や同僚の理解がある，あるいは職場で既に育児休業を取った男性がいる場合には育児休業を取得しやすかったことが確認されている(Ishii-Kuntz, 2003)．

本章では，Employee-Employer Matched Dataを用いて，「就業環境」を，(i)両立支援制度の設置状況，(ii)両立支援制度の実際の利用状況に分類し，それぞれが既婚男性就業者の家事・育児参加に与える影響を考察したい．

3　企業情報と就業者情報のマッチングデータ

本章で用いるデータは，国立社会保障・人口問題研究所の「職場・家庭・地域環境と少子化との関連性に関する理論的・実証的研究」プロジェクトにおける「職業環境と少子化の関連性に関する調査」（以下，本調査，2007年11月実施）である．調査の対象は，UIゼンセン同盟，サービス・流通連合(JSD)に加盟している労働組合がある企業の就業者とその家族となっている．

調査票は，(a)企業票，(b)既婚者本人票，(c)独身者本人票，(d)既婚者配偶者票の4種類から構成されており，本章の分析では，このうち夫妻双方及び企業情報が把握できるように，(a), (b), (d)が揃ったサンプルを用いている．本調査の特徴の1つとして，雇用者情報だけではなく，企業情報，配偶者情報も併せて得ることができる点が挙げられる．これにより，1人の回答者が配偶者および勤務先に関する質問に全て回答する調査よりも，正確な情報を得ることができ

る．本章では，以上のようなサブサンプルを用いて，仕事と私的生活の両立を支援する制度と従業員の生活時間との関係について考察をしたい．

4 夫の家事・育児の規定要因の概観

両立支援制度が就業者の生活時間に与える影響についての詳細な分析に入る前に，本データを用いて，前節で挙げた様々な要因が有配偶男性の家事・育児参加に影響するか確認したい．

前述した要因のうち，本調査で捕捉可能な変数は以下の通りである（(6)父親のアイデンティティ，(8)子育てに関する知識を除く）．

	要　因	変　数
(1)	時間的余裕	妻の就業形態（正規就業者，非正規就業者【レファレンス】，無職）
(2)	相対的資源差	年齢差（夫－妻），夫妻就学年差（夫－妻），夫妻収入差（夫－妻）
(3)	家庭内需要	5歳以下の未就学児童の人数
(4)	イデオロギー	6歳時点に母親が就業していた[2]
(5)	情緒関係	会話の頻度[3]
(7)	家族・近親者・友人のサポート	日常的に子育てを手伝ってくれる家族の有無
(9)	雇用不安	雇用に対する不安の有無[4]
(10)	職場の環境・慣行	両立支援制度の利用者の有無[5]

---

[2] Fernandez et al.(2004)では，就業経験のある母親に育てられた男性は，結婚後も就業する女性を伴侶とする傾向が高く，Kawaguchi and Miyazaki(2009)では，フルタイムワーカーの母親の元で育った男性は，伝統的な性別役割分業感が薄い傾向があることが明らかになっている．また，本書6章においても，母親が就業していた独身男性は，結婚後および出産後も配偶者（妻）が就業することを望むという分析結果が得られている．そこで，性別役割分業感の影響をみるため，本人が6歳時点における母親の就業の有無を変数として加えた．

[3] 「あなたは，ふだん配偶者とよく会話するほうですか」の問いに対して，「かなりよく会話する」「まあまあ会話する」と回答するかどうか．

[4] 「あなたはご自身の雇用の面で将来に対して不安を感じることがありますか」．

(出産，育児，子育てに関する)上司・同僚・部下の理解の有無[6]

周囲がほとんど週60時間以上働いているかどうか

上記の説明変数を用いて，Tobit Model により，夫の家事・育児時間に与える影響をみると以下のような結果が得られた．

まず，家庭内要因では，夫の家事・育児時間に対して統計的有意に正の影響を与えたのは，妻が正規就業である場合，(5歳以下の)未就学児童人数，会話時間の頻度，日常的に子育てを手伝ってくれる家族の有無であった．一方，統計的有意に負の影響を与えたのは，夫妻月収差(夫−妻)のみであった．

加えて，本章で詳しく考察する，夫の就業環境による要因では，出産，育児，子育て全般に関する上司・同僚・部下の理解，両立支援制度のうち[7]，①「半日単位の年次休暇の取得」，③「深夜勤務の免除」，④「時間外労働の免除」，⑦「始業・終業時刻の繰上げ繰下げ」の4つの制度がそれぞれ(夫の家事・育児時間に対して)正に有意な影響を持っていることが確認された[8]．

総括すると，本データでは検証した8つの要因のうち，⑴時間的余裕，⑵相対的資源差，⑶家庭内需要，⑸情緒関係，⑺家族・近親者・友人のサポート，⑽職場の環境・慣行の6つの要因が夫の家事・育児時間に影響していることが確認された．しかし，⑺家族・近親者・友人のサポートは予想とは反し，夫の

---

5) 次節以降でみる限り，両立支援制度自体の有無は夫の生活時間に対する影響は確認できなかった．そのため，制度利用者の有無を利用している．
6) 出産，育児，子育て全般について，上司の理解，あるいは同僚や部下の理解が「どちらかというと充実していると思う」「非常に充実していると思う」と回答するかどうか．
7) ①「半日単位の年次休暇の取得」，②「育児等のための短時間勤務制度」，③「深夜勤務の免除」，④「時間外労働の免除」，⑤「法定を上回る育児休業制度」，⑥「法定を上回る介護休業制度」，⑦「始業・終業時刻の繰上げ繰下げ」，⑧「会社による託児所利用の支援」，⑨「在宅勤務制度」，⑩「勤務地限定制度」，⑪「結婚・出産退職者のための再雇用制度」，⑫「子どもの看護休暇制度」．
8) 紙幅の関係から，全ての図表を掲載できないが，統計的に有意であった(10%基準以下)両立支援制度はそれぞれ，以下のような係数(標準誤差)となっている．深夜勤務の免除：2.635 (1.037)，時間外労働の免除：2.518(0.892)，始業・終業時刻の繰上げ繰下げ：1.552(0.853)．ここでは，両立支援制度間の多重共線性を考慮し，制度1つずつを変数に加えた推計を行っている．

表 10-1　夫の家事・育児時間に関する推定(Tobit Model)

	係数	標準誤差
妻正規就業	2.034	(1.167)*
妻非正規就業	—	
妻無業	0.495	(0.925)
年齢差(夫-妻)	-0.039	(0.103)
就学年数差(夫-妻)	-0.038	(0.178)
月収差(夫-妻)	-0.056	(0.027)**
未就学児童数	4.996	(0.530)***
6歳時点の母親就業	0.742	(0.714)
夫妻の会話頻度	1.809	(1.195)*
手伝ってくれる家族	1.645	(0.733)**
雇用不安	-0.709	(0.785)
上司・同僚・部下の理解	1.168	(0.748)*
周囲が週60時間以上労働	-1.012	(1.113)
半日単位の年次休業	1.344	(0.812)*
定数項	1.917	(1.778)
サンプル数		740
尤度比カイ二乗		138.65
有意確率		0.000
疑似決定係数		0.028
対数尤度		-2,415.588

注：*** 1%，** 5%，* 10% 水準で有意．

家事・育児参加を促す結果となった[9]．

　以下では，このうち夫の職場による要因，特に両立支援制度について詳しく考察したい．多くの要因がある中で，なぜ職場環境にこだわる必要性があるのか．それは，Employee-Employer Matched Data という稀有なデータが利用可能という条件が整っているからという理由だけでなく，前節にも挙げたように，これまで職場環境が男性の家事・育児参加に与える影響について考察されることが少なかったこと，そして，家事・育児参加を促すという政策的な視点から考えた場合，職場環境を変化させることは，(家庭環境を変化させることよりも)相対的に社会的合意が得られやすいという理由が挙げられる．

---

9)　多重共線性による影響も考慮したが(手伝ってくれる家族の有無のみで推計)，近親者によるサポートは正に有意であった．正となる理由の1つとして，本変数では「家族(親や兄弟姉妹)」に限定しているため，親，親類の「目」を意識して，家事・育児が促されることが考えられる．

表 10-2 制度の有無，制度の利用状況　(%)

男性(813人)	A 半日単位の年次休暇取得	B 育児のための短時間勤務制度	C 深夜勤務の免除	D 時間外労働の免除
制度導入	77.7	89.4	91.4	91.1
利用経験(本人)	66.4	1.1	1.6	3.0
利用経験(周囲)	70.0	40.8	13.5	18.3
	E 始業・終業時刻の繰上げ繰下げ	F 子どもの看護休暇制度	G 会社による託児所利用の支援	H 在宅勤務制度
制度導入	71.3	24.6	10.7	0.5
利用経験(本人)	11.3	0.4	0.0	0.0
利用経験(周囲)	20.3	3.8	1.5	0.1

5 両立支援制度の有無，利用の有無が与える生活時間への影響

本章で用いる調査は，勤め先に両立支援制度が存在するかどうかだけではなく，その制度の(回答者自身の・周囲の)利用状況についても尋ねている点に特徴がある．

このうち，就業者の日常の時間配分に影響すると考えられる各制度(⑤，⑥，⑩，⑪以外)の有無[10]，制度の利用状況(回答者本人の利用経験，ならびに周囲の利用経験)別に家事・育児時間を比較したい[11]．まず，制度の有無，その利用状況については，表 10-2 にまとめた．それをみると，「半日単位の年次休暇所得」は多くの企業で存在しており，かつ回答者のほとんどが利用していることが確認された．しかしながら，「深夜勤務の免除」「時間外労働の免除」「始業・終業時刻の繰り上げ・繰り下げ」は多くの企業に設置されているものの，利用状況は芳しくなく，ほとんどの男性が利用していない．

また G「会社による託児所利用の支援」H「在宅勤務制度」は，ほとんどの

---

10) 個々の回答者にも制度の有無について尋ねているが(既婚者本人票，独身者本人票，既婚者配偶者票)，必ずしも企業票の回答結果と一致していない．これは，回答者の錯誤である可能性が高い(この点に関する分析は，本書 12 章に詳しい)．ここでは，制度の有無については，企業票の方が正確であると考え，企業票からの結果を用いている．

11) 本章では，両立支援各制度を独立したものとし，単独にその効果を定量的に捕捉しているが，制度の効果が複雑に関連していると想定した場合は，野口(2007；本書 12 章)が行っているように，個々の制度を類型化し，組み合わせることで，制度がもたらす効果を包括的に捕捉することも重要と考えられる．

会社で制度が存在しておらず, 本人, 周囲の人を含めた利用者も非常に少ないため[12], 以降の分析では記述統計, 回帰式の推計結果などは割愛している.

次に, (i)両立支援制度があるかどうか, (ii)実際に制度が利用されているかによって, 家事・育児時間[13](平日, 休日, 週あたり), 労働時間(残業時間・通勤時間を含む, 週あたり)に差異があらわれるかを確認した.

ここでは, 企業票からの情報を活用し, 両立支援制度の有無を区別した(表10-3). 制度の有無によって男性の家事・育児時間に違いがあらわれるのかを確認すると, どの制度でも, 統計的に有意な差異がなく, 制度が存在するというだけでは, 家事・育児時間に統計的に有意な相違がみられないことが確認された.

次に, 回答者本人の制度の利用経験の有無が生活時間配分に与える影響をみると(表10-4), ほとんどの制度において, 制度利用経験がある男性ほど, 家事・育児時間が長いことが確認された(特にA「半日単位の年次休暇取得」C「深夜業務の免除」F「子どもの看護休暇制度」)[14].

興味深い点は, 家事・育児時間への影響が(仕事がある)平日だけでなく, (仕事がない)休日にも表れている点である. 平日の仕事負担が軽減されることで, 休日に家事・育児参加することの表れとも考えられるが, 実際には, 制度ごとで労働時間の長短は不統一となっているため, 確証をえられなかった.

次に, 本人の利用に加え, 周囲の利用状況も含めた利用経験別に, 生活時間を比較すると(表10-5), 有配偶男性就業者では, A「半日単位の年次休暇取得」, B「育児等のための短時間勤務制度」, C「深夜勤務の免除」, D「時間外労働の免除」が利用されている場合, 夫の家事・育児時間が統計的に有意に長いことが確認された. 利用経験別の家事時間の差異は, 一部の制度では自分の利用経験別と比べて小さくなるものの, A, C, Dなどの利用率が高い制度では, 本人利用別の結果と違いはなかった. また, 労働時間では, A, Cにおいて, 本人・周囲の利用経験があるものほど, 短くなっていることが確認された.

---

12) 「会社による託児所利用の支援」本人利用: 男性0人, 女性1人. 周囲利用: 男性12人, 女性6人. 「在宅勤務制度」本人利用: 男性0人, 女性0人. 周囲利用: 男性1人, 女性0人.

13) ここでの家事・育児時間は「掃除・炊事・洗濯・育児」を指している.

14) B「育児のための短時間勤務制度」において, 予想とは異なる結果が得られているが, その差は3分(0.05時間)と非常に小さいため, ここでは捨象している.

表 10-3　制度有無別の家事・育児時間

男性(813人)	A 半日単位の 年次休暇取得		B 育児のための 短時間勤務制度		C 深夜勤務の免除	
	制度あり	制度なし	制度あり	制度なし	制度あり	制度なし
家事時間(時間／週)	8.28 >	7.27	8.11 >	7.55	8.12 >	7.37
平日(時間／日)	0.68 >	0.57	0.65 <	0.67	0.66 <	0.66
休日(時間／日)	2.63 >	2.39	2.62 >	2.24	2.61 >	2.18
労働時間(時間／週)	56.68 <	58.12	57.13 >	55.90	56.97 <	57.28

	D 時間外労働の免除		E 始業・終業時刻の 繰上げ繰下げ		F 子どもの 看護休暇制度	
	制度あり	制度なし	制度あり	制度なし	制度あり	制度なし
家事時間(時間／週)	8.10 >	7.53	7.82 <	8.62	8.25 >	7.99
平日(時間／日)	0.66 >	0.64	0.65 <	0.67	0.67 >	0.65
休日(時間／日)	2.59 >	2.46	2.48 <	2.83	2.55 <	2.59
労働時間(時間／週)	57.09 >	56.02	57.44* >	55.91*	56.64 <	57.12

注：*** 1%，** 5%，* 10% 基準で棄却．

表 10-4　制度利用(本人)の有無別家事・育児時間

男性(813人)	A 半日単位の 年次休暇取得		B 育児のための 短時間勤務制度		C 深夜勤務の免除	
	利用あり	利用なし	利用あり	利用なし	利用あり	利用なし
家事時間(時間／週)	8.60** >	6.97**	8.00* <	8.05*	12.69* >	7.98*
平日(時間／日)	0.70** >	0.57**	0.67 >	0.66	1.15** >	0.65**
休日(時間／日)	2.72 >	2.30	3.22* >	2.57*	3.54 >	2.56
労働時間(時間／週)	56.13*** <	58.72***	61.56 >	56.95	55.04 <	57.03

	D 時間外労働の免除		E 始業・終業時刻の 繰上げ繰下げ		F 子どもの 看護休暇制度	
	利用あり	利用なし	利用あり	利用なし	利用あり	利用なし
家事時間(時間／週)	10.38 >	7.97	9.90** >	7.82**	19.67** >	8.00**
平日(時間／日)	0.82* >	0.63*	0.82** >	0.64**	1.33 >	0.65
休日(時間／日)	3.04 >	2.52	3.04 >	2.52	6.67 >	2.56
労働時間(時間／週)	56.35 <	57.02	57.65 >	56.92	69.56** >	56.95**

注：*** 1%，** 5%，* 10% 基準で棄却．

表 10-5 制度利用(本人・周囲)の有無別家事・育児時間

男性(813人)	A 半日単位の 年次休暇取得		B 育児のための 短時間勤務制度		C 深夜勤務の免除	
	利用あり	利用なし	利用あり	利用なし	利用あり	利用なし
家事時間(時間/週)	8.52** >	6.90**	8.78* >	7.55*	10.01** >	7.74**
平日(時間/日)	0.70** >	0.56**	0.69 >	0.63	0.83*** >	0.63***
休日(時間/日)	2.69* >	2.30*	2.81* >	2.42*	3.11* >	2.49*
労働時間(時間/週)	56.34*** <	58.62***	56.46 <	57.37	55.35* <	57.26*

	D 時間外労働の免除		E 始業・終業時刻の 繰上げ繰下げ		F 子どもの 看護休暇制度	
	利用あり	利用なし	利用あり	利用なし	利用あり	利用なし
家事時間(時間/週)	9.79** >	7.65**	9.03 >	7.80	10.26 >	7.97
平日(時間/日)	0.78** >	0.63**	0.71 >	0.64	0.84 >	0.65
休日(時間/日)	3.14** >	2.45**	2.89 >	2.50	3.16 >	2.55
労働時間(時間/週)	56.20 <	57.18	57.28 >	56.92	55.44 <	57.06

注:***1%,**5%,*10%基準で棄却.

　本人の利用別と,周囲を含めた職場での利用環境別との違いを比較すると,本人の制度利用の別の方が,(統計的に有意となる)制度の数では差異が現れたが,生活時間数に与える影響は変わりがなかった.

　その1つの解釈としては,男性の場合,制度を利用している就業者自体の数が少なすぎるため,明示的に差が表れにくかったことが考えられるが,もう1つの解釈として,本人が利用しないまでも,周囲で制度を利用している人間がいることで,ワーク・ライフ・バランスに対して関心を持つようになるなどの同僚間の相乗効果(Peer Effect)とも考えられる.

6　Sample Selection を考慮した推計方法

　前節で行った記述統計による比較からも,両立支援制度が生活時間(家事・育児時間,労働時間)に与える影響を考察することができる.しかしながら,両立支援制度が導入,利用されている企業の就業者は,もともと家事参加に積極的で,仕事と家庭生活の両立を考慮し,制度が充実している企業に就職している(過大推計)[15],あるいは本調査の対象者である労働組合が組織されている会社の従業員は,時間外労働が管理されているため,制度の有無にかかわらず,

家族で過ごす時間が長く，家事参加が可能となる（過小推計）[16]などの Selection Bias が発生する可能性がある．換言すれば，就業先に両立支援制度がある者，またはその制度が利用可能な状態にある者（Treatment Group: TG）と，就業先に両立支援制度がない者，またはその制度が利用可能な状態にない者（Control Group: CG）とでは，制度が設置されているかどうか，制度が利用可能かどうかにかかわらず，もともと生活時間に違いがある可能性が高い．

そこで本節では，Propensity Score Matching 推計法により，この Selection Bias を除去した上でも，制度設置・制度利用可能の有無別に就業者の生活時間に差違があらわれるのかを検証したい．

以下では，簡単に推計法の説明を行う．ここでは，Treatment の存在による平均的な効果（Average Treatment Effect on the Treated: ATT）を推計することを目的とする．

$$ATT = E(Y_1 - Y_0|z=1) = E(Y_1|z=1) - E(Y_0|z=1) \tag{1}$$

$z=1$ は Treatment が存在する（制度が設置されている，制度が利用可能である）ことを，$z=0$ は Treatment が存在しないことを，Y_1 は Treatment が存在する（$z=1$）場合の Outcome（男性の家事・育児時間）を，Y_0 は Treatment が存在しない（$z=0$）場合の Outcome を意味している．

(1)式の右辺は"TG"の，Treatment を受けた時の Y と受けていない時の Y の差を示している．第1項は，"TG"が Treatment を受けた時の Y なので観察可能であるが，第2項の"TG"が Treatment を受けていない時の Y は観察不可能である．この問題を克服するために，条件付き独立性仮定（Conditional Independence Assumption: CIA）をおく．これは，観察可能な諸属性（X）をコントロールすることで，Treatment があるかどうかは Y に対して独立であるということを意味している．

$$Y_0, Y_1 \perp Z | X \tag{2}$$

---

15) 換言すれば，制度による効果以外にも，本人の家事・育児参加への積極的な姿勢による効果が含まれてしまう．
16) 換言すれば，調査対象者全体の家事・育児時間が長いため，制度が設置・利用されていなくとも家事・育児時間が長く，制度そのものの効果が過小となる．

上記の条件によって,同じ値のX(観測可能な説明変数)を持つ"TG"と,"CG"は,Treatmentがランダムに割り振られていることから,同じ値のXを持つ両者のYを比較することを可能にしている.しかし,複数のXを用いる場合,全てのXを条件付けたうえでのマッチングは現実的ではない.そこで,Rosenbaum and Rubin(1983)では,複数ある観察可能な変数Xの情報を1次元化させることで,マッチングを平易なものとした.

$$Y_0, Y_1 \perp Z | P(X) \tag{3}$$

この手法では,複数のXを1次元化させるために,まず,被説明変数ZをTreatment(両立支援制度の利用可能)の有無とし,後述する観察可能な説明変数群をXとしたLogit Modelの推計を行った($P(X) = P(Z=1|X)$).その結果からTreatmentを受ける確率$\hat{p}$(Propensity Score)を求める.さらに,この両者の比較を行う上で,必要なもう1つの条件としてあるのが,以下の(4)式である.

$$0 < P(Z=1|X) < 1 \tag{4}$$

これは,同じ観察可能な変数Xを持つ者は,TGとCGの両グループに対象者がいる必要があることを示している(Overlap Assumption).

実際のPropensity Scoreの推計のために,ここでは,以下の説明変数を用いてLogit推計を行った.

就業先情報:従業者数(100人),労働組合加入率(%),女性就業者割合(%),職場内でのノウハウを共有する雰囲気ある(ダミー変数),ほとんどの就業者が週60時間以上働いている(ダミー変数),仕事の繁閑の差が激しい(ダミー変数),社員のキャリアプランを配慮した移動の希望は聞き入れられるか(ダミー変数)

個人的属性:年齢(歳),就学年数(年),勤務期間(年),職業(管理職,専門職,技術職,技能・作業職,販売サービス業),本人労働時間(時間/週),未就学児童数,妻の就業(ダミー変数),幼い頃(6歳時点)の母親の就業経験(ダミー変数)

これにより，複数あるX情報を1次元化させることができる．次に$\hat{p}$が等しい(もしくは似通っている)"TG"と"CG"をMatchingさせ，両者のYの比較を行う．ここでは，Nearest-Neighbor Matchingを用いているが，その理由は以下の通りである．

　本調査は組合に調査協力を依頼しているため，組合があるような比較的大きな企業，そして回答者が組合員に偏っている可能性がある．そのため，社会一般の母集団における両立支援制度の設置割合，また制度の利用状況が通常の企業調査よりも，過剰に抽出され(Choice-Based Sampling)[17]，データから得られるPropensity Scoreが母集団と異なるため，Matching推計に影響する可能性が考えられる．

　しかし，Heckman and Smith(1995)やHeckman and Todd(2009)では，Propensity ScoreのOdds比を用いることで，この問題を回避している．そこでは，誤ったPopulation Weightの下で推計されたPropensity ScoreのOdds比は真のPropensity ScoreのOdds比のスカラー倍であり，両者は単調に相関している点を活かしている．Matchingの方法として，Nearest-Neighbor Matchingを用いることで，観察値の(Odds比に基づく)順序は真のPropensity Scoreを用いた時と同一となり，"TG"と"CG"を比較する際には，同じNeighborが選択されるため，誤ったPopulation WeightによるPropensity Score推計かどうかは問題でないとしている[18]．Smith and Todd(2005)では，この点を考慮し，Propensity Score(P)の代わりに，そのオッズ比($P/(1-P)$)を基準としたMatching方法を採用しており，本章もそれにならった．

7　制度利用の規定要因

　本節では，被説明変数をTreatmentの有無(両立支援制度運用の有無＝本

---

[17] 育児休業制度に関して述べるなら，1999年時点では，企業規模別にみると制度の有無の差が大きく，企業規模300人未満では育児休業制度がある事業所の割合が低かった(今田・池田，2004；労働政策研究・研修機構，2006)．その後の2007年時点では，企業規模30人未満の事業所を除いて，制度の導入が進んでいることが確認されているものの，制度の有無が企業規模によって規定されている面は否めない(池田，2009)．
[18] この場合は，観察値間の絶対的な距離を考慮しているKernel Matchingでは問題となる．

人・周囲を含めた，実際の利用者の有無)とした，Logit Model の推計結果を表章する．

本来なら，本人自身の制度利用経験を被説明変数とした分析も行いたかったが，本データでは，「半日単位の年次休暇の取得」「始業・終業時刻の繰上げ繰下げ」以外の制度では，制度利用者数が少なすぎ，前節で挙げた仮定を満たすことができなかったため，ここでは精緻な分析を行えなかった[19]．そのため，以下では，制度が実際に利用可能かどうかのみに注目していることを留意されたい．

まず，制度全体を俯瞰し，制度の利用環境に対して，統計的に有意な変数をみると，就業先情報では，企業の就業者数，労働組合加入率が大きいほど，就業者の利用可能性が高い(表10-6)．図示していないが，制度の有無と企業情報との関係についてみたところ，就業者数は制度の有無に強く影響しており，組合加入率は制度の有無自体には寄与していなかったことから，後者は利用しやすい環境を整えるという意味で寄与していると思われる．

また，女性就業者割合は，「半日単位の年次休暇取得」「育児のための短時間勤務制度」「深夜勤務の免除」「時間外労働の免除」に対しては負の効果が観測された．効果が負となる理由として，両立支援制度の充実が費用を伴うものであり，それを避けるために企業は女性の雇用を抑制することが考えられる(松繁, 2007)．

キャリアプランを考慮した人事が，ほとんどの制度の利用可能性に対して正の効果がみられ，就業者のライフプランに対応したキャリアを考慮する会社ほど両立支援制度の利用可能性が高く，就業先でほとんどの人が週60時間以上働いている環境では，制度の利用可能性は低いことが確認された．

また，個人的属性では，(事務職と比べ)技能・作業職であるほど両立支援制度の利用可能性が下がっていた．一方，販売サービス業では，「半日単位の年

---

19) 本人自身の制度利用の有無の場合，Propensity Score Matching における2つの仮定(Conditional Independence Assumption, Overlap Assumption)が成立しないことが確認されたため，ここでは，Logit 分析による結果，ATT の結果を掲載しない．詳しく述べるなら，前者の仮定では，複数の制度において，両グループ間の平均値の Bias が大きすぎるため，後者の仮定では，Matching を行った際の削減率が高すぎるため，仮定が成立しないと判断した．

次休暇取得」「子どもの看護休暇制度」の利用可能性に対して負の影響が,「育児のための短時間勤務制度」に対しては正の影響がみられ,定まった効果が捉えられなかった.

8 両立支援制度が生活時間に与える影響

続いて,前節のLogit Model推計から得られた,Propensity Scoreを活用し,Treatment Group(制度利用可能性がある就業者)とControl Group(制度利用可能性がない就業者)との間で,家事・育児時間に違いがみられるか検証を行った.

まず,週あたり・家事時間をみると,A「半日単位の年次休暇取得」,C「深夜勤務の免除」,E「始業・終業時刻の繰上げ繰下げ」の各制度が有配偶男性の家事・育児時間(週当たり)に対して,それぞれ2時間強～3時間弱の正の効果があることが確認された.C,Eに至っては,休日の家事・育児時間にも正の影響をもたらしている.また,これらの値は記述統計による推計と比べて大きいことから(A:1.63,C:2.27,E:1.23),制度が利用可能となることによる効果が過小推計されていたことが確認できた[20].

また,E「始業・終業時刻の繰上げ繰下げ」制度において,労働時間にも正の影響がみられる.この点は,制度が活用されている職場では,平日の就労負担が軽減し,休日に家事・育児参加することが促されるという想定とは異なる結果が得られた.これは,制度利用に対する「スティグマ」が,制度利用後の労働時間の増加を促すことなどが考えられるが,解釈は難しい.

9 まとめ

本章では,両立支援制度が有配偶男性の生活時間(特に家事・育児時間)に与える影響について考察した.従来の研究では,有配偶男性の家事・育児参加は

---

[20] 以上の推計結果が統計的に頑健であるか確認するべく,前節にあげた2つの仮定(Conditional Independence Assumption, Overlap Assumption)の検証を行い,仮定が満たされていることが確認されたが,紙幅の都合上,割愛した.詳しくは坂本(2010)を参照されたい.

表 10-6　Logit Selection 推計結果(本人・周囲)

男性(813 人)	A 半日単位の年次休暇取得		B 育児のための短時間勤務制度		C 深夜勤務の免除	
	係数	標準誤差	係数	標準誤差	係数	標準誤差
就業者数(100 人)	0.015	(0.002)***	0.004	(0.001)***	0.008	(0.002)***
労働組合加入率(％)	−0.007	(0.005)	0.012	(0.005)**	0.018	(0.008)**
女性就業割合(％)	−0.020	(0.006)***	−0.039	(0.007)***	−0.017	(0.010)*
ノウハウ共有	0.150	(0.270)	0.439	(0.247)*	0.186	(0.367)
キャリアプランを考慮した人事	0.666	(0.190)***	0.279	(0.165)*	0.831	(0.241)***
ほとんどの人が週60時間以上就業	−0.659	(0.322)**	−0.915	(0.313)***	−1.397	(0.584)**
繁閑の差が激しい	−0.378	(0.185)**	0.021	(0.161)	−0.362	(0.235)
本人年齢	−0.071	(0.026)***	−0.035	(0.025)	−0.056	(0.041)
本人就学年数	−0.064	(0.058)	0.101	(0.051)**	0.007	(0.074)
本人勤務期間(年)	0.055	(0.024)**	0.018	(0.023)	0.045	(0.038)
本人労働時間(時間／週)	−0.010	(0.011)	−0.024	(0.010)**	−0.023	(0.016)
管理職	−0.245	(0.638)	0.074	(0.609)	0.346	(0.835)
専門職	1.188	(0.574)**	−0.092	(0.368)	−0.175	(0.515)
技術職	−0.106	(0.258)	−0.159	(0.214)	0.252	(0.283)
事務職(レファレンス)	—	—	—	—	—	—
技能・作業職	−0.072	(0.312)	−0.805	(0.264)***	−0.663	(0.368)*
販売サービス業	−1.312	(0.251)***	0.724	(0.236)***	0.184	(0.357)
未就学児童数	0.086	(0.140)	0.084	(0.120)	0.162	(0.172)
妻の就業	−0.264	(0.197)	0.303	(0.167)*	0.695	(0.235)***
本人母親の就業経験	−0.060	(0.182)	0.099	(0.156)	−0.251	(0.220)
定数項	4.767	(1.364)***	−0.661	(1.207)	−1.679	(1.840)
尤度比カイ二乗	190.37		95.33		60.26	
有意確率	0.000		0.000		0.000	
疑似決定係数	0.195		0.087		0.093	
対数尤度比	−393.671		−502.866		−293.945	

注：＊＊＊1％ 水準，＊＊5％ 水準，＊10％ 水準で有意．

家庭内の要因を中心に論じられていたが，本章では，就業環境という新しい視点から考察を行った．

　まず，記述統計量による分析から，両立支援制度の導入だけでは有配偶男性の生活時間配分に統計的に有意な影響を与えないことが確認された．

　また，制度が利用できる状態(本人を含め周囲で，制度を利用している就業者がいるかどうか)別に比較すると，「半日単位の年次休暇取得」「育児のための短時間勤務」「深夜勤務の免除」「時間外労働の免除」が利用されている企業に勤めている有配偶男性ほど，1時間強～2時間弱，週当たりの家事・育児時

男性(813人)	D 時間外労働の免除		E 始業・終業時刻の繰上げ繰下げ		F 子どもの看護休暇制度	
	係数	標準誤差	係数	標準誤差	係数	標準誤差
就業者数(100人)	0.005	(0.002)***	0.008	(0.002)***	−0.013	(0.007)*
労働組合加入率(%)	0.020	(0.007)***	0.008	(0.006)	−0.006	(0.012)
女性就業割合(%)	−0.020	(0.009)**	−0.010	(0.008)	0.009	(0.013)
ノウハウ共有	−0.009	(0.313)	0.447	(0.316)	0.174	(0.672)
キャリアプランを考慮した人事	0.776	(0.206)***	0.513	(0.198)***	1.528	(0.469)***
ほとんどの人が週60時間以上就業	−1.665	(0.497)***	−0.774	(0.381)**	−0.461	(0.880)
繁閑の差が激しい	−0.383	(0.207)*	0.069	(0.190)	−0.280	(0.429)
本人年齢	−0.057	(0.037)*	0.021	(0.026)	−0.005	(0.054)
本人就学年数	−0.029	(0.066)	0.013	(0.059)	−0.043	(0.123)
本人勤務期間(年)	0.051	(0.034)	−0.026	(0.024)	−0.009	(0.049)
本人労働時間(時間/週)	−0.006	(0.013)	−0.007	(0.012)	−0.026	(0.027)
管理職	0.751	(0.665)	—	—	—	—
専門職	0.051	(0.432)	0.089	(0.401)	−0.923	(1.104)
技術職	−0.308	(0.265)	−0.278	(0.254)	−0.595	(0.546)
事務職(レファレンス)	—	—	—	—	—	—
技能・作業職	−0.851	(0.318)***	−0.594	(0.314)*	−2.181	(1.068)*
販売サービス業	−0.170	(0.318)	−0.012	(0.279)	−1.411	(0.780)*
未就学児童数	0.149	(0.151)	−0.042	(0.144)	0.602	(0.271)**
妻の就業	0.323	(0.206)*	0.060	(0.194)	0.976	(0.457)**
本人母親の就業経験	−0.001	(0.194)	0.130	(0.182)	0.210	(0.400)
定数項	−1.121	(1.597)	−3.027	(1.476)***	−1.643	(3.175)
尤度比カイ二乗	67.24		39.87		47.04	
有意確率	0.000		0.002		0.000	
疑似決定係数	0.086		0.048		0.180	
対数尤度比	−358.075		−391.839		−107.521	

間が長いことが確認された．

次に，両立支援制度の導入，利用が進んでいる企業の就業者は，そもそも家事参加に積極的で，両立支援制度が充実している企業に入社している(過大推計)，あるいは本調査の対象者(労働組合が組織されている会社の従業員)は，時間外労働が管理されているため，制度の有無にかかわらず，家族で過ごす時間が長く，家事参加が可能となる(過小推計)などの Selection Bias を考慮した，Propensity Score Matching 推計を行った．

その結果，記述統計量で得られた結果とほぼ同様に，複数の両立支援制度で

表 10-7　両立支援制度が男性生活時間に与える影響(本人・周囲)

	A 半日単位の 年次休暇取得		B 育児のための 短時間勤務制度		C 深夜勤務の免除	
	ATT	標準誤差	ATT	標準誤差	ATT	標準誤差
家事時間(時間／週)	2.355	(1.420)*	0.802	(0.912)	2.883	(1.467)**
平日(時間／日)	0.190	(0.132)*	0.018	(0.089)	0.243	(0.142)*
休日(時間／日)	0.621	(0.482)	0.338	(0.297)	0.775	(0.533)*
労働時間(時間／週)	−1.168	(1.727)	0.740	(0.970)	0.640	(1.339)
	D 時間外労働の免除		E 始業・終業時刻の 繰上げ繰下げ		F 子どもの 看護休暇制度	
	ATT	標準誤差	ATT	標準誤差	ATT	標準誤差
家事時間(時間／週)	1.454	(1.434)	2.314	(1.121)**	1.419	(2.344)
平日(時間／日)	0.118	(0.128)	0.101	(0.112)	0.097	(0.213)
休日(時間／日)	0.480	(0.489)	0.982	(0.353)**	0.484	(0.762)
労働時間(時間／週)	1.783	(1.225)	3.148	(1.158)*	−1.446	(2.335)

注：*** 1% 水準，** 5% 水準，* 10% 水準で有意.

有配偶男性の家事・育児時間に対する正の効果が見られた(2時間強〜3時間弱)．また，「始業・終業時刻の繰上げ繰下げ」においては，労働時間にも正の効果が見られた．仕事と家庭生活の両立を促すための制度の活用は労働時間の抑制を促すと考えられたが，異なる結果が得られた．1つの理由として，制度利用に対する「スティグマ」が，制度利用後の労働時間の増加を促すことなどが考えられるが，これは推測の域を出ない．

本章では，夫の家事・育児参加について，家族関係などから考察された先行研究とは異なり，就業先の両立支援制度の有無，利用状況について考察してきた．第4節で挙げたように，世帯内における時間配分には，相対的資源差，情緒関係などによって強く規定されている部分が大きく，その中にあって，夫の就業環境は1つの要因に過ぎない．しかし，夫の家事・育児参加を促すという政策的視点から考えた場合，(家庭環境を変化させることよりも)職業環境を変化させることは，社会的合意が得られやすく，またその余地は大きいことから重視する必要がある．

男性の制度利用はまだ少ないものの，制度が利用されているという雰囲気が醸成されることで，職場の周囲の考え方・行動が家事・育児に対して肯定的なものに感化される可能性が広がると考えられる．

（付記）本書で用いている，「職業環境と少子化の関連性に関する調査」（社団法人中央調査社実施，国立社会保障・人口問題研究所委託）にご協力下さった，UIゼンセン同盟，日本サービス・流通労働組合連合（JSD）に加盟している労働組合と回答者の皆様，データ利用にあたり，ご配慮下さった野口晴子先生，酒井正先生に感謝申し上げたい．また，野口晴子先生，樋口美雄先生，府川哲夫先生をはじめ，「職場・家庭・地域環境と少子化との関連性に関する理論的・実証的研究」ワークショップ参加者より有益なコメントを頂戴した．記して感謝する．いうまでもなく，本章のすべての誤りは筆者に帰す．

参考文献

池田心豪，2009，「事業所における育児休業制度の普及状況――企業規模との関係を中心に」『出産・育児期の就業継続と育児休業――大企業と中小企業の比較を中心に』労働政策研究報告書，No. 109: 9-15.

石井クンツ昌子，2009，「父親の役割と子育て参加――その現状と規定要因，家族への影響について」『季刊家計経済研究』81: 16-23.

今田幸子・池田心豪，2004，『仕事と育児の両立支援策の拡充に向けて』JILPT Discussion Paper Series, 04-12.

川口章，2002，「ファミリー・フレンドリー施策と男女均等施策」『日本労働研究雑誌』503: 15-28.

坂本和靖，2010，「両立支援制度が男性の家事・育児時間に与える影響――労働組合員調査を用いて」Global COE Hi-Stat Discussion Paper Series, No. 152.

佐藤博樹，2008，「ワーク・ライフ・バランスと企業によるWLB支援」山口一男・樋口美雄編『論争 日本のワーク・ライフ・バランス』日本経済新聞出版社，pp. 106-123.

津谷典子，2000，「ジェンダーからみた就業と家事――日本と韓国とアメリカの比較」『人口問題研究』56(2): 25-48.

津谷典子，2002，「男性の家庭役割とジェンダー・システム――日米比較の視点から」阿藤誠・早瀬保子編『ジェンダーと人口問題』大明堂，pp. 167-210.

永井暁子，1999，「家事労働遂行の規定要因」樋口美雄・岩田正美編『パネルデータからみた現代女性』東洋経済新報社，pp. 95-125.

永井暁子，2001，「父親の家事・育児遂行の要因と子どもの家事参加への影響」『季刊家計経済研究』49: 44-53.

永井暁子，2006，「社会生活基本調査から見たワーク・ライフ・バランスの実態」『統計』7月号：28-34.

永井暁子・松田茂樹編，2007，『対等な夫婦は幸せか』勁草書房．

野口晴子，2007，「企業による多様な『家庭と仕事の両立支援』が夫妻の出生行動に与える影響――労働組合を対象とした調査の結果から」『季刊社会保障研究』43(3): 244-260.

松繁寿和，2007，「企業内施策が女性従業員の就業に与える効果」OSSIP Discussion

Paper-2007-J-001.
松田茂樹,2004,「男性の家事参加——家事参加を規定する要因」渡辺秀樹・稲葉昭英・嶋﨑尚子編『現代家族の構造と変容——全国家族調査［NFRJ 98］による計量分析』東京大学出版会,pp. 175-189.
松田茂樹,2006,「近年における父親の家事・育児参加の水準と規定要因の変化」『季刊家計経済研究所』71: 45-54.
山口一男・樋口美雄編,2008,『論争 日本のワーク・ライフ・バランス』日本経済新聞社.
労働政策研究・研修機構,2006,『仕事と育児の両立支援——企業・家庭・地域の連携を』労働政策研究報告書,No. 50.
Bryson, Alex, Richard Dorsett and Susan Purdon, 2002, "The Use of Propensity Score Matching in the Evaluation of Active Labour Market Policies," *Department for Work and Pensions Working Paper*, No. 4.
Caliendo, Marco, Reinhard Hujer and Stephan Thomsen, 2005, "The Employment Effects of Job Creation Schemes in Germany: Microeconometric Evaluation," IZA Discussion Paper Series, No. 1512.
DiPrete, Thomas and Markus Gangel, 2004, "Assessing Bias in the Estimation of Causal Effects: Rosenbaum Bounds on Matching Estimators and Instrumental Variables Estimation with Imperfect Instruments," *Sociological Methodology*, 34(1): 271-310.
Fernandez, Raquel, Alessandra Fogli and Claudia Olivetti, 2004, "Mothers and Sons: Preference Formation and Female Labor Force Dynamics," *Quarterly Journal of Economics*, 119(4): 1249-1299.
Heckman, James and Jeffrey Smith, 1995, "Assessing the Case for Social Experiments," *Journal of Economic Perspectives*, 9(2): 85-110.
Heckman, James and Petra Todd, 2009, "A note on adapting propensity score matching and selection models to choice based samples," *Econometrics Journal*, 12(s1): S230-S234.
Hochschild, Arlie, 1989, *The Second Shift*, New York: Penguin(田中和子訳,1991,『セカンド・シフト 第二の勤務——アメリカ共働き革命のいま』朝日新聞社).
Ishii-Kuntz, Masako, 2003, "Balancing Fatherhood and Work: Emergence of Diverse Masculinities in Contemporary Japan," in James Roberson and Nobue Suzuki, eds., *Men and Masculinities in Japan*, Routledge, pp. 198-216.
Ishii-Kuntz, Masako, 2004, "Fathers' Involvement and School-Aged Children's Sociability: A Comparison between Japan and the United States," *Japanese Journal of Family Sociology*, 16(1): 83-93.
Ishii-Kuntz, Masako, Katsuko Makino, Kuniko Kato and Michiko Tsuchiya, 2004, "Japanese Fathers of Preschoolers and their Involvement in Child Care," *Journal of Marriage and Family*, 66(3): 779-791.

Kawaguchi, Daiji and Junko Miyazaki, 2009, "Working Mothers and Son's Preferences Regarding Female Labor Supply: Direct Evidence from Stated Preferences," *Journal of Population Economics*, 22(1): 115–130.

O'Brien, Margaret and Ian Shemilt, 2003, *Working Fathers: Earning and Caring*, Research Discussion Series, Equal Opportunities Commission.

Rosenbaum, Paul and Donald Rubin, 1983, "The Central Role of the Propensity Score in Observational Studies for Causal Effects," *Biometrika*, 70(1): 41–55.

Smith, Jeffrey and Petra Todd, 2005, "Does Matching overcome LaLonde's critique of nonexperimental estimators?" *Journal of Econometrics*, 125(1–2): 305–353.

Sousa-Poza, Aflonso, Hans Schmid and Rolf Widmer, 2001, "The Allocation and Value of Time Assigned to Housework and Child-Care: An Analysis of Switzerland," *Journal of Population Economics*, 14(4): 599–618.

Tsuya, Noriko and Larry Bumpass, 2004, *Marriage, Work, and Family Life in Comparative Perspective: Japan, South Korea, and the United States*, University of Hawaii Press.

第3部 コメント

大森義明・水落正明

1 第7章について

　第7章「企業の両立支援策と労働時間——組合調査による分析」(大石亜希子)は,電機連合傘下の29労働組合と情報労連傘下の31労働組合に所属する組合員と企業を対象として2007年に実施された「職場環境と少子化の関連性に関する調査」の個票データを用い,ワーク・ライフ・バランス施策が労働時間と過剰就業に与える効果を分析している.

　大石の分析の特徴は,柔軟性に欠ける労働時間がワーク・ライフ・バランス達成を困難にすることに留意し,実際の労働時間の分析だけでなく,過剰就業(希望する労働時間と実際の労働時間の間のギャップ)についても分析していることである.過剰就業の日本の先行研究(原・佐藤,2008;山口,2009)と異なり,アンケート回答者に対し,時短と給与削減がセットであることを明示した調査のデータを用いている.

　労働時間の回帰分析では,対数賃金,通勤時間,年齢,勤続年数,学歴,子ども数のほか,ワーク・ライフ・バランス施策の4主成分,すなわち,①両立支援策一般の充実度,②(再雇用制度・在宅勤務制度などの)就業形態の多様性,③労働時間の柔軟性,④(半日単位の有給休暇などの)有給休暇取得の柔軟性を説明変数とし,最小自乗法(OLS)推定と(職種を賃金の操作変数とする)操作変数(IV)推定を男女別に行っている.推定結果は,ワーク・ライフ・バランス施策は女性の労働時間には効果を持たないこと,④有給休暇取得の柔軟性は男性の労働時間を短くするが,②就業形態の多様性は男性の労働時間を長くすることを示している.

　労働時間の回帰分析結果を解釈する際に留意すべき点がある.まず,ワーク・ライフ・バランス施策の女性の労働時間に対する効果が見出されなかったのは,女性のサンプルサイズ(215)が小さいことが影響を与えている可能性がある.また,大石が指摘するように,ワーク・ライフ・バランス施策の内生性

が推定結果に影響を与えている可能性もある．例えば，就業形態の多様性が男性の労働時間を長くするという結果は，男性の労働時間の長い職場では就業状態の多様性を認める傾向があるとも解釈できる．更に，男女を問わず，(常勤の正規職員・正規従業員にサンプルが限定されることによる)サンプルセレクションバイアスが推定結果に影響を与えている可能性もある．

労働時間を被説明変数とする回帰モデルの固定効果推定を可能とするような，労働時間と説明変数の2年間のデータがあったとしても内生性問題の解決は難しいと筆者は考える．ワーク・ライフ・バランス施策を導入した職場では，短時間労働の埋め合わせを同一労働者が後年に行う，あるいは，後年に予定している短時間労働の埋め合わせを同一労働者自身が前年に行うといった選択肢が生じ得るからである．暗黙的な長期の雇用契約下にある常勤の正規職員・正規従業員のサンプルではその可能性は高そうである．

過剰就業の分析では，過剰就業の有無を示すダミー変数を被説明変数とするプロビットモデルの推定を行っている．①ワーカホリックな上司が労働時間を長くしていないか，②長時間労働が労働者選別手段として採用されていないか，③仕事量の管理や配分上の問題が労働時間を長くしていないかの3つの仮説を検定している．対数賃金の推定値，または，観察されない生産性(推定値)，仕事全体の裁量度を示す主成分スコア，上司より先に帰りにくい職場を示すダミー，残業する人は高評価を示すダミー，職種を新たに説明変数に加えている．推定結果は，仮説①，③と整合的であるが，仮説②は男女とも支持されない．

大石は，このモデルを用い，ワーク・ライフ・バランス施策が過剰就業に与える効果も分析している．ワーク・ライフ・バランスが達成されれば(定義により)過剰就業はなくなる．しかし，ワーク・ライフ・バランス施策が過剰就業を減らすか否かは理論的にも定かでない．大石が指摘するように，ある労働者のワーク・ライフ・バランスを達成するために他の労働者が穴埋めをする必要があれば，他の労働者の過剰就業は増える可能性があるし，ワーク・ライフ・バランス施策の導入を契機に労働時間管理や人事評価の基準が見直されれば，過剰就業は減る可能性もあるからである．

推定結果は，ワーク・ライフ・バランス施策は男性の(平均的な)過剰就業に影響がないこと，女性については両立支援策一般の充実度の高さが過剰就業を

増やすことを示している．大石によれば，後者は子どものいない女性の場合のみについて見出され，両立支援策の充実している職場で働く女性労働者の希望労働時間が，他の職場で働く女性労働者の希望労働時間よりも短いことから生じる「過剰就業」である可能性があるという．しかし，ワーク・ライフ・バランス施策の内生性を無視したことによるバイアスを反映しているとも言えそうである．希望労働時間が短い職場にワーク・ライフ・バランス施策が導入される傾向があっても不思議ではない．

後継研究では，政策的インプリケーションを導くために，ワーク・ライフ・バランス施策の内生性問題を解決し，より代表的なデータを用いることにより，ワーク・ライフ・バランス施策の効果のバイアスの少ない推定値を得ることが重要課題となるであろう．大石が提案するパネルデータによる解決だけでなく，他の解決法も試みられるべきである．大石が指摘するように，サンプルが若く高学歴でスキルレベルの高いホワイトカラーに偏っていることが政策的インプリケーションを導く上で障壁になっている．

後継研究は，ワーク・ライフ・バランス施策が労働時間の柔軟化に与える効果についても検証すべきであろう．ワーク・ライフ・バランスのために重要なのは，必ずしも長時間労働を減らすことではなく，労働時間の柔軟性（日々の柔軟性と長期の柔軟性）である．ワーク・ライフ・バランス施策の導入が総労働時間を変えなくとも，柔軟化はワーク・ライフ・バランスに資するであろう．長期の柔軟性に関してはデータの制約が厳しいかもしれないが，日々の柔軟性に関しては，仕事の裁量度を被説明変数とする分析が試みられてもよい．

2　第8章について

本章では，女性を対象に，育児休業や短時間勤務などの制度利用と出産前後の就業継続の関係について分析している．「雇用均等基本調査」（厚生労働省）によれば，女性の育児休業取得率は高いが，論文も指摘するように，大半の女性はその前に退職を選択しており，女性全体を見たときに，こうした制度は必ずしも仕事と出産・育児の両立に寄与しているとは言えない．また，論文の指摘として，こうした制度を利用することなく，仕事と家庭を両立できるようであれば，それも重要な選択肢，というのはもっともである．

そこで本章では，どのような人が制度を利用し，就業を継続しているかに着目している．このような事象を分析するには，1時点の調査による回顧データでも可能であるが，本章のようにパネルデータを使って，各時点の情報を正確に把握したほうが分析の精度は高くなる．推定結果から両立支援策の効果を見ると，制度の有無に加えて，利用のしやすさが就業継続や制度の利用に影響することが明らかになっている．一般的には言われていることであるが，データから実際に確認されたのは重要なことである．ただ，これは同時に，利用しやすさという，政策的に介入するのが難しい部分がやはり存在していることの証明でもある．

以下，コメント5点について述べる．

①推定式によるサンプル数の違いである．**表8-3**において夫の変数を加えるとサンプル数がかなり減っている．ケース1とケース3では42減少しており，もとが258であることを考えると少なくない．したがって，推定結果が変わったのが夫の要因を加えたからなのか，特定の（夫の時間に関する回答が得られなかった）サンプルが推定から落ちることによって生じているのか判然としない．

②制度変数のもととなった質問について，もう少し解説があるとよいのではないだろうか．質問票を確認すると，制度について「ある」，「ない」，「わからない」の選択肢があり，「ある」場合には「利用しやすい雰囲気がある」，「利用しにくい雰囲気がある」，「どちらともいえない」の選択肢がある．公表されている資料によれば，制度の有無が「わからない」回答者や利用の雰囲気が「どちらともいえない」回答者はある程度，存在するが，これらがどのようにカテゴリー化されたのかわからない．読者のためにも，そうした点の説明もあったほうが良いであろう．

③限界効果の表示である．本章では示されていないが，一般的には，どの程度確率が上がるのかを示したほうが理解しやすいと思われる．

④就業継続の意味である．本章では2時点での就業の有無から継続を判断しているが，就業形態の変化などの観点からの考察もあると，より興味深い知見が得られたのではないだろうか．

⑤本章では，利用しやすさが重要であるという指摘がされている．そうする

と，その利用しやすさは何によって決定されるのか，それは政策的に介入可能であるのかについて知りたくなる．もちろん，本章はそこまでを射程に入れていないが，今後，そうした研究がおこなわれることを期待したい．

3　第9章について

　第9章「夫の家事時間を決定するもの」(駿河輝和)は，大石と同じ「職場環境と少子化の関連性に関する調査」の個票データを用い，夫の通勤時間，労働時間，働き方が夫の家事時間に与える効果，夫の労働時間，通勤時間，働き方が妻の就業行動に与える効果，夫の働き方が妻の子どもを追加的に持とうとする希望に与える効果を分析している．

　夫の家事時間の決定に関する分析では，被説明変数である夫の平日の家事時間が0以上である点を考慮し，トービットモデルを推定している．説明変数としては，夫の働き方(労働時間，通勤時間，職種，フレックスタイム制度の利用可能性，シフト制，体力面・精神面・時間的な面での仕事のきつさ，仕事の量・内容・退社時間の裁量度合い，サービス残業の頻度，残業に対する職場の雰囲気)，家事の必要度合い(子ども数，末子の年齢，妻の就業状況)，夫婦の力関係(夫婦の学歴，職種)，家事育児の支援の有無(3世代同居，日常的に子育てを手伝ってもらえる配偶者以外の家族の有無)を用いている．

　推定結果は，夫の労働時間が外生的であること，夫の労働時間，通勤時間，退社時間の自己裁量は夫の家事時間を減らすこと，シフト制，フレックスタイム制度，時間的に楽な仕事は夫の家事時間を増やすこと，夫の他の働き方に関する変数は夫の家事時間に影響を与えないことを示している．退社時間の自己裁量が夫の家事時間を減らすという意外な結果は，この変数の内生性問題を反映している可能性がある．

　妻の就業決定に関する分析では，被説明変数である妻の就業決定がダミー変数(就業しているか否か，正規雇用であるか否か)であることを考慮し，プロビットモデルを推定している．説明変数としては，夫の家事時間の分析の説明変数のほか，夫の年収を追加している．

　妻の正規雇用就業に関する決定の推定結果は，(販売サービス職の夫を持つ妻の正規雇用就業確率は下がるという例外を除き)夫の労働時間，通勤時間を

含む夫の働き方は妻の正規雇用就業には影響を与えないことを示している．

　パート雇用も含む妻の就業に関する決定の推定結果は，夫の通勤時間，精神的に楽な夫の仕事，夫の有給休暇の自己裁量が妻の就業確率を下げること，夫の収入，労働時間を含むその他の夫の働き方は妻の就業には影響を与えないことを示している．精神的に楽な夫の仕事，夫の有給休暇の自己裁量の効果は解釈が難しい．また，夫の収入が妻の就業に効果が見られないのは多くの先行研究の結果と非整合的であり，駿河が指摘するように，夫の雇用・収入が安定しているサンプルの特殊性を反映したものである可能性がある．

　妻が子どもを追加的に持とうとする希望に関する分析では，妻の就業決定の分析と同じ説明変数を用いている．推定結果は，夫の働き方は妻が追加的に子どもを持とうとする希望に影響を与えないことを示している．

　ワーク・ライフ・バランスに関する政策論議では，夫の働き方が夫の家事・育児時間を減らし，結果として，妻の家事・育児時間を増やし，妻の就業時間を減らし，妻が追加的に子どもを持とうとする希望を弱めるといった議論が聞かれることが多い．駿河の推定結果は，夫の働き方は夫の家事・育児時間に影響を及ぼすものの，妻の就業，妻が追加的に子どもを持とうとする希望には影響を及ぼさないことを示している．この意外な結果は，今後，多くの議論を呼ぶことであろう．

　後継研究では，夫の働き方が妻の家事・育児時間に与える影響に関する分析や，夫の家事・育児の内容や質にまで踏み込んだ分析が試みられてよい．夫の働き方が妻の就業や追加的に子どもを持とうとする希望に影響を与えないのは，夫の働き方が変わり，夫の家事・育児時間が多少変わったところで，妻の家事・育児時間は変わらないからなのかもしれない．

　後継研究では，駿河が指摘しているように，同時性の考慮が重要である．夫の家事時間の決定において妻の就業が外生変数として扱われ，妻の就業決定において夫の労働時間が外生変数として扱われている．

　他のデータによる類似の分析も価値がある．特に，夫の働き方が妻の就業，妻が追加的に子どもを持とうとする希望に影響を及ぼさないという結論が一般性のあるものなのかを確かめるには，他のデータによる類似の分析が必要である．

4 第10章について

 近年，男性の家庭役割の向上，すなわち家事・育児時間の増加など生活時間の配分を変えることが社会的に求められている．しかし，そうした男性の家事・育児時間に影響を与えるものの分析は，著者が述べるように，これまで，夫婦の学歴や子どもの有無など家族の要因を中心に行われ，政策の影響はほとんど検証されていない．本章は，その点について明らかにしようとする意欲的な研究である．

 本章の特徴は，家事・育児に積極的な人は両立支援制度の充実した企業に入る，というセレクション・バイアスをコントロールした上で，制度が男性の家事・育児時間に与える影響を確認しているところである．その分析結果からは，いくつかの制度について，男性の家事・育児時間を増加させる効果が明らかになり，その影響は平日だけではなく，休日にも表れていることが示されている．第8章でも指摘されていたが，本章でも制度が存在しているだけではほとんど効果がなく，利用可能性が重要であることが示唆されている．こうした知見は政策立案者にとって有益な情報であろう．

 以下，コメントを5つほど述べる．

 ①表10-3では，制度があるほうが少し家事・育児時間が多くなっているが，統計的には差がないという結果が示されている．家事・育児に積極的な男性は，両立支援制度が充実した会社に入るとすると，この時点で差が出ると考えたがそうではない．もちろん，単純な比較であるが，論文後半のサンプル・セレクションはそれほど生じていない，つまり制度を見て入社しているとはあまり言えないのではないか．

 ②表10-4では，制度利用経験の有無によって家事・育児時間に差が生じていることが示されている．これは，制度利用の有無というよりも，調査時点で，小さい子どもがいるために制度を利用し家事・育児時間が多い回答者が，計算に入っているからであろう．

 ③第6節で両立支援制度の利用可能の有無についてロジット推定を行っているが，この指標がどのように作成されたのか明確にされておらず，少々戸惑う．おそらく周囲を含めた利用の有無ではないだろうか．これをもとに Propensity Score を計算しているのであるから，もう少し丁寧な説明があると理解しやす

かった.

④表10-7で各制度の影響を述べているが，それぞれの制度で影響があったりなかったりするのはなぜなのだろうか．育児のための短時間勤務制度と子どもの看護休暇制度といった，子どもに直結するような制度の影響がなぜ出ないのかについて，制度の面から説明があると良かった．制度の影響を調べるうえでは，1つひとつの制度がどのようなものなのかの把握が分析結果の解釈に役立つであろう．

⑤制度の利用が家事・育児に影響するというのは，どういったメカニズムなのだろうか．一度経験したことによって，家事・育児に対する理解や技術が向上し，その後も積極的に取り組むのか，それとも単に現在利用中で時間がとれるから家事・育児時間が多いのか，それともその他の説明になるだろうか．本論文の後半では，制度の利用の可能性の影響が測られており，問題意識がデータに正確に反映されているのか，やや疑問を持った．

（付記）　第7，9章は大森，第8，10章は水落が担当した.

参考文献
原ひろみ・佐藤博樹，2008，「労働時間の現実と希望のギャップからみたワーク・ライフ・コンフリクト――ワーク・ライフ・バランスを実現するために」『季刊家計経済研究』No. 79: 72-79.
山口一男，2009，『ワークライフバランス――実証と政策提言』日本経済評論社.

第4部
ワーク・ライフ・バランス推進施策と家族形成

第11章 労働時間や家事時間の長い夫婦ほど出生率は低いか

戸田淳仁・樋口美雄

1 はじめに

　近年，日本でも，「仕事と生活の調和」促進に対する人々の関心が高まっている．2008年12月に，「仕事と生活の調和（ワーク・ライフ・バランス）憲章および行動指針」が策定され，さらに2010年7月には改正されこの実現に向かって，官民が一体となって，取り組んでいくことが宣言された．こうした動きの背景には，企業における画一的な長時間労働は，人々のメンタルヘルスに問題を引き起こし，女性や高齢者，若者の継続就業を難しくし，人々の意欲や能力を発揮する機会を奪っていると疑問視する声がある．それに加え，現状は，企業の生産性向上を阻害している可能性があると同時に，日本の少子化を加速させ，社会の持続可能性を困難にするのではないかと危惧する指摘も聞かれる．

　これまで日本で出生率が低下してきた理由としてしばしば指摘されてきたのが，経済的理由と女性の仕事と育児の両立の困難さであった．日本企業では労働時間が長く，しかも社会的にも保育サービスが不足しているため，子どもを育てながら仕事を続けることが困難となっている．さらに，一度仕事をやめてしまうと，再就職しようとしても，良好な雇用機会を見つけることはできず，それだけ育児の機会費用が高くつく（樋口，1991）．その結果，子どもを持つことを諦め仕事を続けるのか，それとも子どもを生んで仕事をやめるのかといった，女性は仕事と育児の二者択一を迫られる．こうした状況を解消するには，企業による女性の仕事と育児の両立支援策が必要であると考えられ，育児・介護休業法や次世代育成支援対策推進法が制定され，施行されてきた．

　これらの政策の影響もあり，多くの企業で一連の両立支援策が導入され，

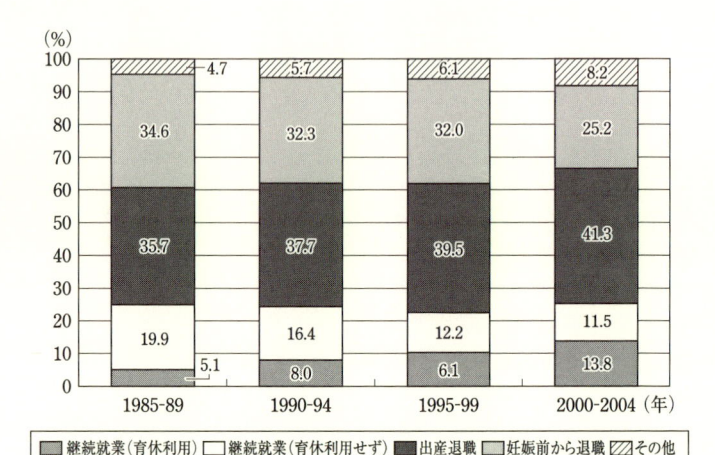

図11-1 子どもの出生年別 第1子出産前後の就業経歴の変化
出所：国立社会保障・人口問題研究所「出生動向調査」．

徐々にではあるが，その効果も現れつつある．たとえば，両立支援策の代表的事例である育児休業制度による効果について見てみよう．図11-1は第1子を出産した前後での女性の就業形態の変化を表したものである．出産時に育児休業制度を利用して継続就業をした女性の割合は，1980年代後半では5.1%であったが，2000年代前半では13.8%まで上昇しており，より多くの女性が育児休業制度を活用するようになったといえる．しかし，第1子の出産時に離職する女性の割合は，1980年代後半では35.7%，2000年代前半では41.3%とむしろ上昇しており，この20年間では，離職する女性が急減するなどといった両立支援策の効果が十分表れるようになったとは言えない．こうした現状を見ると，仕事と育児の両立を実現するためには，育児休業制度に代表される両立支援策以外の施策も検討されなければならないだろう．

仕事と育児の両立を難しくする理由として，しばしば指摘されるのが，男性も含めた労働時間の長さである．図11-2は週当たり労働時間が50時間以上の就業者（日本は49時間以上）の割合を示した国際比較である．確かに米国や英国においても15年あまりの間に，長時間労働者比率は上昇しているが，それでも日本の長時間労働者比率は他国に比べ，圧倒的に高いといえる．

画一的な長時間労働は，3つのルートを通じ，出生率に影響を及ぼしている

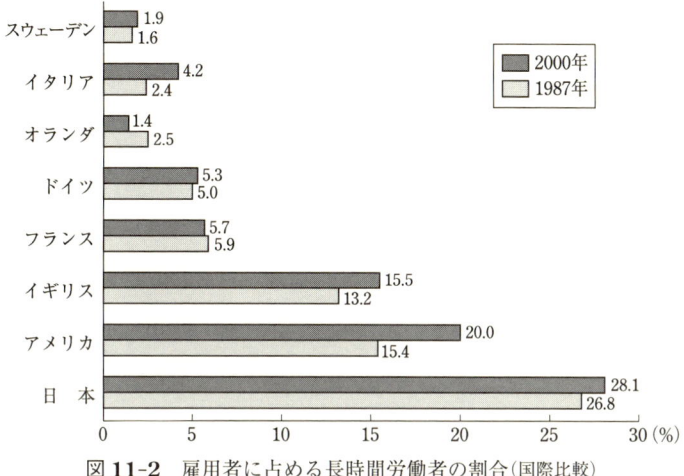

図 11-2 雇用者に占める長時間労働者の割合(国際比較)

国	2000年	1987年
スウェーデン	1.9	1.6
イタリア	4.2	2.4
オランダ	1.4	2.5
ドイツ	5.3	5.0
フランス	5.7	5.9
イギリス	15.5	13.2
アメリカ	20.0	15.4
日本	28.1	26.8

注:非農業部門の雇用者に対する割合を表す.長時間労働の定義は,1週間に50時間以上の労働としているが,アメリカと日本では1週間に49時間以上の労働としている.アメリカについては1979年と1988年のデータを利用しており,調査方法によりほかの国と厳密には比較できない.日本のデータは1987年の代わりに1993年のデータを利用している.
出所:日本以外:Messenger(2004),日本:総務省統計局「労働力調査」.

可能性がある[1].第1は夫が長時間労働をすることにより,妻の家事負担が増加することである.そのため妻の家事負担が重くなり,これに時間がとられ,仮に子どもを産み育てる状況になったとしても,育児までこなす時間的余裕がないと考えられ,出産を控えてしまう可能性である.第2に,妻自身が長時間労働を行うため,出産や育児に費やす時間をとれず,出生率を引き下げる可能性である.そして第3に,職場において長時間労働をよしとする雰囲気は,仕事と生活の調和の重要性に対する理解を失わせ,職場で長時間働くという形で企業に貢献しない社員の継続就業を難しくさせている可能性である.以上のルートを通じ,日本企業における長時間労働が少子化に拍車をかけているとすれば,政策としては育児休業制度の活用を促進するだけでなく,広義のワーク・ライフ・バランス施策を充実させ,男女ともに長時間労働を減らし,仕事と生

---

[1] 『国民生活白書』(平成 17 年版)によると婚姻数全体のうち約3割が婚前交渉による出産・結婚(いわゆる,できちゃった婚)であるといわれる.本章では夫婦の出生力に注目しているため,できちゃった婚については検討の対象外とする.

活の調和を実現しやすい環境を作っていく必要があるのかもしれない．

本章では以上の問題意識に基づき，男性の働き方に焦点を当て，夫の長時間労働が家事時間を減らし，出生率を低下させる効果を持っているのかどうかについて検証していくことにする．本章で行う実証分析は主に次の2つである．第1は夫婦における労働時間と家事時間の関係を探ることである．つまり夫の労働時間が長いほど，夫は家事時間を短くし，妻の家事負担を増しているのかどうかについて検証する．この分析においては，妻の家事負担を被説明変数とした回帰分析を行えばよいように思われるが，本章では以下の理由により，クロス表による検証にとどめた．その理由は，夫の労働時間と妻の家事時間には，双方が影響し合っている関係があり，因果関係を特定できないためである．日本では，夫の労働時間が外生変数と扱われることが多い(小尾，1979)が，一般に「家族の経済学」ではバーゲニング・モデルを援用し，夫婦間の家事労働配分を説明する取り組みが行われており(Lundberg, 1988)，因果関係を単純に特定化することはできない．このため，本章では因果関係についての検証は行わず，事実の指摘にとどめることにした．

第2の分析では，夫婦の家事時間や労働時間の長さがどれだけ出産を抑制しているかについて，検証する．労働時間と出産についての分析はこれまでも数多くなされてきた[2]．たとえば，松田(2005)では，夫の家事分担率や妻の労働時間が出産時の継続就業に影響を与えるか，家計経済研究所のパネルデータを用いて検証し，夫の家事分担率が高い家計ほど出産時に継続就業する関係がみられた．また，Toda *et al.* (2008)は同じデータを用いて，夫や妻の労働時間の長さが，出生のタイミングにどのような影響を与えるか考察している．その結果によると子どものない妻が残業をしていると，出生のタイミングが遅れるということがわかった．本章の分析は，これらの先行研究を踏まえた上で，家事負担と労働時間の両面から考察しながら，今後のワーク・ライフ・バランス施策を進めていく上での留意点について示唆を得ることを目的としたい．

本章における構成は以下のとおりである．第2節で，使用するデータについて説明する．第3節では夫婦の労働時間及び家事労働時間配分について概観す

---

[2] 代表的なものとして，山口(2005)，樋口・阿部(1999)などがある．伊達・清水谷(2004)のサーベイ論文では少子化分析を包括的に解説している．

る．第4節では夫婦の家事分担や労働時間の長さが出産確率に与える影響の分析について，そのフレームワークと分析結果を示す．第5節で結論を述べる．

2 使用するデータ

本章で使用するデータは，厚生労働省「21世紀成年者縦断調査」の第1回目から第4回目までのパネルデータである．

21世紀成年者縦断調査は，結婚，出産，就業等の実態及び意識の経年変化の状況を継続的に把握する目的で行われた．調査対象は，2002年10月末時点で，20歳〜34歳であった全国の男女（及びその配偶者）である．第1回調査を2002年11月に実施し，その後の調査を毎年11月に行っている．この調査では世帯単位で無作為に標本が抽出され，その世帯に20歳〜34歳に該当する者がいた場合，すべての世帯員について調査が行われる．もし調査該当者に配偶者がおり，その配偶者が調査対象年齢でないとしても，この調査では配偶者票という形で調査される．第1回調査では11,083人の女性と，10,480人の男性から回答を得た．

以下の分析で使用するサンプルについて説明する．まず夫が正社員として就業しているサンプルに限定する．第1回から第3回までの調査では約8割が正社員，残りが非正社員，非就業などという内訳になっている．本章での分析では主に男性の長時間労働に焦点を当てるため，ここではあえて正社員にサンプルを限定することにした．他方，家事時間について，はずれ値処理を行った．すなわち，平日および休日の1日当たり家事(・育児)時間を回答するように調査票は設計されているが，これが1日16時間を超えるものは異常値として，無回答と同様の扱いをした．

なお，第1回調査においては出生確率に与える影響を分析するために必要となる変数が必ずしも十分とれないため，以下のようにさらにサンプルを限定することにした．つまり，①第2回調査と第3回調査に限定し，第2回調査の状況で，第2回目から第3回目の間で出産についての影響を見るための分析用サンプルと，②第3回調査と第4回調査に限定し，第3回調査の状況で，第3回目から第4回目の間で出産についての影響を見るための分析用サンプルを構築

した.そして①と②をプールする形で,分析用のサンプル・セットを構築した.詳細については第4節であらためて説明することにする.分析で使用する変数については,以下で随時定義する.

3 夫婦の家事時間と労働時間の関係

「21世紀成年者縦断調査」を使って,夫婦の家事時間と労働時間の関係について見ていこう.本調査では,労働時間は1週間当たりの就業時間として調査され,家事時間については,家事・育児を1日平均どのくらい行っているかについて,平日と休日に分けて尋ねている.本章では(平日の育児・家事時間)×5+(休日の育児・家事時間)×2として,週当たりの「家事労働時間」の値を推計し,これを家事時間として分析に使用する.育児と家事の合計時間しかこの調査では質問されていないことに留意する必要がある.つまり,子どもが全くいない家計であれば,子どものための育児をする必要がないので「家事労働時間」は家事のみをさす.しかし,子どもが1人でもいる家計では,「家事労働時間」に家事と育児の両方が含まれていることになる.そのため,特に次節の出生確率に与える影響では,子どもの数別に推計を行うことにより,概念の違いをうまく制御できるよう試みている.なお,次節の出生確率に与える影響では,週当たりの家事労働時間だけでなく平日の家事労働時間ないし休日の家事労働時間の値も使用する.

表11-1は夫の労働時間ごとに夫婦の家事時間の平均値がどのように違うかを示した表である.これは第1回〜第3回調査の結果をプールしてある.全体で見てみると,子どものいない夫の平均家事時間は8.0時間,妻は29.5時間,子どもの数1人では,夫は27.6時間,妻は66.5時間,子どもの数2人以上では,夫は27.6時間,妻は70.1時間である.子どもの数にかかわらず妻の家事時間が長いことがわかる.夫の労働時間によってこの傾向はどのようになるだろうか.子どものいない夫婦に注目してみると,夫の労働時間が40時間以下では夫の家事時間は8.8時間,41-50時間では7.7時間,51時間以上では7.4時間というように,夫の労働時間が長くなるにつれて,夫の家事時間が短くなる.同様の傾向が,1人の子どもを持つ場合と,2人以上の子どもを持つ場合

表 11-1　夫の労働時間別週当たり平均家事時間(時間)

全 体

夫の労働時間		計		～40時間		41～50時間		51時間～	
		夫	妻	夫	妻	夫	妻	夫	妻
子どもの数：0人	平　均	8.0	29.5	8.8	28.1	7.7	29.9	7.4	30.6
	標準偏差	13.0	18.5	13.8	17.1	11.6	18.8	13.3	19.5
	サンプル数	1,620	1,440	604	529	480	435	536	476
子どもの数：1人	平　均	27.6	66.5	27.9	66.0	28.1	66.2	26.9	67.4
	標準偏差	21.2	22.8	21.3	23.3	21.1	22.4	21.3	22.4
	サンプル数	2,614	1,876	942	690	791	578	881	608
子どもの数：2人以上	平　均	27.6	70.1	28.2	69.2	28.3	69.6	26.3	71.7
	標準偏差	22.0	23.0	22.5	23.2	21.9	23.2	21.6	22.5
	サンプル数	4,705	3,361	1,735	1,266	1,426	1,026	1,544	1,069

夫婦ともに就業しているサンプルに限定

夫の労働時間		計		～40時間		41～50時間		51時間～	
		夫	妻	夫	妻	夫	妻	夫	妻
子どもの数：0人	平　均	7.2	26.9	8.5	26.9	6.6	26.7	6.2	27.7
	標準偏差	11.2	16.1	13	16.7	9.1	15.0	10.8	16.7
	サンプル数	1,057	973	328	299	307	285	334	313
子どもの数：1人	平　均	27.8	60.4	27.2	60.8	28.4	59.6	27.2	60.5
	標準偏差	21.6	21.5	20.6	22.9	21.1	21.1	22.6	20.8
	サンプル数	1,076	844	394	308	302	240	331	252
子どもの数：2人以上	平　均	27.3	64.4	28.3	63.0	27.5	64.2	25.6	67.3
	標準偏差	22.4	22.5	22.9	22.3	22.0	22.8	22.0	22.3
	サンプル数	2,158	1,688	765	605	647	508	643	486

注：第1回～第3回までをプール．詳細は本文参照．
出所：「21世紀成年者縦断調査」(第1回～第3回)．

にも見られる．一方，妻の家事時間は夫の労働時間に応じて，28.1時間，29.9時間，30.6時間と，夫の労働時間が長くなるにつれ，妻の家事時間は延長される傾向にある．同様の関係が子どもの数が1人，2人以上の時にも見られる．すなわち，夫の労働時間が長くなるにつれて，夫の家事時間は短くなる一方でその負担が妻に課せられ，妻の労働時間は長くなる傾向にあるといえる．

　次に夫婦ともに就業しているサンプルに限定した結果とこれまでの結果を比較してみる．子どもがいない場合の夫の家事時間は7.2時間，妻は26.9時間と妻の家事時間がごくわずかであるが短かくなっていることがわかる．しかし夫

と妻の家事時間の差は全体とほとんど違いがなく，依然として妻の家事労働の負担が重いことがうかがえる．

以上はラフな観察であったが，たとえば週当たり51時間以上を長時間労働と見た場合，夫が長時間労働でないカップルと比べて，長時間労働である家計では，夫の家事時間は減る一方で，その減少分が妻の家事時間の増加として負担が重くなる傾向が見られる．この関係は妻がたとえ働いていようがいまいが同じように見られ，また女性が就労していたとしても，家事負担はそれほど軽減されていない．

4 労働時間や家事時間が出産に与える影響分析

以上のファクト・ファインディングを踏まえ，労働時間や家事時間が出生確率に与える影響についてみていく．

4.1 分析のフレームワーク

本章ではパネルデータを用いることにより，ある時点での就業状態や家事時間，労働時間の状態が，そのあとの出生確率に対してどのような影響を及ぼすかを分析できる．具体的には，t 年の家事時間，労働時間が，t 年から $t+1$ 年にかけての出産経験に与える影響について考察する．第1回目から第3回目のデータを用いており，調査は11月実施ではあるが，その年の暮に実施されたと仮定すれば，t は2002年，2003年，2004年の3年分となる．しかし，第1回目の調査は使用しない．その理由は第1回目には育児休業制度の有無に関する変数がないからである．本来ならば，以下の分析では労働時間や家事時間に焦点を当てており，これに限定するならば，第1回目の調査をサンプルに加えたほうがより大きなサンプル数を確保できるという点では望ましいかもしれないが，やはり育児休業制度がこれらに与える影響も検討することを考え，ここでは第2回目以降の調査を分析に用いることにした．以下の分析ではすべてプールされたデータを整理して用い，またサンプルは既婚女性に限定する．

以上の説明では，因果関係の観点から以下のような問題が存在することに留意する必要がある．すなわち，妊娠したことに気づいた時から出産するまでに

時間的にラグがあり，妊娠に気付いた時点ですでに，出産後にむけて労働時間を調整している可能性がある．そのため，たとえば，2回目調査の実施された 2003 年 11 月にはすでに妊娠に気づいており，夫の家事時間を長くさせていて，3 回目調査で第 1 子を産むという関係を分析ではとらえてしまう可能性がある．そこで本章では，子どもの出生月がわかるという特徴を生かし，3 回目調査もしくは 4 回目調査において 0 歳児を持つ女性のうち出生後 7〜12 カ月の場合は分析対象にしないことで上記の問題を回避することにした．つまり，ある調査時点で 7〜12 カ月児を持つ女性は，その前年の調査では妊娠に気づいていたと思われるという前提に立って分析を行う．本来ならば，ある年の出生の有無に対して 2 年前の情報で回帰させるという手法も考えられる．しかし本章の場合，分析に必要な変数をそろえると 3 年分のパネルデータしかなく，分析できるサンプル数がごく限られてしまう．そのため，上記のような手法をとった．

本章では，誤差項に正規分布を仮定したプロビット分析を採用し，被説明変数と説明変数を以下のように設定する．被説明変数は，t 年から $t+1$ 年にかけて出産経験があれば 1 を，なければ 0 を取るダミー変数を用いる．21 世紀成年者縦断調査では，このようなダミー変数を直接尋ねている質問項目はないが，子どもの生年月について尋ねているので，この情報からダミー変数を作成する．

説明変数には，いくつかあるが，まず夫婦の家事時間および労働時間について説明する．夫および妻の家事時間は，前述のとおり平日 1 日当たりと休日 1 日当たりとに分けて聞いているが，平日時間を 5 倍したものと休日時間を 2 倍したものを合計することで週当たりの家事時間を算出する．また，この質問には「家事・育児」としているので，子どものいないサンプルでは家事だけの時間を計っていることになるが，子どものいるサンプルでは家事だけでなく育児も含まれていることに注意されたい．また，労働時間は 1 週間の平均就業時間である．労働時間と家事時間は，前節でも見たようにある程度の相関があり，分析で同時に説明変数として投入すると多重共線性が生じる恐れがある．そのため以下の分析では，いくつかのケースに分けることで，結果の頑健性を確かめることにした．

その他のコントロール変数として，妻の教育水準として，専門学校短大卒ダミーと大卒ダミーを投入した．これらのダミー変数に対するベースは中学卒，

高校卒となる．経済学の理論では，学歴の高い労働者ほど仕事の機会費用が高いとされる．したがって，高学歴者ほど仕事をやめにくく，子どもを持たない傾向が強いといえる．また，妻自身の年齢と，夫と同居してからの年数も説明変数に加えた[3]．この調査では，夫婦が入籍した時点もしくは入籍した時からの経過期間は調査されていない．山口(2005)のように結婚してからの年数をコントロールするべきだが，そのような変数はこの調査で作成することはできないので，同居してからの年数を結婚してからの年数の代理指標としてコントロールすることにした．

親との同居ダミーは，妻の親あるいは夫の親のうち少なくとも1人と同居していれば1をとるダミー変数とする．親と同居していれば，親からの家事，育児のサポートが得られるために，仕事と育児のトレードオフを緩和させる働きがあると考えられる．また，妻の就業状態を表す変数として，正社員ダミー，非正社員ダミー(正社員以外で，派遣社員や請負社員も含む)，自営業ダミーを作成した．また，妻が就業している場合は従業員規模ダミー，勤続年数，職業ダミー(ブルーカラーをベースとして，専門職・管理職ダミー，事務職ダミー，営業・サービス職ダミー)も用意した．

多くの先行研究では育児休業制度の有無もしくは利用可能性についての変数が加えられている．また，夫の所得も重要な説明変数であるが，本分析では説明変数に入れていない．夫の所得は家計所得の大部分を占め，出産するということを消費財と見れば価格効果と代替効果があるわけであるが，所得によって代替効果を測ることができるという点で重要な変数である．しかし本分析では所得について調査はしているものの，回答状況が芳しくなく信頼性に欠けると判断したため，本分析では使用していない．そのため，夫の勤続年数，夫の学歴でコントロールすることで，ある程度家計の所得についてコントロールできていると仮定する．

基本統計量は**表11-2**に示されている．

---

3) 子どもの数が1人以上の場合は，末子の年齢も出生確率に与える主要な要因であると考えられる．そこで，夫との同居年数の代わりに末子の年齢を説明変数に加えて推計も行ったが有意な結果は得られなかった．

259

表 11-2 分析サンプルの基本統計量(妻が就業+非就業)

	子ども0人		子ども1人		子ども2人	
	サンプル数	平均値	サンプル数	平均値	サンプル数	平均値
出産ダミー(被説明変数)	674	0.1351	1,368	0.1879	2,282	0.0399
夫労働時間	786	48.1641	1,517	48.0870	2,482	47.5492
週当たり妻家事時間	713	26.0393	1,097	61.3202	1,778	64.4262
週当たり夫家事時間	724	4.7507	1,416	16.7118	2,320	16.8281
休日1日当たり妻家事時間	718	4.0556	1,181	9.9200	1,869	10.5003
休日1日当たり夫家事時間	727	1.2414	1,424	5.1254	2,333	5.3830
平日1日当たり妻家事時間	723	3.6574	1,193	8.4053	1,966	8.7772
平日1日当たり夫家事時間	726	0.4569	1,450	1.3301	2,401	1.2710
妻正社員ダミー	786	0.2468	1,517	0.1708	2,482	0.1289
妻非正社員ダミー	786	0.3486	1,517	0.1925	2,482	0.2655
妻自営ダミー	786	0.0356	1,517	0.0264	2,482	0.0395
妻専門学校短大卒ダミー	772	0.4106	1,497	0.4248	2,447	0.3862
妻大卒ダミー	772	0.1943	1,497	0.1503	2,447	0.1063
妻年齢	786	31.4886	1,517	31.1536	2,482	32.3441
夫と同居年数	729	5.2318	1,438	5.5202	2,367	7.7816
親との同居ダミー	786	0.1985	1,517	0.2722	2,482	0.3143
育休利用しやすいダミー	786	0.1132	1,517	0.1094	2,482	0.0923
短時間制度利用しやすいダミー	786	0.0687	1,517	0.0613	2,482	0.0677
妻企業規模100-999人ダミー	786	0.1476	1,517	0.1127	2,482	0.1140
妻企業規模1,000人以上ダミー	786	0.1183	1,517	0.0580	2,482	0.0512
妻官公庁ダミー	786	0.0318	1,517	0.0283	2,482	0.0201
妻勤続年数	786	3.2913	1,517	1.9855	2,482	2.0157
妻専門職ダミー	786	0.1489	1,517	0.1002	2,482	0.1048
妻事務職ダミー	786	0.2837	1,517	0.1220	2,482	0.1116
妻販売・サービス職ダミー	786	0.1527	1,517	0.1094	2,482	0.1374
夫勤続年数	554	8.2798	1,180	7.9339	1,641	8.8196
夫大卒ダミー	753	0.4489	1,484	0.3477	2,443	0.3283
夫専門学校短大卒ダミー	753	0.1421	1,484	0.2109	2,443	0.1519

4.2 妻が就業している家計についての分析

表 11-3 は妻が第2回調査または第3回調査において就業していたサンプルに限定して推定した結果であり,表 11-4 は妻が第2回調査または第3回調査において非就業者に限定した結果である[4]. また,それぞれの表において,(1)

---

4) 「子どもの数が0人」のサンプルにおいて,モデルによってサンプル数が異なるのは,欠損値を対象外としたためである.「子どもの数が1人」「子どもの数が2人以上」サンプルでも同様である.

表 11-3 出生確率のプロ

妻就業サンプル

	子どもの数0人サンプルに限定		
	(1)	(2)	(3)
週当たり夫労働時間	0.0000[0.0019]	−0.0001[0.0019]	−0.0001[0.0019]
週当たり妻家事時間	0.0008[0.0018]		
週当たり夫家事時間	−0.0069[0.0049]		
休日1日当たり妻家事時間		−0.0089[0.0113]	
休日1日当たり夫家事時間		−0.0258[0.0172]	
平日1日当たり妻家事時間			0.0092[0.0110]
平日1日当たり夫家事時間			−0.0345[0.0422]
妻非正社員ダミー	−0.0940[0.0594]	−0.0872[0.0571]	−0.1030[0.0597]
妻自営ダミー			
妻専門学校短大卒ダミー	−0.1173[0.0544]*	−0.1087[0.0534]*	−0.1143[0.0550]*
妻大卒ダミー	−0.1060[0.0457]*	−0.1072[0.0446]*	−0.1073[0.0457]*
妻年齢	−0.0282[0.0092]**	−0.0279[0.0093]**	−0.0279[0.0091]**
夫と同居年数	−0.0141[0.0141]	−0.0139[0.0141]	−0.0158[0.0138]
親との同居ダミー	0.0333[0.0690]	0.0385[0.0690]	0.0270[0.0672]
育休利用しやすいダミー	0.0105[0.0682]	0.0186[0.0709]	0.0103[0.0610]
短時間制度利用しやすいダミー	0.0146[0.0754]	0.0243[0.0759]	0.0191[0.0761]
妻企業規模100-999人ダミー	0.0488[0.0595]	0.0292[0.0564]	0.0517[0.0607]
妻企業規模1,000人以上ダミー	0.0392[0.0698]	0.0148[0.0620]	0.0371[0.0715]
妻官公庁ダミー	0.0504[0.1084]	0.0439[0.1073]	0.0471[0.1073]
妻勤続年数	0.0046[0.0068]	0.0046[0.0067]	0.0045[0.0068]
妻専門職ダミー	0.0378[0.0905]	0.0257[0.0872]	0.0090[0.0800]
妻事務職ダミー	−0.0502[0.0805]	−0.0467[0.0789]	−0.0735[0.0754]
妻販売・サービス職ダミー	0.0420[0.1000]	0.0274[0.0934]	0.0206[0.0889]
夫勤続年数	0.0006[0.0064]	0.0010[0.0062]	−0.0008[0.0064]
夫大卒ダミー	0.1544[0.0685]*	0.1608[0.0681]*	0.1679[0.0689]*
夫専門学校短大卒ダミー	0.2526[0.1088]*	0.2497[0.1087]*	0.2557[0.1091]*
サンプル数	236	239	239

注:[ ]内の値は分散不均一に頑健な標準誤差.*は5%有意水準で,**は1%有意水準で統

ビット分析(限界効果)

子どもの数1人サンプルに限定			子どもの数2人サンプルに限定		
(4)	(5)	(6)	(7)	(8)	(9)
0.0008[0.0012]	0.0009[0.0012]	0.0003[0.0011]	−0.0007[0.0004]	−0.0006[0.0004]	−0.0007[0.0005]
−0.0003[0.0010]			0.0006[0.0003]		
−0.0012[0.0015]			−0.0003[0.0004]		
	0.0004[0.0054]			0.0031[0.0019]	
	−0.0008[0.0052]			−0.0009[0.0013]	
		−0.0066[0.0060]			0.0039[0.0020]*
		−0.0001[0.0139]			−0.0044[0.0047]
−0.0462[0.0556]	−0.0533[0.0540]	−0.0386[0.0502]	0.0164[0.0155]	0.0198[0.0151]	−0.0139[0.0211]
0.1009[0.1176]	0.0545[0.0968]	0.1666[0.1281]	0.0192[0.0323]	0.0380[0.0423]	−0.0170[0.0168]
0.0507[0.0554]	0.0584[0.0547]	0.0499[0.0505]	0.0277[0.0165]	0.0240[0.0153]	0.0197[0.0165]
0.0285[0.0776]	0.0176[0.0725]	0.0269[0.0771]	0.0104[0.0312]	0.0121[0.0317]	−0.0088[0.0232]
0.0048[0.0094]	0.0041[0.0092]	0.0021[0.0091]	−0.0027[0.0027]	−0.0022[0.0026]	−0.0031[0.0029]
−0.0406[0.0115]**	−0.0368[0.0114]**	−0.0351[0.0108]**	−0.0080[0.0032]*	−0.0077[0.0030]**	−0.0086[0.0032]**
0.0045[0.0440]	0.0070[0.0437]	0.0012[0.0411]	0.0032[0.0118]	0.0026[0.0117]	0.0085[0.0133]
0.0324[0.0604]	0.0232[0.0581]	0.0254[0.0553]	−0.0108[0.0145]	−0.0055[0.0156]	−0.0174[0.0158]
0.0390[0.0681]	0.0303[0.0645]	0.0124[0.0601]	0.0017[0.0173]	0.0001[0.0163]	0.0005[0.0188]
0.0677[0.0575]	0.0790[0.0574]	0.0602[0.0512]	0.0136[0.0166]	0.0100[0.0162]	−0.0024[0.0152]
0.1346[0.0798]	0.1044[0.0740]	0.0788[0.0709]	0.0038[0.0236]	0.0038[0.0236]	−0.0195[0.0162]
0.1471[0.1344]	0.1460[0.1328]	0.0957[0.1129]	0.0344[0.0493]	0.0232[0.0409]	0.0302[0.0508]
−0.0026[0.0058]	−0.0019[0.0057]	−0.0004[0.0055]	0.0023[0.0014]	0.0018[0.0013]	0.0016[0.0016]
−0.0292[0.0554]	−0.0507[0.0495]	−0.0584[0.0502]	−0.0154[0.0128]	−0.0132[0.0133]	−0.0119[0.0161]
−0.0508[0.0504]	−0.0684[0.0477]	−0.0369[0.0493]	−0.0021[0.0163]	−0.0004[0.0169]	−0.0011[0.0185]
−0.0713[0.0487]	−0.0760[0.0469]	−0.0755[0.0460]	−0.0233[0.0134]	−0.0193[0.0141]	−0.0127[0.0181]
−0.0013[0.0044]	−0.0023[0.0044]	0.0001[0.0043]	0.0019[0.0014]	0.0020[0.0014]	0.0005[0.0015]
−0.0071[0.0503]	−0.0049[0.0503]	0.0264[0.0529]	−0.0079[0.0144]	−0.0042[0.0145]	−0.0046[0.0160]
−0.0377[0.0519]	−0.0424[0.0499]	0.0050[0.0532]	−0.0063[0.0144]	−0.0055[0.0141]	−0.0066[0.0166]
300	310	357	455	477	548

計的に有意であることを表す.

列から(3)列は，子どもがいない夫婦に限定したサンプルであり，被説明変数は第1子を出産すれば1をとるダミー変数である．(4)列から(6)列は子どもの数が1人である夫婦に限定したサンプルであり，被説明変数は第2子を出産すれば1をとるダミー変数である．(7)列から(9)列は子どもの数が2人である夫婦に限定したサンプルであり，被説明変数は第3子を出産すれば1をとるダミー変数である．

有意であった変数についてみてみると，(1)列では妻が大学，専門学校または短大を卒業していると，中高卒の場合に比べて，第1子の出産確率は有意に低くなる．この背景として，学歴の高い女性ほど，出産や子育ての機会費用が高いということがうかがえる．また，子どもがいない夫婦に限定した場合，夫の労働時間は有意に効いていないし，育児休業制度に関連する変数も有意に効いていない．

次に，(4)列から(6)列について考察する．どの特定化においても夫との同居年数の係数が負で有意である．山口(2005)の結果と整合的であるが，この変数をコントロールする意義として，①結婚してから年数が長く立つ前に子どもを持ってしまう効果と，②子どもを作るのをやめてしまったカップルについては，出産しないことを決めた瞬間から子どもを産まない傾向にあることの2つを挙げることができる．特に，子どもの数が0人である場合は有意でないから，結婚してからの年数にかかわらず子どもを1人は産むという可能性を否定できない．そして，子どもの数が1人のケースでは有意にマイナスの係数をとっているから，子どもを1人持ったカップルがもう1人子どもを産む確率は，結婚年数があまり経っていない世帯で高い．別の言い方をすると，子ども1人を持ったカップルは結婚年数がたつにつれて出産をあきらめてしまう可能性が高いといえるだろう．

最後に，(7)列から(9)列について説明する．平日1日あたりの妻の家事時間が10%有意水準ではあるがプラスで有意な係数をとっている．このことは，妻が長時間かけて家事を行っている家計では2人以上の子どもを産む傾向が強いことを意味している．

4.3 妻が就業していない家計についての分析

次に，表 11-4 の結果について見てみよう．(1)列から(3)列について考察すると，夫の労働時間が定式化によるが 10% 有意水準でみるとプラスで有意である．本章での仮説は，夫の労働時間が長い，あるいは夫の家事時間が短いほど出生確率が低くなることであったが，この推定結果は仮説と矛盾するように見える．しかし，所得などの変数でコントロールすることができなかったため，所得と労働時間が正の相関を持ち，その結果，所得が出生確率に与える正の影響を反映しているという可能性を否定できない．

次に(4)列から(6)列の結果について見てみよう．(4)列では週当たりの夫の家事時間が 10% 有意水準ではあるがプラスで有意，(5)列では休日 1 日当たりの夫の家事時間がプラスで有意な結果となっている．妻が就業している世帯においては，夫が家事を行っているほど，出生確率が高いといった傾向は見られず，妻が専業主婦の世帯においてのみ，こうした傾向が見られ，しかも夫の平日の家事時間ではなく休日の家事時間において有意になっている点は誠に興味深い．妻が就業している夫婦において影響が表れない理由として，第 1 子を出産後に妻が就業している場合は，さらに子どもを出産する意思はなく夫が多少家事や育児を手伝ったとしても，大勢には影響していない可能性があることが考えられる．他方，専業主婦世帯でこうした傾向が生まれる理由として，平日，子どもといつも一緒にいる妻にとって，休日，夫が家事・育児を手伝ってくれることによって，さらに子どもを持ちたいという気持ちが強まることが考えられる．

最後に(7)列から(9)列についてであるが，有意ではないが，夫が大卒である場合，中高卒に比べて，第 3 子をもうける可能性は高く，山口(2005)が指摘するように，第 3 子については世帯の経済状況が影響するといった指摘と整合的である．「第 6 回 21 世紀成年者縦断調査　結果の概況」において，夫の休日の家事時間が長いほど第 2 子以降の出産経験割合が高いと結論付けている．本章で得られた結果は，夫の休日の家事時間は第 2 子への出産確率に有意な影響を与えるが，第 3 子への出産確率には有意に影響を与えないというものだった．本章の結果と一見矛盾しているようにみえるが，結果の違いは以下のように説明される．すなわち，本章で用いたデータのうち子どもの数が 3 人以上のサンプ

表 11-4 出生確率のプロ妻非就業サンプル(夫の労働時間を説明変数に追加)

	子どもの数 0 人サンプルに限定		
	(1)	(2)	(3)
週当たり夫労働時間	0.0049[0.0024]*	0.0044[0.0023]	0.0052[0.0023]*
週当たり妻家事時間	−0.0035[0.0026]		
週当たり夫家事時間	−0.0016[0.0043]		
休日1日当たり妻家事時間		−0.0018[0.0174]	
休日1日当たり夫家事時間		−0.0163[0.0283]	
平日1日当たり妻家事時間			−0.0271[0.0168]
平日1日当たり夫家事時間			−0.0073[0.0301]
妻専門学校短大卒ダミー	0.1503[0.1053]	0.1465[0.1057]	0.1341[0.1055]
妻大卒ダミー	0.3108[0.1558]*	0.2864[0.1543]	0.2996[0.1549]
妻年齢	−0.0291[0.0167]	−0.0315[0.0169]	−0.0275[0.0166]
夫と同居年数	−0.0107[0.0232]	−0.0059[0.0234]	−0.0184[0.0230]
親との同居ダミー	0.0398[0.1408]	−0.0254[0.1190]	0.0851[0.1467]
夫勤続年数	0.0066[0.0095]	0.0063[0.0097]	0.0086[0.0094]
夫大卒ダミー	−0.0294[0.1092]	−0.0320[0.1089]	−0.0089[0.1087]
夫専門学校短大卒ダミー	−0.0242[0.1250]	−0.0329[0.1219]	0.0293[0.1290]
サンプル数	111	112	114

注：[ ]内の値は分散不均一に頑健な標準誤差．*は5%有意水準で，**は1%有意水準で統

ルを見てみると全体のおよそ11%であり，しかもパネル調査開始前に第3子まで出産してしまっているケースが多い．逆に，調査期間中に第3子以上を出産する割合はきわめて低く，そのため統計的には第3子への出生確率には夫の休日の家事時間が有意に効いていない可能性がある．

　以上の結果をまとめると，次のようになる．全体的には，労働時間や家事時間が出生確率に与える影響はそれほど有意なものは見出されなかった．専業主婦世帯において，第2子を出産するかどうかの意思決定に，休日における夫の家事・育児時間は影響をもたらしていたものの，他のケースでは有意な効果を見出せなかった．

ビット分析(限界効果)

	子どもの数1人サンプルに限定			子どもの数2人サンプルに限定		
	(4)	(5)	(6)	(7)	(8)	(9)
	0.0002[0.0014]	0.0004[0.0013]	0.0003[0.0014]	−0.0002[0.0005]	−0.0002[0.0005]	−0.0003[0.0005]
	−0.0010[0.0011]			−0.0003[0.0005]		
	0.0042[0.0019]*			0.0009[0.0008]		
		−0.0021[0.0067]			−0.0021[0.0028]	
		0.0198[0.0059]**			0.0024[0.0022]	
			−0.0042[0.0078]			−0.0022[0.0034]
			0.0224[0.0189]			0.0001[0.0072]
	0.0123[0.0518]	−0.0034[0.0501]	−0.0068[0.0517]	0.0003[0.0242]	0.0032[0.0226]	0.0012[0.0231]
	−0.0609[0.0668]	−0.1105[0.0588]	−0.0752[0.0654]	0.0010[0.0328]	0.0010[0.0311]	0.0013[0.0328]
	0.0065[0.0101]	0.0053[0.0096]	0.0082[0.0100]	0.0080[0.0047]	0.0063[0.0044]	0.0083[0.0046]
	−0.0168[0.0119]	−0.0176[0.0119]	−0.0157[0.0119]	−0.0108[0.0050]*	−0.0100[0.0047]*	−0.0124[0.0050]*
	0.0669[0.0573]	0.0742[0.0563]	0.0856[0.0579]	−0.0425[0.0177]*	−0.0367[0.0166]*	−0.0420[0.0175]*
	0.0037[0.0054]	0.0012[0.0052]	0.0016[0.0054]	−0.0044[0.0027]	−0.0039[0.0025]	−0.0033[0.0026]
	0.0257[0.0595]	0.0388[0.0568]	0.0140[0.0586]	0.0268[0.0279]	0.0294[0.0269]	0.0197[0.0264]
	−0.1173[0.0525]*	−0.1235[0.0513]*	−0.1220[0.0523]*	−0.0065[0.0299]	−0.0048[0.0288]	−0.0121[0.0269]
	365	417	377	458	500	487

計的に有意であることを表す.

5 むすびにかえて

本章では,少子化の1つの要因として長時間労働問題を取り上げ,労働時間と家事時間の関係,及び出生率との関係に着目し,2つの分析を行った.第1に,夫婦間の労働時間配分や家事時間配分がどのような関係にあるかを調べた.統計的な因果関係が複雑であり,ここでは,素朴な観察による結果にとどまらざるを得なかったが,それによると,夫の労働時間が長くなると,妻は家事(・育児)時間を長くする形で家事や育児を負担していることが確認された.そして,第2に,夫婦の労働時間や家事時間が出生確率にどのような影響を与えているのかについて調べた.その結果,全体的にはその影響は小さいようではあるが,子どもが1人いて妻が非就業である家計では,夫の休日の家事時間が長いほど第2子の出生確率が有意に高くなることがわかった.その効果は限定

的ではあるが，夫の家事への協力参加をさせる仕組みを用意することにより，ある程度は少子化対策に効果がでてくる可能性があるといえるだろう．

今後は，この結果がどこまで頑健であるか，サンプルを追加して，さらに確かめていく必要がある．本章の分析は，サンプル期間が短い，所得変数がないなど多くの点で問題を抱えている．また，少子化の分析は因果関係が複雑であるためさらに高度なモデルを検討して，それぞれの要因を丁寧に見ていく必要があるであろう．

参考文献

小尾恵一郎，1979，「家計の労働供給の一般理論について――供給確率と就業の型の決定機構」『三田学会雑誌』72(6)：58-83．

玄田有史・川上淳之，2006，「就業二極化と性行動」『日本労働研究雑誌』No. 556：80-91．

伊達雄高・清水谷諭，2004，「日本の出生率低下の要因分析――実証研究のサーベイと政策的含意の検討」ESRI Discussion Paper, No. 94．

樋口美雄，1991，『日本経済と就業行動』東洋経済新報社．

樋口美雄・阿部正浩，1999，「経済変動と女性の結婚・出産・就業のタイミング――固定要因と変動要因の分析」樋口美雄・岩田正美編『パネルデータからみた現代女性』東洋経済新報社．

松田茂樹，2005，「男性の家事・育児参加と女性の就業促進」橘木俊詔編『現代女性の労働・結婚・子育て』ミネルヴァ書房．

山口一男，2005，「少子化の決定要因と対策について――夫の役割，職場の役割，政府の役割，社会の役割」『季刊家計経済研究』66: 57-67．

Lundberg, Shelly, 1988, "Labor Supply of Husbands and Wives: A Simultaneous Equations Approach," *Review of Economics and Statistics*, 70(2): 224-235.

Messenger, Jon C., 2004, *Working Time and Workers' Preferences in Industrialized Countries: Finding a Balance*, Routledge, New York.

Toda, Akihito, Masako Kurosawa and Yoshio Higuchi, 2008, "Overwork and Fertility Decline in Japan," KUMQRP Discussion Paper Series, No. DP2007-32, Keio University.

第12章 両立支援策と出生率
——労働組合への調査から——

野口　晴子

1　はじめに——背景と目的

　第2次世界大戦後における合計特殊出生率の急速な減少は，出生率が丙午の年(1966年)を下回ることになった1989年の「1.57ショック」を契機に，「少子化問題」として広く日本社会に認知された．90年代以降は，学問分野での多角的な理論・実証研究の蓄積が進むと同時に，政策策定の現場における議論が活発化して，さまざまな対策が打ち出されてきた[1]．しかし，2005年に過去最低の1.26を記録した期間合計特殊出生率は2008年には1.37まで回復したものの，現状では長期的に人口を維持できる人口置換水準(2.07-2.08)にははるかに及ばない．

　2007年2月に設置された「子どもと家族を応援する日本」重点戦略検討会議は，これまでの研究結果から導き出された少子化に対する基本認識を整理し，それを基盤とする重点戦略策定の方向性を「重点戦略の策定に向けての基本的な考え方」(中間報告)として，同年6月にとりまとめた．その主要な方向性の1つに，「ワーク・ライフ・バランス」をキーワードとした「働き方の改革」の実現がある．「ワーク・ライフ・バランス」とは，家族形成に不可欠な就業による経済的自立を促しつつ，さまざまなライフ・ステージに対応可能な「ファミリー・フレンドリー(以下，「ファミフレ」と略す)施策」と，時間や場所の制約を解放し多様で柔軟な働き方を受容する「ワーク・フレキシビリティー

---

[1] 日本の少子化対策のこれまでの経緯については，阿藤(2000)，及び，厚生労働省ホームページを参照のこと．

(以下,「フレックス」と略す)施策」の促進により,個々の労働者の効用とモチベーションを高め,生産性の向上を図るというものである(「子どもと家族を応援する日本」重点戦略検討会議,2007).

　本章の目的は,Employee-Employer Matching Data を用い,「ワーク・ライフ・バランス」を実質化する多様な両立支援策に対する企業と就労者の認識を考察するとともに,それが就労者の出生意欲に与える効果について検証することにある.本研究が得た主要な結果は以下の4点である.第1に,制度整備に対する就労者の評価には,認知度が大きく影響している.第2に,大企業の持つ特性(正規職員数が多い,女性比率や非正規就労率が低い,あるいは,給与形態が年功序列であるなど)が,両立支援策の使いやすさに対する高い評価と結びついている.しかし,第3に,そうした大企業の特性はいずれも,女性の非正規就労者の制度評価とは有意に負の相関がある.したがって,女性の場合,正規と非正規の制度に対するアクセスには構造的な違いが存在する可能性が高い.最後に,女性就労者の場合,両立支援策は全般的に将来の出生意欲を有意に引き上げる.特に,現在の職場において整備が遅れている「勤務地限定制度」や「結婚・出産退職者のための再雇用制度」等を含む施策群が有意に正の効果をもつことがわかった.

　以下,第2節では先行研究を概観し,第3節ではデータの概略を示すと共に諸制度を類型化する.第4節では類型化された施策群に対する就労者と企業の認識について考察を加える.第5節では両立支援策が出生意欲に与える影響を計るための推定方法を,第6節では推定結果を提示し,第7節において,政策的含意,及び,本研究の限界と今後の課題について述べる.

2　先行研究[2]

　個票を用いて育休制度の出生確率に対する効果を推定した先駆的研究として,樋口(1994)がある.この研究では,「就業構造基本調査」(1987年)から,学校卒業後少なくとも一度は正規就労者としての勤務経験がある25-29歳の女性を

---

[2] より詳細なサーベイについては,本書の第2章表 2-1 を参照のこと.

抽出して，離職経験のある者については前職の，また，離職経験のない者については現在勤務している企業が属する産業の育休制度実施割合を「女子保護実施状況調査」(1985年)によって補足し，その出生行動に与える効果を推定している．結果，育休実施事業所割合は，子どもを持つ確率に対して有意に正の効果があることが示されたが，有配偶サンプルでは有意性は確認されなかった．織田(1994)と塚原(1995)は，「出産と育児に関する意識調査」(1993年)において，仮想的質問によるヴィネット調査を実施し，育休中の給与保障や児童手当が出生行動に対して有意に正の効果があることを実証した．しかし，両者とも定量的効果は非常に小さい．森田・金子(1998)は，「女性の就業意識と就業行動に関する調査」(1996年)から現在正規雇用者として就労する女性を分析対象として抽出し，賃金関数，出生児数関数，勤続年数関数の内生性を考慮した同時決定モデルを用いて，育休制度の利用経験が有配偶女性の出生児数を有意に引き上げるという結論を導き出している．滋野・大日(2001)は，有職女性の出生行動に対する育休制度の効果を計ってきたそれまでの研究とは異なり，「女性の結婚・出産と就業に関する実態調査」(1997年)(医療経済研究機構「経済と社会保障に関する研究会」)で収集されたサンプルのうち，有配偶女性全員を対象として，育休制度にとどまらず企業による多様な福利厚生施策が第1子・第2子出産選択に与える影響を分析したが，いずれの施策も単独での有意性は確認されなかった．

今世紀に入ると，家計経済研究所によって1993年以降毎年継続的に実施されている「消費生活に関するパネル調査」を用いた研究が数多く登場する．1993年・1997年時点で無作為抽出された女性コーホートに対する継続的な追跡調査というパネル調査の特性を活かして，駿河(2002)は出産関数と就業関数の同時決定モデルを，滋野・松浦(2003)は結婚・就業選択関数の同時決定モデルから得られた修正項を出産選択関数に投入する2段階の推定モデルを，また，駿河・張(2003)は出産関数と継続就業関数の同時決定モデルを推定し，特定の施策・政策の定量的評価につきもののサンプル・セレクション・バイアスと内生性の問題を明示的に調整しようと試みている．いずれの研究においても，職場における育休制度の規定は有配偶女性の出生確率を有意に高めるという結果が得られた．同じく「消費生活に関するパネル調査」を用いた分析として，山口

(2005)と滋野(2006)がある．山口は，育休制度の出生意欲と第3子までの出生ハザード率に与える効果を推計し，育休制度の規定が職場にある者はない者と比較して，出生意欲が約1.9倍，出生確率は約2.6倍になると推定している．滋野(2006)の研究では，育休制度規定があることで第1子の出生率は増加し，第1子出産の際の育休制度の利用経験が第2子の出産率を引き上げること，さらに，推定結果に基づくシミュレーションにより，有配偶女性が長時間労働を行っている場合，35歳までに第1子・第2子を出生する確率が低いことがわかった．本章と同じ「職場環境と少子化の関連性に関する調査」を用いた野口(2007)では，両立支援策のうち，「会社による託児所利用の支援」「勤務地限定施策」「結婚・出産退職者のための再雇用施策」を含む施策群が出生確率を有意に引き上げ，比較的富裕層に対して効果があることが示されている．さらに，分析対象を女性に限定すると，制度整備が進んでいる「半日単位の年次有給休暇の取得」や「短時間勤務制度」も出生確率を引き上げている．

出生行動に与える複数の制度の効果を同時に測定することは統計上困難を極める．なぜならば，育休制度とその他の支援制度との間に強い相関が存在するため，回帰式に説明変数として投入する制度変数間において多重共線性の問題が発生するからである(脇坂，1999a；1999b；2001；川口，2002)．現に，複数の制度変数を回帰分析に同時に投入した場合，個票データを用いた滋野・大日(2001)では，統計的有意性を確認することができなかった．本研究では，こうした多重共線性の問題を回避するため，多様な両立支援制度をいくつかの施策群として整理・分類し，複数施策を同時に調整するための方法として，操作変数法の応用である General Method of Moment(以下，「GMM」と略す)を用いる．

3 データの概略と諸制度の類型化

本研究では，2007年1-2月及び同年11月の2回にわたって，株式会社サーベイリサーチセンターと社団法人中央調査社によりそれぞれ実施された「職場環境と少子化の関連性に関する調査」を用いる．調査対象者は，第1回調査では電機連合と情報労連(情報産業労働組合連合会)，第2回調査ではUIゼンセ

ン同盟とサービス・流通連合(JSD)に加盟している労働組合の組合員と企業である．本調査は，3種類の従業員票と企業票とで構成されており，それぞれの有効回収数(カッコ内の数値は有効回収率)は，第1回調査では，既婚者本人票が1,100人中674人(61.3%)，既婚者配偶者票が1,200人中682人(56.8%)，独身者本人票が1,100人中634人(57.6%)，そして，企業票が52件中26件(50%)，第2回調査では，既婚者本人票・配偶者票・独身者票が各2,810人中1,441人(51.3%)，1,312人(46.7%)，1,514人(53.9%)，そして，企業票が80件中52件(65%)であった[3]．

ここでは，以下に述べる2つのデータ制約により，本研究の分析結果から得られる政策的含意が，限定的なものにならざるをえないことを強調しておく必要がある．第1に，本調査の配票は無作為抽出ではなく各企業に任されているため，サンプリング・バイアスが大きい．第2に，労働組合員を対象とした調査であるため，原則「本人」はすべて労働組合に所属している就労者である．西本・駿河(2002)などの結果から，事業所内における労働組合の存在は，育休制度の取得率を高め，出生確率を有意に引き上げる効果があることから，本研究での施策効果にはセレクション・バイアスがかかっている可能性が高い．

表12-1は，現在の職場における両立支援策12項目について，各制度の有無と使いやすさについて，就労者と企業の担当者に質問した結果を示している．既婚者については，配偶者票でも，同じ12項目で職場の制度が調査されているが，現在，専業主婦(主夫)や無職である者について，過去のどの時点について回答しているのかを特定することができない．したがって，ここでは，本人票の情報を中心に分析を進める．

第1に制度の有無に関して，就労者本人票($N = 4,262$)では，「半日単位の年次有給休暇の取得」と「育児等のための短時間勤務制度」の2制度について50%を上回る就労者が制度ありと回答したものの，「深夜勤務の免除」「時間外労働の免除」「法定を上回る育児休業制度」「法定を上回る介護休業制度」

[3) 就労者票では，本人や家族の性別・年齢等の個人属性，現在・過去の就業状況(就業形態・職種・業種・労働時間及び日数・所得等)，職場の制度や職場環境，子育てについての考え方等，また，企業票では，従業員構成，各種両立支援制度の導入状況，賃金・人事・福利制度等，多岐にわたる質問項目が含まれている．

表 12-1 職場における「仕事と家庭の両立支援策」の有無と使いやすさ(就労者対企業)

制度の有無(%)		就労者 ($N=4,262$) 平均値	標準偏差	企業(組合) ($N=78$) 平均値	標準偏差
I-a	半日単位の年次有給休暇の取得	0.565	(0.496)	0.705	(0.459)
I-b	育児等のための短時間勤務制度	0.511	(0.500)	0.923	(0.268)
I-c	深夜勤務の免除	0.281	(0.449)	0.857	(0.352)
I-d	時間外労働の免除	0.289	(0.453)	0.818	(0.388)
I-e	法定を上回る育児休業制度	0.280	(0.449)	0.769	(0.424)
I-f	法定を上回る介護休業制度	0.245	(0.430)	0.679	(0.470)
I-g	始業・終業時刻の繰上げ繰下げ	0.289	(0.453)	0.571	(0.498)
I-h	会社による託児所利用の支援	0.058	(0.235)	0.141	(0.350)
I-i	在宅勤務制度	0.073	(0.259)	0.078	(0.270)
I-j	勤務地限定制度	0.161	(0.368)	0.282	(0.453)
I-k	結婚・出産退職者のための再雇用制度	0.166	(0.372)	0.282	(0.453)
I-l	子どもの看護休暇制度	0.307	(0.461)	0.403	(0.494)

制度の使いやすさ(点) (5=非常に使いやすい;4=まあ使いやすい; 3=どちらともいえない;2=やや使いにくい; 1=非常に使いにくい)		就労者(注) 平均値	標準偏差	企業(組合)(注) 平均値	標準偏差
I-a	半日単位の年次有給休暇の取得	4.094	(1.101)	4.426	(0.633)
I-b	育児等のための短時間勤務制度	3.153	(1.219)	4.014	(0.860)
I-c	深夜勤務の免除	3.037	(1.194)	3.661	(1.039)
I-d	時間外労働の免除	2.987	(1.211)	3.678	(1.008)
I-e	法定を上回る育児休業制度	3.137	(1.278)	4.224	(0.727)
I-f	法定を上回る介護休業制度	2.892	(1.197)	3.939	(0.747)
I-g	始業・終業時刻の繰上げ繰下げ	3.169	(1.266)	3.953	(0.688)
I-h	会社による託児所利用の支援	2.727	(1.234)	3.700	(0.823)
I-i	在宅勤務制度	2.417	(1.224)	2.667	(1.033)
I-j	勤務地限定制度	2.789	(1.269)	3.476	(1.209)
I-k	結婚・出産退職者のための再雇用制度	2.754	(1.271)	3.053	(1.353)
I-l	子どもの看護休暇制度	2.771	(1.262)	3.893	(0.786)

注:各制度について「制度あり」と回答した就労者と企業の平均点数であるため,制度ごとにサンプル数が異なる.
出所:「職場環境と少子化の関連性に関する調査」(2007年)を基に筆者が集計.

「始業・終業時刻の繰上げ繰下げ」「子どもの看護休暇制度」の6制度については3割前後,「勤務地限定制度」と「結婚・出産退職者のための再雇用制度」の2制度については2割弱,「会社による託児所利用支援」と「在宅勤務制度」の2制度については1割を下回る就労者のみが制度ありと回答するにとどまった.他方,企業票($N=78$)では,「半日単位の年次有給休暇の取得」「育児

等のための短時間勤務制度」「深夜勤務の免除」「時間外労働の免除」「法定を上回る育児休業制度」「法定を上回る介護休業制度」「始業・終業時刻の繰上げ繰下げ」の 7 制度については，半数を大きく上回る企業が制度ありと回答しており，とりわけ，「育児等のための短時間勤務制度」「深夜勤務の免除」「時間外労働の免除」の 3 制度については 8 割を超える企業が整備している．一方，「会社による託児所利用支援」「在宅勤務制度」「勤務地限定制度」「結婚・出産退職者のための再雇用制度」「子どもの看護休暇制度」の 5 制度については，4 割未満の企業しか制度ありと回答しておらず，就労者と企業双方の回答からこれらの制度については整備が相対的に遅れていることがわかる．以上の結果から，単純平均で見る限り，制度の有無についての回答が，就労者と企業とで食い違っている．

次に，各制度について「制度あり」と回答した就労者及び企業に対して，制度の「使いやすさ」を，「非常に使いやすい」を 5 点，「まあ使いやすい」を 4 点，「どちらともいえない」を 3 点，「やや使いにくい」を 2 点，「非常に使いにくい」を 1 点として点数をつけてもらったところ，すべての施策について就労者による評価は企業の担当者による評価を相当程度下回っている．在宅勤務制度を除いたすべての施策について企業担当者の平均点が 3 点を上回っているのに対し，就労者では，「時間外労働の免除」「法定を上回る介護休業制度」「会社による託児所利用の支援」「在宅勤務制度」「勤務地限定制度」「結婚・出産退職者のための再雇用制度」「子どもの看護休暇制度」とほとんどの制度が 3 点を下回るどちらかというとネガティブな評価であった[4]．

これら 12 制度について，類似性の強い制度どうしは近くに，非類似性の強い制度は遠くにマッピングしたのが図 **12-1** である(野口，2007)[5]．図 **12-1**

---

[4] 各施策の有無について，「平成 17 年度 女性雇用管理基本調査」(厚生労働省)が収集したデータから，30 人以上の事業所規模での全国平均値をあげると，「育児等のための短時間勤務制度」「所定外労働の免除」「法定を上回る育児休業制度」「始業・終業時刻の繰上げ繰下げ」「再雇用制度」(平成 8 年度同調査)「子どもの看護休暇制度」ありがそれぞれ，50.1％，36.3％，21.3％，27.3％，20.7％，52.7％である．本章で用いる「職場環境と少子化の関連性に関する調査」では，企業ごとの整備状況が調査されているため，事業所ベースの調査である「女性雇用管理基本調査」と比較することは一概にはできないが，本章の分析対象者は，40％の企業が制度ありと回答した「子どもの看護休暇制度」を除いて，おおむね全国平均よりも良好な両立支援策の下で就労しているといえるだろう．

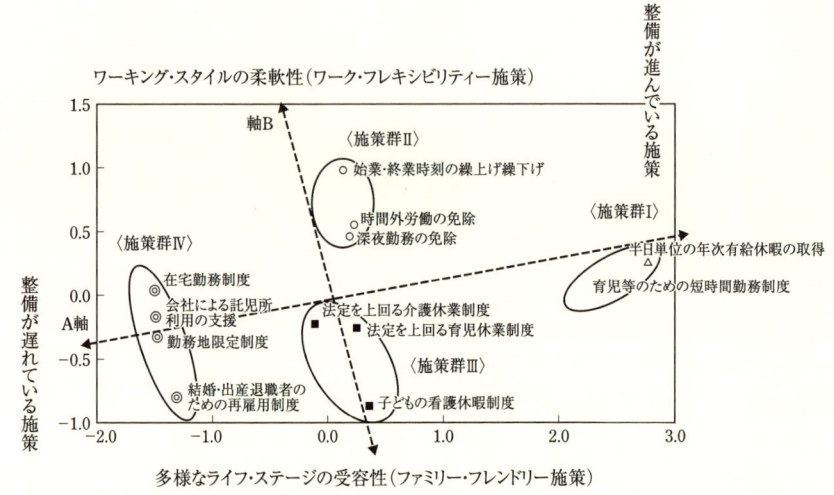

図 12-1　多次元尺度法による(ユークリッド距離モデル)による両立支援策の分類

出所:「職場環境と少子化の関連性に関する調査」(2007年)を基に筆者が分類.

を見ると，右端中央に，最も制度整備の進んでいる「半日単位の年次有給休暇の取得」と「育児等のための短時間勤務制度」が，そして，その地点から最も遠い左下端には「結婚・出産退職者のための再雇用制度」が配置されており，同じく，導入が遅れている「会社による託児所利用支援」「在宅勤務制度」「勤務地限定制度」の3制度がその近くにマッピングされている．したがって，右端中央から左下端へ向かっての軸Aは，制度整備がどの程度進んでいるかを示している．一方，上端中央には，「始業・終業時刻の繰上げ繰下げ」，またその下方には，「深夜勤務制度の免除」や「時間外労働の免除」と，勤務時間に対する柔軟性に重点を置くフレックス施策が配置されているのに対し，下端中央には，「子どもの看護休暇制度」，またその上方には，「法定を上回る育児休業制度」や「法定を上回る介護休業制度」といった，個々の家計が直面する多様なライフ・ステージへの受容性を示すファミフレ施策が配置されている．つまり，図12-1における上端から下端へ向かっての軸Bは，ワーキング・ス

---

5) この方法は，多次元尺度法といい，複数の観測値からなる多変量データに対して，類似度の高い指標を選択して情報を集約する多変量解析の手法の1つである(齋藤・宿久，2006)．多次元尺度法と同様，多変量解析法であるクラスター分析からも同様の結果が得られた．

タイルの柔軟性と多様なライフ・ステージの受容性に対する重点の置き方を段階的に示しており，この軸の中央部分には，ファミフレとフレックス両施策の特性を持つ諸制度が配置されていると考えられる．以上の結果から，ここでは，調査対象となった 12 制度を次の 4 つの施策群に分類する．〈施策群 I〉は最も整備が進んでいるフレックスよりの施策群，〈施策群 II〉と〈施策群 III〉はそれぞれ，制度整備が半ば進んでいる，フレックス施策群とファミフレ施策群，そして，〈施策群 IV〉は整備が最も遅れているファミフレ寄りの施策群である．

4 就労者と企業の認識

4.1 基本統計量による比較（就労者対企業）

本節では，各施策群における就労者と企業の認識の特性と関わりについて考察を加える．図 **12-2** は，職場における両立支援策の有無について，(1)就労者と企業の担当者との回答が一致している場合，(2)制度はあるが就労者がないと回答した場合，(3)制度はないが就労者があると回答した場合の回答比率を示している．すなわち，企業の担当者の回答が正解と仮定すると，(1)は就労者が制度について正確に把握しており，(2)と(3)は就労者が制度について誤った理解をしていることを意味する．「子どものための看護休暇制度」以外では，〈施策群 I〉―〈施策群 III〉で半数を大きく上回る企業が制度ありとした施策について，制度の有無について正確に把握している就労者は，半数もしくはそれ未満にとどまっていることがわかる．また，制度について誤った認識を持つ就労者のうち，「半日単位の年次有給休暇の取得」を除き，4 割前後からそれを上回る比率で，制度があるにもかかわらず制度がないと回答している．逆に，制度整備が遅れている〈施策群 IV〉については，8-9 割の就労者が制度についての正しい認識を持っている．

次に，図 **12-3** は，両立支援策の使いやすさに対する就労者と企業の担当者による評価の違いを示しており，制度整備に対する就労者の認知度が，評価に大きく影響していることがわかる．図 **12-3** では，(1)就労者と企業の担当者との制度評価が一致している場合，(2)就労者の評価が企業担当者の評価を下回っ

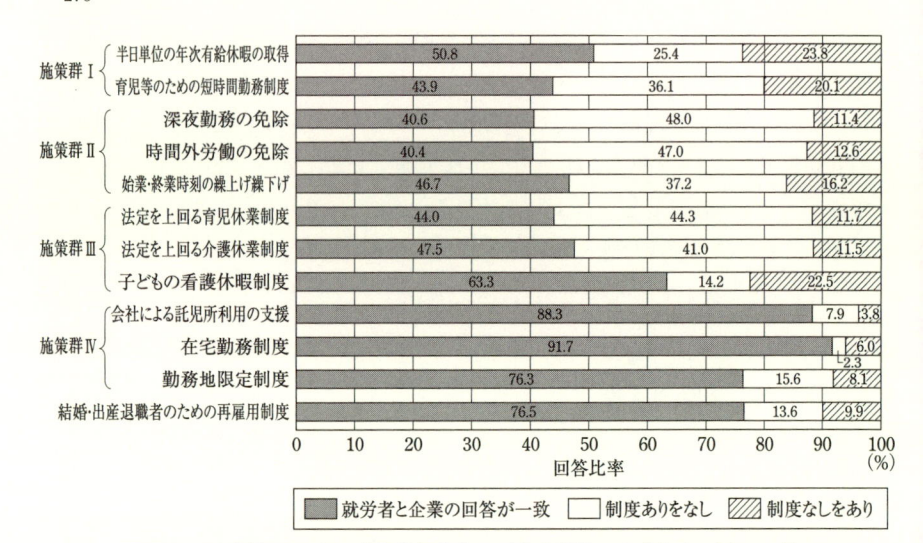

図 12-2 職場における「仕事と家庭の両立支援策」の有無(就労者対企業)

施策群	項目	就労者と企業の回答が一致	制度ありをなし	制度なしをあり
施策群Ⅰ	半日単位の年次有給休暇の取得	50.8	25.4	23.8
施策群Ⅰ	育児等のための短時間勤務制度	43.9	36.1	20.1
施策群Ⅱ	深夜勤務の免除	40.6	48.0	11.4
施策群Ⅱ	時間外労働の免除	40.4	47.0	12.6
施策群Ⅱ	始業・終業時刻の繰上げ繰下げ	46.7	37.2	16.2
施策群Ⅲ	法定を上回る育児休業制度	44.0	44.3	11.7
施策群Ⅲ	法定を上回る介護休業制度	47.5	41.0	11.5
施策群Ⅲ	子どもの看護休暇制度	63.3	14.2	22.5
施策群Ⅳ	会社による託児所利用の支援	88.3	7.9	3.8
施策群Ⅳ	在宅勤務制度	91.7	2.3	6.0
施策群Ⅳ	勤務地限定制度	76.3	15.6	8.1
	結婚・出産退職者のための再雇用制度	76.5	13.6	9.9

出所:「職場環境と少子化の関連性に関する調査」(2007年)を基に筆者が分類.

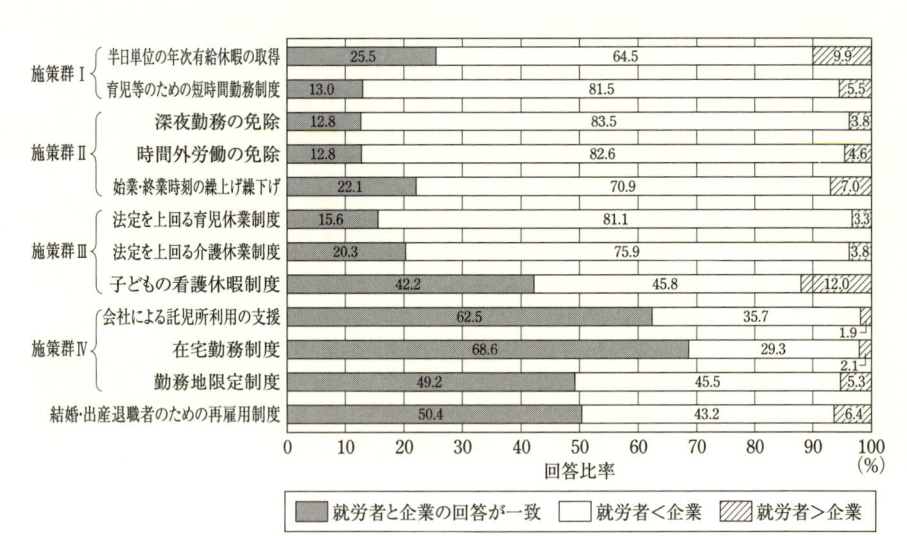

図 12-3 職場における「仕事と家庭の両立支援策」の使いやすさ(就労者対企業)

施策群	項目	就労者と企業の回答が一致	就労者<企業	就労者>企業
施策群Ⅰ	半日単位の年次有給休暇の取得	25.5	64.5	9.9
施策群Ⅰ	育児等のための短時間勤務制度	13.0	81.5	5.5
施策群Ⅱ	深夜勤務の免除	12.8	83.5	3.8
施策群Ⅱ	時間外労働の免除	12.8	82.6	4.6
施策群Ⅱ	始業・終業時刻の繰上げ繰下げ	22.1	70.9	7.0
施策群Ⅲ	法定を上回る育児休業制度	15.6	81.1	3.3
施策群Ⅲ	法定を上回る介護休業制度	20.3	75.9	3.8
施策群Ⅲ	子どもの看護休暇制度	42.2	45.8	12.0
施策群Ⅳ	会社による託児所利用の支援	62.5	35.7	1.9
施策群Ⅳ	在宅勤務制度	68.6	29.3	2.1
施策群Ⅳ	勤務地限定制度	49.2	45.5	5.3
	結婚・出産退職者のための再雇用制度	50.4	43.2	6.4

出所:「職場環境と少子化の関連性に関する調査」(2007年)を基に筆者が分類.

ている場合，(3)就労者の評価が企業担当者の評価を上回っている場合の回答比率を示している．制度に対する認知度の結果(図 **12-2**)を反映して，〈施策群 I〉—〈施策群 III〉において就労者と企業担当者の評価が一致している比率は 1-2 割程度と非常に低く，他方，就労者の評価が企業担当者の評価を下回る比率が 7-8 割と高い．一方で，就労者の制度に対する認知度が高い〈施策群 IV〉については，「会社による託児所利用支援」「在宅勤務制度」「勤務地限定制度」「結婚・出産退職者のための再雇用制度」の 4 制度すべてについて，就労者と企業の評価が一致している比率が 5-6 割と比較的高かった．

4.2 企業内での両立支援策の評価

各施策群の「使いやすさ」に対する就労者と企業担当者の 5 段階評価に「制度なし」の場合を 0 点として，企業内(within-firm)と企業間(between-firms)それぞれについて主成分分析を行い，主成分得点を計算した[6]．企業内主成分得点は，各企業内の調査対象者の評価に基づき計算される．したがって，本調査が無作為抽出を実施しておらずサンプリングについては各企業に委ねられていることからバイアスが大きいと考えられる．他方，企業間主成分得点は，各企業の担当者 1 名による評価を用いるため，企業単独で見た場合の点数については担当者の主観が影響することは否めないが，回答のあった 78 社について，各企業の施策評価を相対化することが可能となる．

まず，就労者の回答に基づいた各施策の評価(within-firm)について，就労者の属性別に平均値の違いを検証することにする(表 **12-2** 参照)[7]．(1)性別について，男性と比較して，両立支援策を利用する確率が高いと考えられる女性の評価が有意に低かったことは予想外な結果である．しかし，これは，(2)利用経験の有無による違いから，実際に支援策を利用した経験のある就労者の比率が女性よりも男性の方が高いこと，また，(3)婚姻形態別の結果から，本調査対象者における男性の既婚率が 56％ と，女性の 33％ に比べて高いことが影響して

---

[6] 主成分分析とは，本研究での 12 制度に対する評価などのように複数の指標や変数が存在する場合，できる限りそうした情報を生かし，1つまたは少数の指標(主成分)に情報を圧縮することによって代表させようという多変量解析の1つの方法である．
[7] 平均値の差異については，F 値によって差異が統計的に有意かどうかを検証した．

表 12-2　企業内(within-firm)主成分得点による就業者属性別両立支援策の使いやすさ

制度の使いやすさ(主成分得点) (5=非常に使いやすい；4=まあ使いやすい； 3=どちらともいえない；2=やや使いにくい； 1=非常に使いにくい；0=制度なし)(注)	主成分総得点		施策群 I		施策群 II		施策群 III		施策群 IV	
	N	平均値	N	平均値	N	平均値	N	平均値	N	平均値
(1)性　別										
A.　女　性	1,109	-0.174	1,109	-0.200	1,109	-0.100	1,109	-0.132	1,109	-0.164
B.　男　性	3,126	0.064	3,126	0.073	3,126	0.037	3,126	0.049	3,126	0.059
平均値の差の有意性(A対B)	A<B***		A<B***		A<B***		A<B***		A<B***	
(2)本人もしくは周囲の利用経験										
女　性										
C.　利用経験なし	617	-0.852	629	-1.043	878	-0.438	918	-0.440	999	-0.343
D.　利用経験あり	492	0.677	480	0.905	231	1.183	191	1.345	110	1.462
平均値の差の有意性(C対D)	C<D***		C<D***		C<D***		C<D***		C<D***	
男　性										
E.　利用経験なし	1,112	-0.802	1,189	-0.980	2,293	-0.349	2,501	-0.279	2,619	-0.203
F.　利用経験あり	2,014	0.541	1,937	0.719	833	1.099	625	1.362	507	1.412
平均値の差の有意性(E対F)	E<F***		E<F***		E<F***		E<F***		E<F***	
(3)男女・婚姻形態・子どもの有無別										
女　性										
G.　既婚者・子どもあり	245	0.549	245	0.650	245	0.520	245	0.396	245	0.173
H.　既婚者・子どもなし	123	0.539	123	0.512	123	0.506	123	0.430	123	0.255
I.　独身者	741	-0.531	741	-0.599	741	-0.406	741	-0.400	741	-0.344
平均値の差の有意性(G対H)										
平均値の差の有意性(G対I)	G>I***		G>I***		G>I***		G>I***		G>I***	
平均値の差の有意性(H対I)	H>I***		H>I***		H>I***		H>I***		H>I***	
男　性										
J.　既婚者・子どもあり	1,348	0.487	1,348	0.537	1,348	0.391	1,348	0.376	1,348	0.282
K.　既婚者・子どもなし	390	0.430	390	0.473	390	0.305	390	0.312	390	0.354
L.　独身者	1,388	-0.451	1,388	-0.491	1,388	-0.382	1,388	-0.342	1,388	-0.240
平均値の差の有意性(J対K)										
平均値の差の有意性(J対L)	J>L***		J>L***		J>L***		J>L***		J>L***	
平均値の差の有意性(K対L)	K>L***		K>L***		K>L***		K>L***		K>L***	
(4)男女・就労形態別										
女　性										
M.　正規	968	-0.142	968	-0.150	968	-0.071	968	-0.103	968	-0.180
N.　非正規	135	-0.368	135	-0.515	135	-0.286	135	-0.321	135	-0.034
平均値の差の有意性(M対N)	M>N***		M>N***		M>N***		M<N***		M>N***	
男　性										
O.　正規	3,090	0.069	3,090	0.079	3,090	0.043	3,090	0.054	3,090	0.060
P.　非正規	33	-0.466	33	-0.505	33	-0.521	33	-0.367	33	-0.016
平均値の差の有意性(O対P)	O>P***		O>P***		O>P***		O>P***			
(5)男女・学歴別										
女　性										
Q.　大卒以上	391	-0.168	391	-0.224	391	-0.061	391	-0.124	391	-0.192
R.　大卒未満	716	-0.180	716	-0.190	716	-0.124	716	-0.139	716	-0.151
平均値の差の有意性(Q対R)										
男　性										
S.　大卒以上	1,845	0.022	1,845	0.015	1,845	-0.003	1,845	0.019	1,845	0.052
T.　大卒未満	1,277	0.124	1,277	0.155	1,277	0.095	1,277	0.092	1,277	0.070
平均値の差の有意性(S対T)	S<T***		S<T***		S<T**				S<T***	

注：各施策群ごとまたは全施策群の主成分得点については，1つでも利用した経験が本人もしくは周囲にある場合．平均値の有意性については，***1%水準で有意．**5%水準で有意．*10%水準で有意．各就労者属性における平均値の差をF値により検定した結果．

出所：「職場環境と少子化の関連性に関する調査」(2007年)を基に筆者が集計．

いると考えられる．(2)本人もしくは周囲の利用経験については，男女ともに，全施策群において，利用経験のある就労者の方が経験のない就労者に比較して，制度に対する評価が有意に高い．(3)「男女・婚姻形態・子どもの有無別」では，全施策群において，既婚の男女ともに，子どもの有無は制度評価にほとんど影響せず，むしろ既婚者と独身者とで評価が有意に異なる．認知度が制度評価に大きく影響することから，出産よりもむしろ婚姻が支援策に対する認知度と評価を高める重要な要因であることを示している．(4)「男女・就労形態別」の評価では，男女ともに，〈施策群 I〉—〈施策群 III〉までは，制度に対するアクセスが有利な正規就労者による評価が非正規就労者の評価を有意に上回っている．逆に，〈施策群 IV〉では，女性の非正規職員の評価が正規職員を上回る傾向にある．これは，女性の非正規就労者が，「在宅勤務制度」や「勤務地限定制度」等非正規の雇用形態に適合した職場を自ら選択している．また，「結婚・出産退職者のための再雇用制度」を活用して，結婚後または出産後に就労形態を正規から非正規に変化させた可能性も考慮に入れる必要があるだろう．ただし，本調査では，こうした個人の履歴については追跡することができない．(5)「男女・学歴別」では，女性の場合，大卒以上と大卒未満とで有意性が観察されなかったのに対して，男性については，〈施策群 IV〉を除いて，大卒未満の就労者の方が大卒以上の就労者に比較して制度に対する評価が高い．これは，男性の場合は，大学・大学院を修了している職員に比較すると，高卒の方が，制度の利用率が高いことが影響している．

以上の結果から，企業内での制度評価は，サンプル内の就労者属性によって影響を受けることがわかる．これは，本人や周囲の人による制度の利用経験者の方が未経験者よりも評価が有意に高いことからもわかるように，個人属性によって制度を利用する確率(したがって，認知度)が有意に異なるためであると予想される．したがって，企業内主成分得点については，前項でも述べたように，セレクション・バイアスに留意する必要がある．

次に，就労者の属性別に企業規模と企業内主成分得点を検証する．図 12-4-1～図 12-4-6 は，企業票に回答のあった正規就労者数(対数表示)を横軸に，また，就労者の属性別の企業内主成分総得点について，企業ごとの平均値を算出した数値を縦軸にして，両者の相関を図式化したものである．以下，同様の

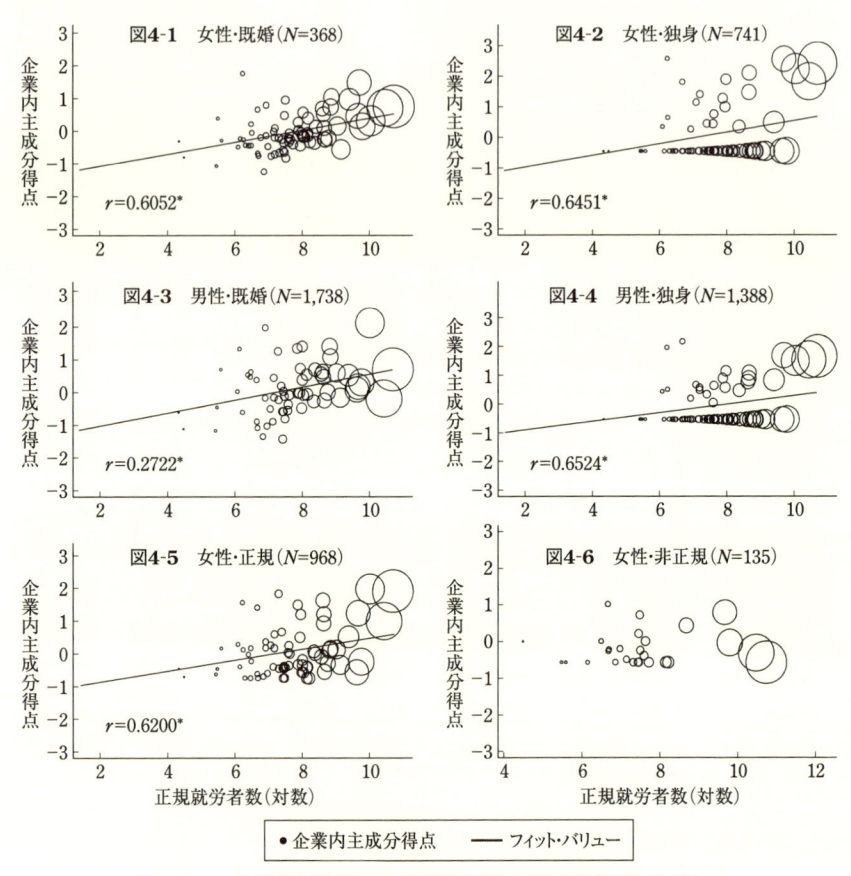

図 12-4 就労者属性別の企業規模(正規就労者数(対数表示))と企業内(within-firm)主成分総得点との相関

注:男性の非正規就労者は33名であったため分析から除外した.
出所:「職場環境と少子化の関連性に関する調査」(2007年)を基に筆者が集計.

分析において,バブルの大きさは正規就労者数を示しており,相関係数は同変数による比重をつけ算出した.

企業内主成分総得点と正規就労者数(対数)で示した企業規模との間には,女性の非正規就労者(図12-4-6)を除くすべての就労者属性において,有意に正の相関があることがわかる.同様に,本調査でサンプリングされた就労者を見る限り,正規就労者総数に対する女性正規就労者や全就労者に占める非正規就

労者の割合が低く，給与形態が年功序列であるといった大企業の持つ特性が，企業内での制度評価とおおむね正に相関しているのに対して，そうした特性は女性の非正規就労者の制度評価に対してはマイナスに有意に働いている[8]．女性の就労者の場合，正規と非正規とでは，両立支援の諸制度に対するアクセスに何らかの構造的な違いがあると考えられる．男性の非正規就労者については，本調査に含まれるサンプル数が33名と限られていたため分析から除外せざるをえず，女性の非正規就労者と同様の傾向があるかどうかは不明である．

4.3 企業間での両立支援策の評価

次に，全12施策について各企業の担当者1名による評価を主成分分析にかけ点数化した企業間(between-firms)主成分得点についてみてみる．図12-5-1～図12-5-4は，企業属性を横軸に，企業間主成分総得点を縦軸にして，両者の相関を図式化したものである．

まず，個人による施策評価と同様に，企業間主成分総得点と正規就労者数（対数）による企業規模との間には，有意に正の相関があることがわかる（図12-5-1）．第2に，図12-5-2を見ると，企業間における相対的制度評価は，正規就労者総数に対する女性正規就労者に占める非正規就労者の割合との間に有意に負の相関がある．他方，企業間主成分総得点は，35歳時における大卒者間での給与格差との間には有意な相関が認められなかったが，男女ともに，入社時の初任給と35歳時の給与比との間には正の相関が認められた（図12-5-3と図12-5-4）．こうした特性はいずれも企業規模に関連している．企業規模が大きいほど，女性の正規就労者比率や非正規就労者比率は低く，また年功序列の給与形態をとっている確率が高い．したがって，以上のような企業属性と企業間での相対的な制度評価との関係性は正規就労者数でみた企業規模との相関に集約される．

5 推定の方法

本研究では，Staiger and McClellan(2000)によるGMM推定法を，各企業に

---

8) 詳細な相関図については，野口(2008)を参照のこと．

図5-1 企業規模(正規就労者数(対数表示))との相関 縦軸:企業内主成分得点 横軸:正規就労者数(対数) $r=0.5351^*$

図5-2 女性正規就労者比率との相関 縦軸:企業内主成分得点 横軸:正規就労者数(対数) $r=0.4001^*$

図5-3 男性大卒正規就労者の初任給と35歳時の年収格差 縦軸:企業内主成分得点 横軸:入社時の初任給と35歳時の給与比(男性) $r=0.5878^*$

図5-4 女性大卒正規就労者の初任給と35歳時の年収格差 縦軸:企業内主成分得点 横軸:入社時の初任給と35歳時の給与比(女性) $r=5946^*$

● 企業内主成分得点 ── フィット・バリュー

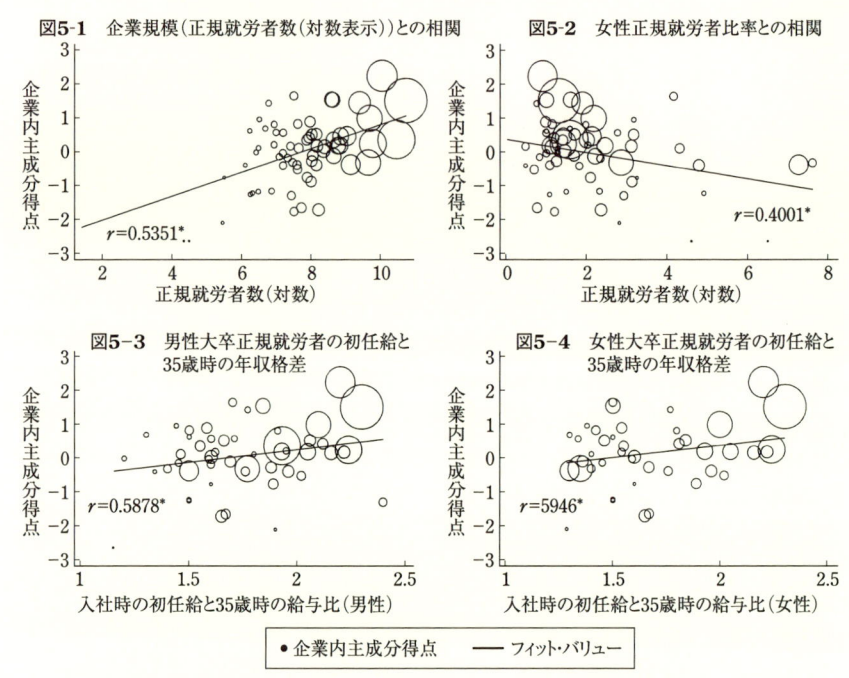

図 12-5 企業属性と企業間(between-firms)主成分総得点との相関($N=78$)

出所:「職場環境と少子化の関連性に関する調査」(2007年)を基に筆者が集計.

おける出生確率に対する企業間主成分得点の効果の推定に適用する．この推定方法の利点は，操作変数を用いることで疑似的にランダムな状況を創出し，多重共線性を回避しつつ，多様な両立支援策の効果を同時に推定可能なことである．この推定法は，急性心筋梗塞の患者に対する治療の質を測定するために開発されたもので，各医療施設内(within-hospital)における患者属性のバリエーションではなく，医療施設間(between-hospitals)におけるバリエーションを操作変数とする2段階推定法である．本章では，患者は就労者であり，医療施設は企業となる．

$$Y_{ij} = \tau_j \beta + X_{ij}\alpha + u_j + \varepsilon_{ij} \tag{1}$$

推定式(1)は，第 j 番目の企業における，第 i 番目の就労者の将来の出生確率 Y_{ij} が，各企業における両立支援策の「使いやすさ」，すなわち企業間における

相対的制度評価(τ_j),および,個々の就労者属性(X_{ij})に依存していることを示している.βとαは推定するパラメーターである.個々の就労者の出生確率Y_{ij}としてどういった変数を用いるかについてはさまざまな議論がある.前述したように,本研究が用いた調査で就労者と企業にたずねている両立支援策は現在の職場を対象としており,実際の出産前後の情報ではない.こうしたデータ制約により,ここでは,Y_{ij}として「今後何人の子どもを持とうと思うか」に対して1人以上の子どもを持ちたいと回答した場合を「1」,今後子どもを持ちたいと思わないと回答した場合を「0」とした二項変数を用いる.Staiger and McClellan(2000)では,誤差項を医療施設間(u_j)と患者間(ε_{ij})における属性のバリエーションに起因する2つの部分に区別して定義している.ここでの定義は,誤差項が企業間(between-firm: u_j)と就労者間(within-firm: ε_{ij})における属性のバリエーションに起因しているととらえる.

次に,このモデルでは,第j番目の医療施設に入院した第i番目の患者の治療選択(τ_{ij})は,患者属性と患者がどの医療施設に入院したかによって説明される内生変数であった.したがって,u_jとτ_j,および,ε_{ij}とX_{ij}とは相関がないが,ε_{ij}はτ_jと相関があると仮定されていた.しかし,本論では企業間主成分得点(τ_j)は,就労者属性や就労者がどの企業で働くかという意思決定とは無関係に決まる外生変数であると仮定し,モデルを単純化する.

$$Y_{ij} = X_{ij}\alpha + \phi_j + \omega_{ij} \quad \text{where} \quad \phi_j = \tau_j\beta + u_j \,;\, \omega_{ij} = \varepsilon_{ij} \qquad (2)$$

推定式(2)において,τ_jは第j番目の企業におけるN種類の施策群それぞれに関する主成分得点を示す固定効果(firm fixed-effect)である.まず,推定の第1段階として,男女別の就労者について推定式(2)を fixed-effects logit 推定法により推定する[9].この就労者レベルの回帰分析の結果から,企業間におけるバリエーションに注目し,今後の出生確率の固定効果の推定値($\hat{\phi}_j$)を第j番目

---

[9] 第1段階((2)式)において,企業内での就労者間(within-firm)の主成分得点を,企業間(between-firms)主成分得点を操作変数として回帰し,得られた主成分得点の期待値について企業ごとにまとめ,第2段階((3)式)の説明変数として投入するという方法もあるが,この場合,企業間(between-firms)主成分得点は企業ごとの固有の変数であるため,第1段階に固定効果モデルを使うと,回帰分析から削除されてしまう.したがって,本研究では,企業間(between-firms)主成分得点を外生変数として直接第2段階に投入することにした.

の企業について求める．具体的には，就労者レベルのデータに基づき推定された回帰式(2)から推計される誤差項の平均値を各企業について求め，企業レベルのデータを求める．

$$\phi_j = \tau_j \beta + u_j \tag{3}$$

推定式(3)において，企業における固定効果(τ_j)は，観測されない企業間での属性バリエーション(u_j)から独立であると仮定する．ここで，ϕ_j と τ_j が推定誤差なしに観察可能ならば，N 種類の施策群それぞれに関する主成分得点の固定効果を操作変数として投入し，第 j 番目の企業における就労者の出生確率に対する回帰式(3)を，各企業の正規就労者数(m)による加重回帰分析を用いて推定することができる．すなわち，$\beta = 1/m(\tau'\tau)^{-1}(\tau'\hat{\phi})$ である．ここでは，企業間主成分得点(τ_j)を外生と仮定しているため，Staiger and McClellan モデルにおける推定誤差は存在しない．したがって，推定誤差を修正するためのモメント行列による調整は行っていない．

6 推定の結果

本章で，最終的に回帰分析の対象とするのは，企業票を結合することができ，回帰分析に必要な変数に欠損値がなかった 78 企業中 62 企業，4,262 人中 2,520 人（女性 615 人，男性 1,905 人）である．

表 12-3 は，第 1 段階における就労者レベルでの fixed-effects logit 推定法((1)式)による結果を男女別に示したものである．男女ともに，年齢と既婚が出生確率を有意に押し上げているのに対して，現在の子どもの数と親との同居が今後の出生確率を引き下げていることがわかる．男女の違いで特徴的な変数は，大卒以上ダミーである．女性の場合大卒以上であるかどうかが出生確率に無相関であるのに対して，男性の場合は，大卒以上ダミーが出生確率に有意に正に作用している．

表 12-4 は第 2 段階((3)式)における企業レベルでの推定結果を示している．全 12 施策に対する企業間主成分総得点に対する結果が女性と男性とで異なる．女性の場合は，総体として企業間主成分総得点が出生確率を有意に正に押し上

表 12-3　今後の出生確率の推定(fixed effects logit 推定法)

説明変数	女性($N=615$) 係数	標準誤差	男性($N=1,905$) 係数	標準誤差
年齢	0.232	(0.095)**	0.198	(0.071)***
年齢の2乗	−0.003	(0.001)**	−0.004	(0.001)***
既婚	1.876	(0.309)***	3.226	(0.203)***
大卒以上	−0.355	(0.255)	0.306	(0.140)**
現在の子どもの数	−1.401	(0.198)***	−1.196	(0.089)***
親と同居	−0.393	(0.232)*	−0.399	(0.177)**
非正規	−0.072	(0.341)	0.833	(0.481)*
労働時間(対数)	−0.359	(0.426)	−0.092	(0.251)
時間当たり賃金(対数)	−0.014	(0.047)	−0.059	(0.041)
市区町村内の待機児童率	−1.747	(8.464)	2.306	(4.451)
対数尤度	−241.951		−719.725	

注：***1% 水準で有意．**5% 水準で有意．*10% 水準で有意．
出所：「職場環境と少子化の関連性に関する調査」(2007年)を基に筆者が集計．

表 12-4　両立支援策に対する企業間主成分得点が今後の出生確率に与える効果

説明変数	女性($N=56$) 係数	標準誤差	男性($N=62$) 係数	標準誤差
全12施策群	0.262	(0.085)***	0.010	(0.013)
定数項	0.278	(0.062)***	0.114	(0.025)***
R^2	0.363		0.003	
施策群 I	0.066	(0.049)	0.0003	(0.019)
施策群 II	−0.100	(0.068)	−0.067	(0.041)
施策群 III	0.105	(0.075)	0.073	(0.041)*
施策群 IV	0.156	(0.041)***	−0.029	(0.023)
定数項	0.254	(0.052)***	0.117	(0.022)***
R^2	0.511		0.274	

注：***1% 水準で有意．**5% 水準で有意．*10% 水準で有意．
出所：「職場環境と少子化の関連性に関する調査」(2007年)を基に筆者が集計．

げているのに対して，男性の場合は全く無相関となっている．さらに，Propensity Score Matching 推定法や操作変数による2段階推定法と異なり，GMM 推定法では複数の施策を同時に回帰分析に投入可能であるため，〈施策群 I〉—〈施策群 IV〉に対する企業間主成分得点を投入した．結果，野口(2007)と同様，女性の場合は，〈施策群 IV〉が，企業内の今後の出生確率に対して有意に正の

効果があるのに対して，男性就労者については，〈施策群III〉に正の効果が認められたが有意性がさほど高いとはいえない．

他の施策群と比べて，「勤務地限定制度」「結婚・出産退職者のための再雇用制度」「会社による託児所利用支援」と「在宅勤務制度」を含む〈施策群IV〉の整備が遅れているのは，これらの支援策が企業にとってコスト負担の大きい施策であることが一因となっている可能性がある．したがって，こうした両立支援策の導入コストの大きさや，企業の生産性との関わりについて検証する必要があるが，これは本章における分析の範疇ではない[10]．本研究が分析の対象としたのは，労働組合の存在する職場で所得や制度面で全国平均よりも相当程度良好な環境の下で就労している者である．にもかかわらず，回帰分析の結果から言えることは，整備の進んだ既存の制度だけでは出生行動を促すことがもはや限界にきているということである．

7 政策的含意と今後の課題

本章での分析の結果，(1)制度整備に対する就労者の評価には，認知度が大きく影響していること．(2)大企業の持つ特性は，両立支援策の使いやすさに対する企業内外での評価とおおむね正の相関があること．他方，(3)大企業の特性はいずれも，女性の非正規就労者の制度評価とは有意に負の相関があること．(4)女性就労者の場合，両立支援策は全般的に将来の出生意欲を有意に引き上げ，特に現在の職場において整備が遅れている「勤務地限定制度」や「結婚・出産退職者のための再雇用制度」等を含む施策群が将来の出生行動を促すことがわかった．

(1)について，注目すべきは，過去における出産経験よりもむしろ婚姻が制度に対する認知度，ひいては企業内(within-firm)主成分得点を高める重要な要因であるという点である．この点については，別途，婚姻と両立支援策の因果関係に対する分析が必要であるが，他の OECD 諸国に比べ非常に低い婚外子比

---

10) 両立支援策導入コストや企業の生産性との関わりに関する先行研究については，本書の第2章(酒井・高畑)に詳細にまとめられているので，それを参照のこと．

率に象徴されるように，出産の前提として婚姻ありきという日本人の家族形成のあり方が婉曲的に反映された結果とも解釈することができる．いずれにしても，今後の政策課題としては，労働組合等企業内での組織を通じて，企業内の就労者に対する両立支援策の周知徹底を図ることが肝要である．

(2)と(3)については，女性就労者の場合，正規と非正規とでは両立支援策に対するアクセスに何らかの構造的な隔たりがあると考えられる．しかし，非正規の企業内主成分得点と企業規模とは無相関であり，また，非正規の評価が総じて高かった〈施策群IV〉に対する評価がむしろ大企業で高い傾向にあることから[11]，必ずしも大企業において非正規就労者の制度へのアクセスが正規と比べて悪いと断定することはできない．本調査では，各企業に対して正規と非正規による両立支援策への適用を調査しておらず，両者のアクセシビリティーの相違の背景について詳らかにすることはできない．

(4)の回帰分析については，現状普及が相対的に遅れている支援策の導入コストや生産性との関わりを検討しなければならない．興味深いのは，女性の場合，この〈施策群IV〉に対する非正規就労者の企業内評価が高いという点である．就労形態を調整してもなお出生意欲に有意な効果をもたらす支援策が，非正規という流動性の高い就労者に高い評価を得ていることから，個々の企業にのみ両立支援策に対する負担を強いるのではなく，労働の流動化も含め，労働市場全体としてもう一歩踏み込んだ構造改革が必要な時期にさしかかっているのではないだろうか．ただし，本研究が用いたデータには，統計分析に耐えるだけの男性の非正規就労者は含まれておらず，男女の構造上の違いについては今後の研究を待たなければならない．

最後に，本研究が得た結果を無制限に一般化することはできないことを今一度強調しておく．本研究で用いたデータは，就労者・企業ともに無作為抽出ではない．したがって，サンプリング・バイアスを調整するには限界がある．また，調査対象者は，正規にしろ，非正規にしろ，所得や制度面で全国平均よりも恵まれた環境で就労している者である．両立支援策の出生意欲に対する真の

---

[11] 詳細な相関図については，野口(2008)を参照のこと．

効果を測定するためには,全国規模での無作為抽出による Employee-Employer Matching Data,さらに理想をいえば,夫婦または世帯を時系列で追跡することの可能なパネル・データの整備が待たれる.

(付記) 本章に対して,国立社会保障・人口問題研究所一般会計プロジェクト「職場・家庭・地域環境と少子化との関連性に関する理論的・実証的研究」(主査・樋口美雄)ワークショップ(2008年12月),及び,労働市場研究委員会東西コンファレンス(2009年11月)の参加者より多数の有益なコメントを頂戴した.記して感謝する.本章のすべての誤りは,筆者に帰するものである.

参考文献

阿藤誠,2000,『現代人口学――少子高齢社会の基礎知識』日本評論社.
織田輝哉,1994,「出生行動と社会政策(2)――ヴィネット調査による出生行動の分析」社会保障研究所編『現代家族と社会保障』東京大学出版会,pp. 151-180.
川口章,2002,「ファミリー・フレンドリー施策と男女均等施策」『日本労働研究雑誌』第44巻第6号:15-28.
「子どもと家族を応援する日本」重点戦略検討会議,2007,『「子どもと家族を応援する日本」重点戦略検討会議各分科会における「議論の整理」及びこれを踏まえた「重点戦略策定に向けての基本的考え方」について(中間報告)』(http://www8.cao.go.jp/shoushi/kaigi/ouen/pdf/th.pdf).
齋藤堯幸・宿久洋,2006,『関連性データの解析法――多次元尺度構成法とクラスター分析法』共立出版.
滋野由紀子,2006,「就労と出産・育児の両立――企業の育児支援と保育所の出生率回復への効果」樋口美雄・財務省財務総合政策研究所編『少子化と日本の経済社会』日本評論社,第3章所収,pp. 81-114.
滋野由紀子・大日康史,2001,「育児支援策の結婚・出産・就業に与える影響」岩本康志編『社会福祉と家族の経済学』東洋経済新報社,第1章所収,pp. 17-50.
滋野由紀子・松浦克己,2003,「出産・育児と就業の両立を目指して――結婚・就業選択と既婚・就業女性に対する育児休業制度の効果を中心に」『季刊社会保障研究』第39巻第1号:43-54.
駿河輝和,2002,「女性の出産と就業継続の両立支援について」厚生労働科学研究費補助金政策科学推進研究事業(H11-政策-009)平成13年度報告書『少子化に関する家族・労働政策の影響と少子化の見通しに関する研究』第2章,pp. 125-141.
駿河輝和・張建華,2003,「育児休業制度が女性の出産と継続就業に与える影響について」『季刊家計経済研究』第59号:56-63.
塚原康博,1995,「育児支援政策が出生行動に与える効果について」『日本経済研究』第28号:148-161.
西本真弓・駿河輝和,2002,「ゼロ可変カウントデータモデルを用いた育児休業制度

に関する実証分析」『日本統計学会誌』第 32 巻第 3 号：315-326.

野口晴子, 2007,「企業による多様な『家庭と仕事の両立支援策』が夫婦の出生行動に与える影響——労働組合を対象とした調査の結果から」『季刊社会保障研究』第 43 巻第 3 号：244-260.

野口晴子, 2008,「『家庭と仕事の両立支援策』に対する就労者の認識・企業の認識——2007 年における労働組合を対象とした調査の結果から」国立社会保障・人口問題研究所『職場・家庭・地域環境と少子化との関連性に関する理論的・実証的研究（平成 20 年度報告書）』pp. 259-300.

樋口美雄, 1994,「育児休業制度の実証分析」社会保障研究所編『現代家族と社会保障』東京大学出版会.

森田陽子・金子能宏, 1998,「育児休業制度の普及と女性雇用者の勤続年数」『日本労働研究雑誌』第 459 号：50-62.

山口一男, 2005,「少子化の決定要因と対策について——夫の役割，職場の役割，政府の役割，社会の役割」『季刊家計経済研究』第 66 号：57-67.

脇坂明, 1999a,「育児休業利用に関する企業・事業所の違い」『岡山大学経済学会雑誌』第 30 巻第 4 号：185-211.

脇坂明, 1999b,「仕事と家庭の両立支援制度の分析——『女子雇用管理基本調査』を用いて」『「家庭にやさしい企業」研究会報告書』女性労働協会, pp. 16-42.

脇坂明, 2001,「仕事と家庭の両立支援制度の分析——『女子雇用管理基本調査』を用いて」猪木武徳・大竹文雄編『雇用政策の経済分析』東京大学出版会, pp. 195-222.

Staiger, D. and M. McClellan, 2000, "Comparing the Quality of Health Care Providers," in Alan Garber, ed., *Frontiers in Health Policy Research*, Volume 3, The MIT Press, Cambridge MA, pp. 113-136.

第13章 待機児童の存在と出生の関係

泉田　信行

1　はじめに

　なぜ少子化が進むのかについてはこれまでも様々に検討されてきたが，内閣府(2009)は晩婚化，晩産化を理由として取り上げている．阿藤(2000)も指摘するように，日本では婚外子の割合が低く[1]，出産の前提として結婚がある．この時，結婚の時期が遅くなると出産の機会が減少する．表13-1では夫・妻ともに平均初婚年齢が持続的に上昇してきていることが分かる．それにともない，出産する年齢も高くなっており，第1子出生時の母の平均年齢が持続的に上昇している．

　なぜ結婚時期が遅れ，子どもが減少するのか．経済学の観点からは，結婚や出産の費用と便益の関係からその理由に接近していく．結婚も出産も，それを行わない場合と比較して，当事者が負担する費用は多い．他方，結婚や出産から得られる便益も多い．直接的な金銭費用・便益や金銭換算された精神的な費用・便益を比較し，結婚するか否か，出産するか否か，を選択すると考えるのである．

　本章では出産に焦点を当てて検討する．出産を選択することにより負担されることになる費用は多い．例えば，就業者の場合は，出産や育児に伴い一時的に職場を離れることになる．その場合に職場での職位の昇格が遅れることがあるかも知れない．また，そもそも出産・育児を選択することにより，離職せざるを得ない場合も事実上あるかも知れない．このような場合に失われるものは

---

1)　同書，p. 203を参照．

表 13-1　出生率待機児童数等の動向

年	出生率	合計特殊出生率	平均初婚年齢 夫	平均初婚年齢 妻	第1子出生時の母の平均年齢	待機児童数
2000	9.5	1.36	28.8	27.0	28.0	
2001	9.3	1.33	29.0	27.2	28.2	21,201
2002	9.2	1.32	29.1	27.4	28.3	25,447
2003	8.9	1.29	29.4	27.6	28.6	26,383
2004	8.8	1.29	29.6	27.8	28.9	24,245
2005	8.4	1.26	29.8	28.0	29.1	23,338
2006	8.7	1.32	30.0	28.2	29.2	19,794
2007	8.6	1.34	30.1	28.3	29.4	17,926
2008	8.7	1.37	30.2	28.5	29.5	19,550
2009	8.5*					25,384

注：＊印は推計値である．
出所：次の各資料から筆者作成．厚生労働省大臣官房統計情報部編『人口動態統計』，同編『平成21年人口動態統計の年間推計』，こども未来財団『全国待機児童マップ』．

出産・育児に伴う機会費用と捉えられる．

　他の条件が一定であるならば，機会費用の増大は出生選択に対して負の効果を与えると考えられる．この例について言えば，出産・育児の機会費用を減少させることが，就業と出産・育児の両立のための条件のひとつとなる．その政策的手段のひとつが保育所の設置による保育サービスの提供である．保育所は設置基準が定められており，その基準に合致した認可保育所と，認可外保育所が存在する．保育サービスの単価は保護者の所得水準などに応じて定められており，公定価格である．設置主体は公営の場合と民営の場合があるが，公的にサービス提供体制が定められていると言えよう．

　公的なサービス提供体制は費用負担などの点で衡平性が担保しやすいと考えられる．しかし需要の変動に対して迅速に対応することは難しいと考えられる．ひとつの理由は保育所という施設が必要になるため，サービスの供給量が硬直的になるためである．また，需要が増大したとしても，公的なサービス提供体制では価格の上昇がないため，サービスが割り当てられない需要が残ってしまう．それが待機児童である．表 13-1 の右端の欄からわかるとおり，待機児童数は出生率の低下と共に減少してきたが，出生率の反転から2年遅れて増加に転じている．

待機児童が存在することは，子どもが生まれた場合に保育サービスが割り当てられない可能性があることを示唆する．このため，待機児童が存在しないことは，安心して保育サービスを利用できることによって出産選択の機会費用を低下させると考えられる．他方，出生数が増加すれば，保育所の定員が一定の下では待機児童が増加する可能性が高い．

本章では待機児童に関する現状を概観した上で，待機児童と出生数の関係を統計的に分析する．待機児童を減少させることにより出生率が増加するのであれば，保育所の定員を増加させるなど保育所の使い勝手を向上させることが出産と就業の両立に重要な役割を果たすことになると考えられる．次節では待機児童数の現状を概観し，第3節で統計分析の結果を検討する．これらを踏まえて最後の節において結語を与える．

2　待機児童の現状

待機児童は「保育所入所申込書が市区町村に提出され，かつ，入所要件に該当しているものであって，現に保育所に入所していない児童」と定義される[2]．ただし，待機児童の存在は全国的な現象ではない．『保育白書2008』も指摘するとおり，埼玉県・千葉県・東京都・神奈川県・大阪府で全国の6割を占める．さらに言うと，待機児童はこれらの都府県内すべての市区町村で発生する事象ではない．この点を明らかにするために，表13-1でも使用した全国待機児童マップにより市区町村別に確認する．後で行う分析にあわせて，2001年4月1日の数値から2006年4月1日の数値について検討する[3]．

表13-2は市区，町村，市区町村数合計，と分かれているが，ここでは市区町村数合計に注目する．当該年度の欄を見ると，待機児童が発生した市区町村数の合計は2002年に最大の425となっている．その後の期間においては若干

---

[2] http://www.mhlw.go.jp/houdou/0105/h0531-1.html を参照のこと．この定義は，2001（平成13）年に変更された後の待機児童の定義となる．旧定義と新定義の待機児童数の差異については全国保育団体連絡会・保育研究所編（2008，以下，『保育白書2008』とよぶ）を参照のこと．
[3] なお，これらの期間においては，市区町村合併が行われている．このため市区町村数が観察期間内で変化することになる．この点の影響を避けるために，2006年4月1日までに実施された市区町村合併を2001年4月1日までに遡って仮想的に適用する．これによりあたかも市区町村合併がこの期間に全く行われず，市区町村数が変動しないものとして分析が可能となる．

表 13-2 市区町村別の待機児童数の動向

年	市　区		町　村		市区町村数合計		継続率(%)	
	当該年度	継続数	当該年度	継続数	当該年度	継続数	市区	町村
2001	274	−	69	−	343	−	−	−
2002	330	231	95	38	425	269	70.00	40.00
2003	314	268	94	62	408	330	85.35	65.96
2004	305	266	93	55	398	321	87.21	59.14
2005	315	271	83	51	398	322	86.03	61.45
2006	285	259	91	62	376	321	90.88	68.13

注：市町村合併を 2001 年 4 月 1 日に遡って適用し，この期間の市町村数を 1,839 に固定している．
出所：『全国待機児童マップ』より筆者作成．

低下している．ただし一貫して低下傾向にあるわけではない[4]．表中右隣の継続数とは当該年度に待機児童が発生した市区町村のうち，前年にも発生していた市区町村数を示している．市区町村合計で見ると，2003 年に 330 に到達した後に安定した数となっている．表の右端に継続率(%)として市区町村別に，当該年度の待機児童発生市区町村数で継続して待機児童が発生した市区町村数を除した継続率を市区・町村別に示している．これを見ると，多少の上下はあるものの，一貫して継続率は上昇し，市区では 2006 年時点で 90.88% となることがわかる．このため，待機児童の問題は，「特定の都道府県の問題」というよりも「特定の市区町村の問題」として捉えるべきである．

では，特定の市区町村とはどのような市区町村であるか，が次に関心の対象となる．最も重要な特徴は大規模な都市で待機児童が発生する割合が高いということである．表 13-3 は 2006 年のデータによる市区町村の人口規模別に待機児童数の状況を観察したものである．表の左側では人口規模別・待機児童数有無別の市区町村数が示されている．人口規模が大きいほど市区町村数は少なくなる．他方，待機児童数が存在する市区町村の割合は人口規模が大きいほど増加し，100 万人を超える全ての市区町村で待機児童が存在する．

表の右側は人口規模別に待機児童数の合計について観察したものである．待機児童数の合計は 10-20 万人のところにひとつのピークがある．この人口規模の市区町村での待機児童数は全体の 2 割近くを占める．もうひとつの大きなピ

---

4) 既に市区町村合併が行われたとして分析しているため，ここでの変動分には市区町村合併による影響は働かないこととなる．

表 13-3 市区町村の人口規模別待機児童数の現状

人口規模	待機児童有無別市町村数			待機児童数	総数に対する割合	1市区町村あたり待機児童数
	なし	あり	合計			
5万人以下	1,173	115	1,288	1,476	7.46	13
5-10万人	191	80	271	1,882	9.51	24
10-20万人	73	82	155	3,848	19.44	47
20-30万人	11	32	43	1,823	9.21	57
30-50万人	13	38	51	3,462	17.49	91
50-100万人	2	18	20	3,230	16.32	179
100万人 -	0	11	11	4,073	20.58	370
合　計	1,463	376	1,839	19,794	100.01	53

注：2006年の数値である．
出所：『待機児童マップ』と「平成17年度 国勢調査」から筆者作成．

ークは100万人以上の市区町村である．この階級での待機児童数は全体の2割強を占める．人口規模別の待機児童数合計は市区町村数も影響するため，各人口規模別に市区町村数で待機児童数を除すと，一市区町村当たり待機児童数は人口規模が大きいほど多いことがわかる．この結果は極めて理解しやすい．すなわち，大都市では数多くの子どもが生まれるために，保育所の定員数が足りずに待機児童が発生すると解釈される．

ところが，確かに大都市では絶対数で見ると多くの子どもが生まれているが，相対的には子どもが生まれていない．この点を見たのが表13-4である．表13-4では2005年における実際の出生数と期待出生数のそれぞれについて市区町村の人口規模別に合計値を示している．

期待出生数とは小椋・角田(2008)が導入した概念である．ある市区町村において全国平均の合計特殊出生率が達成されると想定する場合の子ども数は，その市区町村の年齢階級別の女性数がわかれば算出できる．この数値が期待出生数である．当該市区町村において実際に出生した子ども数を期待出生数によって除すことによってWeighted Fertility Index(以下，WFIと略称する)が得られる．WFIは全国平均と同水準に子どもが出生した市区町村ではその値が1となる．いわば出生率に関する地域差指数とも呼ぶことができる．この表から10万人から20万人の規模の市区町村においては全国平均と同じ水準の合計特殊出生率が達成され，実際の出生数と期待出生数の比率であるWFIが1になっていることがわかる．それよりも市区町村の人口規模が小さくなるとWFI

表 13-4 市区町村の人口規模別出生数の状況

人口規模	実際の出生数	期待出生数	WFI
5万人以下	169,025	157,262	1.07
5-10万人	159,329	152,119	1.05
10-20万人	184,804	185,367	1.00
20-30万人	90,609	94,337	0.96
30-50万人	174,860	179,714	0.97
50-100万人	117,665	127,546	0.92
100万人-	166,068	185,473	0.90
合 計	1,062,360	1,081,817	0.98

注:出生数は市町村単位のデータを集計しているため,外国で出生した170人については合計にも含まれない.
出所:「人口動態調査」,「国勢調査」から筆者作成

が1よりも大きくなり,人口規模が大きくなるとWFIが小さくなることが明確にわかる.この結果,実際の出生数の合計も,他の人口規模の市区町村よりも少なくなっている.

ここまでの結果をまとめると,次のとおりである.(1)待機児童の発生は特定の市区町村において継続して観察される事象であり,(2)特に大規模な市区町村において顕著に観察される.市区町村の人口規模別に出生率を観察すると,(3)人口規模が100万人を超える市区町村では期待出生数の9割しか実際に出生していない.この結果から,待機児童の発生と出生率の間には何らかの関係がある可能性が推測される.次節以降においては,この点について市区町村データを用いて統計的に検証していく.

3 待機児童数と出生数の関係

待機児童数は市区町村単位で測定されるデータであるので,市区町村単位の国勢調査のデータが利用可能な2000年と2005年について,待機児童数と出生率の関係を統計的に分析する.ある市町村 i の待機児童数を z_i^t とする. t は $t=2000, 2005$ であり,データの観察年を示す.同様にある市町村 i の出生数を y_i^t とする.すると,待機児童数と出生数の最も単純な関係は

$$y_i^t = \beta_0 + \sum_{h=1}^{H} \beta_h x_i^t + \gamma z_i^t + u_i^t$$

第13章 待機児童の存在と出生の関係

と示される．この方程式は左辺の出生数y_i^tが右辺の待機児童数z_i^tやその他の要因，そして確率的な要素u_i^tによって決定されるという想定で統計的な分析が行われることを意味している．すなわち，出生数は待機児童数だけではなくて，他の要因からも影響を受けて決まるということを意味している[5]．

慧眼な読者は，待機児童数自体も出生数から決まるのではないか，という逆の因果関係に気づかれるかも知れない．待機児童数が出生数や他の要因によって決まるという点を踏まえて，上の式をデータから統計的に推定する方法である操作変数法という方法を用いる．操作変数とは，この文脈において極めて粗く言えば，待機児童数には影響を与えるがその要因自体が出生数に影響を与えない変数になる．ここでは，市区町村の保育所定員数と市区町村の住民1人あたり債務残高を採用している．このような変数を利用した上で，待機児童数が出生数に与える影響を統計的に測定する．待機児童数以外の市区町村ごとの要因を様々な変数（データ）として取り入れ，それらの要因が出生数にもたらす影響を除外した上で待機児童数が出生数に与える影響を観察する．

ただし，市区町村ごとの要因はデータとして表現できるものではないかも知れない．例えば，「東京都23区部の子育て環境は他の地域とは全く違う」などとは言葉では言えてもそれをデータとして定量化することは難しいであろう．このような観察できない異質性をどのように取り扱うべきかは分析上の大きな課題とされている．ここでは2000年のデータと2005年のデータの変化分を統計分析に用いてこの課題に対応することとする[6]．すなわち，

$$\Delta y_i = \beta_0 + \sum_{h=1}^{H} \beta_h \Delta x_{i,h} + \gamma \Delta z_i + \varepsilon_i$$

を推定する．ここで，Δは2000年と2005年の間の差分を意味する．例えば，Δy_iは出生数の2時点間の差となる[7]．

---

[5] 子どもを産むか産まないかという選択と実際の出産の間には時間的なラグがある．このため，第1節でも指摘したとおり，現在の出生数は過去の待機児童数に依存して決まると考える方が自然であるかも知れない．しかしながら，データの制約のため，この点を踏まえた推定は行えない．

[6] 観察できない異質性が2000年と2005年の間で変化しないと前提されていることになる．

[7] この点については，分析対象は異なるが，Hayashi and Kazama (2008)における議論が参考になる．

統計的な分析に用いるデータは主に国勢調査から得ている．2000年から2005年の期間は，特に2005年中を中心として，市町村合併が行われている．このため，市区町村数が急激に減少している．本章では，2006年4月1日現在の市区町村があたかも過去にも存在したかのように，過去にさかのぼって合併市区町村のデータをマッチングして分析に利用している．

分析に使用する変数とその出所は表13-5にまとめられている．以下，変数の作成方法や性質についての注意すべき点，及び各変数が出生数に与えると予想される影響を簡単にまとめておく．

被説明変数となる出生数は年単位であり，年度単位でない．他のデータと整合的ではないが，補正する方法も無いためそのまま利用した．説明変数のうち，「人口規模」「女性有配偶率」「35歳以上比率」「有配偶女性就業率」「男性失業率」「核家族世帯比率」「1人あたり居住面積」の各変数については総務省統計局「国勢調査」から得た情報によりそれぞれ作成した．

女性人口は市区町村別の15歳から49歳の女性人口をそのまま用いた．女性人口が大きいほど出生数が多いことが自然に期待される．女性有配偶率は15歳から49歳の女性のうち有配偶である者の比率とした．日本の場合婚外子の比率が低いため，この変数は出生数に対して当然正の効果を持つことが期待される．35歳以上比率は15歳から49歳の有配偶女性のうち35歳以上の者が占める割合である．年齢別の出生率を観察すると35歳以上の者が出産する確率は相対的に低い．この変数は地域の女性の年齢構成の影響を測定するために使用される．

有配偶女性就業率は，15歳から49歳の労働市場に参加している有配偶女性のうち就業者の比率である．働く者の比率が高いことは，子育てを含む家事よりも労働の方が好まれるケースが多いと考えられる．そのため，出生に対しては負の効果が予測される．

核家族世帯比率は親と子どもだけで構成される世帯の全世帯に対する比率である．核家族世帯の場合，家庭内で子育てに関する援助を受けることの機会費用が高くなると考えられる．このため負の効果が予測される．

男性失業率は世帯としての所得稼得能力が低い状態を示すため負の効果が予測される．1人あたり居住面積は一般住宅に居住する一般世帯の1人あたりの

表 13-5 分析に用いる変数とその出所，予想される推定値の符号

変数名	定　義	出　所	予想される符号
出生数	各年の出生数(日本人；各年)	厚生労働省大臣官房統計情報部「人口動態調査」	
待機児童数	翌年4月1日の待機児童数(人)	こども未来財団「待機児童マップ」	−
住民1人あたり債務残高	各年の地方債残高と債務負担行為残高の和	地方財政調査研究会編集「市町村別決算状況調べ」地方財務協会刊行	
保育所定員数	単位：人	厚生労働省大臣官房統計情報部「社会福祉施設等調査」	
女性人口規模	単位：人		+
女性有配偶率	15-49歳における比率		+
35歳以上比率	15-49歳の女性に占める35歳以上の者の比率		−
有配偶女性就業率	15-49歳の有配偶である労働力化した女性のうち就業している者	総務省統計局編「国勢調査」各年版	−
男性失業率	単位：%		−
核家族世帯比率	6歳未満の子どものいる世帯に占める核家族世帯の比率		
1人あたり居住面積	住宅に住む一般世帯の住民1人あたり延べ住居面積		+
所　得	納税義務者数(人)で課税対象所得額(千円)を除して算出．	総務省自治税務局「市町村税課税状況等の調」	±

出所：筆者作成．

居住面積である．居住面積が広いほど子どもが生まれた場合の子育てがしやすいと考えられるため，正の効果が予想される．

「所得」は納税義務者数と課税対象所得(千円)の額の情報を得て，前者で後者を除すことによって得た．この変数は先験的に符号が確定しない．「待機児童数」は各年4月1日付の数値となっている．ここでは，2001年4月1日の数値を他の変数の2000年の数値と，2006年4月1日現在の数値を他の変数の2005年度の数値とリンクして使用している．以上で説明してきた各変数の記

表 13-6 記述統計表

変数名	度数	平均値	標準偏差	最小値	最大値
出生数	1,826	-0.126	0.153	-1.721	0.993
待機児童数	1,826	-0.008	0.385	-8.810	3.490
市町村債務	1,826	0.038	0.205	-1.498	1.369
保育所定員数	1,826	74.081	306.726	-730.000	7,776.000
女性人口規模	1,826	-0.103	0.077	-0.805	0.449
女性有配偶率	1,826	-0.056	0.035	-0.300	0.155
35歳以上比率	1,826	0.001	0.055	-0.296	0.311
有配偶女性就業率	1,826	0.025	0.050	-0.461	0.300
男性失業率	1,826	0.264	0.308	-1.262	2.158
核家族世帯比率	1,826	0.072	0.110	-0.964	1.359
1人あたり居住面積	1,826	0.060	0.035	-0.256	0.465
所　得	1,826	-0.066	0.036	-0.229	0.253

注：1）各変数の2時点間の差分に関する記述統計である．
　　2）待機児童割合と保育所定員数以外の変数は対数変換した上で差分の平均値を計算している．
出所：筆者作成．

述統計は表13-6で与えられている[8)9)]．

　さて，推定結果を吟味していく．出生数に与える各変数の効果についての推定結果である．推定に当たっては市区町村の規模を大規模市区町村に絞り込みつつ推定を行っている[10)]．女性人口と女性有配偶率は先験的な予測通り正の推定値を有意に得ていた．さらに，男性失業率と35歳以上比率は負で有意な効果を持っていた．核家族世帯比率，所得，有配偶女性就業率はほとんど有意な結果を得なかった．1人あたり居住面積は全く有意な結果を得なかった．

　この推定式は各変数の差分を推定する形になっているため，定数項は時間的

---

8) 上で述べたとおり，各市町村における待機児童数は出生数によって決まるという関係があるかも知れない．そこで，「住民1人あたり債務残高」と「保育所定員数」を操作変数として用いた．保育サービスは公的に供給される面が強いため，市区町村の債務残高が大きくなることは保育サービスの供給量を抑制する効果を持つと考えられる．保育所の定員数は直接的に待機児童を減少させる可能性がある．住民1人あたり債務残高は地方債残高と債務負担行為残高の和を市区町村の人口で除した．保育所の定員数は市区町村別総数を用いた．
9) 各変数の2000年と2005年の差分についての記述統計が与えられているが，待機児童数と保育所定員数以外の変数は対数変換したのちに計算している．ふたつの変数はゼロを取る市区町村が多くあるため対数変換を行わなかった．
10) 推定に当たっては分散不均一性に頑健な標準誤差を用いて推定を行った．表13-7の最下段には，操作変数法の使用が適切であるかについての検定結果が与えられている．この点についての説明は技術的になるため省略するが，操作変数法の適用のための検定をパスしている．この点に関心のある読者は前掲のディスカッションペーパーを参照されたい．

な出生数のトレンドを示すことになる．定数項は正で有意となっており，出生数が正のトレンドを持っている可能性が示唆された．

　待機児童数の出生数に与える効果を観察する．待機児童数の係数の推定値は負の符号を持つがいずれのケースにおいても有意ではなかった．このため，待機児童数は出生数を減少させる効果を与えることが窺われるも統計的には意味ある効果とは言えないと考えられた．ここで，統計的には意味ある効果とは，推定された係数が統計的に0ではないという仮説が棄却されないことを意味する．サンプルをより人口規模の大きな市区町村に限定していくと推定値の絶対値は小さくなった．

　本章の分析結果には，上述のようなデータセットの限界や推定方法の改善の必要性などの制約がある．それを踏まえた上で待機児童解消策をどのように評価すべきか，という点を考えてみたい．**表13-7**における出生率に関する推定で得られた推定値は待機児童数を除いて弾力性として表現されている．すなわち，被説明変数も説明変数も対数変換されているため，推定された係数はその変数が1%だけ変化した際に被説明変数が何%変化するか，という指標になっている．待機児童数の係数の推定値から弾力性を得るためには，待機児童数の平均値を推定値に乗じればよい．**表13-3**では待機児童の存在する市区町村についての1市区町村平均待機児童数は53人となっているが，全市区町村の平均を計算すると，10.7人となる．出生数の待機児童数弾力性を計算して，各変数の相対的な影響度を弾力性で比較したのが**表13-8**である[11]．

　表13-8では推定値が有意に得られていないケースについてはセルにシャドーが付けられている．有意性については充分注意を払わなければならないが，試みとしてフルサンプルのケースについて変数の弾力性の絶対値を比較してみよう．最も大きいのは女性有配偶率であった．地域における1%の女性有配偶率の上昇は約1.7%の出生率の増加に結びつく可能性がある．日本では出産の前提として結婚があることを述べたが，婚姻率が上がることが出生率に対して最も影響があることになる．その次に位置するのが待機児童数である．地域における待機児童数の1%の減少は当該地域の0.33%の出生数増加に帰結する

---

11)　女性人口については政策的な対応の対象外と考えられるため除外している．

表13-7 推

	フルサンプル		
	第2段階:出生数		
	推定値	s.e.	p-value
女性人口	0.8769	0.0775	0.0000
所　得	−0.0629	0.1218	0.6050
核家族世帯比率	0.0385	0.0577	0.5050
35歳以上比率	−1.0592	0.1191	0.0000
有配偶女性就業率	−0.1341	0.1055	0.2040
女性有配偶率	1.7032	0.2106	0.0000
男性失業率	−0.0463	0.0184	0.0120
1人あたり居住面積	0.2007	0.0974	0.0390
定数項	0.0565	0.0169	0.0010
待機児童数*	−0.0309	0.0222	0.1650
#obs	1,826		
R-squared	0.335		
Adj R-squared			
F-value			
Wald chi 2	268.53	(p-value = 0.0000)	
Tests of endogeneity			
Robust score chi 2(1)	8.962	($p = 0.0028$)	
Robust regresssion F-value	8.723	($p = 0.0032$)	
Test of of Weak Instruments			
F-valu	4.308	($p = 0.0138$)	
Test of overidentifying restrictions:			
Score chi 2(1) =	0.038	($p = 0.8445$)	

出所:筆者作成.

可能性がある.

　他方,地域の所得や男性失業率は相対的に小さな効果しか持たなかった.地域の所得や男性失業率の1%の増加はそれぞれ0.06%,0.04%の出生数の減少につながる可能性があるように見える.しかしながら,所得変数については有意な推定値が得られていないため,所得が上昇するほど出生数が減少するという結果とはならないであろう.いずれにせよ,待機児童に関わる施策や他の競合的な施策はこのような比較結果を踏まえて,必要な施策を選択・実施するべきであると考えられる.

定結果

人口 1,000 人以上市町村			人口 5,000 人以上市町村			人口 10,000 人以上市町村		
第2段階：出生数			第2段階：出生数			第2段階：出生数		
推定値	s.e.	p-value	推定値	s.e.	p-value	推定値	s.e.	p-value
0.8845	0.0767	0.0000	0.8573	0.0892	0.0000	0.7392	0.0961	0.0000
−0.1611	0.1054	0.1270	−0.0331	0.0991	0.7380	0.1844	0.1001	0.0650
−0.0036	0.0535	0.9460	−0.0653	0.0438	0.1360	−0.1497	0.0384	0.0000
−0.9551	0.1126	0.0000	−1.1662	0.0722	0.0000	−1.2101	0.0794	0.0000
−0.2165	0.0846	0.0100	−0.0635	0.0745	0.3940	−0.0416	0.0797	0.6020
1.6372	0.2080	0.0000	1.9670	0.1298	0.0000	2.1758	0.1650	0.0000
−0.0314	0.0161	0.0510	−0.0276	0.0138	0.0470	−0.0337	0.0147	0.0220
0.1504	0.0826	0.0690	0.0366	0.0588	0.5340	0.0637	0.0518	0.2190
0.0531	0.0166	0.0010	0.0849	0.0095	0.0000	0.1058	0.0090	0.0000
−0.0277	0.0200	0.1660	−0.0235	0.0176	0.1820	−0.0189	0.0151	0.2110
1,813			1,621			1,350		
0.353			0.443			0.531		
264.35	(p-value = 0.0000)		802.81	(p-value = 0.0000)		786.86	(p-value = 0.0000)	
7.553	(p = 0.0060)		6.065	(p = 0.0138)		5.274	(p = 0.0216)	
7.615	(p = 0.0058)		5.739	(p = 0.0167)		5.091	(p = 0.0242)	
4.199	(p = 0.0152)		4.373	(p = 0.0128)		4.707	(p = 0.0092)	
0.022	(p = 0.8833)		0.754	(p = 0.3853)		2.83	(p = 0.0925)	

4　まとめ

　本章では，待機児童の実態をまず把握し，待機児童が大規模な特定の市区町村において持続的に存在することを明らかにした．これは待機児童が保育所利用希望という需要と固定的な保育所サービス供給の差によって定義されることからも予測できることである．人口規模の小さな市区町村においても待機児童が発生する可能性があるが，それは既存保育所の定員などを弾力的に運用することによって吸収可能な，確率的に発生するレベルのものと言える．他方，人口規模の大きな自治体における持続的な待機児童の存在は既存施設の弾力的運用で解決できる水準を超えた，構造的なものであると言えよう．人口規模が大

表 13-8　各変数の影響度の弾力性による比較

説明変数	フルサンプル	1,000人以上	5,000人以上	10,000人以上
所得	−0.0629	−0.1611	−0.0331	0.1844
核家族世帯比率	0.0385	−0.0036	−0.0653	−0.1497
35歳以上比率	−1.0592	−0.9551	−1.1662	−1.2101
有配偶女性就業率	−0.1341	−0.2165	−0.0635	−0.0416
女性有配偶率	1.7032	1.6372	1.9670	2.1758
男性失業率	−0.0463	−0.0314	−0.0276	−0.0337
1人あたり居住面積	0.2007	0.1504	0.0366	0.0637
待機児童数	−0.3305	−0.2964	−0.2515	−0.2020

出所：筆者作成．

きな市区町村では，待機児童が存在しつつも出生数は一定の規模となっている．しかしながら，出生数の地域差を示す WFI を用いると，全国平均の出生率が達成された場合の出生数を1割程度下回ることが明らかになった．このため，待機児童が存在することにより出生に対して負の影響を与えている可能性が示唆された．また，各変数の係数の推定値を弾力性で示し，出生数に対する影響度を相対的に比較する試みを行った．

それを受けて，出生数に与える待機児童数の効果を統計的な手法で明らかにすることを試みた．市町村データを用いた操作変数法による推定により，待機児童数の増加は出生数に対して負の効果を持つと思われるが，統計的に有意には推定されなかった．

このような本章の分析結果と先行研究の整合性を吟味しつつ，本章の位置づけについて検討したい．われわれが行った地域単位のデータを活用した分析は，都道府県単位の研究として国土庁計画・調整局編(1998)がある．また，特定の都道府県下における市区町村の出生率に関する分析として高橋(1997)による実態把握がある．また，山内・西岡・小池(2005)は全国市区町村を都市圏に分類して，都市圏ごとの出生力の変化と地域間の差を検証している．佐々井(2005)は2000年時点の国勢調査人口が1万人以上の市区町村について，1990年から2000年までの出生率水準の変動を，有配偶者割合の変化と有配偶出生率の変化に分解し，出生率低下の主要な要因が有配偶率割合の低下であることを指摘した．われわれの推定においても有配偶割合は正で有意な効果を出生率に対して持っており，彼の結果と整合的である．

北村・宮崎(2005)は2002年の市区町村別出生率の要因分析を行い，出生率に対して男性の就業率は正で，既婚女性の就業が出産を抑制するという結果が得られている．われわれの分析では男性失業者の比率は負で有意な効果を持っており，彼らの結果と整合的であった．有配偶女性の就業率については負であったが多くの場合有意ではなかった．

小椋・角田(2008)は市区町村単位のデータにより保育サービスの出生率に対する効果を分析している．彼らは上述の通り，WFIを構成し，それを被説明変数として保育に対する費用支出の代理変数である児童保育費を主要な説明変数として回帰分析を行っている．彼らの分析では保育所の定員数などの具体的なサービス供給については考慮されていない．

保育サービスは現物給付サービスとして提供されている．現物給付サービスの提供が地理的特性に影響を受けることは医療や介護分野における研究において指摘されている点である．このため，「地域」という側面から保育をはじめとする現物給付による次世代育成支援策に関する研究を行っていくことは学術的にも政策的にも重要であると考えられる．滋野・大日(1999)は保育サービスの就業継続の効果について検討し，国民生活基礎調査の個票に都道府県単位の保育サービスの状況に関するデータを連結して分析を行っている．出産選択に対して保育所定員率は有意な効果を与えていない．他方，出産後の就業継続に対しては正で有意な効果を与えていることを示している．彼らの分析では，保育園定員率の他にも早朝保育実施率，夜間保育実施率，0歳児定員率，早期保育実施率といった保育の質を示すとも言える変数を導入しているものの，期待される結果がほとんど得られていない．

吉田・水落(2005)はインターネット調査によるクロスセクションデータに，樋口・松浦・佐藤(2007)はパネルデータ化された個票データに，地域単位の保育サービスの状況に関するデータを連結して分析を行っている．彼らは滋野・大日(1999)と同様に都道府県単位の保育所定員数のデータ等を連結して分析を行っている．両研究は共通に，雇用就業と出産の同時決定モデルにおいて，保育所定員数は雇用就業に対しては有意な効果を持たないが，出産に対しては有意な正の効果を持つことを示している．

われわれの分析は上にあげた既存研究と同様に市町村データを用いているが，

待機児童数を明示的に使用して実証分析を行っている点が特徴としてあげられるだろう．しかしながら，待機児童数変数を用いることの難しさも存在する．待機児童数は特定の大規模市区町村で継続的に発生していることが明らかにされた(表13-2参照)．このことは保育サービスの効果を分析する際に都道府県単位のデータを用いた分析では限界があることを意味する．このため，市区町村単位のデータを用いて，人口規模をより大規模な市区町村に絞り込む形でサンプルを選択しつつ推定を行った．しかしながら，待機児童変数は負の符号を持つものの有意ではなく，サンプルを絞り込むと推定値は小さくなった．このような結果となったひとつの原因として，約1,800の市区町村のうち1,500程度では待機児童が存在しないこと(表13-3参照)があると考えられる．待機児童数は多数のゼロが存在する変数となる．大規模市区町村にサンプルを絞ると待機児童数がゼロとなる市町村数は減少するが，サンプル数が減少することにより推定自体の安定性が損なわれる可能性がある．それゆえ，待機児童数変数を用いた分析を行う際には，よりその性質を踏まえた推定方法を行うことが必要であると考えられるが，今後の課題である．

本章での分析結果には有意性の問題があるが，待機児童の解消について現在進められている「新待機児童ゼロ作戦」による保育施策の質・量双方の充実・強化を必ずしも否定するものではない．周・大石(2003；2005)は，「潜在的待機児童」は首都圏だけで約26万人も存在すると指摘している．潜在的待機児童の問題がある場合には，待機児童問題の解決はより重要な位置を占めることになる．鈴木(2009)は人口減少社会においては女性の就業継続が社会保障・社会福祉財政の危機を防ぐために重要な点になることを指摘して，待機児童解消施策に関するマイクロ・シミュレーションを行っている．女性の就業継続を前提とする場合，出生率の増加と保育サービスに対する需要はパラレルな関係になると考えられる．それゆえ，この場合には待機児童解消のための施策はより重要性を増すものと考えられる．

いずれにせよ，待機児童解消策の他の施策も含めてそれぞれの施策の効果を持続的に検証して政策を実施していくことが必要である．その際には，より充実したデータセットを構築する必要がある．上で述べてきた課題の他にも，本分析では分析に含めるべきであるのに含められていない変数の問題がある．例

えば，女性の学歴は就業率や出生選択に影響を与えると考えられる．しかしながら，国勢調査では10年ごとの大規模調査年にしか学歴を調査しておらず，今回の分析には利用できなかった．また，3年保育の場合3歳から入園できる幼稚園サービスは保育園サービスと一定の代替関係にあるかも知れない．これらは文部科学省が実施する「学校基本調査」から入手可能であるが，2005年について北海道と東京都について定員数を入手することができなかった．このため，今回の分析に使用することは断念した．

本章で利用したデータはそもそも個人単位の個票データではないため，集計の誤謬が含まれている可能性もある．それゆえ，吉田・水落(2005)や樋口・松浦・佐藤(2007)が実施したような夫婦の情報がわかる個票データに，都道府県ではなく市区町村などのより狭い範囲の地域情報を含むデータセットの作成・分析を行っていくことが重要であると考えられる．

(付記) 本章の内容はIPSS Discussion Paper Series No. 2009-J03として報告された内容を大幅に加筆修正したものである．社人研ディスカッションペーパーのバージョンにコメントをいただいた水落正明准教授(三重大学)，菅万里准教授(兵庫県立大学)に感謝申し上げる．本稿に残された問題点は筆者のみの責任である．また，本稿中の意見の部分については筆者の個人的な見解であり，所属する組織等のものではない．

参考文献
阿藤誠，2000，『現代人口学』日本評論社．
小椋正立・角田保，2008，「日本における出生率・労働市場・公共政策」『経済研究』vol. 59, No. 4: 330-339.
北村行伸・宮崎毅，2005，「結婚経験率と出生力の地域格差――実証的サーベイ」Hi-Stat Discussion Paper Series, No. 124, Hitotsubashi University.
厚生労働省大臣官房統計情報部，2010，「平成21年 人口動態統計の年間推計」http://www.mhlw.go.jp/toukei/saikin/hw/jinkou/suikei09/index.html.
厚生労働省大臣官房統計情報部編，各年版，『人口動態統計』．
国土庁計画・調整局編，1998，『地域の視点から少子化を考える――結婚と出生の地域分析』大蔵省印刷局．
佐々井司，2005，「市区町村別にみた出生率の動向とその変動要因」『人口問題研究』Vol. 61, No. 3: 39-49.
滋野由紀子・大日康史，1999，「保育政策が出産の意思決定と就業に与える影響」『季刊社会保障研究』Vol. 35(2): 192-207.
周燕飛，2002，「保育士労働市場からみた保育待機児問題」『日本経済研究』No. 46:

131-148.
周燕飛・大石亜希子，2003，「保育サービスの潜在需要と均衡価格」『季刊家計経済研究』No. 60: 57-68.
周燕飛・大石亜希子，2005，「待機児童問題の経済分析」国立社会保障・人口問題研究所編『子育て世帯の社会保障』東京大学出版会.
鈴木亘，2009，「財源不足下でも待機児童解消と弱者支援が両立可能な保育制度改革――制度設計とマイクロ・シミュレーション」一橋大学経済研究所 Discussion Paper, No. 459.
全国保育団体連絡会・保育研究所編，2008，『2008年版 保育白書』ひとなる書房.
高橋眞一，1997，「出生力の地域分析」濱英彦・山口喜一編『地域人口分析の基礎』古今書院.
内閣府，2009，『平成21年版 少子化社会白書』 http://www8.cao.go.jp/shoushi/whitepaper/w-2009/21pdfhonpen/21honpen.html.
樋口美雄・松浦寿幸・佐藤一磨，2007，「地域要因が出産と妻の就業継続に及ぼす影響について」RIETI Discussion Paper Series, 07-J-02，経済産業研究所.
山内昌和・西岡八郎・小池司朗，2005，「近年の地域出生力」『人口問題研究』Vol. 61, No. 1: 1-17.
吉田浩・水落正明，2005，「育児資源の利用可能性が出生力および女性の就業に与える影響」『日本経済研究』No. 51: 76-95.
Hayashi, Masayoshi and Haruka Kazama, 2008, "Horizontal Equity or Gatekeeping? Fiscal Effects on Eligibility Assessments for Long-term Care Insurance Programs in Japan," *Asia-Pacific Journal of Accounting and Economics*, Vol. 15: 257-276.

子ども未来財団ホームページ http://www.i-kosodate.net/policy/waiting2001/start.asp （2010年2月3日確認）.

第4部 コメント

大森義明・水落正明

1 第11章について

　近年のワーク・ライフ・バランス促進の背景には，男性の家事参加による出生率向上というねらいがある．そこで本章は，パネルデータを使って，夫の家事への貢献が出生にどのような影響を与えるかを明らかにしている．このような研究は，海外ではいくつかあるが，わが国については少なく，価値のある論文であると言える．海外の研究では，夫の家事への貢献が出生力を高めるという結果を得ているが，わが国においては，家計経済研究所のパネルデータを使った山口(2005)では，そうした影響は確認されていない．

　こうした家事と出生の関係は一時点の調査では因果はとらえられないため，パネルデータによる検証が必要である．実際の分析では，出産前の家事時間の影響を見ることになるが，単純に出産前年の家事時間を説明変数に使えばよいわけではない．出産時期によっては前年の調査時点で妊娠がわかっており，夫が家事に協力的になっている可能性がある．つまり，前年の家事が出産に影響するのではなく，出産することがわかったため，夫の家事時間が増加することが考えられ，そうなると因果関係は逆になってしまう．そこで本章では，子どもの生年月の情報を生かして，そうした可能性を排除しており，精緻な分析がなされていると言える．

　分析の結果，夫の休日の家事時間は第2子の出生確率に正の影響を与えていることがわかった．ただし，妻が就業している世帯ではそうした影響はほとんどなく，妻が非就業である場合に影響があるという結果となった．一般的には，時間に制約の多い共働き夫婦のほうが，夫の家事の影響が大きく出ると考えるほうが納得しやすいが，その逆のケースで影響が観察されたのは興味深い．1つの可能性としては，専業主婦のほうが子育てに関してストレスを感じているということが一般に言われており，夫の家事協力は精神的な効果のほうが大きいのかもしれない．また，これは，夫の家事に実質的な効果がないことを意味

している可能性もある．

　以下，コメント4点について述べる．

　①休日の家事時間は効いて平日は効かない，という結果は気になる．なぜ平日は効かないのだろうか．平日には家事時間がとりにくいという説明はあるが，納得するのはやや難しい．また，データの点からは，ばらつきの影響があるのではと考えられる．いずれにせよ，もう少し掘り下げた考察と分析が必要であろう．

　②既存の子ども数別に推定が行われているが，その中で推定式によってサンプル数がかなり異なっている．使用する変数によって欠損が出るという説明はあるが，推定式間の結果の違いがサンプルの多少によるのか，純粋に変数の影響なのか必ずしも判然としない．

　③推定で夫の労働時間と夫妻の家事時間が同時に用いられている．これらの時間は，多くの先行研究および本章でも関係があることが指摘されている．妻の就業の有無でサンプルを分けて推定することで対応しているようだが，やはり関係性は強く残っているだろう．このことが推定を攪乱している可能性もあるのではないだろうか．

　④パネルデータを生かした推定の利用である．パネルデータでは，観察できない個体(ここでは夫婦)の特性をコントロールして推定を行うことができる．ここでは，プールした推定しか行われていないが，パネル推定ではどのような結果になるのか気になる．

2　第12章について

　第12章「両立支援策と出生率——労働組合への調査から」(野口晴子)は，大石，駿河と同じく，「職場環境と少子化の関連性に関する調査」の個票データを用い，詳細な記述統計分析により両立支援策に対する企業と就労者の認識を考察し，GMM推定により両立支援策が出生意欲に与える効果を推定している．野口の分析は，完成度が高く，国際標準に照らしても先端的，かつ，適切な計量分析手法を駆使し，政策的インプリケーションに富む興味深い結果を導き出している．

　野口は記述統計分析からいくつかの重要な事実を見出している．まず，「会

社による託児所利用支援」,「在宅勤務制度」,「勤務地限定制度」,「結婚・出産退職者のための再雇用制度」,「子どもの看護休暇制度」については整備が相対的に遅れている．次に，制度整備に対する就労者の認知度が低いこと，制度整備に対する就労者の認知度が評価に大きく影響していることを見出している．最後に，大企業の持つ特性（正規職員数が多い，正規就労者総数に対する女性正規就労者や全就労者に占める非正規就労者の割合が低い，給与形態が年功序列である）は両立支援策の使いやすさに対する企業内外での評価とおおむね正の相関があること，しかし，そうした大企業の特性は女性の非正規就労者の制度評価とは負の相関があることを見出している．

データの整備が必要となるが，後継研究では，制度へのアクセスに関する実証研究が試みられてよい．前段落の最後の点について，野口も指摘しているように，非正規の評価が総じて高かった施策群 IV に対する評価がむしろ大企業で高い傾向にあることから，必ずしも大企業において非正規就労者の制度へのアクセスが正規と比べ悪いと断定できない．しかし，この調査では各企業に対して正規と非正規による両立支援策への適用を調査していないという．

GMM 推定からは，両立支援策が女性の出産意欲を高めること，整備が相対的に遅れている「会社による託児所利用支援」,「在宅勤務制度」,「勤務地限定制度」,「結婚・出産退職者のための再雇用制度」を含む施策群 IV が女性の出産意欲を高めることが見出されている．

野口が指摘するように，分析を改善するには全国規模の無作為抽出によるマッチングデータの整備，できれば夫婦または世帯のパネルデータの整備が必要である．野口が指摘するように，調査対象者が所得や制度面で恵まれた就労者であり，分析結果を一般化するには十分な留意が必要であるからである．さらに，そのようなデータの整備には，野口のような計量経済分析に関する高度な知識とスキルを持つ専門家が企画段階から関与することが極めて重要であると筆者は考える．どのように利用されるかを知らずに良いデータなど作れるはずがないからである．

3 第 13 章について

待機児童の問題が取り上げられることはこれまで多くあったが，出生に与え

る影響はほとんど明らかにされてこなかった．本章は，その点において貢献がある．出生を経済学の視点から見ると，それはコストとベネフィットの問題であり，コストがベネフィットを下回れば出生が行われる．本章で注目している待機児童は，コストを表す要因である．すなわち待機児童が多いという情報は，出産を考えている夫婦にとって出産のコストとして認識される．保育所に入れない場合，妻の職場復帰が遅れたりすることで機会費用が高まってしまう．そのことが出生を低下させることになるかを本章は市町村データを用いて検証している．

　また，本章の特徴は，待機児童と出生の内生的な関係を考慮した上で分析していることである．内生性および操作変数に関して丁寧に検定を行った上で，待機児童が出生に与える影響について推定している．その結果，待機児童の増加は，わずかではあるが出生に負の影響を与えていることが明らかになった．影響力は小さいかもしれないが，わが国の少子化対策として待機児童の解消が無視してよい問題ではないことが確認されたと言える．

　コメントは以下の3点である．

　①前半で待機児童が特定の大都市の問題であることが指摘されていたが，後半の推定では，そうした問題意識が生かしきれていないのではないか．そのため，推定結果からすると，大都市での待機児童問題が軽くなってしまっているように見え，惜しい気がした．

　②待機児童の影響はOLSでは有意ではなく，操作変数法では有意になっているのは，内生性を適切にコントロールしたからということになる．データの観点からは，大半の市町村で待機児童がゼロであり，待機児童発生の継続率も高いことから，差分データにおいてもゼロが多いと想定される．操作変数法ではそうした待機児童変数に推定値が割り当てられることでデータのばらつきが増加し，OLSに比べて有意な結果が得られたと考えられる．ただ，データの大半がゼロということは打ち切りデータの形になっており，第1段階の推定の適切性が問題になるかもしれない．これは潜在的な待機児童の考察ともつながると考えられるが，著者も指摘しているように，今後の課題であろう．

　③市町村データを使うことで都道府県データに比べて精緻な分析がなされている．ただ，こうしたデータの分析には必ずつきまとう問題だが，個人（夫婦）

の直面している状況をどれだけとらえられているのだろうか．著者も指摘していることではあるが，個票データに狭い範囲の地域情報を追加して分析するのが1つの方法である．具体的には，GIS(地理情報システム)を利用することで可能になるであろう．今後，こうした詳細な地理情報を利用した分析によって本論文の知見が確認されることを期待したい．

(付記)　第11，13章は水落，第12章は大森が担当した．

参考文献
山口一男，2005，「少子化の決定要因と対策について——夫の役割，職場の役割，政府の役割，社会の役割」『季刊家計経済研究』No. 66: 57-67.

終　章　両立支援策への示唆
——少子社会を超えて——

府川哲夫・野口晴子・樋口美雄

1　はじめに

　多くの先進諸国では出生率が低く，一部の国では人口置換水準をはるかに下回っている．日本では超低出生率と世界一長い平均寿命によって，総人口に占める65歳以上人口の割合が2010年の23％から2050年には40％に上昇すると予想され，このような人口構成の変化によって社会保障をはじめ社会システム全体が圧迫されることが懸念されている．2006年12月の人口推計では，日本の総人口は2006年の1億2,780万人から2050年には9,500万人(8,800万人～1億400万人)に減少すると推計されている．2050年における65歳以上人口の割合(40％)は，現役世代と引退世代に対する考え方を根本的に変えなければならないことを示唆している．

　日本の出生率(TFR)は2005年の1.26を底に2006年1.32, 2007年1.34, 2008年1.37とわずかながら上昇した．しかし，依然として出生率が極めて低い水準であることに変わりはない．非正規就業者の増加とともに結婚できない若者の存在が問題となる一方で，正規就業者の長時間労働が深刻化する中で，少子化対策においても「働き方の見直しによる仕事と生活の調和(ワーク・ライフ・バランス)の実現」と「包括的な次世代育成支援の枠組みの構築」を同時に取り組まなければならないことが認識されるようになった．2007年12月の「仕事と生活の調和(ワーク・ライフ・バランス)憲章」及び「仕事と生活の調和推進のための行動指針」は，まさにそうした動きを反映したものとなっている．

　本章では本書第2部～第4部の分析結果などを踏まえて，日本が少子社会を

克服し「子育てに優しい社会」に変わるための方策について提言する．結婚・出産に対する国の関与のあり方については国際的なスタンダードに準拠し，「少子化対策」は家族政策あるいは就業と育児の両立支援策という文脈で捉え，出生率は社会環境によって変化しうるという前提で，就業と出産・育児の両立支援策が家族形成に与える影響を考察した．その結果，出産・育児に伴う機会費用を大幅に減らし，労働時間を柔軟にする政策を大胆に実施すれば，出生率はおのずから変化するという考えの下に，ワーク・ライフ・バランスを推進し，家族政策に十分な財源が投入されれば，子ども数や育児に関する日本の現状は大きく改善されると考えられる．

2　ワーク・ライフ・バランスと家族形成――日本の現状

　少子化の真の要因は企業，個人・家庭，地域のどこにどのようなウエイトで存在するのであろうか．本書の第2部～第4部では就業者がおかれている職場・地域・家庭環境と家族形成の関係をできる限り実証的・客観的に分析し，分析結果から政策的含意を導くことに努めた．そこで得られた結果は次のようなものである．

・高学歴の女性や専門職の女性ほど育児休業制度を利用する割合は高く，制度が利用しやすいものであればその傾向は著しく上昇する．短時間勤務制度を利用する人の数は，学歴にかかわらず通勤時間が長い人ほど多くなる傾向がある（第8章）．
・夫の長時間労働は妻の家事負担増につながる傾向がある．夫の家事サポートは第2子以降の出産を促す傾向が強い（第11章）．
・職場における様々な両立支援策のうち家族形成に対して有意な影響を持っているのは，企業にとって比較的コストが高いと考えられる施策群（在宅勤務制度，会社による託児所利用の支援，勤務地限定制度，等）であり，それらは夫婦の所得が高い世帯において特に有効な施策といえる（第12章）．
・両立支援策の充実は男性労働者のサービス残業を抑制するが，必ずしも労働時間全般の短縮に与える効果は確認できない．職場の雰囲気はサービス残

業や長時間労働に深く関わっている(第10章).
・幼少時に母親が働いている家庭環境に育った女性は,そうでない女性に比べ,出産後も働くことを望む傾向が強い(第6章).

この他に,本書の第1章では日本の現状に関して以下のような調査結果を紹介している.

「21世紀出生児縦断調査」(厚生労働省)によれば,第1子の出産1年前に仕事を持っていた女性の7割は出産1年後に無職となっている.「出生動向基本調査」(国立社会保障・人口問題研究所)でも,第1子出産前後に就業を継続する割合は,全出産女性の2割程度にとどまる.つまり,女性のライフサイクルの中で,子育て期のワーク・ライフ・バランスを達成することは依然として困難であることをこれらの統計は示している.

妻の有業・無業あるいは妻がフルタイムかパートタイムであるかに関係なく,日本の夫が家事・育児・介護にあてている時間は1日平均30分程度に過ぎない(総務省「平成18年 社会生活基本調査」).夫婦の家事分担割合でみると,妻がパート,自営(家族従業含む),専業主婦の場合は35%程度の夫婦で夫は一切家事をしていない(国立社会保障・人口問題研究所「全国家庭動向調査」).さらに,妻が常勤の場合でも,20%の世帯で夫は一切家事をしていない(同).また,家計経済研究所による「消費生活に関するパネル調査」を用いた研究においても,妻の長時間労働が第1子出産を遅らせること,また,夫の通勤時間が出生確率を引き下げることが確認されている.

日本では,長時間働く男性労働者の割合が突出して高い(OECD, 2007).労働者全体の総実労働時間は,アメリカやイギリス,カナダ並みの水準まで減少しているが,これは主として週休2日制の普及とパートタイムなど非正規労働者の増加によってもたらされている.男性正規労働者についてみると,週60時間以上働く者の割合は18%に達し,OECD諸国の平均(7%)を大きく上回っている.「就業構造基本調査」(総務省)によると,週60時間以上働く男性正規労働者の割合は,年齢別では,子育て世代に該当する30歳代が最も高い.国内外のいくつかの研究において,夫の家事・育児協力が出生意欲を促進することが確認されていることから,子育て世代の男性の長時間比率が高いことは

極めて憂慮される結果であるといえよう．

2009年1月に実施された「少子化対策に関する特別世論調査」によると，少子化対策で特に期待する政策は，「仕事と家庭の両立支援と働き方の見直しの促進」(58.5%)，「子育てにおける経済的負担の軽減」(54.6%)，「妊娠・出産の支援」(54.6%)，「子育てのための安心，安全な環境整備」(51.9%)などが多かった(複数回答)．

3 家族形成の観点からみたワーク・ライフ・バランスの論点

3.1 非正規就業者の増加

非正規就業は正規就業に比べて報酬が低いだけでなく，雇用も不安定で，たとえば，非正規に対する育児休暇は2005年になって初めて法的に定められる等，ワーク・ライフ・バランスに不可欠な企業の両立支援策や福利厚生制度の利用も非正規就業者は限られている．このことを反映して，特に男性について，非正規就業者の方が正規就業者よりも結婚が遅く，子どもが少ない傾向にある(Ahn and Mira, 2001；酒井・樋口，2005)．非正規就業者の増加は非婚化・晩婚化の要因になっており，若年層の雇用環境を改善すれば若年層の晩婚化・非婚化傾向は弱まるものと期待される．

国内外における企業間競争の激化，長期的な経済の低迷や産業構造の変化により，生活に不安を抱える非正規就業者が大幅に増加する一方で，正規就業者の労働時間は短縮化の方向に向かっていないだけでなく，むしろ深刻化しているところもある．利益が低迷し，生産性の向上が困難であるなどの理由から，働き方の見直しに取り組むことが難しい企業も存在する．

今日では就業者の3人に1人が非正規就業者である．非正規就業のうち雇用期間に定めがない，もしくは雇用契約が1年を超える常雇・非正規就業者は，1987年に被用者全体のわずか6.9%であったが，2007年には全体の22.0%まで拡大した．これに対し，雇用契約が1年以下の臨時・非正規就業者割合はこの間に12.8%から13.5%とほぼ横ばいの状況にある(玄田，2010)．それだけ長期の非正規就業者が増加したといえる．賃金の格差は無論のこと，両立支援

策や福利厚生制度に対する利用の格差も是正して，正規就業と非正規就業の間の移動の垣根を低くすることが，今後あるべき雇用システムの改善に求められると考える．

Economist 誌 2008 年 2 月 23 日号 "Why Japan keep failing" は日本の企業の問題を次のように述べている．「生産性が依然として低く，収益率はアメリカ企業の半分である．企業は収益をあげてもそれを賃金に回さないため，雇用が増えても労働分配率は上がらず，GDP に占める家計消費の割合は先進国の中で日本が一番低い．低金利と低賃金のおかげで日本企業は再生したが，日本経済は輸出に頼りすぎ，そのため外的ショックに振り回されている」．こうした指摘を待つまでもなく，正規と非正規の垣根を低くし，安心して就業できる環境を整えることが消費支出の増加により，内需の拡大をもたらすものと期待されよう．

3.2 機会費用

出産・育児によって女性が就業を中断するときに逸失利益が生じるが，その程度は国によって異なり，育児サービスが女性のフルタイム就業を十分にサポートできない国では出産・育児による逸失利益は大きいと考えられる．労働市場が流動的な英米では出産後も労働市場への再参入が容易であり，育児休業制度の利用しやすい北欧では継続就業が容易である．これらの国では出産にともなう機会費用が低く，就業と育児の両立が容易になっている．女性が出産・育児期にもワーク・ライフ・バランスを実現できる環境を整備することが，機会費用の発生を防ぎ，出産の促進につながることが示唆されるが，実証的に明確なエビデンスはいまだ得られていない(Bjorklund, 2006 ほか)．失業率の上昇や不安定雇用の増加は育児の機会費用(女性が出産し退職することで失う将来の収入)を引き上げ，将来不安をもたらすことにより出生率を引き下げる可能性が強い．少子化の要因として出産・育児の機会費用の寄与の大きさが測定されれば，雇用や社会保障システムの改革によりこの逸失利益を抑制することの重要性が明らかになる．ただし，出産・育児に対する機会費用の効果を厳密に測定することは，統計上大きな困難を伴う(第 1 章)．

日本では就業を中断した女性が再就職をするときには非正規の雇用機会しか

得られないことが多く，大幅な賃金の低下に直面せざるを得ない．正規労働者と非正規労働者の賃金格差が出産退職による機会費用を高め，少子化の要因ともなっている．出産前に仕事をしていた女性の7割が出産を機に退職しており，その中には，仕事と子育ての両立が難しかったために辞めた者が少なからず含まれている(内閣府，2009)．日本では出産・子育て期の女性が子育てしながら働き続けることが困難であり，正規雇用を中心に長時間労働の割合は依然として高く，男性の家事・育児時間が先進諸国の中で最低レベルである(内閣府，2009)．また，6歳未満の子を持つ日本の男性の1日平均の家事・育児時間はあわせて1時間程度と先進諸国の中で最低レベルにあり，子育て期の男性については週労働時間が60時間を超えるものの割合が2割前後と他の世代よりも高くなっている(内閣府，2009)．このように，正規労働者の労働時間の長さと硬直性は，出産・育児に伴う機会費用の増大に寄与している．一方で，前項で述べたように，パートタイム就業などの非正規の場合，労働時間の面では柔軟性があるものの，賃金や両立支援策・福利厚生などの点でマイナス面が大きく，正規就業と非正規就業をいかにバランスさせるかが喫緊の課題である．

3.3 家族給付の国際比較

家族に対する現金給付(児童手当，ひとり親手当，育児休業給付等を含む)のGDP比は2005年でイギリス2.21%，スウェーデン1.52%，ドイツ1.43%，フランス1.39%に対して，日本の0.35%やアメリカの0.08%は極めて低い(表)．現金給付に子どものいる世帯を対象とする現物給付(保育や就学前教育，住宅供給を含む)及び家族を対象とする租税支出(所得控除，税額控除等)を加えた家族支出の規模はフランス3.79%，イギリス3.55%，スウェーデン3.21%，ドイツ3.04%，といずれもGDPの3%を超えているが，日本(1.29%)やアメリカ(1.27%)は1.3%を下回っている(OECD, 2008)．さらに，OECD諸国におけるこうした家族政策と労働政策に対する支出(対GDP比率)は有意に強い正の相関が認められ，両政策に対する支出比率が高い国(スウェーデン，デンマーク，フランス)が少子化を克服しつつあるのに対し，双方が低い国(日本，韓国，イタリア，スペイン)では少子化が深刻化しつつある(OECD, 2008；野口，2009)．したがって，子育て支援と育児期にある世帯の雇用政策にこれまで十

表 主要国の家族給付及び税・社会保障負担

	公的家族給付のGDP比(%) 2005年				税負担(社会保険料を含む)のGDP比(%) 2006年				税率(%) 2009年	
	現金	サービス	税軽減	計	所得税	社会保険料	物品税	計	法人税	付加価値税消費税
フランス	1.39	1.62	0.77	3.79	10.7	16.3	10.9	43.6	34.43	19.6
ドイツ	1.43	0.74	0.87	3.04	10.8	13.7	10.2	36.2	30.18	19.0
日本	0.35	0.46	0.48	1.29	9.9	10.2	5.2	27.9	39.54	5.0
オランダ	0.64	1.01	0.61	2.26	10.7	14.2	12.0	38.0	25.50	19.0
スペイン	0.45	0.69	0.10	1.24	11.4	12.2	9.9	37.2	30.00	16.0
スウェーデン	1.52	1.69	0.00	3.21	19.4	12.5	12.8	48.2	26.30	25.0
イギリス	2.21	0.99	0.35	3.55	14.7	6.9	10.8	36.6	28.00	15.0
アメリカ	0.08	0.54	0.65	1.27	13.5	6.7	4.7	28.3	39.10	―

注:税負担の計には所得税,社会保険料,物品税以外の税負担を含む.
出所:OECD Family Database; OECD Tax Database.

分な資源を振り向けてこなかったことが,日本の超低出生率の大きな要因の1つである.少子化対策として,中長期的には出産・育児期にある女性の就労と出産・育児の両立を支援することが重要であるが,短期的には低所得の子育て世帯(及び若年単身者)に対する支援(子ども手当,低所得者への給付増,還付型税額控除,等)が必要である.これと合わせて社会保険料の逆進性は,少子化対策以前の公平性の問題として,速やかに解消することが求められる.

国際競争が激化する中で人件費総額の抑制に対する関心が高まり,企業は社会保険料の増加に伴ってその事業主負担分が増加することに大きな懸念を表明している.しかし,マクロ統計でみる限り,日本の企業は必ずしも他の先進諸国の企業に比べて特に重い負担を背負っているわけではない.法人税率は表中の8カ国の中で日本が最も高いが,法人所得税や個人所得税を含む「所得税」のGDP比は8カ国中日本が最も低く,所得税と社会保険料の合計でみても日本が最も低い(表).とはいえ,ここで比較対象としている欧米諸国の中には,スペイン,イギリス,フランスなど,日本と同じくマクロの経済状況が必ずしも好調な国ばかりとはいえない.日本における現在の法人税減税の議論の流れの中で,将来へ向けて,社会政策に対する責任のどこからどこまでを,国家・企業・個人それぞれのステークホルダーが担うべきなのかについて,国民的議論が必要であろう.

4 政策提言

少子化への政策的対応の基本的な方向として，若年層の雇用環境の改善，就業と育児の両立支援，子育ての費用負担の軽減，女性の出産・育児にともなう機会費用の軽減，などを挙げることができる．

4.1 子育て支援

出産・育児に対する支援は，保育所等のサービスの給付，就業と育児の両立支援，経済的支援(児童手当，育児休業手当，税制優遇措置，等)などの家族政策によって行われており，家族給付が雇用・教育・税制等多岐にわたる政策の中で総合的に実施されることが必要である．つまり，子育てにはコストを要し[1]，経済力のない家庭には様々な支援(経済的支援，社会サービス等)が必要である．必要な支援をした上で，就業と出産・育児の両立支援策が重層的にはりめぐらされることが望まれる．人々が子育て支援の仕組みを信用して実際に利用しなければ意味がない．子育てに関わる経済的支援の他に，緊急性の高い保育をはじめとするサービスの充実も優先して取り組む必要がある．個別政策とともに，女性の経済的地位の改善や社会制度の全般的な見直しなど総合的対策が伴えば，さらに効果的である．

日本は子育て支援策で他の先進国に比べて遅れており，育児コストの負担(直接的費用及び逸失利益)が大きいこと，さらには，育児期にある世帯に対する社会的な資源配分が過少であることが日本の低出生率の重要な要因であると考えられる．

4.2 働き方の見直し

正規・非正規就業の格差を是正し，労働時間に柔軟性をもたせることがワーク・ライフ・バランスの実現には不可欠である．同一価値労働に対して賃金格差があり過ぎることは社会的に問題である．日本では女性にとって結婚・出産の機会費用は極めて大きい[2]．その是正のためには企業の雇用パラダイムの転

---

1) 第3章脚注6)参照．
2) 第1章3.3参照．

換(正社員と非正社員の間の雇用条件の格差縮小,長時間労働の見直しなど)が必要である(府川,2008).女性にとっては,「結婚とキャリア」や「育児と就業継続」の二者択一を迫られることや,「子どもの教育費や住宅ローンのためのパート就業」や親の介護負担という展望が,結婚や出産を躊躇させる遠因となっている.子育ての直接的費用のみならず,間接的費用(女性が出産し退職することで失う将来の収入:機会費用)を軽減することも重要である.また,ワーク・ライフ・バランス施策を進めていく上で,夫の家事への協力を促進させるような政策が必要である(第11章).

ワーク・ライフ・バランスを改善する根幹は週労働時間が長すぎないこと,その上で労働時間に柔軟性があること,の2点であろう(府川,2008).日本の労働市場で柔軟な働き方をしようとすると,労働条件の劣るパートタイム労働など非正規労働を選択せざるを得ない.仕事と生活の調和(ワーク・ライフ・バランス)には職場における働き方の柔軟性が重要であり,より柔軟性のある職場環境を提供するには事業主のリーダーシップが鍵となる(内閣府,2009).実際に仕事と生活の調和に取り組んだ企業は,社員の定着率,満足度,仕事への意欲の向上,企業イメージの向上等を,その効果としてあげており,長い目で見ると,仕事と生活の調和の推進は企業の生産性を向上させる取り組みであるということができる(内閣府,2009).就業者のワーク・ライフ・バランスが改善した結果として出生率が高まることは望ましいことである[3].

4.3　家族政策と適正な資源配分

税制や社会保障制度の中に内在している女性の働き方にバイアスをもたらしている要素を取り除くことも,ワーク・ライフ・バランスを実現する上で重要である.OECD(2005)は日本が適切な政策を実施すればTFRが2.1まで回復する可能性があると指摘している.出生率低下の制度的要因を除去すれば,日本のTFRが一定程度回復することは十分考えられる(第3章).人口減少社会に

---

[3] OECDなどの分析によると,仕事と家庭の両立支援に成功した国(デンマーク,ノルウェーなど)では出生率の上昇がみられるという.そうした国では働き方に応じた保育所サービスの提供だけでなく,企業による短時間勤務の導入や長時間労働の見直しなど雇用環境の整備も進んでいる.

おいて経済活力を維持していくためには生産性の向上が不可欠である．生産性の向上には人的資本の向上が重要であり，そのための適切なポリシー・ミックスが必要である．そのうえで，日本における今日の深刻な少子問題を解決するためには，税制・社会保障・教育・雇用など多岐に及ぶ総合的な家族政策が必要であるとともに，家族政策に必要な資源を実際に配分することが求められる．

4.4 子育てに優しい社会

日本が少子社会を克服するには，就労か結婚・出産・育児かの二者択一を迫る社会と決別しなければならない．週労働時間が長すぎないこと，その上で労働時間に柔軟性があること，この2つが満たされれば仕事と生活の調和（ワーク・ライフ・バランス）を推進する基盤が整う．家族関係社会支出（現金給付＋現物給付）の対 GDP 比をみると，ヨーロッパ諸国が 2-3% であるのに対し日本は 1% 未満と著しく小さい．家族政策を支える負担についての明確な国民的合意の形成を経て，家族政策全体の財政的な規模を拡大することが不可欠である．子育てに関わる経済的支援の他に，緊急性の高い保育をはじめとするサービスの充実も優先して取り組む必要がある．

一方で，「子育てに優しい社会」が自動的に効率的・生産的な経済社会を実現するわけではない．そうなるためには人材の活用，同一価値労働・同一賃金の原則，などの条件が満たされなければならない．若年労働者が正規就業につけること，あるいは処遇面で正規と非正規の差をなくすことは，労働市場における重大な課題である．仕事と生活の調和の実現に向けた取り組みは，人口減少時代において企業の活力や競争力の源泉である有能な人材の確保・育成・定着の可能性を高め，これを契機とした業務の見直し等により生産性向上につなげることも可能であるため，こうした取り組みは企業にとって「コスト」としてではなく「明日への投資」として積極的にとらえるべきである（内閣府，2009）．企業の競争力の維持・向上と「子育てに優しい社会」を両立できるような雇用制度の整備が求められる．企業にとってより強力で効果的な動機付けは，多くの国民が仕事と生活の調和に取り組む企業を評価し，当該企業の生み出す製品・サービスを消費者が積極的に選択するような機運が醸成されることにある（内閣府，2009）．

5 まとめ

　少子化への政策的対応の基本的な方向として，若年層の雇用環境の改善，就業と育児の両立支援，子育ての費用負担の軽減，女性の出産・育児にともなう機会費用の軽減，などを挙げることができる．子育てにはコストを要し，経済力のない家庭には様々な支援（経済的支援，社会サービス等）が必要である．経済的制約を緩和すると同時に，就業と出産・育児の両立支援策が重層的にはりめぐらされ，時間的制約が緩和されることが望まれる．個々人のニーズに合った多様なメニューが用意され，人々が安心して制度を活用できることが重要である．正規就業と非正規就業の不合理な格差をなくし，ワーク・ライフ・バランスを推進するとともに，家族政策に必要な財源を投入することが車の両輪として時間的，経済的制約を和らげ，希望しながら子どもを持てない人々を減らすことにより，結果的に少子化対策にもつながるものと考えられよう．

参考文献

浅子和美・井口泰・金子能宏・府川哲夫，2002,「少子社会の制度設計」国立社会保障・人口問題研究所編『少子社会の子育て支援』東京大学出版会．
井堀利宏，2007,『「小さな政府」の落とし穴』日本経済新聞出版社．
大沢真知子，2006,『ワークライフバランス社会へ——個人が主役の働き方』岩波書店．
小塩隆士，2005,『人口減少時代の社会保障改革』日本経済新聞社．
玄田有史，2010,「広がる常用雇用・非正規の准社員」『日本経済新聞』（経済教室）2010 年 2 月 18 日付．
厚生労働省，2008,『第 5 回 21 世紀成年者縦断調査（平成 18 年）報告書』．
厚生労働省，2009,「第 6 回 21 世紀成年者縦断調査（平成 19 年）発表資料」．
国立社会保障・人口問題研究所編，2005,『子育て世帯の社会保障』東京大学出版会．
小杉礼子編，2009,『若者の働きかた』ミネルヴァ書房．
こども未来財団，2008,『フランスにおける子育て支援とワーク・ライフ・バランスに関する調査研究報告書』こども未来財団．
酒井正・樋口美雄，2005,「フリーターのその後——就業・所得・結婚・出産」『日本労働研究雑誌』No. 535: 29–41.
白波瀬佐和子，2002,「ヨーロッパにおける家族政策」国立社会保障・人口問題研究所編『少子社会の子育て支援』東京大学出版会．
武石恵美子編，2009,『女性の働きかた』ミネルヴァ書房．
橘木俊詔編，2007,『政府の大きさと社会保障制度』東京大学出版会．

内閣府編, 2009,『平成21年度 少子化社会白書』ぎょうせい.

野口晴子, 2009,「女性の就労支援と児童福祉」宮島洋・西村周三・京極髙宣編『社会保障と経済1 企業と労働』東京大学出版会, 第8章, pp. 187-188.

樋口美雄・財務省財務総合政策研究所編著, 2006,『少子化と日本の経済社会』日本評論社.

府川哲夫, 2006,『企業による福祉と社会保障3 社会保障と私的保障(企業・個人)の役割分担に関する実証研究 平成17年度報告書』.

府川哲夫, 2008,「少子化への政策的対応」『職場・家庭・地域環境と少子化との関連性に関する理論的・実証的研究 平成19年度報告書』.

府川哲夫, 2009,「成年層の属性別子ども数」『職場・家庭・地域環境と少子化との関連性に関する理論的・実証的研究 平成20年度報告書』.

Adema, W., M. Ladaique, 2005, Net Social Expenditures, 3rd edition, Social, Employment and Migration Working Papers, OECD, Paris.

Ahn, N. and P. Mira, 2001, "Job Bust, Baby Bust?: Evidence from Spain," *Journal of Population Economics*, 14: 505-521.

Bjorklund, A., 2006, "Does Family Policy Affect Fertility? Lessons from Sweden," *Journal of Population Economics*, 19: 3-24.

Caussat, L., 2006, Fertility trends and family policy in France: do they match? International Forum on Low fertility and Ageing Society, Seoul, Korea, 13-14 September.

OECD, 2005, *Extending Opportunities - How Active Social Policy Can Benefit Us All*.

OECD, 2007, *Social Expenditure Database 2007*.

OECD, 2008, *Factbook 2008: Economic Environmental and Social Statistics 2008*.

Thevenon, Olivier, 2008, Does Fertility Respond to Work and Family-life Reconciliation Policies in France? mimeo.

索　引

ア

明日への投資　324
育児・介護休業法　249
　　改正――　27
育児休暇　42
育児休業　17, 22, 33
　　――給付金　2
　　――制度　25, 45, 149, 173, 250
育児休業法　173
育児支援策　79, 195
「育児と就業継続」の二者択一　323
1.57ショック　2, 14, 267
逸失利益　35, 79-80, 319
イデオロギー仮説　198
インセンティブ　33
　　経済的――　80
ヴィネット調査　269
夫の家事・育児協力　317
夫の家事支援　195

カ

家計研パネル　40
家計内生産財　34
家計の効用関数　198
家計の効用最大化　196
下限制約　197
家事サービス　198
家事時間　196
　　休日の――　263
過剰就業（Overemployment）　151
過少就業（Underemployment）　151
家事労働　217
家族給付　76-77, 82
家族形成　32-33
家族支出　24
家族政策　43, 81, 320
家庭責任　149
完結出生児数　120
観察されない生産性　154

機会費用　21, 38, 65, 89, 292, 319
　　育児の――　249
　　出産・育児の――　80, 292
期間雇用者　26
企業の競争力　324
技術革新　52
期待出生数　295
休業期間　22
休業給付　23
業績評価　167
勤務時間の繰り上げ・繰り下げ　151
勤務地限定制度　286
クロスセクションデータ　108
慶應義塾家計パネル調査　40
経済成長　52
　　――と出生率　52
継続就業　33
結婚行動　32, 65
結婚市場における割り当て　139
結婚・出産退職者のための再雇用制度　286
結婚・出生選択の意思決定　34
現物給付　33
合成財　196
高齢化率　13
子育て支援環境　66
子育て支援策　322
子育てに優しい社会　316, 324
子ども手当て　195
コーホート　105
雇用環境　65
雇用の非正規化　31
雇用パラダイム　81
婚外子　38, 298

サ

最小2乗法（OLS）　160
在宅勤務　151
裁量労働制　167
サービス残業　41, 152, 196
サービス・流通連合（JSD）　8

索引

産休（Maternity Leave） 17
残業時間 41
産前産後休業 22
サンプリング・バイアス 271
ジェンダー 85
時間外労働・深夜業の免除 150
時間整合性 41
時間制約 37
仕事と家庭のトレードオフ 44
仕事と生活の調和（ワーク・ライフ・バランス）
　憲章および行動指針 249
市場財 196
市場賃金 153
市場労働 217
次世代育成支援対策推進法 249
時短効果 167
時短施策 150
市町村合併 298
失業率 38
児童手当 2
社会規範 52
社会進出 89
社会保険制度 27
社会保険料の逆進性 321
就業環境 219
就業継続 149
就業構造基本調査 317
就業選択 108, 196
就業と出産のトレード・オフ 97
柔軟勤務 72, 80
柔軟な働き方 193
主成分分析 277
出産意欲 41, 268
出産行動 65, 108
出産後の労働供給 123
出産選択 269
出産年齢人口 217
出産ペナルティ 87-88
出産力調査・出生動向基本調査 105
出生確率 47
出生行動 32, 45
出生選択 292
出生率 1, 13
　合計特殊―― 88
生涯所得 21

少子化 149
　――対策 1, 14
『少子化社会白書』 16
少子化と働き方の関係に関する調査 8
消費 198
消費的動機 35
情報労連（情報産業労働組合連合会） 8
職場環境 53, 222
職場環境と少子化の関連性に関する調査 66,
　126, 155, 195, 202, 219
職場の雰囲気 196
女性間の格差 87
女性の継続就業率 123
女性の高学歴化 89
女性の就業参加 149
女性の労働市場参加 39
女性労働供給 123-124
女性労働参加率 123
女性労働力の活用 217
所得代替率 22
所得の不確実性 36
所得補助 33
所得保障 23
新エンゼルプラン 14
人口置換水準 267
人事管理 154
人的資本 153
生活時間 220
正規雇用 31
　――就業率 38, 108
生産性向上 324
税制 27
制度利用経験 53
性別役割分業 217
制約条件 33
ゼロ歳児保育 25
選好形成 124
全国家庭動向調査 20
操作変数に用いた変数（IV） 160
相対的資源差 221
相対的資源量の仮説 198
租税支出 78

タ

待機時間 19

待機児童　26, 292-293
ダグラス＝有沢法則　124
多項ロジスティック回帰分析　180
多重共線性　270
脱落変数バイアス　54
短時間勤務　149-150
　　——制度　174
男女間賃金格差　21, 55
男女共同参画に関する調査　86
男女の働き方と仕事の調和　91
男性の家事・育児参加　195, 218
父親の育児参加　174
長時間通勤　197
長時間労働　80, 149, 249-250, 265, 315
賃金弾力性　160
賃金付随コスト　81
通勤時間　197
通所率　24
テレワーク　149
電機連合　8
同一価値労働　322
同時決定モデル　200
投資的動機　35
トービット・モデル（Tobit Model）　206, 221
取引費用　35

ナ

内閣府男女共同参画局　91
内生性　41, 161, 167
二項選択モデル　92
二項ロジスティック回帰分析　180
21世紀出生児縦断調査　317
21世紀成年者縦断調査　72, 176, 253
日本版総合的社会調査（Japanese General Social Surveys）　92

ハ

バーゲニング・モデル　252
働き方の見直し　149
パート雇用就業率　108
パート就業　105
パートタイム労働　27
パネル調査　269
パネルデータ　108, 256
晩婚化　4, 77, 291

晩産化　77, 291
非金銭的要因　97
非勤労所得　153
非婚化　4
非正規雇用　31
非正規就業　318
　　——者　2, 268
ファーザー・フレンドリー　218
ファミリー・フレンドリー（Family-Friendly）施策　89, 267
夫婦の家事分担　317
フリーター　40, 85
フレックスタイム　149, 151
プロビット分析　209, 257
プロビットモデル　127
ベッカー, G. S.　88
　　——の理論　34
ヘックマンの2段階推定　92
ベビーブーマー世代　76
保育サービス　24, 249, 292, 305
　　公的な——　42
保育所　24, 195
　　認可——　292
　　認可外——　292
保険機能　35

マ

マルサスの理論　34
みなし労働時間制　167
無業率　108

ヤ

UIゼンセン同盟　8
幼稚園　24
余暇　198
　　——時間　18
予算制約　37
予定子　67

ラ

ライフイベント　217
ライフサイクル　105
留保賃金　153
両親休暇（Parental Leave）　17
両立支援策　→ワーク・ライフ・バランス施策

両立支援制度　217, 231
労働意思　124
労働基準法　23
　　改正——　149
労働供給関数　160
労働供給行動　108
労働参加促進政策　140
労働時間　18, 89, 196
　　——の硬直性　320
労働市場　152
　　外部——　152
労働政策　320
労働の流動化　287
労働分配率　319
労働力としての動機　35
労働力不足　123
労働力率　88
労務管理　167

ワ

ワーク・フレキシビリティー施策　267
ワーク・ライフ・バランス（仕事と生活の調和）　2, 16, 32, 267, 315
ワーク・ライフ・バランス施策（両立支援策）　31, 149, 173, 192, 249, 268, 316

アルファベット

Bivariate Probit モデル　98
Butz-Ward モデル　39
Collective Labor Supply　124
Employee-Employer Matched Data　219, 268
Fixed-Effects Logit 推定法　283
General Method of Moment（GMM）　270
　　——推定法　281
Inverse Mill's Ratio　92
M 字カーブ　17, 31
Odds 比　229
Probit 推定　92
Propensity Score Matching 推計法　227
Selection Bias　227
Treatment　229
Wage Boost（賃金押上げ）　90
Weighted Fertility Index　295
Work Effort 仮説　88

執筆者一覧（執筆順，＊印編者）

＊樋口　美雄（ひぐち・よしお）	慶應義塾大学商学部教授
＊府川　哲夫（ふかわ・てつお）	福祉未来研究所代表（前国立社会保障・人口問題研究所部長）
大石亜希子（おおいし・あきこ）	千葉大学法経学部准教授
守泉　理恵（もりいずみ・りえ）	国立社会保障・人口問題研究所主任研究官
酒井　正（さかい・ただし）	国立社会保障・人口問題研究所研究員
高畑純一郎（たかはた・じゅんいちろう）	国際協力機構JICA研究所リサーチ・アソシエイト
野崎　祐子（のざき・ゆうこ）	広島大学大学院社会科学研究科附属地域経済システム研究センター助教
安部由起子（あべ・ゆきこ）	北海道大学大学院経済学研究科教授
島根　哲哉（しまね・てつや）	東京工業大学大学院情報理工学研究科助教
田中　隆一（たなか・りゅういち）	東京工業大学大学院情報理工学研究科准教授
大森　義明（おおもり・よしあき）	横浜国立大学経済学部教授
水落　正明（みずおち・まさあき）	三重大学人文学部准教授
武石恵美子（たけいし・えみこ）	法政大学キャリアデザイン学部教授
駿河　輝和（するが・てるかず）	神戸大学大学院国際協力研究科教授
坂本　和靖（さかもと・かずやす）	公益財団法人家計経済研究所研究員
戸田　淳仁（とだ・あきひと）	株式会社リクルートワークス研究所研究員
野口　晴子（のぐち・はるこ）	国立社会保障・人口問題研究所室長
泉田　信行（いずみだ・のぶゆき）	国立社会保障・人口問題研究所室長

ワーク・ライフ・バランスと家族形成
少子社会を変える働き方

2011年1月20日　初　版

［検印廃止］

編　者　樋口美雄・府川哲夫
　　　　ひぐちよしお　ふかわてつお

発行所　財団法人　東京大学出版会
代表者　長谷川寿一

　　　　113-8654　東京都文京区本郷 7-3-1 東大構内
　　　　電話 03-3811-8814　Fax 03-3812-6958
　　　　振替 00160-6-59964

印刷所　株式会社平文社
製本所　誠製本株式会社

Ⓒ2011　Yoshio HIGUCHI and Tetsuo FUKAWA et al.
ISBN 978-4-13-051134-6　Printed in Japan

Ⓡ〈日本複写権センター委託出版物〉
本書の全部または一部を無断で複写複製（コピー）することは，著作権法上での例外を除き，禁じられています．本書からの複写を希望される場合は，日本複写権センター（03-3401-2382）にご連絡ください．

岩間 暁子	女性の就業と家族のゆくえ	A5・3800円
白波瀬佐和子	少子高齢社会のみえない格差	A5・3800円
小塩 隆士 田近 栄治 編 府川 哲夫	日本の所得分配	A5・3800円
金子 勇	都市の少子社会	A5・3500円
宮島 洋 西村 周三 編 京極 髙宣	社会保障と経済（全3巻）	A5各4200円
国立社会保障・ 人口問題研究所編	少子社会の子育て支援	A5・4400円
国立社会保障・ 人口問題研究所編	子育て世帯の社会保障	A5・4400円

ここに表示された価格はすべて本体価格です．御購入の際には消費税が加算されますので御了承下さい．